中央民族大学特色

新编中国经济地理
XINBIAN ZHONGGUO JINGJI DILI

王 洁 杨 武／编著

中央民族大学出版社
China Minzu University Press

图书在版编目（CIP）数据

新编中国经济地理/王洁等编著. —4版. —北京：中央民族大学出版社，2010.4（**2017.1重印**）

ISBN 978-7-81108-828-1

Ⅰ.①新… Ⅱ.①王… Ⅲ.①经济地理—中国—高等学校—教材 Ⅳ.①F129.9

中国版本图书馆CIP数据核字（2010）第057935号

新编中国经济地理

编　著	王　洁　杨　武
责任编辑	宁　玉
封面设计	李志彬
出版者	中央民族大学出版社
	北京市海淀区中关村南大街27号　邮编：100081
	电话：68472815(发行部)　传真：68932751(发行部)
	68932218(总编室)　　　68932447(办公室)
发行者	全国各地新华书店
印刷者	北京宏伟双华印刷有限公司
开　本	787×1092(毫米)　1/16　印张：24.5
字　数	400千字
印　数	4 001—5 000 册
版　次	2010年4月第1版　2017年1月第4次印刷
书　号	ISBN 978-7-81108-828-1
定　价	36.00元

版权所有　翻印必究

前 言

跨入二十一世纪以来，中国经济和社会发展进入了一个崭新的历史阶段，而本世纪头二十年又是我国发展的重要战略机遇期。为了适应建立社会主义市场经济体制、开创社会主义经济建设、政治建设、文化建设、社会建设的新局面，早日实现我国社会主义现代化，在迎接伟大祖国60周年大庆之际，我们编写了《新编中国经济地理》一书。

《新编中国经济地理》，坚持科学发展观统领经济社会发展全局，充分体现了新观点、新信息、新数据和资料翔实、实用性强的特点，不论是作为高等院校的教材，还是作为科研、行政人员的参考用书都非常适用。

全书共十章，第二、四、五、七、九、十章由王洁编写，第一、六、八章由杨武编写，第三章由杨武、李录青编写。

《新编中国经济地理》的成书过程十分周折，是作者在之前出版的《中国经济地理》一书的基础上做了大量的改写、增补最新的资料而成书的。《中国经济地理》自出版之后，承蒙读者的垂青，受到读者的欢迎，曾被再版重印过多次；但是终因数据、资料年代过于久远，深恐影响读者的学习和使用，我们一直作着重新编写的努力。感谢中央民族大学教务处，我们重新编写的《新编中国经济地理》被教务处批准为中央民族大学2008—2009年度校级特色教材立项项目，并给予资金资助。在中央民族大学出版社和责任编辑的鼎力帮助下，《新编中国经济地理》又以崭新的面貌和读者见面，希望此书能继续得到新、老读者的欢迎，不辜负大家的厚爱。

本书编写过程中参考了有关的教材、论著、报刊资料等，在此表示衷心的感谢！

由于编者水平有限，书中难免有疏漏之处，敬请广大读者批评指正。

编　者
2009年8月于中央民族大学

目　　录

第一章　绪论 …………………………………………………………… (1)
　　第一节　经济地理学的研究对象和学科体系 ……………………… (1)
　　第二节　经济地理学的学科性质 …………………………………… (3)
　　第三节　学习中国经济地理的目的和任务 ………………………… (5)
　　第四节　经济地理学的研究方法 …………………………………… (7)
第二章　中国人地关系总述 …………………………………………… (9)
　　第一节　人地关系的认识 …………………………………………… (9)
　　第二节　中国人地关系发展简要回顾 ……………………………… (14)
　　第三节　中国人地关系协调的目标与途径 ………………………… (18)
第三章　经济布局的条件 ……………………………………………… (23)
　　第一节　自然条件 …………………………………………………… (23)
　　第二节　社会经济条件 ……………………………………………… (34)
第四章　中国农业发展与布局 ………………………………………… (57)
　　第一节　概述 ………………………………………………………… (57)
　　第二节　中国粮食作物生产与布局 ………………………………… (62)
　　第三节　中国经济作物生产与布局 ………………………………… (72)
　　第四节　林业生产 …………………………………………………… (84)
　　第五节　畜牧业生产与布局 ………………………………………… (90)
　　第六节　渔业生产 …………………………………………………… (96)
　　第七节　"十一五"期间农业的发展 ……………………………… (104)
第五章　中国工业发展与布局 ………………………………………… (110)
　　第一节　概述 ………………………………………………………… (110)
　　第二节　能源工业 …………………………………………………… (115)
　　第三节　中国原材料工业 …………………………………………… (144)
　　第四节　中国加工制造业 …………………………………………… (161)
　　第五节　高新技术工业 ……………………………………………… (180)
　　第六节　中国主要综合工业基地 …………………………………… (183)

第六章　中国交通运输业发展与布局 …………………………… (189)
　第一节　概述 ………………………………………………………… (189)
　第二节　铁路网布局 ………………………………………………… (199)
　第三节　公路网布局 ………………………………………………… (218)
　第四节　水运网布局 ………………………………………………… (223)
　第五节　航空网和管道网布局 ……………………………………… (232)
　第六节　中国交通运输业发展规划 ………………………………… (236)

第七章　中国商业发展与布局 …………………………………… (244)
　第一节　中国商业发展和布局概述 ………………………………… (244)
　第二节　中国的商业区和商业中心 ………………………………… (248)
　第三节　中国商业网点的发展和布局 ……………………………… (252)

第八章　中国旅游业发展与布局 ………………………………… (260)
　第一节　概述 ………………………………………………………… (260)
　第二节　中国的旅游资源 …………………………………………… (264)
　第三节　中国的旅游区划 …………………………………………… (274)
　第四节　中国旅游资源的利用保护和旅游业发展方向 …………… (292)

第九章　中国城市发展与布局 …………………………………… (295)
　第一节　概述 ………………………………………………………… (297)
　第二节　影响城市形成和发展的因素 ……………………………… (303)
　第三节　城市设置与分类 …………………………………………… (305)
　第四节　中国的城市化 ……………………………………………… (310)
　第五节　三大地带城市化发展目标和发展战略 …………………… (314)

第十章　中国经济区划、三个经济地带和西部大开发 ………… (327)
　第一节　东部地带 …………………………………………………… (332)
　第二节　中部地带 …………………………………………………… (346)
　第三节　西部地带 …………………………………………………… (356)
　第四节　西部大开发 ………………………………………………… (361)

主要参考文献 ……………………………………………………… (384)

第一章 绪 论

第一节 经济地理学的研究对象和学科体系

一、经济地理学的研究对象

经济地理学是研究经济布局规律的科学，即研究经济活动（生产、分配、流通、消费等）在一定地域范围内空间分布形成和发展规律的科学。

物质资料生产是人类社会存在和发展的基础。在一定生产力条件下，人们总是把争取以最小的劳动消耗，取得最佳的经济效益，作为发展生产的基本目标。为实现这个目标，除了劳动者和劳动手段的有机结合之外，还必须把经济活动的场所选择在生产条件最好的地区或地点进行，这就是经济布局。但是，经济布局不是凭主观意志来确定的，而是社会经济发展的需要与客观实际条件的可能相结合的产物。经济布局就是通过研究社会经济发展的需要与可能，在地域空间上统一起来使社会经济活动获得最佳的经济效益。

经济布局是一种社会经济现象，它关系到自然、技术、社会、经济等许多复杂的问题。布局的合理与否，是生产力能否取得预期经济效益的前提条件。布局合理，百年受益；布局不合理，百年受害。经济地理学就是要从在社会化大生产中，生产与生产之间、生产与流通之间、生产与消费之间存在着错综复杂的社会经济联系中，研究经济布局在时间上和空间上发展变化的客观规律。

经济布局按其所涉及的地域范围，可分为宏观布局和微观布局。宏观布局是大范围（一个较大的区域）的综合性经济布局，是关系到国家长远利益和全局利益的战略性布局。微观布局是指经济建设项目空间位置的选择，是宏观布局的实施和落实。

宏观布局和微观布局既有联系又有区别。宏观布局属于面的布局；微观布局属于点的布局。由面定点，由点成面，点面结合，这就是宏观布局和微观布局的辩证关系。但无论哪一种布局，都应该建立在科学的实事求是的基础上，使二者能够有机结合，才能取得预期效果。

二、经济地理学的学科体系

所谓学科体系，是指这门学科所属的主要系统。如地理学可分为两大部分，即自然地理学和人文地理学。同样道理，经济地理学作为地理学的一门分支学科，根据其研究对象和研究范围，也有自己的学科体系。如下表：

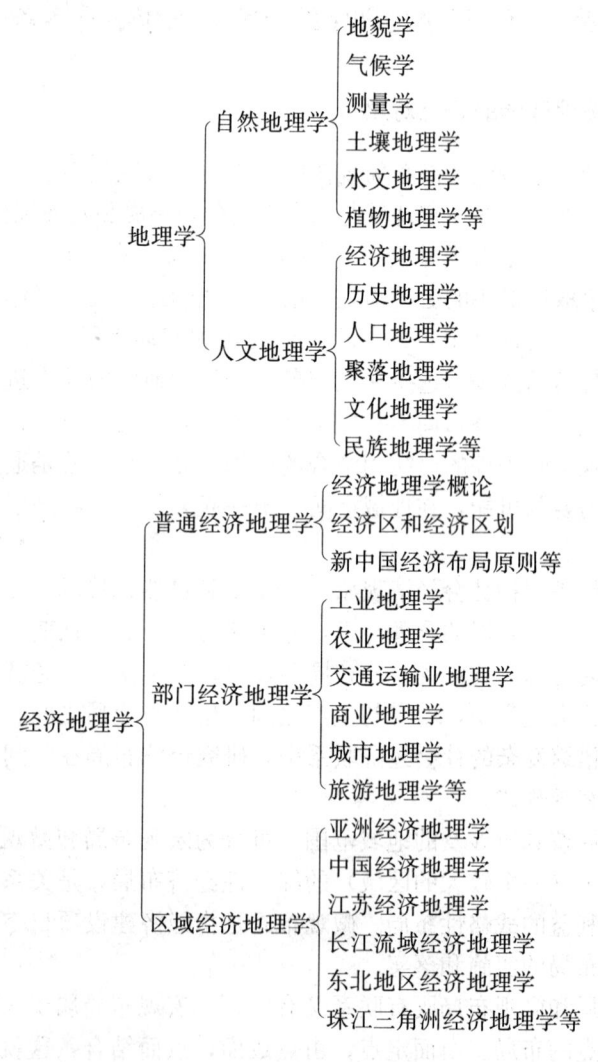

```
地理学 ─┬─ 自然地理学 ─┬─ 地貌学
        │              ├─ 气候学
        │              ├─ 测量学
        │              ├─ 土壤地理学
        │              ├─ 水文地理学
        │              └─ 植物地理学等
        │
        └─ 人文地理学 ─┬─ 经济地理学
                       ├─ 历史地理学
                       ├─ 人口地理学
                       ├─ 聚落地理学
                       ├─ 文化地理学
                       └─ 民族地理学等

经济地理学 ─┬─ 普通经济地理学 ─┬─ 经济地理学概论
            │                  ├─ 经济区和经济区划
            │                  └─ 新中国经济布局原则等
            │
            ├─ 部门经济地理学 ─┬─ 工业地理学
            │                  ├─ 农业地理学
            │                  ├─ 交通运输业地理学
            │                  ├─ 商业地理学
            │                  ├─ 城市地理学
            │                  └─ 旅游地理学等
            │
            └─ 区域经济地理学 ─┬─ 亚洲经济地理学
                               ├─ 中国经济地理学
                               ├─ 江苏经济地理学
                               ├─ 长江流域经济地理学
                               ├─ 东北地区经济地理学
                               └─ 珠江三角洲经济地理学等
```

普通经济地理学，主要是研究经济地理学的基本理论和方法，研究各个社会形态的经济布局和发展变化规律。部门经济地理学是研究某一经济部门的发展条件和布局规律。区域经济地理学，主要是运用普通经济地理学和部门经济地理学的理论，具体研究各特定区域经济布局的条件、现状和特点，从而进一步揭示经济布局的特殊规律。

中国经济地理学属于区域经济地理学的范畴。这里所研究的"区域"不是一个"纯自然区域"，一般也不是"行政区域"，而是具有某种经济条件、特征和发展规划的"经济地理区域"。区域的"范围"，因研究的目的和任务而异。中国经济地理学，就是研究我国和我国各地区的农业、工业、交通运输业、商业和旅游业等的布局规律的科学。

第二节 经济地理学的学科性质

任何一门学科的性质，都取决于该学科的研究对象。经济地理学是研究经济布局规律的科学。

经济地理学是介于经济学、地理学之间的边缘学科，在研究经济布局过程中，受到多种复杂因素的制约和影响。这些因素主要是：社会经济因素、自然因素和技术因素。每个合理的经济布局都必须使这三种因素之间的矛盾得到辩证的统一。所以，这三个因素被称为经济地理学的三要素。在这三要素中，一般认为，社会经济因素对生产力布局起着主要的决定性的作用，它决定着经济布局的目的和原则；而自然因素是经济布局的基础；技术因素则是合理安排经济布局的必要手段。经济地理学的显著特性是具有鲜明的社会性、区域性和综合性。

一、社会性

经济地理学所研究的地区的经济特征和布局，涉及许多社会、经济问题。世界上有200多个国家和地区，它们有不同的社会制度和各种各样的社会经济问题。就是在同一个国家的不同地区，社会经济问题也不尽相同。我国是社会主义国家，经济布局受社会主义基本经济规律和市场经济体制的制约，以保证最大限度地满足整个社会不断增长的物质文明和精神文明的需要，最终实现各族人民共同富裕。也就是说，它是服从于全国人民的根本利益，着眼于全国各地区、各民族经济的普遍发展。因而只有社会主义社会才有可能按照社会经济发展的客观要求，在宏观调控下充分发挥市场机制的作用，在全国范围内实现经济的合理布局，使各地区之间和各部门之间的生产相互协调，迅速发展。这既是建设有中国特色社会主义制度优越性的具体表现，也是社会主义经济布局的基本特征。

我国幅员辽阔，人口众多，自然环境复杂多样，经济布局要随着社会的发展而发展，随着历史的变迁而变化。离开具体的社会历史条件和经济条件，就不能正确认识经济布局与社会生产相互依存和相互制约的关系。因此，经济地理学是一门具有鲜明社会性的科学。

二、区域性

人类生活在地球上，每时每刻都离不开自然环境和社会环境，而社会环境的形成和发展，又是人类同自然界长期斗争的结果。所以，一定区域的环境及其特点是人类生存和发展的依托。经济地理学所研究的经济布局，除受社会生产方式制约外，还受各个国家、地区生产发展条件的限制。这就是说，一个国家和地区的经济布局，不仅要根据自己社会发展阶段的基本经济规律和不同时期社会发展的需要，而且还要充分考虑到各个地区生产发展的条件。

由于地理环境的空间差异，各地区发展生产的条件总是存在着不同程度的差别，经济布局也不尽相同。从自然条件来说，由于各地区自然环境的差别，为生产提供的自然条件、自然资源也就不一样。在这个地区适合发展这些物质生产部门，在那个地区则适合发展那些物质生产部门，从而在不同地区形成各具特色的生产结构的自然基础。就社会条件来说，各地区为经济布局提供的自然条件，能否变成现实的生产力，还要取决于这个地区的社会经济条件。由于社会历史的原因，各地区经济发展水平也存在着差别，经济条件、技术条件和人力条件等也不完全相同。这些条件也直接关系到各地区的生产结构和经济布局。

经济地理学必须从地区的具体条件出发，研究各个地区的自然条件，为合理安排经济布局提供可能性，还要研究各个地区社会经济条件、技术条件等对经济布局的影响。只有这样，才能正确认识各个地区经济布局形成和发展的规律性。因此经济地理学也是一门具有明显区域性的科学。

三、综合性

经济布局涉及的面很广，制约的因素很多，经济布局的复杂性，决定经济地理学的综合性。

首先，经济布局本身从不同的角度区分：有全国总体布局，也有地方区域布局；有生产部门的布局，也有区域内各部门的综合布局；有企业的单个布局，也有相关企业的组合布局。这就必须涉及到企业之间、部门之间、地区之间复杂的经济关系，而且还涉及正确处理局部与全局、近期与远期、政治与经济等各种关系。这些复杂的关系，要求在安排经济布局时不仅要考虑到一个企业、一个部门、一个地区的经济效益，而且还要从全国范围考虑它是否符合整个国民经济的利益。

其次，影响经济布局的因素很多，除经济、自然、技术三个主要因素外，还要考虑到历史基础、人口条件、地理位置、上层建筑等等。只有综合各方面的因素，进行全面的分析、论证，才能防止顾此失彼，使经济布局建立在经济上是合理的，在自然和技术上是可能的可靠基础之上。

由此可见，经济地理学研究的经济布局，必须坚持综合的观点和方法，全面地研究各种复杂的关系和所有因素的影响，才能正确认识经济发展和布局的规律性。因此，经济地理学又是一门综合性很强的科学。

第三节　学习中国经济地理的目的和任务

一、目的

（一）学习中国经济地理可以坚定实现四个现代化的信心

通过学习，可以比较全面地了解我国发展生产的自然条件、社会条件、历史变化和现阶段各种生产部门在地域上的布局以及生产的特点。我国有优越的社会主义制度和丰富的自然资源，这是加快我国四个现代化建设的有力保证和雄厚的物质基础。我们在开发利用自然方面，已经取得了巨大成就，经济布局日趋合理，促进了区域经济协调发展，只要我们坚持四项基本原则，认真落实科学发展观，掌握我国新时期经济发展和布局的规律，合理利用和开发资源，实施可持续发展战略，四个现代化就一定能早日实现。

（二）学习中国经济地理可以掌握我国经济布局及其发展的条件和特点

通过学习，可以了解我国各地区的农业、工业、交通运输业、商业、旅游业的地理分布以及它们彼此间的联系和发展方向。这样，就可以很好地总结我国经济建设的经验教训，实现经济布局的科学化、合理化，从而提高广大人民在建设社会主义小康社会中按自然规律和经济规律办事的自觉性。

（三）学习中国经济地理知识，促进广大少数民族地区经济的发展

通过学习，可以了解我国广大少数民族地区土地辽阔，资源丰富，但由于历史和其他一些原因，有不少地区至今丰富的资源还未得到开发利用，经济还很落后。因此，应尽快掌握我国少数民族地区农业、工业、交通运输业、商业、旅游业等部门的布局特点和概况，了解各部门、各地区主要商品的产供销情况和经济技术协作情况，以便更好地发展生产，组织货源，建立起强大的工业品和农副土特产品的国内外贸易网络，从而使少数民族地区的经济能得到迅速发展和繁荣。

二、任务

中国经济地理学是以马克思主义理论为基础的实践性很强的科学。它的任务是揭示经济布局的客观规律，并运用这些规律为社会经济发展服务。

（一）揭示经济布局的客观规律

经济布局同其他事物一样，具有自己的客观规律，在不同的生产关系下，在不同的社会制度之间存在着一些共同的、一般的经济布局规律，也存在适合各个国家和地区自己特点的特殊规律。中国经济地理学在研究经济布局的一般规律的同时，也必须研究不同社会制度下各地区的特殊规律。总结我国经济布局中已经取得的具有中国特色的有效经验，研究我国经济布局的原则和方法，并通过综合考察、规划和探索等大量工作实践，揭示出中国经济布局的特点和规律，并且创造出适合中国特点的经济地理学科学理论体系。

（二）为社会生产服务

认识世界的目的是为了改造世界，揭示经济布局规律的目的，是为社会生产服务。经济地理学通过研究经济布局的条件、特点和规律，分析今后经济布局的方向，为合理、科学规划经济布局提供可靠的依据。在我国，总结经济布局正反两方面的经验，探索中国经济布局的规律，可以解决新世纪社会主义建设中的许多具体问题，促进经济社会的发展，以便为实现第十一个五年规划和全面建设小康社会的宏伟目标而努力奋斗。

（三）培养专门人才的需要

本世纪头二十年是我国发展的重要战略机遇期，"十一五"时期尤为关键，我国目前经济建设的科研人才非常缺乏，在高等院校设置经济地理

专业，就可以解决这方面的燃眉之急。在不同类型的高等院校开设中国经济地理课程，为他们打下必要的基础知识，是培养现代化经济建设人才的需要，只有这样，才能促进我国经济和社会的发展。

第四节 经济地理学的研究方法

经济地理学的性质、任务、目的决定了它的研究方法，而这种研究方法是否科学、正确，又将直接关系到准确认识学科的研究对象和促进学科的发展。

一、坚持唯物辩证法

经济地理学是一门综合性的科学，影响经济布局的因素是多方面的，不同的国家，经济布局是不相同的；即使在同一个国家内，不同地区由于自然条件、社会历史和生产技术条件的差异，经济布局也不尽相同。因此，必须坚持辩证唯物主义和历史唯物主义的观点，要用全面的、动态的观点研究错综复杂的经济布局现象，分析经济布局的现状和发展趋势，正确认识各经济部门发展和地区分布的特点和规律，只有这样，才能促进我国经济社会的发展。

二、实地考察法

学习经济地理必须坚持理论与实践相结合。社会经济是不断发展变化的，经济布局也是不断发展变化的。因此，在学习过程中，一定要通过实地考察，才能不断总结成功的经验，吸取失误的教训。特别是要重视了解和研究本地区和相关地区的经济地理情况，把所学的理论和当地经济建设紧密结合起来。例如石景山钢铁厂迁往河北省曹妃甸实例，充分证明实地考察法的重要性。

三、资料收集法

经济地理学的研究对象，决定了它涉及到广泛的生产部门，而社会经济又在不断发展变化，故有大量的资料累积。这些资料，对于研究经济布局起到重要作用。收集资料的方法很多，例如卡片资料累积法就很普遍，把收集的新资料，摘录在卡片上，分门别类地积累起来，并应注明来源、时间、作者，便于日后查对、引用，并加以分析、研究，从中得出科学的结论。

四、图表法

图表是经济地理最形象的语言。学习中国经济地理，要学会掌握图表的填制和使用方法，这是学好经济地理的基本功。地域性是经济地理的基本特征，要充分利用地图、经济图表和各种示意图，还要多填填充图，多绘生产分布图和商品流通图。要经常翻阅地图册，将经济布局的知识落实到地图上，逐渐形成牢固的空间概念。只有这样，才能直观、生动地反映出各种经济地理的内容，取得良好的效果。

五、新的科学技术方法

学习经济地理，要特别重视学习和运用新的科学技术，要重视知识更新。近年来引进了经济论证法，并运用电子计算机和遥感遥测等新技术手段，使经济地理学的研究方法从描述进入到综合分析和预测，从定性分析进入到定量分析，从统计分析进入到建立数学模式，不但研究解决现实问题，而且还进行预测、规划工作，这对促进我国社会主义市场经济发展，具有重要的意义。

复习思考题
1. 经济地理学的研究对象和性质
2. 学习中国经济地理的任务
3. 经济地理学的研究方法

第二章　中国人地关系总述

　　人地关系是自人类在地球上诞生以来就存在着的一种客观关系，属于人与自然关系的范畴。这里所指的"人"，是指在一定生产方式下从事各种生产活动或社会活动的社会人，他们有意识地同自然界进行物质交换，组成了社会，因此，他们既有自然属性，也有社会属性；所谓"地"，指的是与人类活动有密切关系的地理环境，由岩石圈、水圈、大气圈、生物圈组成。在地理环境中，无机的与有机的自然组要素有规律地结合，在空间上存在着地域的差异，并且在人类的活动中不断地被改变着，逐渐地形成了经济、文化、社会化的地理环境。

　　这里所指的人地关系是指生活在不断地向前发展的社会中的人们，为了生存的需要，不断广泛地和深刻地改造、利用地理环境，增强适应地理环境的能力；同时，地理环境也更加深刻地影响着人类活动的地域特征和地域差异。

　　人地关系是客观存在的，作为客观物质运动的一种形式，它在人类社会历史发展的不同阶段中，所表现的特点不尽一样，其水平和深度不尽相同，相对地位和作用的程度也是有所差别的。

　　中国经济地理属于以人地关系为研究中心课题的人文地理学的重要分支之一——经济地理学学科体系中的区域经济地理领域，理所应当地要把人地关系作为研究的主线。因而，在我国政府已决定实施可持续发展战略的情况下，在集中论述我国的资源、人口和环境的基本状况之前，有必要先对我国人地关系的发展、演化及当前面临的迫切任务作一概略总述。

第一节　人地关系的认识

一、人地关系：从"天、地、人"三方博弈到"人、地"两极对立

　　自从地球上诞生了人类，也就开始了人与自然相互作用的历史。人类

对人与自然关系的认识是建立在人类对自身以及对客观规律的认识基础之上的。由于所处的时代不同，人类所具备的观察手段、所处的观察角度和自身认识能力的差异，在同自然的博弈中逐渐形成了人地关系的不同定位，使不同时期对人地关系的认识打上时代的烙印，并影响到特定时代的人类实践活动。

在人类生存的早期，天地初开，混沌一片，人类对自身和周围环境的认识是朦胧和模糊的。但是，人类同自然界万事万物的重要区别之一，是人类自身拥有自我意识，随着自我意识的不断提高，人类充分借助了高度发达的大脑器官对自我和生存环境进行认识，并对自身与周围自然环境的关系进行定位。早期的人类在蹒跚行走中经历了漫长的蒙昧时期，这一时期的久远足以使人类意识到自己在自然界中同自然界万事万物相区别的一面——在大自然面前具有能动性；同时也使人类认识到这种能动性在自然法则面前的有限性——在大自然面前还受被动性限制的一面。能动性使人类开始认识到自己同其他万物的不同，逐渐地在认识中把自己定位为大自然当中的一极；被动性又使他对自然产生敬畏与神秘感，把冥冥之中的"天"道定位为大自然当中的另一极；再加上自然这一极，这样便形成了早期"天、地、人"三方博弈的人地关系。比如，在中国古代儒家的自然观中，把"天、地、人"三材看成是世界上相平行、并列的三个要素，由这三者构成了整个世界。同样，古希腊的自然观，如有机论（包括亚里士多德的"自然"概念）实际上都把人与自然关系定位为"天、地、人"的三方关系。无论是老子的"道"，亚里士多德的"潜能"，还是图腾崇拜、诸神崇拜，实质上都是古人"天"道意识的一种反映。

随着人类认识和改造自然实践的不断发展，人类对其自身、环境以及二者之间关系的认识逐渐深化。到了近现代，人类认识自然和改造自然的进程不断加速，特别是近代科学技术的产生，人类对自然的认识和改造开始大踏步地前进，在一轮又一轮科学革命、技术革命和产业革命轮番交替中，人类不仅创造了前所未有的物质财富，而且人类的理性不断增长，对自然规律的认识与把握能力不断提高，人类的自信心也在不断增强！当拿破仑质问拉普拉斯在他的关于宇宙起源的"星云假说"中为何不见上帝的影子时，他回答：我不需要上帝！

但是，科技发展及其带来的工业化是一把双刃剑，在人类改造自然取得成功的同时，也激化了人与自然的矛盾，恶化了人类生存环境，爆发了全球性的资源危机、生态危机和环境危机。大规模的矿产开发首次打破了地球上的生态平衡。沉睡在地下上千万年的各种矿物质被动力牵引的机器挖掘出来，由此改变了地球上化学成分循环的自然过程。同时，矿业开发，给地球表面带来了大量土石方和矿渣，使地球表面的土质和植被发生变化。燃烧的煤和石油等化工燃料产生了大量的烟尘、二氧化碳、一氧化碳、二氧化硫和氮的化合物，严重地污染了洁净的大气，酿成了烟雾、酸雨、毒雪，产生温室效应并加剧了地球水圈的污染。排入大气圈和水圈的工业废弃物和其他废弃物中还包含了一些过去在自然状态下不存在的化学合成产物，这就更增加了环境污染的复杂性。资源开发、环境污染和破坏的程度已远远超出了自然本身的再生能力和环境自身的自净能力，环境灾害频频发生，个别严重的地区生态环境甚至处于崩溃的边缘。"人类好像一夜之间突然发现自己正面临着史无前例的大量危机：人口爆炸、环境污染、能源短缺、资源匮乏等等……这场全球性危机程度之深、克服之难，对迄今为止指引人类社会进步的若干基本观念提出了挑战。"人类面临着前所未有的生存与发展的困境。

正如系统思想所揭示的多样性导致稳定性一样，人与环境的关系在由"天、地、人"的三方博弈转变为"人、地"的两极对立之后，系统原有的稳定性也随之受到动摇。在大自然的神秘面纱逐层剥去之后，最难以把握的"天"道的淡出，使人类对大自然的认识和把握变得一下子简单起来，作为认识和实践客体的简单化不只是加快了人类对自然认识和改造的步伐，而且促成了人类自身的盲目骄傲和自大：人类似乎代替了"天"（或上帝）成了无所不能的宇宙之王。这一过程是自然祛魅、神性退隐、理性狂欢的过程，并最终在20世纪后半叶达到巅峰。人类的优越感从来没有像过去的一个世纪那么强烈，"人定胜天"成为毋庸置疑的不二法则。从此人类以征服者的姿态面对自然万物，人类中心主义思想产生成为历史发展的必然。人类中心视野下自然界成了取之不尽、用之不竭的资源库和可以任意倾倒废弃物的垃圾场，轰鸣的机器、高耸的烟囱一度成为文明发展的象征，直到1972年罗马俱乐部《增长的极限》的报告第一次向人类敲响警钟，人类对近乎疯狂的"发展"才有了反思的机会。大自然厚德载物，化育众生，孕育了包括人类在内的地球生命，但同时又通过一次次灾难警示我们在自然面前应保持必要的谦卑与敬畏，而不是把她作为一个予取予求的对象或者一个可以"战胜"的对手。2005年初，由东南亚大海啸引发的国内学术界关于"人类是否应该敬畏大自然"的大讨论，实际上从一个侧面反映了处在生存与发展困境中的当代人类对人地关系的再思考。

相信 2008 年发生在中国汶川的大地震中所反映出的自然力量的强大，更会给国人留下永远难以磨灭的记忆。

二、人地关系和谐是发展的目的性、条件性的有机统一

人地关系和谐是指人与自然之间能够形成一种互相耦合与协调的适应状态。判断人地关系和谐与否涉及不同时期的人类文明样式，不同的文明样式反映了不同时代人类对自然作用方式的差异，工业文明对自然的干预和影响强度是空前的，人与自然之间出现了严重的不协调、不适应。在工业文明短期内难以被生态文明替代的情况下，判断人地关系和谐与否至少应该包括两个重要的指标：一是自然资源承载能力，二是自然环境承载能力。与此相应，对人地关系和谐的理解也应包括两层：即一是对自然资源、能源的开发利用不超过自然本身的承载能力；二是对生态系统、生态环境的破坏和污染不超过自然的承载能力。这是人地关系和谐的最低要求，更高的要求是自然资源、能源和生态系统、生态环境的再生能力要大于对它们的开发和利用程度，只有这样才能保证自然资源、能源和生态系统、生态环境的优化。

人地关系和谐对人类社会发展有着重要影响。发展是"事物由小到大、由简到繁、由低级到高级、由旧质到新质的变化过程"。社会发展离不开自然资源、能源和环境的支持，它们构成了发展的物质基础。反思不同时期的发展观，可以得出这样一个结论：人地关系和谐是发展目的性、条件性的有机统一。

首先，从发展的目的上看，人地关系和谐是发展的重要目的。考察发展观的历史演进，可以看出，发展的目的不是为发展而发展，也不是单纯为了经济增长而发展，而是最终为了人；人既是实现发展的主体，同时又是发展的出发点和落脚点，发展应是为人的发展。为人的发展既应包括物质生活资料的充裕，还应包括精神文化生活的丰富，同时还应包括人类生活环境的不断改善。传统的发展观更多地把注意力放在物质文明发展上，人与自然关系的改善通常被排斥在传统的发展目的之外，结果是人类陶醉在自己创造的物质文明的同时，却发现自己失去了昔日蔚蓝的天空、碧绿的河水、清新的空气，遭到伤害的自然频频地报复人类，甚至连发展本身也不可持续。恩格斯早就说道："美索不达米亚、希腊、小亚细亚以及别的地方的居民，为了得到耕地，毁灭了森林，他们梦想不到，这些地方今天竟因此成为荒芜不毛之地，……阿尔卑斯山的意大利人，当他们在山南坡把那些在山北坡得到精心培育的枞树滥用个精光时,没有预料到,这样一来,他们把他们区域里的山区牧畜业的根基挖掉了;他们更没有预料到,他们这样做,竟使山泉在一年中的大部分时间枯竭了,同时在雨季又使更加凶猛的洪水倾泻到平原上来。"这样的发展实质上是发展的异化,结果是人地关系的紧张与对立,作为自然之子的人类在从自然分化出来十几万年之后,没承想变成了大自然的最大敌人,成为大自然的不肖子孙。在经历了原始文明人地关系的融洽、农业文明人地关系的初步对立和工业文明的尖锐对立之后,人类呼唤着未来生态文明人地关系和谐的复归,实现人地关系上的否定之否定,达到人地关系的完美和谐。对美好自然环境的追求是人类的天性,人地关系和谐应该成为发展的重要目的。1983年,联合国推出法国经济学家佩鲁的著作《新发展观》一书,提出了"内生的"、"整体的"、"综合的"发展理论,并称为"新发展观"。这种新发展观综合了"人的发展第一"和"基本需求战略"等观点,强调经济与政治、人与自然的协调,将人与人、人与环境、人与组织作为主体,提出发展人的发展程度和人的全面需求是这种发展观的最终检验标准。人的全面需求,当然地包括对和谐人地关系的追求,和谐的人地关系不仅是发展的目的之一,也是人类活动的共同价值选择和最终归宿。

其次,从发展的条件上看,人地关系和谐是发展的重要前提。发展离不开环境的支持,自然环境不仅给人类社会发展提供空间,而且为人类社会发展提供资源、能源和环境的支持。物质资料的生产是人类社会存在和发展的物质前提,物质资料的生产离不开资源和能源的支持,从人类社会发展的历史和可预期的未来看,资源和能源的来源和发展所需要的空间只能是我们赖以生存的地球环境。自然界不仅为人类生存提供了必要的空气、水、食物、温度等,还为人类提供了赖以发展的土地、森林、草原、地下矿藏以及风力、水力、地热、太阳能、核能等能源资源。经过人类长期的发展实践,今天自然资源和能源已被人类超负荷地开采和使用,面临着枯竭的危险,生态系统和生态环境已变得异常脆弱,面临崩溃的边缘,生存环境也已变得十分恶劣。尽管人类利用科学技术开发了一定的替代资源和新能源,对生态系统和生态环境进行了一定程度的修复,但自然界远远无法承受人类强烈的发展欲望对它的需求,因此在许多地方、许多领域,资源和能源短缺、人地关系紧张已经成为进一步发展的瓶颈,在一定程度上人地关系紧张已经成为发展的制约因素。

三、促进人地关系的和谐,落实科学发展观

党的十六届三中全会第一次明确提出了"科学发展观"的概念,并对这一发展观做出了精辟表述:"坚持以人为本,树立全面、协调、可持续的发展观,促进经济社会和人的全面发展。"科学发展观,就是全面、协调和可持续的发展观。它是在我国全面建设小康社会的情况下,新一届中央领导集体根据我国实际和改革开放的实践提出来的,切合当代世界发展趋势的一种新的发展观。科学发展观的提出,其实是对传统发展观的修正,是对以往发展理论与实践的科学总结和与时俱进的创新发展。

总结起来,科学发展观的基本内涵包含以下五个方面:坚持以人为本,是科学发展观的核心内容;促进全面发展,是科学发展观的重要目的;保持协调发展,是科学发展观的基本原则;实现可持续发展,是科学发展观重要体现;实行统筹兼顾,是科学发展观的总体要求。通过深入分析可以发现,作为科学发展观理论核心的这五个方面,紧密地围绕着一条基础主线:人地关系。以人为本,就是以人的价值、人的需要和人的潜力的发挥为中心,旨在满足人的基本需求,促进生活环境质量的提高和共同体成员的全面发展,就是要改变过去在发展中见物不见人的做法,就是要把人地关系和谐作为发展的目标去追求、作为发展好坏的指标去衡量;全面发展,理应包括人地关系的发展;协调发展,就是要做到"五个统筹",统筹人与自然和谐发展是其中应有之义;可持续发展,就是要促进人与自然的和谐,实现经济发展和人口、资源、环境相协调,坚持走生产发展、生活富裕、生态良好的文明发展道路,保证一代接一代地永续发展。

第二节 中国人地关系发展简要回顾

一、中国人地关系的发展和演化

(一) 1949 年前中国的人地关系

原始人类一经在我国土地上诞生,人与地的关系就存在了。原始社会的早期,即旧石器时代,生产力水平非常低下,我们的祖先多穴居野处,以渔猎和采集为生,以石器和棍棒作为主要生产工具和武器,只是利用自然现成的东西来维持生活。进入新石器时代,随着生产力水平的提高,我们的祖先已能逐渐地把自然的某些东西再生产出来供生活、生产之需了,人们已能把荒地垦为耕地,利用草地放牧牲畜,栽培和驯化野生植物和野

生动物。总之，就人与自然的相互作用来说，地理环境在当时工具制造、生产发展速度等方面具有直接的决定作用，人们对周围环境只是凭本能的适应，在自然界留下微弱的生存痕迹，也以微弱的能力作用于自然。随着我们祖先逐步摆脱了一般动物的属性，成为能制造工具的特殊动物之后，他们便在其活动所在地留下了改造环境的痕迹，开始进入了人化自然阶段，他们利用和改造自然的能力随生产力的发展而日益提高，在祖国各地组合成了人和自然相互作用的新的整体，人地关系在广度和深度上逐步发展演进。

到了奴隶社会，特别是漫长的封建社会阶段，人地关系出现了一些新的变化，既有合理、协调的一面，也有失调、矛盾激化的一面。前者表现在开发地区的逐渐扩大，从商、周到秦汉，黄河中下游地区的经济得以崛起、发展，秦汉以后，长江中下游地区的经济开始兴盛，明清之后东北地区也被开发……这些都说明在这一时期，我国的社会经济就是伴随着对自然的开发利用而得以发展起来。公元前250年前后，秦国蜀郡太守李冰父子率领民众在四川成都平原修筑的都江堰，引岷江江水灌溉成都平原上数百万公顷农田，两千多年来一直发挥着巨大效益；秦始皇元年修建的郑国渠，全长125千米，灌溉了陕西关中从泾阳到蒲城渭河两岸约10多万公顷农田，后来又和汉武帝时修建的白渠、成国渠、漕渠、龙首渠等水利工程连成一体，构成了以长安（今西安）为中心的农田水利网，改善了当地气候条件对农业的制约作用……几百年前新疆吐鲁番一带用坎儿井引冰雪融水、引地下水灌溉，减少干旱地区水分的蒸发，养育了片片绿洲……至今，吐鲁番地区还有坎儿井1100多条，长3000千米，每年输水20亿立方米，为干旱地区发展灌溉农业提供了可贵水源。广东珠江三角洲地区的人民群众，在长期农业经营中，创建了桑基鱼塘生产模式，低处筑塘养鱼，高处栽桑养蚕，蚕粪喂鱼，鱼粪塘泥肥桑，土地越种越肥，使蚕桑、塘鱼双增收，确实是按自然规律发展生态农业的一个良好典范。

与人地关系在一些地区呈现合理、协调的情况相反，在某些地区也出现了人地关系的失调与矛盾激化，黄土高原的演变即是其中突出的一个事例。先秦时期，黄土高原本是塬梁宽广、植被丰茂、山清水绿的好地方。据考证，西周时那里的森林覆盖率达到53%左右，好多地方是茫茫草原，黄河的水也是清的。战国以后，情况就渐渐逆转。随着人口的自然增长，特别是两汉、隋唐、明清各代均有较长时期的统一稳定局面，人口增长很快。据记载，汉平帝元始二年（公元2年）全国人口接近6000万，比秦汉之际猛增10多倍。再加上愈演愈烈的地主阶级兼并土地，战乱的频繁，要求有充足的军饷供应，这些都使对于粮食的需求日益增长，扩耕种粮，愈益成为迫切的社会要求。而这种恶性膨胀的需求远远地大于当时人们所具备的劳动生产产出效益，粮食单产低，只能不断扩大耕地面积，其直接的结果，则是由平原到丘陵，由内地到边塞，到处扩大开垦范围，而这是以缩小山区森林为代价的。这样经过千百年来的长期破坏，黄土高原原有的大片森林被毁，毁坏了历史形成的稳定的生态系统物质循环的一个重要层次，其后愈益陷入半干旱状态，黄土高原地面失去植被保护以后，不能涵养水分，大雨一来，立即形成地表径流，土壤遭到冲刷、侵蚀，逐渐形成沟壑，沟头不断延伸，整个黄土高原于是被切割得支离破碎。极目所见到处是光秃秃的长条形的"塬"和圆包状的"峁"，错杂地分立于无穷沟壑之中。而黄土高原冲刷下来的泥沙流入黄河，遂使黄河变成泥浆翻滚的浊流，黄河成了闻名于世的"害河"，最终造成了几千年来黄河流域水旱灾害频率逐渐增加的严重后果！由此可以吸取一个深刻的教训：人们向大自然生态系统索取产品，应当恰当地处理好人地关系，用牺牲森林植被的办法来扩大耕地，增产粮食，发展生产，无异于杀鸡取卵，饮鸩止渴，贻害无穷。

1840年鸦片战争后，中国逐步沦为半封建半殖民地社会，受到帝国主义，封建主义和官僚资本主义的重重压迫，人地关系严重失调、矛盾愈益激化，根本谈不上对自然资源的合理开发和保护。伟大的中国民主主义革命的先行者孙中山先生撰写的《建国方略》中的物质建设部分，堪称是我国历史上第一个较为全面的开发和治理我国自然资源的规划，但因军阀割据和国民党统治，内忧外患频繁，也不可能付诸实施。

（二）1949年后的中国人地关系

1949年新中国成立后，在生产资料公有制的基础上，随着国民经济的迅速发展，我们以史无前例的规模广泛地开展了对自然资源的开发利用与保护，改造山河，在优化、协调人地关系方面，取得了一系列引人注目的进展：（1）大力开发了落后地区，努力改善了产业布局；（2）大规模地开发了土地、矿产和水力等各种自然资源，促进了国民经济的发展；（3）花大力气持续地开展了对黄河、海河、淮河、长江、珠江、辽河、松花江等江河的治理，初步控制了一般性的洪涝灾害。此外，还在植树造林、改良土壤、开发山区、建立自然保护区、治理"三废"等方面，取得了显著成绩，从而在协调经济、人口、资源、环境四者发展，优化、协调人地关系方面，迈出了可喜的步伐。

与此同时，也应当指出，由于历史上开发资源强度过大，生态环境问题长期积累，加上政治、经济、人口等方面的多次决策失误，先后造成了人口膨胀，"大跃进"、"十年动乱"两次对生态环境的大破坏，以及由于对我国国情缺乏深入的了解和全面的认识，往往片面地为"地大物博"而盲目乐观，忽视了人口众多所造成的严重矛盾和困难；对自然规律和经济规律认识不足，只顾眼前的、局部的利益，而不考虑长远的、全国的利益，在一些地区滥垦、滥牧、滥伐、滥捕，致使自然资源和生态平衡遭到相当严重的破坏；对如何合理开发利用、保护自然资源缺少全面的科学规划，以致造成不应有的损失。凡此种种，使我国不少地区在相当长的时期内继续出现了人地关系失调、矛盾日趋尖锐的状况，如水土流失面积有增无减；森林减少，草原退化；沙漠化面积不断扩展；陆地河流、湖泊面积日益缩小；水利工程多年严重失修，效益骤减，灾害倍增；环境污染已从城市向农村扩展，造成巨额经济损失，直接危害人民身体健康，等等。这表明，在当前我国推进以社会主义现代化经济建设为中心的建设过程中，我们在人地关系方面正承受着空前巨大的人口压力和前所未有的生态环境问题，面临着有史以来最严峻的生态破坏与环境污染的双重挑战。

二、中国人地关系发展、演化的启示

（一）人地关系是自我们祖先在祖国大地诞生以来就存在着的客观关系。

像人类的生存时刻也离不开地理环境那样，自我们祖先在祖国大地诞生，便时刻不能离开他们赖以生存的地理环境，这在远古时期和现代化社会无甚区别，只有深度和广度的不同。对此，我们只能正确地对待它、妥善地处理它，而不能无视它、回避它。

（二）我国的发展历史，实际上是以不断破坏、恶化人地关系和优化、协调人地关系交错存在的生产斗争史。

无论在我国的哪一个历史阶段，都存在着违反自然规律、毁坏人类自身生存环境的事件，不管这些事件发生的动机如何，最终都将导致因不合理开发利用和掠夺式经营而破坏自然，造成人与生存环境关系恶化的恶性循环。另一方面，谋求人地关系优化、协调的工作也已十分久远。为了生存，总是力求尽量保持与环境的协调一致。在人与地这一对相互联系的关系中，人们为了生存，在一定程度上就得依赖环境，使环境为我所用，因而从本质上看，人地关系就是人类利用环境、改造环境的关系。而追求人地关系的优化和协调，重组新的人地关系，是人类的美好生活目标，是人地关系本质的反映。

（三）强调人地关系的本质是改造、重组，强调在这个改造、重组过程中人的主体地位和作用，但并不是要过分强调人的主观能动性。

人们能够通过实践来改造自然，但是这种主观能动性的发挥必须以认识、尊重客观规律为前提。我们所说的改造、重组人地之间的关系，乃是尊重客观规律的科学行为，是对自然的合理改造、有效利用，这与唯意志论是有根本区别的。

（四）人们对环境的改造利用，对新的人地关系的重组，除了受到社会生产力水平和科技发展水平的深刻制约，还受人类的智慧、理智和自觉行为所制约。

几千年来我国人民发展生产的历史，从一定意义上说，就是改造、利用自然，不断重组人地关系的历史。在这种历史发展过程中，社会生产力和科技发展水平越高，人们自觉地对自然利用、改造的广度也就越广，深度也越深，重组新的人地关系的内涵也越来越复杂。但无论如何，人们仍然永远也不能离开自然环境而存在。

第三节　中国人地关系协调的目标与途径

怎样协调人地关系现已成为当今全球面临的最迫切的课题之一。如上所述，人与自然的矛盾在我国特别突出，在历史上主要表现在人与耕地的矛盾及人与自然灾害的矛盾两个方面。进入工业化阶段，人与自然的矛盾不断上升，呈现多元化格局，表现为人、资源、环境、灾害等矛盾日益激化。在这种情况下，我们应该把自然和人平等看待，一方面要使人们的活动顺应自然生态环境的发展规律，充分合理地加以开发利用；另一方面，则要对已遭破坏的不协调的人地关系进行调整，根本改变人地关系发展的自发状态，建立人们自觉控制的人地关系，实现人地关系的和谐。

一、中国人地关系协调的重大课题

（一）人口、耕地与粮食的协调

人们的生存离不开粮食，世界范围内仍普遍存在着以粮食生产为核心的人地关系矛盾。所以，从较大范围看，要协调人地关系，首先要实现人口与粮食之间的协调。这在人口众多、耕地狭小的中国，粮食生产尤其应该成为协调人地关系的首要课题。

（二）协调城乡聚落的建设发展

作为聚落的城市和村镇是人口集中的地域，生产、生活和居住场所是自然环境、社会文化环境和生产环境三者交互影响的产物，故亦是人地协调的重点；它包括城乡建设与居住环境关系的协调；聚落扩展与占用耕地之间的协调；大、中、小城市和集镇之间的协调发展，等等。

（三）制止对自然资源的掠夺式经营，保持相对的生态平衡

这是因为对自然资源进行掠夺式的开发经营，破坏了生态平衡，造成了资源的枯竭或衰退，带来环境的恶化，造成恶性循环，这已使我国一些地区产生了许多再也不能被忽视的问题（灾害频繁、土地沙化、水土流失、淡水危机、一些矿产资源渐趋枯竭……）。所以，制止对资源的掠夺式开发经营，合理开发利用资源，业已成为当今世界，也是我国协调人地关系所面临的一大课题。

（四）加强对人地关系严重失调地区的治理

人地关系严重失调地区，自然环境恶化日趋严重，人们在这类地区生存发展越来越艰难，往往迫使人们又去进一步破坏自然，从而造成环境变坏与人们活动之间的恶性循环。如我国的黄土高原地区即是典型代表。对这类地区的工作重点是要调查研究，提出正确的科学的治理方案，采取必要的经济和政策措施；把社会经济全面发展与自然环境紧密结合起来，是我国协调人地关系面临的又一重大课题。

（五）协调区域间经济的发展

区域经济是我国整个国民经济的重要组成部分，区域性问题及由此引发的各种社会问题亦是涉及人地关系的重要问题。要协调好这方面的人地关系，应着重解决好：（1）区域经济发展平衡度的协调；（2）协调好区际关系，推进区域间横向经济联合。

（六）国土开发、整治与规划

国土开发、整治与规划，所要追求与实现的是在全国或各个地区范围内经济、人口、资源与环境的和谐发展，所以这是协调人地关系的综合课题。其实质即是要从地域的角度，协调大自然系统与人类社会系统二者的关系，从而建立起一个和谐、协调的人地关系系统。国土开发、整治与规划综合地体现了人地关系的协调，也应成为协调我国人地关系的重要手段和课题。

二、中国人地关系协调的目标与途径

（一）优化、协调我国人地关系的目标

1. 生态过程的破坏最小

就是要停止一切有损于生态的过程，使之向有利的方向发展，努力恢复和改善那些日趋恶化的环境，主动地调节生态系统中的各种关系，以维持整个生态系统的稳定和平衡，建立一个新的、结构更合理的、生产能力更强的生态系统，达到协调和谐、永续利用的目的。

2. 资源的最大保护

人们从大自然中获取的某些资源是取之不尽的，另一些则是用得尽的。因此，对自然资源的开发利用都应有正确的生态学预见和经营管理，以利于资源的保持和更新。自然资源的稀缺性和有限性，要求在对其开发利用中必须力求予以最大限度的保护。

3. 稳定人口

人是人地关系的主体，但人口无节制地增长将加重自然界的负荷；而且，在人口数不变而人们生活水平不断提高的条件下，同样会加重自然的负荷。因此，应在科技进步条件下，科学地确定最佳适度人口。最佳适度人口的实现，实际就意味着人地关系的和谐、协调。

4. 要实现协调发展中的最优效益

人地协调发展的实质，就是经济、生态、社会三效益的协调统一，取得最优效益就是此种协调统一的最终目标。上述生态过程破坏最小、资源的最大保护和稳定人口等三方面目标，最终都应服从最优效益这一目标。

（二）优化、协调我国人地关系的途径

1. 树立人与自然和谐相处的自然观

人与自然的对抗，源于极端的人类中心主义，是将人与自然的对立绝对化和极端化的结果。人类的许多灾难最深层的原因就在于人与自然相互对抗的自然观。这种对抗既是社会发展和人类文明进步的结果，同时又是社会发展和人类文明进步程度不够的结果，因为这种人与自然对抗的自然观不是从来就有的，也不是永恒存在的，它随着社会的发展和人类文明程度的进一步提高，必将被人与自然和谐的生态自然观所取代。因此，要树立人与自然和谐的生态自然观，走出极端的人类中心主义，强化环境伦理意识，既承认自然的工具价值，同时又要承认其内在的价值。这既是当今人类减少种种灾难的根本途径，又是人类社会发展和文明进步的必然趋势。

2. 改变传统的经济发展观

要从根本上实现人与自然的关系从冲突走向和谐，必须放弃传统的经济发展观，积极发展生态经济，努力实现经济生态化。所谓经济生态化是指在工业文明向生态文明更替中，通过建立与推广应用与环境协调的技术体系、能及时准确收集与处理有关环境与发展信息的动态监测与预测预警体系、能灵敏反映自然资源及其诸种功能变化后的经济后果的市场价格信号体系、能引导人与自然和谐相处的行为规范体系以及民主化、科学化的环境与发展综合决策体系。简而言之，经济生态化即人类经济活动日趋符合生态规律要求，日益实现在生态上合理的过程。其本质和核心内容即：使基于劳动的经济过程所引发的人与自然之间物质代谢及其产物，逐步比较均衡、和谐、顺畅与平稳地融入自然生态系统自身的物质代谢之中的过程。因此，只有发展生态经济，才能彻底克服人与自然的尖锐对抗状态，实现人与自然的和谐发展，重新实现天人合一。

3. 树立科学文明的消费观

尽管非典、禽流感等继续威胁着人类，然而，人类食用野生动物的口腹之欲仍未杜绝。因此，倡导文明饮食文化，树立科学健康的消费观，戒掉吃野生动物的陋习，有利于自己，有利于他人和社会，有利于人与自然间的和谐，同时也有利于子孙后代。

4. 加强环境立法，增强环境执法力度

协调人与自然之间的关系，树立人与自然和谐的生态自然观，除了依靠经济手段，建立新的可持续经济发展模式，发展生态经济，建立新的可持续消费观，倡导绿色消费等等，还必须借助于法制手段，建立和健全环境法制机制完善环境立法制度，使人与自然的协调，经济发展、社会进步和环境优化的统一有法可依。

5. 加强生态教育，提高人们的生态意识

人们在对工业文明进行反思中，认识到要变革工业文明的生产方式，要对工业文明中人和自然的关系进行拨乱反正，把人与自然的尖锐对抗转变为人与自然的和谐统一，还必须实施和推行教育改革，开展生态教育，提高人们的生态意识和环境意识。生态化教育是和构建未来生态文明相一致的新型教育体系，它可以分为学校生态教育和公众的生态教育。对于学校而言，要以生态文明观为指导，构建教育的理论、观念、价值、政策、目的、内容、方法等，并致力于解决教育过程中人类与自身、自然之间的时代性矛盾，从而致力于培养具有生态文明素质的新人。对于公众教育而言，要致力于提高公众的绿色意识和参与生态环保的自觉性，积极参与解决工业文明时代人类与自然之间产生的生态危机，从而推动生态文明的形成和发展。

6. 继续实行计划生育、严格控制人口数量的增长，提高人口素质

严格控制人口的数量，对于减少资源的消耗，和谐人地关系有着至关重要的意义，因此，一定要继续实行计划生育、严格控制人口数量的增长，提高人口素质。为形成良好的人地关系创造必备的条件。

复习思考题

1. 试对1949年前后中国人地关系的发展和演化作一对比。
2. 中国人地关系发展、演化对我们的启示。
3. 试简述协调中国人地关系的目标与途径。

第三章 经济布局的条件

物质资料生产是人类社会存在和发展的基础。在一定的生产力条件下，人们总是争取以最小的劳动消耗取得尽可能大的经济效益，并以此作为发展生产的基本目标。为此，就必须考虑合理的经济布局。合理的经济布局，除了要以社会经济规律所决定的经济布局原则作为基本理论依据外，还必须充分考虑影响经济布局的各种条件，才能够取得较大的社会经济效益和良好的环境效益。

制约、影响经济布局的条件很多，它包括自然条件、社会经济条件和技术条件。其中，自然条件中的自然资源和社会经济条件中的人力资源是创造物质财富的源泉，也是经济布局的基本条件。全面分析，正确评价我国的自然条件，社会经济条件和技术条件及其对经济发展和布局的作用，对经济的合理布局有着重要作用。

第一节 自 然 条 件

一、自然条件与经济布局

环绕人类社会的自然界称自然环境或自然地理环境。它是各种自然要素相互联系，相互制约而形成的有机整体。主要包括地质、地形、气候、水文、生物、矿产、土壤等及其相应的一切自然资源。它是人类赖以生存和发展的空间，为社会生产提供物质基础，成为影响经济发展和经济布局的重要条件。

自然条件对经济布局的影响，不是一成不变的，它是随着经济发展和科学技术的进步而变化的。但在一定的经济技术条件下，经济布局不论是地区组合，还是企业规模，都受制于自然条件。所谓"靠山吃山"，"靠水吃水"，表明人们只能根据自然条件的差异，因地制宜地发展生产。

自然条件对工业、农业、交通运输业的布局都有直接影响，对农业生产布局的影响更加直接和明显。农业生产离不开光、热量、水、空气，为此在布局农业生产时更要考虑自然条件。例如我国海南岛和西双版纳是橡胶的重要产区，塔里木盆地和吐鲁番盆地是长绒棉主要产区，这都受到自然条件的限制。工业生产布局也是如此，例如攀枝花钢铁厂，这里因有铁矿、煤矿和工业用水，而发展成为西南大型钢铁厂；可是，因其地处西南高山峡谷的渡口地区，没有面积较大的平坦地带，又限制了攀枝花钢铁厂的发展。

另外，青藏铁路由于受到特殊自然条件的影响而创下了多项世界之最。

由此可见，自然条件与经济布局关系极为密切，要进行合理的经济布局，一定要考虑自然条件的适宜性。

二、自然条件与经济评价

（一）地理位置与经济评价

1. 地理位置

我国位于亚欧大陆东部，太平洋西岸，是一个海陆兼备的国家。领土北起53°31′N漠河以北黑龙江主航道中心线上，南到位于3°58′N的南沙群岛中的曾母暗沙，南北跨纬度近50°，相距约5500公里；西端从帕米尔高原的73°22′E至最东端位于135°03′E的黑龙江与乌苏里江主航道中心线的相交处，东西跨经度62°，相距约5200公里，时差4小时以上。

我国陆地面积960多万平方公里，约占世界陆地面积的6.6%，亚洲面积的25%，仅次于俄罗斯和加拿大，位于世界第三位。陆地边界长约22800公里，周围与14个国家接壤，他们分别是朝鲜、俄罗斯、蒙古、哈萨克斯坦、吉尔吉斯斯坦、塔吉克斯坦、阿富汗、巴基斯坦、印度、尼泊尔、不丹、缅甸、老挝和越南。东面和东南面与日本、韩国、菲律宾、马来西亚，文莱和印度尼西亚等国隔海相望。

我国大陆海岸线北自中朝边境的鸭绿江口，南到中越边境的北仑河口，长达18000多公里，自北而南按其自然条件划分为渤海、黄海、东海和南海四大海域，面积约300多万平方公里。沿海分布有5000多个岛屿，总面积约为8万多平方公里，台湾岛是我国第一大岛，面积约36000多平方公里。海南岛为第二大岛，面积约33000平方公里。此外，还有崇明岛、舟山群岛、庙岛群岛、长山群岛、澎湖列岛和南海诸岛等。

2. 经济评价

我国海陆兼备的地理位置十分优越,有利于我国经济发展和对外开放。

我国位于世界上最大的大陆——亚欧大陆的东部,最大的大洋——太平洋的西岸,形成我国典型的大陆性季风气候。来自海洋的夏季风带给我国东部地区充足的水分和热量,这种雨热同期的季风气候,对农作物的生长十分有利。我国领土处于中纬度和低纬度地带,热量充足;加之复杂的地形,形成了我国复杂多样的气候类型,为我国农业多种经营,综合发展提供了良好的自然环境。

我国东南沿海,面临辽阔的太平洋,有利于发展海洋事业,开发和利用海洋资源;有利于进行海外运输和国际贸易及同世界各国人民的友好往来,具有对外开放的优越条件。西部深入大陆腹地,与很多国家为邻,有利于沿边开放,发展同周边国家的交往和贸易。

我国地域辽阔,土地类型多种多样,为人民的生活、生产展现了广阔的空间,为国家的发展开创了美好的前景。

我国广阔的近海大陆架,海洋生物资源富集,是发展海洋水产业的天然场所;蕴藏量丰富的石油、天然气等资源,目前也得到了开发和利用,前景十分广阔。

(二)地形条件与经济评价

1. 地形条件

我国地形主要特征是:

(1) 地势西高东低,呈三级阶梯

第一级阶梯为青藏高原,平均海拔 4500 米,号称"世界屋脊",面积约为 230 万平方公里。北缘以昆仑山——祁连山,东缘以岷山——邛崃山——横断山一线与第二级阶梯为界。在青藏高原上,昆仑山、冈底斯山、唐古拉山、巴颜喀拉山等绵延起伏,雪峰、冰川广布,位于中尼边境的喜马拉雅山珠穆朗玛峰海拔 8844.43 米,为世界第一高峰。我国和亚洲的一些大江大河也发源于此。

第二级阶梯为昆仑山——祁连山——横断山连线以北、以东至大兴安岭——太行山、巫山——雪峰山连线之间的广大地区,海拔多在 1000—2000 米之间,这里由广阔的高原和巨大的盆地组成。主要是内蒙古高原、黄土高原和云贵高原;塔里木盆地、准噶尔盆地、四川盆地;西江、淮河等从这里发源。

第三级阶梯为第二级阶梯以东至海岸线的广大地区,海拔大部分在

500米以下，以平原和丘陵为主。主要是东北平原、华北平原、长江中下游平原、江南丘陵和东南丘陵。海岸线以东以南，为我国近海广阔的大陆架分布区，水深一般在200米以内，是大陆向海洋的自然延伸部分，包括渤海、黄海全部，东海大部分及南海的一部分，可算为我国的第四级阶梯。

(2) 地形复杂多样，山区面积广大

我国地形有山地、高原、盆地、平原和丘陵五种。在这五种基本地形中，山地占33%，高原占26%，盆地占19%，平原占12%，丘陵占10%。我国是个多山的国家，广义的山区包含山地、高原和丘陵，约占全国陆地面积的70%，分布广泛，且相对集中。全国海拔在500米以下的地区仅占国土面积的16%，500—1000米的约占19%，1000—2000米的约占28%，2000—5000米占18%，高于5000米的地区占19%。在世界超过8000米的山峰共有12座，我国境内有7座。作为世界最高峰的珠穆朗玛峰有世界"第三极"之称；新疆吐鲁番盆地艾丁湖湖面低于海平面155米，是我国陆地最低点，二者垂直高差达9000米，一个国家陆地有如此巨大高差，在世界上是绝无仅有的。

2. 经济评价

(1) 我国西高东低呈阶梯状的地势特点，有利于夏季海洋暖湿气流深入内陆，给广大地区带来充沛的降水，利于农业发展；同时，便于大江大河自西向东流，沟通东西之间及江海之间的交通，有利于发展河海联运业。此外，多级阶梯地势的存在使江河通过时形成较大的落差，蕴藏着巨大的水力资源，适宜于梯级开发。

(2) 我国复杂多样的地形特征，是各地自然环境千差万别的形成基础，也是我国各种自然资源尤其是土地资源丰富多彩的主要原因，同时也为我国发展多种产业经济和综合发展的大农业提供了广阔的天地。

复杂多样的地形，聚集了丰富多样的矿产资源，也造就了姿态万千的风景资源，为我国发展工矿业和旅游业奠定了资源基础。特殊的地形和自然环境，构成相对独立的自然地域单元，形成相对独特的生物群落，有利于保护珍稀动植物资源。

山区面积广大，且生态环境不稳定，极易造成水土流失，也不利于交通发展，有的山区至今交通闭塞，经济社会发展相当落后。总之，我们要趋利避害，积极改造不利的地形条件，做好山区资源的开发和综合利用，这是一项十分重要的战略性任务。

(三) 气候条件与经济评价

1. 气候条件

我国气候主要特征是：

(1) 大陆性季风气候显著

我国是世界著名的季风气候国家。我国大部分地区冬季盛行从陆地高气压区吹向海洋低气压区的偏北风；夏季则盛行从海洋高气压区吹向大陆低气压区的偏南风。这种一年内随着季节的不同而有规律地变换风向的风，叫做季风。大兴安岭——唐古拉山——冈底斯山一线以东地区为季风气候区，该线以西为非季风气候区。

在季风气候控制下，我国气候表现为：

第一，冬夏风向更替明显，四季分明。冬季寒冷干燥，夏季高温多雨。

第二，气温变化幅度（较差）大。冬夏极端气温较差更大。与世界同纬度其他地区（特别是亚欧大陆西部）相比，我国冬季寒冷，夏季炎热。

表 3-1 黑龙江省齐齐哈尔和法国巴黎两地气温比较

	纬 度	1月平均气温℃	7月平均气温℃	年较差℃
齐齐哈尔	47°23′N	−19.6	22.6	42.2
巴黎	48°53′N	3.1	19	15.9
齐齐哈尔比巴黎	低 1°30′	低 22.7	高 3.6	大 26.3

第三，雨热同期，降水季节性差异大。全年降水季节分配比较极端，夏季雨量一般占到全年的 50% 以上，冬季大都在 10% 以下，而且降水年度变化率大。

第四，降水地区分布不均匀。年降水量自东南向西北逐渐减少。年降水量最多的喜马拉雅山南坡和台湾山脉东坡达 2000 毫米以上，而干燥的塔里木盆地和吐鲁番盆地年降水不足 50 毫米。黑龙江省齐齐哈尔和法国巴黎两地气温比较见表 3-1。

(2) 气候类型复杂多样

我国幅员辽阔，地形复杂，海陆影响相差悬殊，广大地区气候类型复杂多样。在东部季风区，从北到南有寒温带、中温带、暖温带、亚热带、热带季风气候。东西干湿变化明显，从东到西可划分为湿润、半湿润、半干旱、干旱等地区。青藏高原更是复杂多样，从喜马拉雅山南麓到高原腹地，犹如从热带到两极。我国是多山的国家，山地气候又有多种类型的垂直变化，高山深谷相间排列的横断山区，具有"一山有四季，十里不同天"和"山下百花山上雪"的"立体气候",呈现出显著的垂直变化。我国各地春天开始平均日期表见表3-2。

表3-2 我国各地春天开始平均日期表

地区	广州	桂林	成都	武汉	南京	杭州	郑州
日期(月.日)	1.26	2.20	2.25	3.7	3.17	3.22	3.27
地区	北京	兰州	乌鲁木齐	拉萨	哈尔滨	九江	庐山牯岭
日期(月.日)	4.1	4.11	4.21	4.30	5.1	3.17	4.11

2. 经济评价

我国的气候特征,不仅使大部分国土适宜人的生活,而且世界上绝大部分动植物,都可以在我国找到适合生长的地点;适应各种气候类型的生物大都能在我国各地繁殖生长,使我国动植物资源十分丰富,这对农业生产和经济发展十分有利。类型多样的气候与复杂的地形相结合,对于农业多种经营、综合发展提供了优越的自然条件。

季风气候形成我国大部分地区雨热同期,这一优越条件,有利于农作物的生长和成熟,还使许多喜温湿作物种植界线大大向北推移。如我国50°N附近黑龙江流域还可种植水稻,是世界水稻栽培的最北界限;我国棉花种植北界也为世界之最。

我国地处中低纬度,2/3地区年日照时间长达2000小时以上,太阳能资源十分丰富。特别是西部地区,云量少,日照足,很多地方年日照时数均在2700—3400小时,青海的冷湖高达4554小时,为全国之冠。而西藏的拉萨是有名的"日光城"。

我国气候也有一些不利因素。降水年际年内变化大,是导致全国范围内旱涝灾害频繁的主要原因。如华北地区的春旱、夏涝;长江中下游地区的伏旱、夏秋洪涝等。由于降水集中在夏季,强度大,常形成暴雨,助长了洪涝灾害,加剧了水土流失,还导致泥石流、塌方、滑坡等自然灾害。据史料记载自公元前206年至1946年共2152年间,全国性的水旱灾害共发生2085次,平均每年一次。而2008年年初的冰雪灾害波及面广,损失巨大,直接经济损失为1516.5亿元,实属历史上所罕见。此外,低温霜冻、沙尘暴、台风等也常造成很大危害,应予重视和防范。

三、自然资源与经济评价

人类可以直接从自然环境中获得并用于生产和生活的物质或能量称自然

资源。自然资源给工农业生产提供了原料和动力，是解决人类衣、食、住、行等生活需要的源泉。因此，自然资源是人类赖以生存和发展的物质基础。

我国幅度辽阔，气候复杂多样，拥有丰富多样的自然资源。

（一）土地资源与经济评价

土地是陆地表层由地质、地形、气候、水文、生物等自然要素组成的自然综合体；其形成发展和变化强烈地受到自然条件和人类长期生产活动的影响和制约。是经济布局中最基础、最重要的自然资源。

1. 土地资源

我国土地资源主要特点是：

（1）总量多、人均少

我国陆地面积960多万平方公里，占世界陆地面积的6.6%，占亚洲陆地面积的25%，仅次于俄罗斯、加拿大、居世界第三位。但因人口众多，人均陆地资源很少，人均不足11亩，人均耕地不足1.5亩，这些都远远落后于世界平均水平。

（2）山地多、平地少，耕地比重小

我国山区面积广大，耕地仅占国土总面积的13.5%（印度、法国等在30%以上）。尤其是西部有些省区，耕地极其有限。

（3）各类土地资源分布不均，土地利用差异明显

我国东部及东南部地区为湿润、半湿润季风区，绝大部分为宜农、宜林地区，集中了全国90%以上的耕地和林地，也是我国经济最发达的地区。我国西北内陆为干旱、半干旱地区，热量充足，降水稀少，沙漠、戈壁、盐碱地面积大；草原、草场较集中，适宜发展畜牧业。

（4）土地资源丰富，类型多样

我国土地资源约有144亿亩。利用类型可分为耕地、林地、牧草地、园地、水域、工矿用地、交通用地、城乡建设用地、特殊用地等。在农用土地利用上，草地占的比重最大，约占33%，其次为森林和耕地。我国土地类型利用上存在着明显的区域差异。

2. 经济评价

我国幅员辽阔，人口众多，土地类型多样，这直接影响着农、林、牧、副、渔等产业的发展。只有根据不同土地类型进行经济布局，才能使我国经济得到有效的综合发展。

我国人多地少，耕地资源严重不足，因此合理用地，节约用地，切实保护好现有耕地是发展农业，乃至整个国民经济可持续发展的头等大事。

应认真贯彻"十分珍惜和合理利用每寸土地,切实保护耕地"的基本国策。加强土地管理,对工业,交通运输业及城市建设用地必须严格审批,同时要积极稳妥地开发尚未利用的土地,扩大农业用地,改进耕作制度,选用优良品种科学种田,提高土地利用率和单位产量。

我国人多地少的现状令人担忧:近半个世纪以来,我国流失了将近20亿亩的耕地,人均耕地现在已降到中国历史上的最低值,我们正在用7%的世界耕地养活着22%的世界人口。到2010年,我国人口可能增加到近14亿,要保障这么多人的吃饭问题,年自产粮食不能低于5亿吨,正是根据这个粮食供给的底线,2007年3月5日,温家宝总理在政府工作报告中语重心长地说,我们绝不能犯不可改正的历史性错误,遗祸子孙后代,一定要守住全国耕地不少于18亿亩这条红线。

须存保命田,留与子孙耕。这是我们这一代人应尽的职责,更是我们对中华民族子孙后代和整个世界所要担负的使命。

(二)水资源与经济评价

水资源是指分布在陆地的淡水资源,包括江河湖泊中的水,高山积雪和冰川,潜入地下浅层可以利用的地下水。广义的水资源,既包括陆地水;也包括海洋水。水资源是人类社会经济发展和经济布局不可缺乏的物质基础。

1. 水资源

我国水资源的主要特点是:

(1) 水资源总量丰富,但相对数量少

我国多巨江大川,河流总长达43万多公里,流域面积在1000平方公里以上的河流就有1600多条,年径流量达27000多亿立方米,加之地下水径流量,全国多年平均水资源总量约为28000多亿立方米,次于巴西、俄罗斯、加拿大、美国,居世界第五位。还有总面积达7.5万平方公里的湖泊,以及广布于西部的高山冰川等。丰富的水资源为人民的生活和生产提供了必需的水源。但人均占有量仅为2100立方米,仅为世界人均的1/4,俄罗斯的1/7,美国的1/5。

(2) 水资源季节分配不均,年际变化大

大气降水是我国地表水和地下水的主要来源。因受季风影响,我国冬春干旱,夏秋多雨,南方地区雨季在5—10月,降水量占年降水量的50—60%;北方地区雨季为6—9月,降水量占年降水量的70—80%,季节分配极不均匀。降水的年际变化也大,河流的年内、年际水量丰枯悬殊,影响水资源的充分合理利用和农业生产稳定发展。

(3) 水资源地区分布不均

我国水资源由东南向西北递减，呈东多西少，南丰北欠的特点。我国长江流域及以南地区，耕地面积约占全国的30%，而地表径流量却约占全国的75%；华北、西北的耕地面积约占全国的一半以上，地表径流却不到全国10%，尤其是西北地区，大部分属干旱、半干旱地区，降水稀少。这种状况对人民生产生活和社会合理经济布局都带来不利的影响。

2. 经济评价

水资源是极其宝贵的自然资源。没有水或缺水，人类将无法生存，生产也无法进行。目前世界上用水量最大的产业是农业，用水量约占总量的75%以上，我国更多一些。我国是人口大国，又是农业大国，因此，水资源在生产发展和经济布局中有着极其重要的作用。

我国是水资源贫乏国家，无论在数量上还是质量上都呈下降趋势，已被国际组织列入世界贫水国家之一。针对严峻缺水问题，我国必须加大力量，采取积极有效措施。

(1) 拦蓄和调水，改变水资源的时空分布。在有条件的地区修建水库，丰水期蓄水，枯水期供水，以调节降水在时间分布上的不均，充分利用水资源。调水是改变水资源地区分布的一种重要途径，从多水地区引水到缺水地区。尚在建设中的三峡水利工程和"南水北调"中、东线工程，将是世界创举，为子孙后代造福。

(2) 树立节水型社会思想意识。节约用水，减少浪费，提高水资源的利用率，这是我们人口大国的唯一选择。工业应提倡节水型产业，提高水资源的重复利用率，控制污染物直接排放，加强对废水的处理利用。农业应采取先进的灌溉方式，如喷灌、滴灌，可以节约大量用水，有利于农作物的生长。城市生活用水，应采取有效的节水措施，降低水资源的耗费。只有全民树立节水型社会思想意识，我国经济发展才大有希望。

(3) 完善立法，加强水资源管理。法制不健全，管理落后和混乱，是造成水资源严重浪费的一个重要原因。虽然《中华人民共和国水法》和《城市节约用水管理规定》早已公布实施，但在不少地区和部门还有很多问题亟待解决。选择符合我国国情的水资源保护政策措施，是我国社会经济持续、稳定、协调发展的重要保证。

(三) 矿产资源与经济评价

矿产是指富集于地壳中或出露地表达到工业利用要求的有用矿物，是不可再生的资源。矿产是重要的生产资料，是发展社会生产的物质基础，对国民经济各部门的发展和布局影响很大。本世纪前20年将是矿产资源消耗的高峰期，这是由这一时期的经济特点决定的。到2020年我国经济将在2000年的基础上再翻两番，达到35万亿元人民币，要达到这个目标，年均GDP增速要保持在7.2%左右。经济高速发展离不开矿产资源的支持，据统计，92%以上的一次能源、80%的工业原料、70%以上的农业生产资料都来自矿产资源。

1. 矿产资源

我国矿产资源的特点是：

(1) 种类齐全，储量丰富，人均数量少

我国国土辽阔，地质情况复杂，成矿条件优越，矿床类型齐全，目前世界上已探明的160多种矿产资源，在我国都有发现，已探明储量的约有150余种。其中钨、锡、锑、铂、钒、钛、稀土、锌等多种矿产储量居世界首位。但人均矿产资源占有量很低，只有世界平均水平的58%，排在世界第53位。45种主要矿产资源人均占有量不到世界平均水平一半，铁、铜、铝等主要矿产资源储量只有世界人均水平的1/6、1/6和1/9。

有关专家根据矿产资源供需状况对我国矿产资源的保障程度作了预测，到2020年，45种重要矿产资源中，可以保证的有24种，基本保证的有2种，短缺的有10种，严重短缺的有9种，国民经济建设需要的大宗矿产，如石油、铁、铜、铝、钾等均不能满足需求。

(2) 伴生矿多，分选冶炼困难

我国伴生矿多，特别是金属伴生矿较多，对分选冶炼带来很大困难。例如，被誉为"草原粮仓"的白云鄂博，就是一个含铁、稀土、银等数十种元素的大型伴生矿，稀土和银的价值相当于铁的20多倍，而且质量好，品位高，素有"稀土之乡"之称；著名的攀枝花铁矿是世界罕见的特大型钒钛磁铁矿，含有40多种有用的伴生元素。过去，这些伴生矿的回收率不高，浪费了大量资源，还造成了环境污染。

(3) 有些矿产资源贫矿多，富矿少

我国有些矿产，如铁矿、锰矿、铜矿、铝土矿等均有此特点。例如，我国铁矿探明储量居世界前列，但占95%以上为含铁30%左右的贫矿，含铁50%以上的富矿少而分散，不利开发。贫矿与富矿相比，采、选、冶技术要求高，成本高，每年需从国外进口大量的富矿矿石。例如，我国著名的宝山钢铁联合企业,每年需从澳大利亚进口大量铁矿石,加工生产生铁、钢锭和钢材。

(4) 矿产资源地区分布不均

我国一些主要矿产资源分布不均衡,如煤炭储量的90%以上分布在长江以北,其中华北地区占总储量的70%;铁矿主要集中于辽宁、冀东和川西,西北很少;磷矿的80%以上分布在滇、黔、鄂、川、湘等省;有色金属集中于长江以南地区;内蒙古集中了全国98%以上的稀土;钾盐97%在青海。矿产资源这种分布不均的特点,不仅造成矿产品的大量调运,给交通运输上造成很大压力,而且也影响工业的合理布局。

2. 经济评价

矿产资源的分布、种类和用途对工业生产布局有很大影响。我国矿产资源丰富,种类齐全,对我国形成不同类型的地域工业综合体及专业化生产和综合发展起着决定性的作用。长期以来,我们一直盲目乐观的以"地大物博"自居,实际是一个"人口大国,资源贫国","人均资源严重不足"的国家。预计2020年在全国45种主要矿产资源中,可保需求的仅24种,短缺的有10种。特别是石油、铁矿等缺口很大。目前,我国已成为煤炭、钢铁、铜等资源的世界第一消费大国,石油、电力的世界第二消费大国。由于国内资源供应不足,进口大增,价格上涨,大大影响我国经济发展和合理布局。针对这种情况,我们必须争取积极有效的对策。

(1) 建立资源节约型的发展战略。改变资源消耗型经济发展模式;确立资源节约型的经济发展战略,是搞好我国开发利用矿产资源的根本指导思想。

过去,在采掘矿石过程中,只注重采一种矿种,而将与其共生的矿产弃之不顾。如采铅锌矿时,把与其共生的化工原料硫铁矿不予理睬。有的还存在采富弃贫、采厚弃薄、采大弃小的现象,甚至乱采乱挖现象也较严重。应该严格遵守《矿产资源法》,把有效保护和节约使用矿产资源作为长期坚持的基本国策。

(2) 加强科学地质勘探和综合开发利用。我国矿产资源前景广阔,还有较大发展空间。加强基础地质科研工作,重视战略理论和成矿规律的研究非常必要。成矿理论上的重大突破,往往成为找到大油田、大矿床的先导。采用科学勘探,广泛运用遥感和深部地震测深等先进技术,加快找矿进程。摸清资源家底,特别要加强西部地区矿产资源的勘查工作,实现矿产资源保有储量的动态平衡。加强综合开发和综合利用，开拓新矿种的利用领域。据统计，在有色金属中可综合回收的金属元素有66种之多。有不少回收的副矿，其经济价值常常比主矿还大。如白云鄂博富含稀土的铁矿，稀土矿物的经济价值就比铁高出20多倍。综合开发和综合利用，不仅使死矿变活矿，一矿变多矿，从总体上增加矿产储量，而且还可以大大提高矿床的经济效益。提高矿产资源保障能力，必须立足国内、面向国际，统筹利用国内、国际两种资源，使矿产资源得到永续利用。

(3) 加强宏观调控管好矿产资源。我国是以公有制为主体的社会主义国家，实行社会主义市场经济，必须把矿产资源纳入社会主义市场经济的轨道。矿产资源是国有财产，应以宏观调控为主，市场调节为辅。合理安排，调节好矿业在国民经济中的比例，矿业开发的合理布局，包括多种矿产资源开发的区域配套和基地选择；矿产品的进出口贸易，要服从国家经济发展战略。

第二节　社会经济条件

一、社会经济条件与经济布局

自然条件固然是经济发展和布局的必要条件，而社会经济条件又是经济发展和布局的重要条件。近年来，中外经验证明，在解决对自然资源的合理利用与布局的同时，还必须解决好社会经济条件对经济布局的影响。社会经济条件主要指社会发展的需要，同时为实现这个需要所需的各种社会的和经济的条件。主要包括人口条件、知识与智力因素、生产发展的历史条件、民族问题、国家政策和经济条件等等。

人既是物质资料的生产者，又是物质资料的消费者。作为劳动力的人口，其数量、密度、性别构成、民族成分、劳动技能、文化素养，对社会生产的发展和布局都有重大影响，在人口稠密、劳动力充足地区，有利于发展劳动密集型生产部门；在文化和科技发达，劳动者素质较高的地区，则有利于发展知识和技术密集型生产部门，作为移民城市的深圳，正因为有高、中档人才在此集聚，才形成以电子信息及通信设备制造工业为主导，对外经济贸易发达为其特色的城市。作为消费者的人口，其数量、密度、民族构成、消费水平，要求经济布局与此相适应，消费市场的容量和性质，对生产有强烈的吸引，从而对社会生产的发展和布局产生重大影响。

我国各民族人口的数量、构成、分布、风俗习惯等都具有明显的地区差异，他们有自己独特的生产、生活方式和消费需求。因此，根据他们的特殊技能和不同的消费需要，发展和布局相应的民族特需的生产部门和行业，这对发展民族经济，繁荣民族经济具有重大深远的意义。

经济布局的基本特征是其历史继承性。对历史基础、条件、状况要充分评估和全面、合理地加以利用；分析其由于历史原因所形成的地区经济特点，预测其发展趋势，扬长避短，发挥历史基础应有的作用，在此前提下进行创新、改造，使其与国际接轨。

国家的路线、方针、政策，对发展生产和经济布局也起着重要作用。我国国民经济和社会发展规划，不论是长期的，还是中、短期的都是依据国家的路线、方针、政策制定的，并按照规划来发展生产和布局。此外，国际形势的变化，与世界有关国政治、经济关系的改变，社会的稳定，以及战争等，对经济布局均有重大的影响。

二、人口条件

人口是生活在一定社会，一定时间，一定地域内，由一定社会关系联系起来的具有一定数量和质量的人的总称。人口是一切社会生活的基础和出发点，是生产关系的体现者，也是构成社会生产力的最重要的因素。

就人口的总体来讲，它具有生产和消费的两重性。从生产的角度看，创造物质财富的劳动力，只是全部人口的一部分；从消费的角度看，作为消费者的人口是人口的全部，社会生产的发展，须有一定数量和素质的适龄人口；而要不断提高人们的物质和文化生活水平，人口的数量又必须和一定生产力水平所能提供的物质资料相适应。人口的这种两重性，使社会生产和社会消费紧密地结合在一起，从而要求人口的数量及素质要服从社会生产发展的需要。

物质资料的生产和人类自身的生产是历史发展的决定因素，和谐社会的健康发展，就是这两种生产协调统一的体现。因而在积极发展社会生产的同时，还要重视人类自身的生产。人口是社会的主体，一个国家、一个社会的各方面，都是由一定数量和质量的人口及其活动所决定的，特别是人口质量对社会的物质文明和精神文明起着决定作用，直接影响着国家或地区的经济发展和布局。

世界人口迅速增长，给人类社会带来了诸如人口、资源、环境等一系列重大问题，而人口问题又是其中的根源和核心。如何协调人口、资源、环境的相互关系,已成为人类社会共同关心的主题。中国是世界上人口最多的国家,人口问题已成为关系我国实现社会主义现代化和中华民族前途的重大问题。

(一) 我国人口的发展

1. 世界上人口最多的国家

我国是世界文明古国,也是人类最早生存繁衍的地区之一。我国不仅幅员辽阔,历史悠久,文化灿烂,而且是世界上人口最多的国家。2007年2月28日,国家统计局发布"2006年国民经济和社会发展统计公报"。数据显示,2006年年末全国总人口为131448万人,约占当年世界人口的20%。

2. 人口的历史演变

我国庞大的人口数量是在漫长的历史演变中逐渐形成的。

我国是世界上最早有人口记载的国家。自公元前221年秦统一全国以来,我国就成为世界上第一人口大国。其后有两次较大的人口增长,第一次是西汉,自公元前206至公元8年,全国人口从1000多万增加到5900多万,约占同期世界总人口的20%,历时200余年,增加了4900万人,年平均增长率达7.2‰。第二次人口大增长是清代,经过清前期100多年的休养生息,至乾隆27年(1762年)全国人口已突破2亿大关,道光20年(1840年)鸦片战争时,人口已达4.1亿,约占同期世界总人口的25%。自1712年至1835年,人口由8640万增至40176万,120年间增加31536万人,年平均增长率达12.6‰。清代200多年的人口猛增,给我国奠定了庞大的人口基础。鸦片战争后,战乱频繁,人口增长缓慢,至1949年的百余年中,年平均自然增长率仅为2.5‰,1949年年底全国总人口为54167万人。

我国人口的分布,在秦以前主要集中在黄河流域,从汉代起逐渐向长江以南发展;明清时期,珠江流域,东北地区与西北地区人口大量增加,现代人口分布的格局基本形成。

3. 新中国人口的发展

新中国成立后的时期,是中华民族历史上人口增长最快的时期。随着社会经济制度的根本性变革,国民经济得到恢复和发展,人民生活改善,医疗保健有了保障,社会安定,人口的再生产过程发生了重大变化。新中国成立后,我国进行了五次全面的人口普查,对掌握了解我国人口数量及增长情况提供了依据。五次全国人口普查情况见表3-3。

表3-3　五次全国人口普查情况

次　数	年　份	总人口（万人）
第一次普查	1953	59435
第二次普查	1964	69458
第三次普查	1982	100818
第四次普查	1990	113368
第五次普查	2000	126583

资料来源：2006年《中国统计年鉴》（本表未包括香港、澳门特别行政区及台湾省数据）。

新中国人口的发展，大致经历了两个时期。

第一个时期，从1949年至1973年，持续24年为无计划发展时期。对人口发展不仅没有采取控制措施，而且还片面鼓励，致使出生率大幅度提高，自然增长率保持较高水平。在此期间出现了两次人口生育高峰，1949—1957年，年均自然增长率为22.37‰，年均增加人口1311万人，其中1954—1957年，年均增加1460万人，形成新中国成立后第一次人口高峰。1962—1973年，是第二次人口生育高峰，年均增长率高达25.61‰，年均净增人口1946万人。1963年，因补偿性生育达到高潮，人口出生率高达43.6‰，增长率达33.5‰，净增人口达2269.5万人。人口增长严重失控，不利于我国经济建设和人民生活水平的提高。

第二个时期，从1973年末开始，进入人口有计划发展时期。由于计划生育全面展开，人口过快增长得到控制。至1985年底，此间年均增长率为13.71‰，年均增加人口1328万。"七五"期间（1986—1990年），年均增长率为15.47‰，人口增长率反弹，主要原因是受到第二次生育高峰的影响和农村推行家庭联产承包责任制，在一定程度上刺激了人口的增长。

1991年至今，我国计划生育工作取得显著成效，人口自然增长率逐年下降，尤其是从1998年以后，人口增长率一直低于10‰，2007年出现5.17‰的最低值。

在人口发展过程中，我国人口再生产类型也发生重大转变，即由旧中国的高出生、高死亡、低增长型转变为新中国成立后五、六十年代的高出生、低死亡、高增长型；七十年代后期又开始向低出生、低死亡、低增长型发展。

1978—2007年的29年中比前29年全国少生约8000万人。因此，继续坚持实行计划生育，有效地控制人口增长，就成为关系国家前途和命运，关系千家万户切身利益的大事。我国人口出生率、死亡率和自然增长率见表3-4。

表3-4 我国人口出生率、死亡率和自然增长率

年份	总人口(万人)	出生率(‰)	死亡率(‰)	自然增长率(‰)
1949	54167	36.0	20.0	16.0
1952	57482	37.0	17.0	20.0
1957	64653	34.0	10.8	23.2
1962	67200	37.0	10.0	27.0
1963	69172	43.6	10.1	33.5
1965	72538	38.1	9.6	28.5
1970	82400	33.6	7.6	26.0
1975	91900	23.1	7.3	15.8
1978	96259	18.25	6.25	12.0
1980	98705	18.21	6.34	11.87
1985	105851	21.04	6.78	14.26
1987	107233	23.33	6.72	16.61
1990	114333	21.06	6.67	14.39
1991	115823	19.68	6.70	12.98
1995	121121	17.12	6.57	10.55
1997	123626	16.57	6.51	10.06
1998	124761	15.64	6.50	9.14
2000	126743	14.03	6.45	7.58
2001	127627	13.38	6.43	6.95
2004	129988	12.29	6.42	5.87
2005	130756	12.40	6.51	5.89
2007	132129	12.10	6.93	5.17

资料来源：根据《中国统计年鉴》整理。

（二）我国人口的特点

1. 人口众多，农村人口比重大

根据第五次全国人口普查，2000年我国大陆人口总数已达12.65亿，约占世界人口的1/5，是世界人口数量最多的国家。农村人口为8.04亿，约占全国人口总数的63.8%，这也是世界上绝无仅有的。人口这个特点，给我国的国民经济发展和经济布局带来深刻的影响。

2. 人口增长快，青少年比重大，老年人口不断增加

新中国成立初期，我国人口有5.4亿，至2007年已达13.21亿多，58年人口净增约7.8亿，相当美国、英国、法国、德国、日本和俄罗斯六国人口总和，平均每年增加人口1300多万。从1964年的第二次全国人口普查到1982年的第三次全国人口普查，18年间，共增加31360万人，平均

每年增加人口 1742 万人，年均增长率高达 2.1%。1963 年，人口自然增长率高达 33.5‰，创造了新中国的最高纪录。人口的高速盲目增长，给我国社会主义建设事业和人民生活带来严重影响，为此，必须坚决果断地把人口增长率迅速降下来。

我国人口基数大，青少年比重也大。2000 年人口普查显示，0—14 岁人口占总人口 22.89%，15—64 岁劳动力人口占总人口 70.15%；2007 年我国 0—14 岁人口占总人口 17.88%，15—64 岁人口占总人口 72.78%。人口年龄构成年青，婚龄、育龄人群比重较大，应抓紧晚婚、晚育和优生、优育宣传，严格控制我国人口的增长。我国人口年龄构成见表 3-5。

表 3-5 我国人口年龄构成(%)

组 别	年 份						
	1953 年	1964 年	1982 年	1990 年	2000 年	2004 年	2007 年
少年组(0—14 岁)	36.28	40.69	33.59	27.69	22.89	21.50	17.88
成年组(15—64 岁)	59.31	55.75	61.50	66.74	70.15	70.92	72.78
老年组(65 岁以上)	4.41	3.56	4.91	5.57	6.96	7.58	14.92

资料来源：2008 年《中国统计年鉴》。

国际上通常将人口分成三组：0—14 岁为少年组，15—64 岁为成年组，65 岁以上为老年组。少年组比重越大，表明人口处于年轻型，成年组比重大，显示劳动力资源较丰富，老年组比重大，则表明人口老化。

从上表中显示，我国人口在六十年代前属典型的年轻型、增长型年龄结构类型；七十年代后，人口逐渐向成年型过渡；1982 年第四次人口普查已显示我国人口基本完成了从年轻增长型向成年稳定型年龄结构的转变。

据联合国提出的人口老龄化标准，65 岁以上人口占总人口 4—7% 为壮年型人口类型；比重超过 7% 即为老年型人口类型；而 60 岁以上人口占总人口 10% 以上，这是进入老龄化社会最直接、最重要的标准。2005 年统计，我国 60 岁以上人口是 1.44 亿，占全国总人口的 11% 以上，这说明中国早在 2005 年就已进入老龄化社会。

我国老龄化有四个特点：第一，数量多。世界上 60 岁以上人口超过 1 亿的只有中国。第二，发展快。到本世纪中叶的 2045 年左右，我国 60 岁以上人口将占到 30%。从 2005 年的 11% 到 30%，我国只用 40 年的时间，而世界上许多国家用了一百年的时间。第三，生产力水平较低。我们是"先老后富"，而许多国家是"先富后老。"第四，历史欠账较多。在计划经济体制下，当时是没有养老积累的，这个包袱留到了现在，这是其他国家所没有的。

3. 人口的地区分布不平衡

每平方公里的平均人数即人口密度，其大小是确定人口地区分布的依据。

2005年，我国人口密度为136人。地区分布很不平衡，95%以上的人口偏集于黑河—兰州—腾冲一线的东南部，其中80%又密集在只占全国土地面积17%的华北平原、长江中下游平原、珠江三角洲和成都平原等地，这里的人口密度高达600人以上，是全国人口最密集的地区。西北部广大地区人口密度仅为10人左右，有些地方还不足1人；就是在人口比较集中的河谷平原和绿洲地带，人口密度也只达50—100人，个别地区达200人左右。

我国人口分布省区之间差异悬殊。全国28个省区中，人口最多的河南省达9371万人，而人口最少的西藏自治区仅276万人，相差约34倍；人口密度最高的省是江苏省，每平方公里为746人，最低的西藏为2.3人，相差约325倍。

我国人口的地区分布，还呈现"六多六少"的分布规律：即东部多，西部少；平原、盆地区多，山地、高原地区少；农业地区多，林牧业地区少；温暖、湿润地区多，干旱、寒冷地区少；开发历史较久的地区多，开发较晚的地区少；沿江、沿海、铁路沿线的地区多，交通不便的地区少。这种分布规律，反映了影响我国人口分布的自然地理环境和社会经济基础上的显著的地域差异。

4. 人口的民族构成复杂

民族是人们在长期历史过程中形成的社会统一体。斯大林在《马克思主义和民族问题》中指出："民族是人们在历史上形成的一个有共同语言、共同地域、共同经济生活以及表现在共同文化上的共同心理素质的稳定的共同体。"

（1）团结统一的多民族国家

我国是一个统一的多民族国家，由56个民族组成，其中汉族人口最多，其余55个民族统称为少数民族。据2000年第五次人口普查，汉族人口为115940万人，占全国总人口91.59%，少数民族为10643万人，占全国总人口8.41%。

在长期的历史过程中，我国各民族间有着密切的联系和频繁的交往。从秦汉时代起，各少数民族就从中原的汉族地区，引进了多种先进技术和生产经验，促进了边疆地区经济的发展；唐代文成公主远嫁给松赞干布，带去了纺织、酿酒、造纸、制陶等生产技术，促进了西藏的经济发展。汉族也从民族地区引进了多种作物品种和生产技术，如棉花、葡萄、胡椒、胡萝卜、芝麻等，促进了中原地区农牧业的发展；绚丽多彩的民族乐器、音乐、舞蹈、绘画、诗歌等也有密切交流，促进了文化艺术的共同繁荣。各民族的联系和交往，不断加强了相互间的了解和融合，也促进了各民族政治、经济、文化的发展。我国各族人民共同开拓了祖国的疆土，共同捍卫了祖国统一大业，创造了中华民族灿烂的文化和悠久的历史。

新中国成立六十年来，我国各族人民，团结一心，艰苦奋斗，创造了空前的物质文明和精神文明，全国上下呈现一派欣欣向荣的繁荣景象。目前，全国各族人民全面落实科学发展观，振奋精神，锐意进取，开拓创新，为实现国民经济和社会发展第十一个五年规划和全面建设小康社会的宏伟目标而努力奋斗。

(2) 少数民族人口的发展

旧中国，由于政治、经济、自然等原因，民族地区长期处于落后状态，少数民族人口发展十分缓慢，人口再生产为高出生率、高死亡率、低自然增长率的原始类型。如：1925—1949年，青海藏族人口增长仅3.14%；凉山昭觉彝族人口在1815—1956年的140多年间，增长仅6.5%。还有一些民族人口出现负增长。如蒙古族，清朝嘉庆年间有118万，到1949年下降为83万多；赫哲族在民国初年尚有2500—3000人，到新中国成立前夕，仅存300多人，濒临灭绝；鄂伦春族从1915—1945年，人口减少了一半。这反映了少数民族在旧社会所处的悲惨境地。

新中国成立后，各族人民当家做主，政治地位和生活水平不断提高，少数民族人口也得到健康迅速发展，其增长的速度高于汉族，在全国总人口中所占的比重也不断上升。汉族与少数民族人口增长情况见表3-6。

表3-6 汉族与少数民族人口增长情况表

普查年份	人口数（万人）		占全国人口比重（%）	
	汉　族	少数民族	汉　族	少数民族
1953年	54728	3532	93.94	6.06
1964年	65456	4002	94.24	5.76
1982年	94088	6730	93.32	6.68
1990年	104248	9120	91.96	8.04
2000年	115940	10643	91.59	8.41

资料来源：2006年《中国统计年鉴》。

从上表可以得出：少数民族人口的发展经历了几个不同的阶段。自1953年第一次人口普查到1964年第二次人口普查期间，少数民族人口增长13.29%，年均增长1.20%，超过了新中国成立前的水平，但却低于同期汉族人口增长的速度。其主要原因是刚刚获得新生的少数民族，生活仍很贫困，医疗卫生条件也很落后，再加上宗教因素的束缚等，造成出生率较低，死亡率较高的状况。

随着民族地区社会经济的繁荣发展，人民生活水平和健康状况的不断改善，到了七十年代末，少数民族人口增长速度已超过汉族。此时，汉族地区广泛严格地实行计划生育政策，而民族地区政策较为宽松灵活，因此，到1982年第三次人口查时，少数民族就以年均增长3.78%的速度远远超过汉族2.43%的速度。1982—1990年，少数民族人口增加2390万人，八年间增长35.51%，年均增长率高达4.43%，而这期间汉族年均增长率只有1.34%。

从1990年的第四次人口普查到2000年的第五次人口普查，少数民族人口增加1523万，年均增长率1.66%，仍高于汉族1.12%的增长速度。2000年第五次人口普查，少数民族人口已达10643万人，占全国总人口8.41%，均达到了空前的发展水平。

2000年第五次人口普查，人口超过100万的少数民族已由1964年的9个上升到18个，壮族人口最多已达1617.88万人，满族人口达1068.22万人。还有回族、苗族、维吾尔族、彝族、土家族、蒙古族、藏族、布依族、侗族、瑶族、朝鲜族、白族、哈尼族、哈萨克族、黎族、傣族。以上18个少数民族人口为9848.6万人，约占少数民族总人口的92.5%。主要分布于西藏地区的珞巴族人口最少，只有2965人。

少数民族人口增长幅度加快的原因是多方面的。第一，我国实行民族平等、民族团结和各民族共同繁荣的民族政策，党和政府十分关心少数民族地区的经济建设和社会发展，促进了人口的增长。第二，注重发展民族地区的医疗卫生事业，提高了少数民族群众的健康水平。第三，国家对少数民族采取了有别于汉族的生育政策，少数民族妇女的生育率要比汉族高。第四，有相当数量的人，陆续改变了自己的民族成分，增加了少数民族的人口。第五，民族通婚家庭所生子女，按国家有关规定，往往选择少数民族成分居多，也促使少数民族人口的较快增长。

(3) 少数民族人口分布特点

我国少数民族人口虽少，但分布上有其显明特点。

第一，分布地域广阔

我国少数民族的分布地区，约占全国总面积的64%，主要集中在西北、西南和东北地区。其分布的主要形式为聚居和杂散居。主要聚居在内蒙古、新疆、西藏、广西和宁夏五个自治区；云南、贵州、青海、甘肃、吉林、四川等省也有面积较大的少数民族聚居区。杂居和散居的少数民族分布更为广泛，几乎遍布全国各地。

在长期的历史发展过程中，我国各民族由于生产的发展，经济文化的交流，以及民族战争，自然灾害等因素的影响，经历了不断的分散、迁移、戍边及民族间的演变融合等过程，因而在地理分布上十分广泛，并形成了少数民族和汉族以及各少数民族之间交错杂居的分布形式。由于新中国成立后实行的民族平等政策及少数民族社会、经济、文化事业的不断发展，促进了人口的迁移和民族间的杂居。现在我国各省、市、自治区和70%以上的县都居住着两个以上的不同民族。

同时各民族在长期发展过程中，世代劳动和生活在一定的地域，逐渐形成了各自的聚居区域。这样，绝大多数少数民族都以自己或大或小的聚居区同汉族居住地区交错穿插，从而形成了在地域分布上以汉族为主体的各民族"大杂居、小聚居"的分布格局。我国民族分布这一特点，有利于各民族的联系和交流，同时也有利于保持各民族的特点，形成各民族相互依存、相互影响、不可分离的亲密关系。

第二，民族地区物产丰富

民族地区地域辽阔，自然地理环境各异，形成各民族地区绚丽多姿，各具特色的自然地理景观和丰富多样的物产资源。我国民族地区拥有占全国94%的草原，41.6%的森林面积和52.5%的水力资源蕴藏量；还有品种繁多、储量丰富的矿产资源。内蒙古地下蕴藏着极为丰富的煤炭资源，煤炭储量居全国第二位；新疆塔里木盆地中心的塔克拉玛干大沙漠是石油和天然气的"海洋"，外国专家称塔里木盆地是世界上又一个"中东"；青海省的盐矿资源极其丰富，钾盐保有储量占全国总储量的95%以上。民族地区物产丰富，应有尽有。宁夏、内蒙古有我国重要的商品粮基地，新疆是我国最大的长绒棉产地，广西是重要的甘蔗基地，云南、海南盛产热带经济作物，内蒙古、新疆、青海、西藏、甘肃是我国五大天然牧区。

我国民族地区地大物博，为民族地区和全国大规模的经济建设提供了广阔的空间，奠定了坚实的资源基础。各民族地区必须充分发挥其资源优势，并把它同东部地区的先进的科学技术和雄厚的资金优势结合起来，形成互补，才能有利于促进我国现代化建设和民族地区经济文化的发展和繁荣。

第三，少数民族人口主要分布在边远地区

我国少数民族人口分布广泛，且多集中于边境省区。从地理位置来看，辽宁、吉林、黑龙江、内蒙古、甘肃、新疆、西藏、云南、广西和海南的10个边境省区，集中分布着全国约70%少数民族人口。在祖国漫长的22000多公里的陆地边境线上，几乎到处都居住着少数民族。蒙古族主要分布在内蒙古自治区，维吾尔、哈萨克等族主要居住在新疆维吾尔自治区，藏族主要分布在西藏自治区，壮族主要在广西壮族自治区，回族主要分布在宁夏回族自治区，云南又是我国少数民族最多的省。少数民族分布的主要地区见表3-7。

表3-7 少数民族分布的主要地区

民　族	分布的主要地区	人口数（人）
蒙古族	内蒙古、辽宁、吉林、河北、黑龙江、新疆	5813947
回　族	宁夏、甘肃、河南、新疆、青海、云南、河北、山东、安徽、辽宁、北京、天津、内蒙古、黑龙江、陕西、贵州、吉林、江苏、四川	9816805
藏　族	西藏、四川、青海、甘肃、云南	5416021
维吾尔族	新疆	8399393
苗　族	贵州、湖南、云南、广西、重庆、湖北、四川	8940116
壮　族	广西、云南、广东	16178811
布依族	贵州	2971460
朝鲜族	吉林、黑龙江、辽宁	1923842
满　族	辽宁、河北、黑龙江、吉林	10682262
彝　族	云南、四川、贵州	7762272
瑶　族	广西、云南、湖南、广东	2637421
白　族	云南、贵州、湖南	1858063
土家族	湖南、湖北、重庆、贵州	8028133
哈尼族	云南	1439673
哈萨克族	新疆	1250458
傣　族	云南	1158989
黎　族	海南	1247814
侗　族	贵州、湖南、广西	2960293

续表

民　族	分布的主要地区	人口数（人）
傈僳族	云南、四川	634912
佤　族	云南	396610
畲　族	福建、浙江、江西、广东	709592
高山族	台湾、福建	4461
拉祜族	云南	453705
水　族	贵州、广西	406902
东乡族	甘肃、新疆	513805
纳西族	云南	308839
景颇族	云南	132143
柯尔克孜族	新疆	160823
土　族	青海、甘肃	241198
达斡尔族	内蒙古、黑龙江	132394
仫佬族	广西	207352
羌　族	四川	306072
布朗族	云南	91882
撒拉族	青海	104503
毛南族	广西	107166
仡佬族	贵州	579357
锡伯族	辽宁、新疆	188824
阿昌族	云南	33936
普米族	云南	33600
塔吉克族	新疆	41028
怒　族	云南	28759
乌孜别克族	新疆	12370
俄罗斯族	新疆、黑龙江	15609
鄂温克族	内蒙古	30505
德昂族	云南	17935
保安族	甘肃	16505
裕固族	甘肃	13719
京　族	广西	22517

续表

民　族	分布的主要地区	人口数（人）
塔塔尔族	新疆	4890
独龙族	云南	7426
鄂伦春族	黑龙江、内蒙古	8196
赫哲族	黑龙江	4640
门巴族	西藏	8923
珞巴族	西藏	2965
基诺族	云南	20899

资料来源：2006年《中国统计年鉴》。

人口数为2000年人口普查电脑汇总数据。

多少年来，少数民族在广大边境地区，战胜各种艰难险阻，辛勤耕耘，改变了边境地区贫困落后面貌，迎来了欣欣向荣的繁荣景象；在建立睦邻友好关系和巩固国防上，也作出了巨大贡献。因此，我们必须加强民族团结，不断发展边境地区的经济，改善交通条件，提高人民生活水平，建立起牢固的边防。

（三）我国人口的发展战略

2007年1月11日，国家人口发展研究战略课题组发布《国家人口发展战略研究报告》，明确了国家人口发展的战略目标。

1. 控制人口总量

联合国人口司于2007年3月13日公布的研究报告显示，2050年，世界人口总数将从2007年的67亿增至92亿，其中，绝大部分新增人口来自欠发达国家。报告说，发达国家2050年的人口总数将几乎与现在持平，仍为12亿。如果不考虑来自贫穷国家的移民，发达国家人口数量将更少。到本世纪中叶，世界上有46个国家的人口数量将低于现有数量。它们是德国、意大利、日本、韩国、许多前苏联成员国和一些岛国。

今后43年，人口增长将主要集中在今天人口稠密的国家。印度、尼日利亚、巴基斯坦、刚果、埃塞俄比亚、美国、孟加拉国和中国这8个国家的新增人口数量将达到12亿左右，约占整个世界新增人数的一半。

我国人口基数大，增长快，应该严格控制人口总量。《国家人口发展战略研究报告》指出：到2010年，我国人口总量控制在13.6亿人，到2020年，人口总量控制在14.5亿人，到本世纪中叶，人口总量控制在15亿人左右，之后人口总量缓慢下降，人均收入达到中等发达国家水平。

2. 降低人口自然增长率

新中国成立后,我国人口自然增长率虽然有所起伏,但总的来说还是高的。1963 年,出现 33.5‰ 的历史最高值。从上个世纪九十年代至今,自然增长率在逐年下降。即使 2006 年降至 5.28‰ 的最低值,我国人口也净增 694 万多人,这仍是一个惊人的数字。

广大西部省市区平均人口自然增长率高达 7.23‰,远远超过全国 5.89‰ 的人口自然增长率。各地区人口数和出生率、死亡率、自然增长率见表 3-8。

表 3-8　各地区人口数和出生率、死亡率、自然增长率（2005 年）

地 区	年底人口数（万人）	出生率（‰）	死亡率（‰）	自然增长率（‰）
北 京	1538	6.29	5.20	1.09
天 津	1043	7.44	6.01	1.43
河 北	6851	12.84	6.75	6.09
山 西	3355	12.02	6.00	6.02
内蒙古	2386	10.08	5.46	4.62
辽 宁	4221	7.01	6.04	0.97
吉 林	2716	7.89	5.32	2.57
黑龙江	3820	7.87	5.20	2.67
上 海	1778	7.04	6.08	0.96
江 苏	7475	9.24	7.03	2.21
浙 江	4898	11.10	6.08	5.02
安 徽	6120	12.43	6.23	6.20
福 建	3535	11.60	5.62	5.98
江 西	4311	13.79	5.96	7.83
山 东	9248	12.14	6.31	5.83
河 南	9380	11.55	6.30	5.25
湖 北	5710	8.74	5.69	3.05
湖 南	6326	11.90	6.75	5.15
广 东	9194	11.70	4.68	7.02
广 西	4660	14.26	6.09	8.16
海 南	828	14.65	5.72	8.93
重 庆	2798	9.40	6.40	3.00
四 川	8212	9.70	6.80	2.90
贵 州	3730	14.59	7.21	7.38
云 南	4450	14.72	6.75	7.97
西 藏	277	17.94	7.15	10.79
陕 西	3720	10.02	6.01	4.01
甘 肃	2594	12.59	6.57	6.02
青 海	543	15.70	6.21	9.49
宁 夏	596	15.93	4.95	10.98
新 疆	2010	16.42	5.04	11.38
全 国	130756	12.40	6.51	5.89

资料来源：2006 年《中国统计年鉴》。

《国家人口发展战略研究报告》指出，我国要采取各种有效措施，逐渐降低出生率、死亡率和自然增长率，到2030年，我国将实现人口自然增长率的"零增长"。

上世纪八十年代我国第三次人口生育高峰时出生的孩子，现在大多数已经进入了婚育期，我国推行计划生育以来产生了近1亿独生子女，这部分人现在已经进入了婚育期，在生育水平回升的状态下，更要控制人口的增长。至于特殊人群超生问题，应提到重要的议事日程上。

3. 保持正常的性别比

社会的繁荣，人口的发展，男女性别比例应该协调、正常。目前，我国在男女比例上有失衡的趋势，这种情况应该引起重视。《国家人口发展战略研究报告》指出，出生人口性别比持续升高是我国这些年人口工作中面临的新问题。出生人口性别比是指活产男女婴数的比值，通常用女婴数量100时所对应的男婴数来表示。正常情况下，出生性别比保持在103—107之间为正常比值。2000年第五次全国人口普查出生人口性别比为117，2006年抽样调查为119.25，个别省份超过130。这种性别比出现的异常现象，城乡普遍存在，而农村失调程度更为严重。

我国是有悠久历史的文明古国，受旧的思想传统和习惯势力影响很深，"重男轻女"、"传宗接代"根深蒂固。报告指出，2020年，20岁—45岁男性将比女性多3000万人左右。到那时低收入及低素质者结婚难，所导致的社会秩序混乱将成为影响社会稳定的严重隐患。

针对上述情况，我国要综合治理出生人口性别比偏高问题，建立党政负责、部门配合、群众参与的标本兼治工作机制，制定有利于女孩健康成长和妇女发展的社会经济政策。严禁非医学需要的胎儿性别鉴定和选择性别人工终止妊娠。预计到2020年，我国出生人口性别比将趋于正常。

4. 提升城镇化水平

我国是人口大国，也是农业大国，乡村人口占绝对优势，城镇化水平较低，这对我国生产发展和经济布局均有很大影响。

城镇化是指由乡村转变为城镇的一种动态过程。在这过程中，农业活动比重逐渐降低，城镇人口的比重稳步上升。一般采用城镇人口占总人口的比重来表示某一区域城镇化水平。

现代化国家标准很多，其中之一是城镇人口要占总人口的50%以上。世界上很多发达国家，早在八十年代，城镇人口已达到70%以上。我国五次人口普查城镇化水平见表3-9。

表 3-9　我国五次人口普查城镇化水平

年　份	城镇人口（万人）	全国总人口（万人）	城镇化水平（%）
1953	7726	59435	12.99
1964	12710	69458	18.29
1982	21082	100818	20.91
1990	29971	113368	26.43
2000	45844	126583	36.21

资料来源：根据 2006 年《中国统计年鉴》整理。

从上表可以看出，新中国成立后，我国城镇化水平有了较快发展，但总体水平还是相当低的，为了到本世纪中叶，人均收入达到中等发达国家水平，《国家人口发展战略研究报告》中指出：到 2010 年，城镇化率提高到 47%；到 2020 年，城镇化率达 53% 以上。

为了促进城镇化健康发展，我们一定要坚持大中小城市和小城镇协调发展的原则，我国必须制定有关政策措施解决一系列的重要问题。如：目前全国 1 亿人口帮扶问题；农村适龄儿童入学和全面普及九年义务教育问题；城乡统一户口制度问题；农村人口医保问题等等，只有这样，才能为提升城镇化奠定基础。

三、历史条件

经济布局具有历史的继承性，是在旧有经济布局基础上进行的。新中国成立以来，经济布局得到应有重视，一方面改造旧中国遗留下来的不合理的布局，同时又为适应国家经济建设和实现宏伟目标，进行新经济布局，取得了显著成就。

（一）旧中国经济布局的基本特征

由于长期的封建统治和帝国主义的侵略，旧中国的国民经济十分落后，生产力水平低下，经济布局极不合理。

1. 经济的垄断性

新中国成立前，帝国主义和官僚资产阶级控制了国家的经济命脉，旧中国成为列强的瓜分市场、原料、燃料和廉价劳动力的供应地。1936 年，各国在中国投资总额达 45 亿美元，占旧中国工业和交通总投资额的 70% 以上，外国资本垄断了全国生铁产量的 80%，钢产量的 88%，煤产量的 56%，发电量的 76%，铁矿石的 99%，棉布产量的 64%，卷烟的 58%。1937 年，在全国二万公里的铁路中，外资控制 90.7%。抗日战争期间，外资进一步扩大到97亿美元,沦陷区的工业全被日本帝国主义所侵占。抗战胜利后,美国资本加紧对我国的渗透,官僚资本得以进一步发展,占到全国产业资本的80%,在主要工业产品产量中比重是:钢铁90%,煤33%,电力67%,粮90%,以及有色金属和石油的绝大部分,整个旧中国成为帝国主义的原料掠夺地和商品倾销市场。

在农村,封建的自然经济,随着帝国主义的入侵而遭到破坏解体。但是,地主阶级对农民的剥削依然存在,70%以上的耕地被占农村人口不到10%的地主、富农占有;农具、耕畜和其他农业生产资料,也多被地主和富农所占有。由于封建土地所有制的束缚和地主阶级的残酷剥削,农业生产遭到严重破坏,民不聊生。这种垄断经济,是旧中国经济不能发展和人民生活日益穷困的主要根源。

2. 生产的落后性

半封建、半殖民地的社会属性,是阻碍社会生产力发展,生产水平低下,工业发展缓慢,地区与部门经济结构混乱,农业凋敝的根本原因。我国工业产品在世界上的地位见表3-10。

表3-10 我国工业产品在世界上的地位

年 份	钢	生 铁	电 力	原 煤	纺织品
1936	18	12	14	7	—
1949	26	23	25	9	5

资料来源:根据邵承组等编《中国经济地理》和孙敬之主编《中国经济地理概论》整理。

从1843年上海出现第一家现代型工厂起,经过近一个世纪的发展,到1949年的工农业总产值中,现代工业产值只占23%,手工业产值占7%,农副业产值高达70%。主要工业品的产量,即使是最高的1936年,在世界上所占地位也微不足道。

旧中国工业基础薄弱,结构畸形,部门残缺,技术落后,现代工业中,以轻工业为主,重工业居于从属地位。重工业仅占全部工业产值的30%,许多工业产品和机器设备依赖进口,即使是相对发达的纺织工业和食品工业,其产品和设备仍需进口。

同一部门内部,各个部门之间缺乏联系和合作,形成一种"铁不成钢,钢不成材,材不成器,器不成套"的畸形状态。同时,旧中国地区内部结构畸形,如东北地区以采矿、冶金、军工为主的重工业占全部工业产值的79.2%,纺织、食品等轻工业仅占7.6%。相反,上海的轻纺工业产值占全市工业产值的86.4%，而重工业仅占13.6%。这都充分说明旧中国现代工业生产的落后性。1949年中外主要产品产量对比表见表3-11。

表3-11 1949年中外主要产品产量对比表

工业产品	单位	产量 中国	产量 美国	产量 英国	产量 日本	各国为我国倍数 美国	各国为我国倍数 英中	各国为我国倍数 日本
钢	万吨	15.8	7074	1580	311	447.7	100	19.6
生铁	万吨	25	4982	968	160	332.1	38.7	6.4
原煤	万吨	3243	43597	21861	3974	13.4	6.7	1.2
发电量	亿度	43	3451	506	410	80.2	11.7	9.5
棉布	亿米	18.9	76.8	18.3	8.2	4.1	0.9	0.4
糖	万吨	20	199	52	3	9.9	2.6	0.2

资料来源：根据孙敬之主编《中国经济地理概论》整理。

旧中国素称以农立国，但农业生产水平同样低下。日本侵华的八年中，大量耕地荒芜，河南1946年比战前减少30%，湖南减少40%。随着耕地面积与劳动力的锐减，农业衰萎，产量低下。农产品中，除丝、茶有出口外，大米、小麦、棉花等均需进口。1946年棉花进口达345万吨，相当于同年全国棉花产量的95%。

交通运输业也很落后，运输结构很不合理。例如铁路运输，1946年至1948年间，新建的不过191公里，而拆除的却有1376公里，拆除长度为新建长度的7.2倍，此外尚有1万多公里铁路因战争损坏而不能通车。公路也由1945年的13万多公里减少到1948年的7.5万公里，而且能通车的里程只有3.5万公里。原有不少航道、码头和某些机场，也遭到了不同程度的破坏。我国整个交通网和运输业，都处于千疮百孔和瘫痪状态。

3. 经济布局的不合理性

长期处于分裂状态的辽阔国土，各地自然条件有明显差异，自然经济与文化发展的不平衡，表现于经济布局的不合理。70%以上的工业和交通设备集中在仅占国土面积12%的东部沿海地带，而广大西部地区，处于几乎没有现代工业的落后状态。在沿海地区，工业又集中于少数城市。例如80%的重工业集中在沈阳、抚顺、鞍山、本溪、大连五个城市，60%的轻工业集中于以上海为中心的长江三角洲地区。内地有限的工业，则集中于太原、武汉、重庆等少数几个城市。农业发展也很不平衡，东南沿海大工业城市周围和铁路沿线，出现了一些农产品的集中生产区域，但生产的商品性农产品，主要是为帝国主义提供工业原料，产品受国外市场的影响，所需粮食却依赖于其他地区支援和国外进口。广大的内地是封建性的、自然性的小农经济。边远地区的畜牧业完全是落后的游牧方式。

(1) 生产脱离原料地、燃料地和国内广大市场

工业生产畸形集中于沿海一线，仅上海、天津、青岛和广州四大城市即占全国工厂总数的69%，工人总数的68%。这些工业中心远离丰富的原料、燃料基地。而广大的国内市场，又大都不能就近得到当地生产的廉价工业品。生产严重脱离原料地、燃料地和广大消费市场，造成极不合理的运输，浪费了人力、物力和财力，极大地阻碍了内地经济的发展。沿海和内地工业比重见表3-12。

表3-12 沿海和内地工业比重

1949年	沿海	内地	其中	
			西北	西南
占全国土地面积（%）	11.34	88.66	31	23
占全国工业产值（%）	77.5	22.4	2	6

资料来源：根据《中国经济建设的若干理论问题》整理。

(2) 工业和农业严重脱节，城市和乡村日益对立

具有殖民地性的沿海大城市，成为帝国主义列强推销剩余农产品和掠夺我国廉价农业原料的转运站；内地中小城市，既是统治人民的中心，又是剥削农民的商业据点。而沿海大城市基础薄弱的机械工业仅具有修配性质，根本不能为农业提供先进的技术装备，旧中国所有工业中心，没有一家拖拉机制造厂、排灌机械和新式农具厂，这就造成工农业严重脱节，城乡日益对立。

(3) 发达的东部沿海地区与落后的少数民族地区日益对立

狭长的东部沿海地区，集中了全国3/4以上的工业产值，而占全国60%以上的少数民族居住地区，工业几乎是一片空白。内蒙古刚解放时，全区只有60家作坊，几家设备陈旧的小电厂和一个毛织厂；西藏民主改革前只有三个半小工厂，其中一个小水电站，还经常不能发电；新疆也只有几个半机械、半手工的小型厂矿。少数民族地区农业多数处于落后的、原始的生产方式。这种显明的差距，严重地阻碍了少数民族经济文化的发展，加深了民族矛盾，影响了民族团结。

(4) 不利于国家安全

经济布局不合理，使全国主要工业、农业、交通运输业畸形地集中于东部沿海地区，其主要经济命脉又都被外资控制，这里又直接处于帝国主义炮舰的威胁之下，而广大内地，工业基础薄弱，农业也很落后，所依托的大后方软弱无力，自身难保。为此，自鸦片战争以来，屡受侵略战争的

祸害，惨遭帝国主义的瓜分、掠夺。这不仅使中国的经济实力更加脆弱，而且也大大影响了民族独立和国家的安危。

4. 对外贸易的半殖民地性

国家经济实力薄弱，经济布局不合理，促使帝国主义通过一系列不平等条约，在中国享受种种特权，并控制了中国的经济命脉，将大量工业品和消费品在中国市场上倾销，严重地阻碍和破坏了中国民族工业、手工业和农业的发展；同时，又将中国变成掠夺原料和半成品的基地。由于帝国主义的侵略和掠夺，使中国资金大量外流，国库空虚，民不聊生，这样，就迫使中国在政治上沦为半封建、半殖民地社会，在经济上也进一步沦为帝国主义的附庸。

（二）新中国经济布局的成就

新中国成立后，我国生产资料社会主义公有制的确立，是迅速发展国民经济、合理进行经济布局的前提。六十年来，我国的经济建设取得了举世瞩目的巨大成就，特别是改革开放三十年来，经济发展更是突飞猛进。

1. 生产的迅速发展和国民经济实力明显增强

从 1949 到 2006 年，全国国内生产总值由 466 亿元增加到 209407 亿元，增长 449.3 倍；人均国内生产总值由 86.1 元增加到 15936.6 元，增长 185 倍，由于国民经济迅速增长，我国工农业生产在世界上的地位也有很大提高。按产量计算，钢、煤、水泥、化肥、电视机等工业品均居世界第一位，粮食、棉花、油、烟叶等农产品也居世界第一位。

生产技术水平也有很大提高。经过六十年的努力，我国已建立起具有相当生产规模和科技含量较高的工业体系和国民经济体系。对老工业基地进行了彻底改造，开发了许多具有世界先进水平的高新产品。现代石油化工、采矿、电力等设备制造业、原子能工业、电子工业、感光材料工业、船舶工业、大规模集成电路和电子计算机工业等也逐渐壮大起来，尤其是改革开放以来，我国经济保持了持续、快速、稳妥的发展趋势，已引起世界各国人民的关注。

2. 经济结构优化升级变化巨大

旧中国束缚了经济的发展，工业生产十分落后，汪洋大海般的小农经济破败不堪。新中国成立后，生产力获得解放而迅速发展，调整了经济结构，建立了比较完整的工业体系。六十年来，特别是改革开放以来，现代工业发展很快，三大产业发生巨大变化。我国第一、二、三产业结构发展变化见表 3-13。

表 3-13 我国第一、二、三产业结构发展变化表　　　　　（%）

年份	国内生产总值	第一产业	第二产业	第三产业
1952	100.0	50.5	20.9	28.6
1978	100.0	27.9	47.9	24.2
1981	100.0	31.6	46.1	22.3
1985	100.0	28.2	42.9	28.9
1986	100.0	26.9	43.7	29.4
1990	100.0	26.9	41.3	31.8
1191	100.0	24.3	41.8	33.9
1995	100.0	19.8	47.2	33.0
1996	100.0	19.5	47.5	33.0
2000	100.0	14.8	45.9	39.5
2001	100.0	14.1	45.2	40.7
2005	100.0	12.6	47.5	39.9

资料来源：根据 2006 年《中国统计年鉴》整理。

从上表可以清楚看出，我国三大产业中，第一产业在明显下降，第三产业较快上升，使我国经济结构不断优化升级，逐步形成比较合理的产业结构。在第一产业中，由片面强调"以粮为纲"转变为农林牧渔全面发展；在第二产业中，注重轻重工业的协调发展。今后应坚持以信息化带动工业化，加快发展先进制造业，实行工业反哺农业，建立以工促农、以工建农的长效机制。第三产业虽然发展较快，但仍有较大的提升空间。今后应大力发展金融、保险、物流、信息和法律服务等现代服务业，积极发展文化、旅游、社区服务等需求潜力大的产业，运用现代经营方式和信息技术改造提升传统服务业，促进第三产业加快发展。

3. 经济布局变化显著日趋合理

新中国成立后，对半殖民地旧中国不合理的经济布局进行改造，把生产建设的重点逐步内移，以达到逐渐平衡，使企业与原料产地、消费市场尽量接近，并加快落后地区的经济发展。

解放初期，重点建设以鞍钢为中心的东北工业基地，并加强改造上海、江苏、山东等沿海地区的原有工业。同时新建武钢、包钢工业基地；在西南、西北地区建设以钢铁和大型水电站为中心的新型工业基地；对新疆石油和有色金属进行开发，对大庆油田，攀枝花钢铁工业基地进行建设。在东部开发了胜利、中原、辽河、华北等油田，新建了一批石油化工基地。在上海兴建宝钢，在山西、内蒙古等地区新建一批大型煤炭基地，在长江、黄河上游、珠江红水河段兴建一批大中型水电站。

党的十一届三中全会实行改革开放以来，国家对沿海地区制定和实施了一系列特殊政策，建立了深圳、珠海、汕头、厦门以及海南经济特区，开放14个沿海港口城市，对上海浦东进行开发。我国经济重心东移战略，促进了沿海地区吸引外资，参与国际经济大循环，实现外向型经济的发展模式，沿海地区始终保持着我国经济发展的领先地位。

为了缩小东西部地区的差距，1999年，我国提出西部大开发战略。经过短短几年，目前已形成坚持推进西部大开发，振兴东北地区老工业基础，促进中部地区崛起，鼓励东部地区加快发展的东西互动、优势互补、相互促进的经济格局，促进地区协调发展的经济布局。

四、技术条件

科学技术是第一生产力，在经济发展中有着决定性的作用，它可以提高劳动生产率，有利于建立合理的经济布局，加快经济发展速度。

在20世纪50—70年代世界经济大发展时期，日本在经济上奋力追赶美国，到80年代，即有"日本名列第一"的说法。未曾料到至90年代，科技悄然介入，美国有5000家软件公司成为经济增长的主要源泉，击败日本许多名牌公司，在世界排名中名列前茅。

技术条件对经济布局有着重要影响。例如，由于钢铁工业的采矿、冶金技术和运输技术发生了巨变，使钢铁工业布局出现了根本性变化，由原来主要靠近煤炭产地变为趋向铁矿、交通枢纽（港口附近）、钢材消费地。石油加工工业布局的变化也是如此，过去，我国内地的多数炼油厂建在原油产地附近；在现代运输条件下，向消费地运送原油比分别运送各种成品油以及各种化工原料要经济合理得多，且运输原油比较安全、方便。同时，既可以从消费地得到科研、技术方面的充分协作，还可以就近招收具有较高素质的人才。

改革开放以来，我国在微电子技术、生物工程、新材料技术、国家信息网工程、新能源、航空航天产业等方面，都有着突出成绩。"科教兴农"已在广大农村中普及，成熟适用的农业先进技术和科技成果已得到推广，硕果累累，部分领域已经跃居世界先进行列，科技对农业发展的贡献率已达到40%以上。目前我国在动植物优良品种选育、病虫草鼠害预防技术、节水技术和旱作生产技术、防护林工程、沙漠化治理技术、土壤侵蚀遥感技术、玉米地膜覆盖、畜禽快速高效饲养、水产优良高效养殖等先进实用技术在全国广泛推广应用，有效地促进了农业的发展。

我国农业高新技术产业成绩显著。全国已建立400多个农业高新技术示范区，重点开展转基因农作物高新技术成果的产业化开发，一大批成熟农业高新技术成果开始实现产业化，推动了农业产业升级和技术换代。

提升产业技术水平，坚持以信息化带动工业化。要广泛应用高新技术和先进适用技术改造提升制造业，发挥制造业对经济发展的重要支撑作用。特别是在高效清洁发电和输变电、大型石油化工、先进适用运输装备、自动化控制、集成电路设备和先进动力装置等领域实现突破。例如，由于采矿、勘探、冶炼等技术的进步，使许多矿藏得到开发利用，在内地建设了许多工矿企业；由于电力、水利高新技术的应用，在西南、中南、西北地区建立了许多大型水力发电站，而长江三峡水利枢纽的兴建，成为世界上最大的水利工程；由于运输技术的迅速发展，才使我国内地交通运输发生翻天覆地的变化，建设了多条电气化铁路，特别是青藏铁路的建成通车，更是创造了世界铁路史上的奇迹。2007年4月18日铁路第6次提速，更显示了高新技术的巨大作用。

当今世界科学研究比以往任何一个历史时期都更加活跃，作为发展中的国家，与发达国家相比，我们的生产技术水平还是较落后的，在一定程度上影响了经济布局的合理性。我们一定要牢记："基础性研究和高新技术研究，是推进我国21世纪现代化建设的动力源泉。"因此，我们要充分利用丰富的科研资源，积极开展国际科学合作交流，争取尽快获得高新技术成果。只有这样，才能更快地推动我国经济建设的飞速发展和科学的合理布局。

复习思考题

1. 举例说明自然条件对经济布局的影响。
2. 试对我国地形和气候条件进行经济评价。
3. 简要说明我国人口的基本特点及如何控制人口的增长。
4. 你如何理解"科学技术是第一生产力"？

第四章 中国农业发展与布局

第一节 概 述

农业是人类利用植物或动物生长、繁殖机能,通过人工培育,获得粮食、工业原料和其他农副产品,以满足人民生活和国民经济建设需要的物质生产部门。无论中国经济增长多么迅速,现代化取得了多大的进展,我们都无法忽略这样一个基本事实,即中国是一个有13亿多人口的大国,中国的农业不仅要为10多亿人提供粮食和其他农产品,而且要为第二、第三产业提供重要原材料和广阔市场。发展农业对于中国具有特殊的重要意义。

一、我国农业经济发展及其结构演变

我国农业历史悠久,然而近代我国农业经济发展却很落后。自1979年以来逐步推进农村体制改革,加之融入农业技术,才使国内多数地区的农业经济获得较大发展。到2007年,全国农林牧渔业总产值48893亿元。其中农业产值24658亿元,畜牧业产值16124.9亿元,渔业产值4457.5亿元,林业产值1861.6亿元。世界8种主要农产品中,我国部分农产品人均占有量超过世界平均水平,分别是粮食、棉花、肉类、禽蛋、水产品、油料,其中前5种农产品总产量均居世界首位。

(一) 农业生产条件有显著改善

新中国成立以来,大力兴建水利,治理江河,防洪除涝,整修新修江河堤防,建成了大量的防洪、灌溉、排涝、发电等工程。至2005年,全国已修建水库8.48万公顷,耕地有效灌溉面积增加到4928.1万公顷,占全国总耕地的51.9%;同时,农田基本建设也有很大进展。水利建设的发展还促进了农村水电事业的发展,农村水电站从1952年的98个增加到1995年的4.07万个,2005年农村总用电量达4375.7亿千瓦时。

(二) 农村经济体制改革成效显著

在农村经济体制改革中，由于采用了以明确使用权为主要内容的家庭联产承包责任制和统分结合的双层经营体制，极大地调动了亿万农民的积极性，使我国农业摆脱了发展徘徊的局面；农产品流通领域的改革，农产品市场体系的培育和建设，使我国农业由计划经济走向市场经济。目前，农副产品中除个别种类外，已基本放开经营，直面市场，农民有了更多的机会参与市场经营，合理组织生产。同时，农村经济体制的改革也极大地推动了我国乡镇企业的蓬勃发展，并成为农村经济的一大支柱和国民经济的重要组成部分。

（三）农业生产布局逐渐合理

1949年以后，随着我国农业的迅速恢复发展，国家根据国民经济发展的需要，首先有计划地恢复和加强了原有合理的农业基地，而后又逐步开辟和建设了一大批全国性的农产品商品生产基地，如太湖平原、江西鄱阳湖平原、湖北江汉平原、成都平原、广东珠江三角洲平原、黑龙江松嫩平原、三江平原、吉林平原、内蒙古后套平原、宁夏银川平原、甘肃河西走廊和黄淮平原等地的商品粮基地；华北平原、江汉平原、江淮平原、汾河谷地、长江三角洲、淮北、苏北、新疆等地的棉花主产区；珠江三角洲、雷州半岛、闽南、内蒙古、黑龙江和吉林中西部、北疆等地的糖料作物生产基地；河南许昌、山东益都与昌潍、安徽凤阳、云南玉溪、贵州贵定等地的烤烟商品生产基地；华南的热带亚热带作物基地以及在大中城市和工矿业基地，以蔬菜、肉、禽、蛋、奶、淡水水产品生产为主，建设了大批副食品生产基地，等等。二十世纪80年代以来，我国主要农产品产量大幅度增长，农产品商品率提高，加上流通体制改革和市场开放，各省、市、区和各级地方政府结合特色农业的开发，在因地制宜发挥资源优势的基础上，围绕市场需求发展了一大批特种小型化和专业化生产为主的种养业生产基地，例如海南岛的反季节的瓜菜生产基地，山东、河南和安徽的肉牛生产基地，沿海的海水、淡水养殖基地，华北和西北地区的瓜果生产基地等。以国家级大宗农产品商品生产基地为主，各地区围绕市场需求开发的中小型专业化种养业生产基地为辅，兼顾地方性自给需求的农业生产布局模式的形成和进一步完善，将使我国农业生产布局更趋科学化和合理化。

（四）农业生产结构合理调整

农业在GDP中的比重：1957年为40.3%，1978年为28.1%，2002年为15.4%，2005年为12.6%，预计2020年下降到10%左右；农业劳动力在总就业的比重：1978年为70%，2002年为50%，2005年为44.8%，预计2020年降至33%。

目前，我国农业的成长空间大致是：农业经济约占整个经济15%，年均增3%。农业部门结构也发生很大的变化。在农林牧副渔产值中，林、牧、渔业的比重，已由1949年占17.5%上升到1978年的20.1%、2002年的45.5%；2005年的50.3%，而农作物种植业的比重，则由1949年的占82.5%下降到1978年的79.9%、2002年的5.5%。

以上变化说明，我国农业结构已由单一的、以种植业占绝对优势的简单农业，发展为农、林、牧、渔均有发展的庞大的农业生产系统，正在向着以提高农业产出率、农业商品以及优化农业区域布局为中心的现代农业转变。

（五）农业科研与教育事业蓬勃发展

农业科技是推动我国农业持续发展的重要动力。2005年底，全国主要农作物良种覆盖率达到95%。广大科技人员通过辛勤劳动，取得了丰硕的科研成果，并在实践中得到广泛应用，取得了显著的经济效益和社会效益。中国农业依靠科技进步的份额已提高到35%左右，依靠科技进步已成为我国农业持续稳定增长的关键因素。在农业教育方面，我国已建成了包括高等院校、中等农业技术学校、各级农副业干部和农民技术培训学校、农业、科普、教育等组成的农业教育体系。

二、中国农业可持续发展战略

农业是我国国民经济的基础。农业与农村的可持续发展，是我国可持续发展的根本保证和优先领域。

（一）中国农业持续发展的战略选择

目前，农业的可持续发展正从一种构想转向实践，并呈现出明显的区域特点，出现了许多不同经济、社会和自然资源条件下的农业可持续发展模式。各地区应该根据自己的特点和农业发展趋势，结合世界农业先进技术，选择自己的发展道路。

我国农业可持续发展的基本目标是：保持农业生产率稳定增长，提高粮食生产和保障食物安全，发展农村经济增加农民收入，改变农村贫困落后面貌，保护和改善农业生态环境，合理、持续地利用自然资源，特别是生物资源和可再生资源，以满足逐年增长的经济发展和人民生活的需要。

目前，我国农业发展所面临的主要问题是：第一，人均耕地少，农业自然资源短缺，人均占有量仍逐年下降。第二，农村经济发展虽然很快，但总体水平仍然很低。1995年，农民的平均纯收入1578元/人，2005年达到3255元，农业仍然要承担剩余劳动力的"蓄水池"作用。第三，农业综合生产能力总体呈增长趋势，但农业抗灾能力仍差，主要农产品产量和农业生产率有较大的波动。第四，农业经济结构不合理，农业投入效益不高，农业投资形成固定资产的比率一般只有65%，化肥和灌溉水利用率一般只有35%～40%；农业生产资料价格上涨，生产成本上升，效益降低，一定程度上又制约着农业投入的增长。第五，农业生态系统总体生产能力明显提高，但农业环境污染也日益严重，全国受污染的耕地已近2000万公顷，约占耕地的1/5。第六，就农业整体情况而言，区域发展不平衡，东、中、西部之间的差距有所增大。

从我国的基本国情出发，面对着我国农业发展的形势和问题，为实现农业可持续发展的基本目标，采取的相应战略是：走农业循环经济发展道路，建设可持续发展的农业生产体系。

(二) 农业循环经济理论的内涵

循环经济的概念是相对传统经济而言的一种新的经济形态，代表了一个新的发展趋势，是人类对难以为继的传统发展模式反思后的创新和社会进步的必然产物；是废弃物管理战略转变的需要和产业链的有机延伸。其基本含义是指：通过废弃物或废旧物资的循环再生发展经济，使生产和消费过程中投入的自然资源最少，向环境中排放的废弃物最少，对环境的危害或破坏最小，即实现低投入、高效率和低排放的经济发展。循环经济倡导以生态学理论和生态规律为基础的经济发展模式，对人类经济活动与生态环境的融合起到了指导作用。循环经济理论是经济发展与生态环保"双赢"的理论，它改变了经济增长只能靠消耗和枯竭生态环境资源和资源、能源不间断地变成废物来转换经济发展的传统模式，提出了一个资源和生态环境融合发展的新经济模式。

大农业循环经济就是将循环经济的理念引入大农业生产领域中，全面开发生食食物链和腐屑食物链，使大农业资源体系中提供经济产品的每一环节所辅产的非经济产品均成为下一环节的利用"原料"，形成范围大小不同、层次高低不同的循环利用途径，最大限度地获取符合人类利益要求的经济产品，将排除"废弃物"所导致的"环境污染"，促进农业生产与生态环保的融合，优化农业生态环境，真正实现农业的可持续发展。

(三) 实施大农业循环经济生产应采取以下措施

1. 指导思想上和经济理论上的突破

大农业循环经济理论的目标是将环保产业领域的循环经济理论引入农

业领域、指导组织农业生产，实现大农业生产的效益最大化与危害最小化，达到生产和环境保护相容的理想状态。目的是从根本上降低经济活动对环境的破坏，保护并改善农业生态环境。通过对资源的再使用（Reuse）和再循环利用（Recycle）来促使污染或废弃物减量化（Reduce），以实现经济的可持续发展。在农业生产的实践中，应时刻以此为指导思想，在农业生产的各个环节中贯彻大农业循环经济生产的思想，真正摆脱传统农业经济的生产模式以实现农业的可持续发展。

2. 必须有系统观

在大农业循环经济理论指导下进行农业产业化生产，必须具有系统观，将这一过程视为一个连续的产业工程，使生产的每一环节全部产业化，使每一环节都具备良好的后备环节，形成一个良性运转的"产业链"。即农业产业化的实现不能以单项产业成功为目标，必须向"产业链"或"产业网"的目标实现迈进，农业"产业链"或"产业网"的形成有主动延展和被动拉开两种动力，无论是延展还是拉动，都必须以生态系统能流和物质流的流向作为形成农业产业链、产业网的依据。实现农业产业化，产业多元化，由农业产业链构成产业网，才可以保证使能流、物质流稳定、动态地循环流转。

3. 改变农业生产的追求目标

从产出角度看，大农业循环经济应该是对环境的"零排放"。正在兴起的高度集约化农业生态科技园追求的环境目标就是"零排放"，即在现有技术经济条件下，将有利用价值的废物都作为"资源"利用起来。从投入角度看，农业生态园追求"减材料化"（Dematerialization，或称非物化），即在产出数量和质量不变的条件下减少农业生态系统外的投入（特别是化学农药、化肥、植物或动物生长调节剂等），同时不影响产品的质量。

4. 传统农业必须向工业型农业发展

资源耗费型农业必须向资源循环利用型农业转化，采取工业生产或工程管理的办法来组织引导并协调农业生产和经营，或者把农业作为一个工程，借鉴运用工程项目论证、立项、设计、施工、评估等办法，以市场为导向，优化资源配置，保证农业生产增产增效，实现由资源消耗型农业向资源循环利用型农业的转变。

5. 经济再生产过程与自然再生产过程要有机交织

大农业循环经济生产模式既符合生态循环的自然规律，又符合社会经济再生产的客观规律，即经济再生产过程与自然再生产过程的有机交织。单纯的自然再生产过程是生物有机体与自然环境之间的物质、能量交换过程。如果没有人类的经济行为与之相结合，它就是自然界自身的生态循环过程而不是农业生产。作为经济再生产过程，农业生产是人类有意识的干预自然再生产过程，通过劳动改变动植物和微生物生长发育的过程和条件，借以获得自己所需要的生物产品的生产过程。因此，这种对自然再生产过程的干预必须符合生物生长发育的自然规律。

总之，从我国的实际情况看，我国人口多，资源相对贫乏，生态环境十分脆弱。在资源存量和环境承载力两个方面都已经不起传统经济形式下高强度的资源消耗和环境污染。在农业发展的过程中，如果继续走传统农业经济发展之路，沿用"三高"（高消耗、高能耗、高污染）粗放型模式，以末端处理为环境保护的主要手段，那么只能造成经济的不可持续性。走大农业循环经济之路，已成为我国农业经济可持续发展模式的必然选择。

第二节 中国粮食作物生产与布局

我国幅员辽阔，自然地理环境复杂，社会技术、经济条件和地域开发历史差异较大，为形成多种粮食作物种植的不同地域组合提供了可能。现将主要粮食作物的生产布局简介如下。

一、水稻

1980年以前，中国谷物产量次于美国，居世界第二位，至今一直居世界首位。2007年谷物产量4.56亿吨，虽然同20世纪90年代后期相比有较大幅度的下降，仍超过美国、印度、俄罗斯、法国、印度、巴西等世界主要谷物生产国。

水稻是我国主要的粮食作物，稻谷产量占粮食年产量比重保持在35%～45%之间，播种面积和产量始终占粮食作物的第一位。因此，稻谷生产在我国粮食生产中占有特别重要的地位。水稻种植在我国布局很广，除少数高寒或水源缺乏的干旱区以外都有分布，但具有南方多而集中，北方少而分散的特点。20世纪70年代，以杂种优势理论为指导，以发掘不育细胞质源为突破口，使籼型杂交稻率先在我国获成功并大面积推广；至90年代种植面积达1500万公顷，占全国稻作种植面积的51%，总产量的58%。我国稻谷生产的发展及其地域分布，如表4-1所示：

表 4-1 我国稻谷生产的发展及其地域分布

项目 年份	播种面积		产量		单位面积产量 （千克/公顷）	主要稻谷产区
	万公顷	占全国粮食播种面积（%）	万吨	占全国粮食产量（%）		
1952	2838	22.9	6843	41.7	2408	湖南、江苏、四川、湖北、江西、安徽、广西、广东、黑龙江
1978	3442	28.5	13693	44.9	3975	
1997	3177	28.1	20074	40.6	6319	
2002	2820	27.1	17454	38.2	6189	
2005	2885	27.6	18059	37.3	6259	
2007	2892	27.7	18603	37.0	6433	

资料来源：《中国统计年鉴 2008》。

水稻是全球种植面积最大的农作物，种植面积达 1.54 亿公顷，占世界耕地面积的 11%，分布于 122 个国家和地区。其中，亚洲占种植面积和生产总量的 90%。全球以大米为基本食粮的人口已增至 25 亿人，预计 2025 年进一步增加到 35 亿人。鉴于水稻重要性激增，联合国宣布 2004 年为"国际水稻年"。

在世界各主要稻谷生产国中，我国水稻播种面积（1996～2000 年平均）占世界 20%，次于印度；稻谷年平均产量 19619 万吨，占世界 35%。但我国优质稻米短缺，至 2002 年，我国优质水稻面积已扩大到 387 万公顷。

水稻是我国粮食生产的主体（旱稻种植面积和产量都很小）。它是一种喜温、喜湿作物，我国有广阔的温带和亚热带地区，东部和西部属于湿润半湿润地带，又受季风气候影响，夏季全国从南到北水、热条件形成有利结合，适宜水稻生长、发育。因此，目前我国除高寒地带和水源缺乏的干旱区之外，南起北纬 18.5 度的海南省，北至北纬 52 度的黑龙江省呼玛县，东起台湾，西至新疆喀什，均可种植水稻。

水稻种植的分布特点是：南方多而集中，北方较分散。具体可划分为长江中下游单双季稻区；华南双季稻区；北方稻谷分散区等。如图 4-1 所示。

（一）长江中下游单双季稻区

本区包括秦岭淮河以南、南岭以北的广大地区，湖南、湖北、江西、浙江四省以及四川、江苏、安徽等省的水稻集中产地，形成世界著名的长江流域水稻产业地带。还有上海市、河南和山西两省南部、福建西部、两广北部。这些地区单季稻和双季连作稻并重，是我国水稻种植最集中、稻

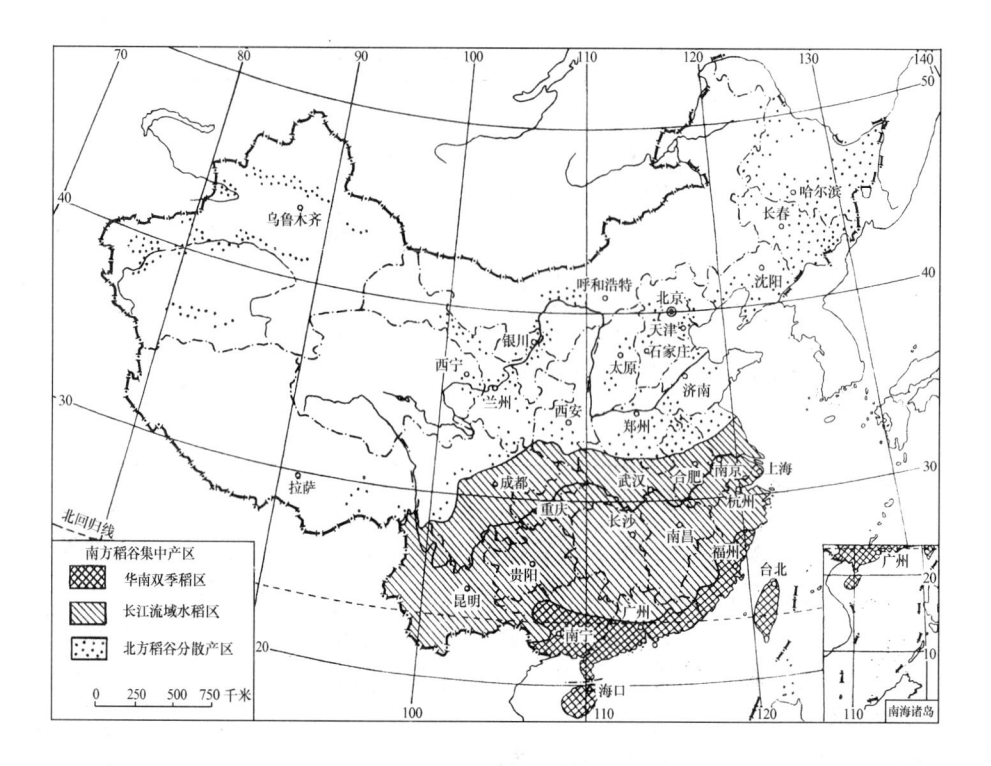

图 4-1 中国稻谷分布示意图

谷产量最大的地区。稻谷产量约占全国 65%，以两湖平原（包括其南部的洞庭湖平原和北部的江汉平原）、江淮地区、太湖平原、鄱阳湖平原、成都平原等地的水稻种植最集中，提供商品稻米最多。

（二）华南双季籼稻区

本区包括地处南岭以南的广东、广西两省区大部，福建东半部和海南、台湾两省。全区稻谷总产量（未包括台湾省）约占全国 17%，为我国第二大稻谷集中产区。其中，广东珠江三角洲、韩江三角洲，广西东南部沿江平原和盆地，福建东部岷江、九龙江下游，台湾省西部平原，水稻分布较为集中，且多为双季连作稻，个别地区还有三季连作稻（如海南省）。

（三）北方稻区

包括秦岭、淮河以北除青藏高原以外的广大地区。水稻种植具有"大分散，小集中"的特点，尤其在拥有水源和排灌设施的平原、丘陵、盆地区较集中。主要分布于黑龙江、吉林、辽宁境内。如辽河中下游平原、吉林省东部山间盆地、黑龙江省北大荒以及牡丹江一带的半山区谷底平原，河北省海河下游低地、宁夏银川平原等。全部为单季稻，以粳稻为主，由于生长期长，日照充足，灌溉水质一般也好，故米质较优，全区稻谷总产量约占全国的12%。

另外还有云贵高原稻作区：包括云南全省、贵州省大部，还有川西南和桂西北部分地区。水稻种植较普遍，但因地势较高，水热条件相对较差，故稻谷产量较前述三个区为低。全区稻谷产量只占全国6%。水稻种植主要分布于河谷平坝地区，在纬度较低、地势较低的河谷平坝有少量双季连作稻。西北干旱稻作区主要包括宁夏银川平原、甘肃河西走廊张掖一带、新疆的乌鲁木齐、马纳斯、阿克苏、喀什、库车、莎车等绿洲灌区。本区种植水稻全靠灌溉，所以水稻以抗旱品种为主。

二、小麦

小麦在我国粮食生产中占有重要地位，播种面积仅次于水稻，而产量则在稻谷、玉米以后，是全国第三大粮食作物。2007年全国小麦总产量10929.8万吨，超过美、俄和欧盟小麦产量，居世界首位。我国小麦生产的发展及其地域分布，如表4-2所示：

表4-2 小麦生产的发展及其地域分布

项目 年份	播种面积 万公顷	占全国粮食播种面积（%）	产量 万吨	占全国粮食产量（%）	单位面积产量（千克/公顷）	主要稻谷产区
1952	2478	20.0	1813	11.1	735	河南、山东、河北、安徽、江苏、四川、陕西、新疆、甘肃
1978	2918	24.2	5384	17.7	1845	
1997	3006	29.2	12329	24.9	4101	
2002	2391	23	9029	19.7	3776	
2005	2279	21.9	9744.5	20.1	4276	
2007	2372	22.5	10929.8	21.8	4608	

资料来源：《中国统计年鉴2008》。

2002年全球小麦产量5.65亿吨，主要分布于东亚、北美、欧洲和澳洲。在我国，最重要的是冬小麦。它可与水稻、玉米、甘薯、棉花等秋收作物接茬种植，能充分利用地力，提高农业生产能力，因此获得广泛种植。主要分布于长城以南广大地区。而长城以北是春小麦区。同水稻相比，小麦的地理分布更广泛，遍布于全国各地，见图4-2中国小麦分布示意图，具体可划分为三个分布区：

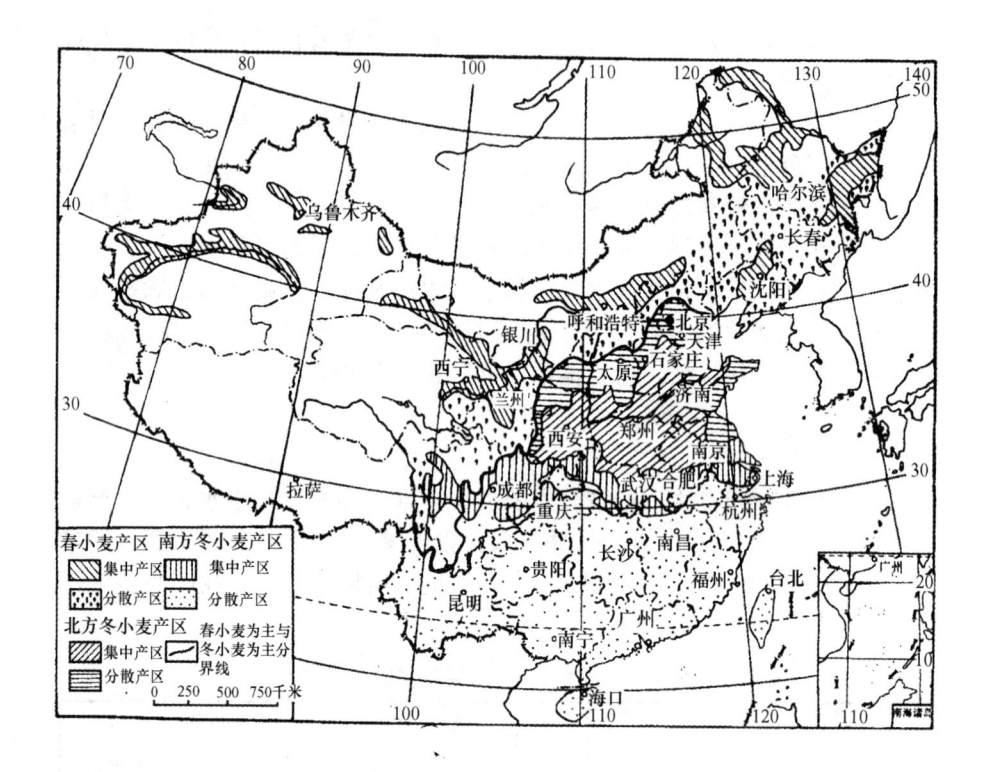

图 4-2 中国小麦分布示意图

（一）北方冬小麦区。

指长城以南，秦岭淮河以北，六盘山以东地区，包括山东省全部，河南、河北、陕西、山西四省大部，以及皖北和苏北的部分地区，是全国最大的冬小麦产区，播种面积和产量约占全国的一半以上，实行一年两熟或两年三熟制。集中分布在黄河下游平原、海河流域、汾渭平原、山东半岛等地，河南、山东是冬小麦产量最大的省区。近几年冬小麦已逐渐向北、向西推进，河西走廊和新疆南疆也开始种植。

（二）南方冬小麦区。

指秦岭淮河以南，折多山以东的广大南方各省，地域范围比北方冬小麦区要辽阔得多，但小麦种植的集中程度却远不如北方冬小麦区。其中，以四川、湖北、江苏中部和南部、安徽中部等地分布最集中。全区产量约占全国小麦的五分之一以上。

（三）春小麦区。

全国有一半以上的省区都有春小麦种植，其主要分布在长城以北、岷山—大雪山以西的地区，尤以黑龙江、内蒙古、甘肃、新疆为集中产区。这里冬季严寒，冬小麦不能越冬；无霜期短，一般在200天以下，一年一熟。全区小麦总产量约占全国五分之一，由于实行大规模机械化作业，能向市场提供较多商品麦。

我国小麦总量大，但优质专用小麦却不足，如适宜加工面包用的强筋小麦，加工饼干、糕点用的弱筋小麦品种较少。鉴于专用小麦的市场需求潜力很大，近期我国重点发展优质强筋小麦、弱筋小麦，稳定发展中筋小麦。2007年，专用小麦面积将占我国小麦40%，比2001年提高20个百分点。正在建设三个专用小麦带：（1）黄淮海优质强筋小麦带，主要分布于冀、鲁等7省39个地市82个县市；（2）长江下游优质弱筋小麦带，主要分布于苏皖等4省10个地市20个县市；（3）大兴安岭地区优质强筋小麦带，主要分布于黑龙江、内蒙古的3个地市11个旗县（农场）及黑龙江垦区。

三、玉米生产

玉米是世界公认的"高产之王"、"饲料之王"、"综合利用之王"。2007年我国玉米播种面积2947.8万公顷，产量15230.3万吨，产量高出小麦4310万吨。经过近三十年的发展，玉米已成为我国第二大粮食作物和第一大杂粮作物。

（一）地理分布特征

玉米喜温、喜湿，降水少的地方需有灌溉方可大面积种植。随着水利条件改善，玉米地理分布大为扩展，以东北三省集中程度最高，吉、黑、辽三省玉米产量均居全国前列，共占全国玉米总产量四分之一强，提供商品玉米占全国近二分之一；此外，鲁、豫、冀、川等省及内蒙古也是玉米集中产区。

（二）专用玉米优势区建设及其布局

作为世界玉米的产销大国，与其他玉米主产国相比，我国专用玉米品种少，专用性能不强，玉米加工业滞后，生产与消费市场区域不平衡。随着牧业发展和玉米深加工技术广泛应用，国内玉米需求大增；同时，东亚地区是世界玉米主销区，年销量达3500万吨，占全球玉米贸易50%，该市场现主要被美国转基因玉米占领。我国有临近国际玉米消费市场的区位优势，又有非转基因品种优势，发展专用玉米有利因素明显。我国玉米生产的发展及其地域分布，见表4-3所示。

表 4-3　玉米生产的发展及其地域分布

项目 年份	播种面积 万公顷	占全国粮食播种面积（%）	产量 万吨	占全国粮食产量（%）	单位面积产量（千克/公顷）	主要稻谷产区
1952	1257	10.1	1685	10.0	1343	吉林、山东、河南、黑龙江、河北、辽宁、内蒙古、四川
1978	1996	16.6	5595	18.4	2805	
1998	2524	22.2	13295	26.0	5267	
2002	2463	23.7	12131	26.5	4925	
2005	2636	24.3	13936.5	28.9	5287	
2007	2948	27.9	15230	30.4	5166	

资料来源：《中国统计年鉴2008》。

近期我国以发展饲用玉米、加工专用玉米为主，并使产销衔接，增强产区玉米转化加工能力，延长产业链。地域布局上重点建设两大专用玉米优势区：（1）东北—内蒙古专用玉米优势区，涵盖黑龙江、内蒙古、吉林、辽宁四省区26个地市102个县市（旗）；（2）黄淮海专用玉米优势区，涵盖河北、山东、河南三省33个地方98个县市。2007年，上述优势产区的玉米单产、总产分别提高20%，专用玉米占玉米种植总面积的60%以上，并在增强优势产区转化能力基础上形成有利的内、外贸易格局。

四、大豆生产

我国是大豆的故乡，1936年大豆产量1330万吨，占世界90%以上，并独占世界大豆市场。后因战乱和粮食紧缺，使大豆产量锐减，1949年全国总产509万吨。20世纪50年代恢复大豆生产，但1958年后强调"以粮为纲"，传统大豆产地被挤占，80~90年代，大豆生产发展较快，1993年产量首次超过1936年的生产规模。直至20世纪50年代以前，我国是世界大豆的最大生产国，但到60年代被美国取代，1974年被巴西超过，1998年又被阿根廷赶上。1993~2001年间，我国大豆种植面积徘徊于670万~950万公顷之间，总产量1300万~1540万吨，2005年大豆产量1596万吨。

近年来，由于需求激增，我国已成为世界第一大豆进口国。1998年净出口大豆100余万吨，以后转变为净进口。2001年进口1394万吨，接近全国大豆总产量。大豆生产与自然地理状况关系密切，随着纬度提高，大都含油量逐增，而蛋白质含量渐减。因此，东北和内蒙古的纬度位置对扩大高油大豆生产有利。2002年开始实施的"大豆振兴计划"，将我国东北、内蒙古、黄淮海地区视为大豆产业振兴的黄金地带，因为该地带自然环境适宜种植、增产大豆。

近期,大豆生产上以提高单产、含油率为主,大力降低生产成本,推行深耕深松技术和玉米、大豆轮作。到2007年,东北地区成为世界最大的非转基因高油大豆产区。地域布局上重点建设松嫩平原、三江平原、吉林中部、辽河平原、内蒙古东四梦石等五个优势产区,涵盖黑龙江、吉林、辽宁、内蒙古四省区的30个地市(盟)127个县市(旗)。

五、其他粮食作物

我国薯类种植主要是甘薯和马铃薯,2005年总播种面积为950.3万公顷,总产3468万吨,其中甘薯占80%左右。2007年总播种面积为808.2万公顷,总产量为2808万吨。甘薯和马铃薯的块根中含有丰富的淀粉和维生素A、B,但蛋白质含量较低,除作为粮食外,还是制造淀粉、酒精和糖浆的原料,甘薯茎叶是家畜的良好青贮饲料。甘薯在我国的栽培制度极为复杂:春薯以黄河中下游各省及南方山区较多,夏薯以江淮地区较多,长江以南无霜期长的地区,甘薯栽培可推迟到立秋处暑,至晚冬收获;两广、福建等终年无霜地区,除可栽培春薯、秋薯以外,还有越冬薯的栽培,至翌年3、4月收获。我国甘薯生产分布甚广,主要集中在四川、山东、河南、河北以及安徽、江苏的淮北地区,其次为广东、广西、福建及长江中游的一些丘陵山区。马铃薯不耐高温,生长期短,成熟快,早熟品种70~90天即成熟。我国马铃薯栽培目前以东北北部、内蒙古西部、晋北、冀北、川西北等地势较高的地方比较集中。

六、商品粮基地建设与粮食问题

建设发展以生产商品粮为中心任务的商品粮基地,是促进我国粮食生产,提高粮食商品率,满足国民经济发展需要的一条有效途径。有了适度规模的商品粮基地,国家的粮食生产任务就有了可靠的基础,国家粮食储备和人民生活也有了可靠的保证,不但给平衡季节供应和丰歉、调剂品种带来方便,而且通过商品粮基地在全国的合理布局,可以大大缩短远距离的不合理粮食运输,减少运输负担。商品粮基地的农业经营方针应以粮食为主,同时也要因地制宜,根据需要和可能,合理安排经济作物、林牧渔和工副业生产,避免农业和农村经济发展的极端片面化、单一化。

(一)商品粮基地建设

我国在"六五"期间采用国家和地方联合投资形式建设了60个商品粮

基地县（市）。1983年，由国家计委、农牧渔业部、商业部、水利电力部和黑龙江、吉林、河南、湖北、江苏、安徽和江西8省协议联合建设50个商品粮基地县（市）。同年国家又与内蒙古、广东的10个县（旗）签订联合建设合同，以确保收购更多商品粮。

到20世纪80年代中期，全国共有13个主要的商品粮基地，包括243个县，约占全国县级行政单位总数十分之一，生产的粮食占全国五分之一。上述商品粮基地，大体上可以划分为如下几个地域类型：（1）黑龙江省松嫩平原、三江平原，吉林省中部地区，辽宁省中部地区，共计59个县；（2）湖南省洞庭湖平原，湖北省江汉平原，江西省鄱阳湖平原，共计57个县；（3）长江三角洲和珠江三角洲地区，共计48个县；（4）苏北地区和皖北地区，共计46个县；（5）河西走廊、银川平原和内蒙古河套地区，共计33个县。

20世纪90年代，我国的商品粮基地县（市）增至523个。从1994年起，国家连续五年扶持523个商品粮大县继续发展。至2000年，国家级的商品粮基地县进一步增至约900个。从1996年开始，又在作为重点粮食生产省的吉林、黑龙江、山东、湖北、湖南、安徽、江西、河南、四川、陕西选择20个商品粮集中产区，以地区（市）为单位，建设大型商品粮生产基地。

（二）商品粮基地的发展变化

近二十多年来，我国粮食生产的区域格局发生了重大变化：全国粮食增长中心北移。这一引人注目的变化，同我国历史上长期存在的"南粮北调"现象恰成对照。已存在了数百年之久的"南粮北调"格局与20世纪80年代悄然宣告结束，代之而起的则是"北粮南运"。在1978～1984年时，南方地区虽仍占全国粮食生产主导地位，但其地位逐渐下降，而东北地区粮食生产的地位提高；1984—1994年期间，全国粮食增产中心继续北移，黄淮地区和东北地区共同形成了全国粮食增长中心。在此期间，全国粮食增产总量中，黄淮地区、东北地区各占一半。1993年上述两地区粮食产量合计占全国总产量的46.3%，相比之下，南方地区（特别是东南沿海地区）粮食生产却在1989年下降的基础上继续下滑，1993年在全国粮食总产中的比重跌至46.1%，分别比1978、1984年下降10%、8.7%。据统计，1983～1995年，全国粮食共增产7934万吨，其中北方增产量占70%，南方只占30%，因此，长江三角洲、珠江三角洲率先由粮食调出区变为调入区。

造成上述粮食增长中心北移的主要原因：

1. 作为原有粮食主产区的南方地区对外开放早，市场经济发展迅速，农业劳动力大量向城镇二、三产业（包括众多乡镇企业）转移，与此同时，大量耕地被占用。而黄淮、东北地区的粮食生产受上述影响的程度要小得多。

2. 黄淮、东北、西北地区的粮食生产应用新技术以及改进耕作制度和粮食作物结构，使稻谷、玉米、小麦的增产幅度提高，商品率上升。

3. 黄淮、东北、西北地区耕地较多，人口相对较少，缺点是水资源缺乏。但这不妨碍选择有条件的地方建设一批商品粮基地。至20世纪90年代中期，黑龙江省粮食商品量、专储量均居全国第一，吉林省的人均粮食占有量、人均商品粮保有量、外销量居全国第一。我国水土资源分布与商品粮增产的关系，如表4-4所示：

表4-4　水土资源分布与商品粮增产

比较项目　　　　　地区	长江中下游及以南占全国比例（%）	黄淮流域及以北占全国比例（%）
水资源总量	81	19
人口	54	46
耕地	36	64
1983—1995年粮食增产	30	70
2000—2040年粮食增产（预测）	25	75

（三）加强商品粮基地建设的途径

1. 增产潜力大，商品率稳步提高，具跨世纪意义的全国性商品粮基地的建设

主要是指东北平原、黄淮平原和甘新地区的商品粮基地。其中东北和甘新地区经多年开垦，粮食耕地增加较多，加上国家已投入大量人力、物力和财力，粮食生产的集约化水平大幅度提高；黄淮平原经过十多年的农业综合开发和治理工作，农业生产条件已明显改善。这三大区域的粮食综合生产能力均有大幅度增长，现已成为我国最重要的商品粮基地。

在上述基地区域内，东北区的重点是继续合理调整粮食作物种植布局，逐步增加旱改水面积；争取选育一批耐冷早熟高产的小麦品种推广种植，努力提高玉米单产；继续增加投入，提高粮食生产集约化水平，使粮食单产总体能跃上一个新台阶。适当开垦荒地，增加耕地面积，力争扩大粮食播种面积50万公顷。黄淮平原地区要进一步治理旱涝碱灾，改善农业

基本条件；广辟肥源，坚持用养结合，培养地力，确保粮食持续增产；重点改造中低产田，扩大有效灌溉面积，提高农田单位面积产量。甘新地区要在积极兴建调蓄水库和输配水工程、合理开发利用地下水资源、扩大灌溉面积的基础上，发展节水农业；加强荒地资源的开垦力度，不断增加粮食总播种面积。

2. 生产水平较高，仍有增产潜力的老商品粮基地

主要指我国南方各大江、大河的三角洲和长江中下游湖盆平原。这些地区人口稠密、水土条件好、耕作精细、粮食单产水平高，历史上很早就能提供余粮，特别是稻米，是我国的主要粮仓。如太湖平原，江西鄱阳湖平原，湖南洞庭湖平原，湖北江汉平原，四川成都平原，广东珠江三角洲等。目前这些地区仍是我国最主要的粮食产区，但由于这些地区人口增长，消费水平提高，粮食就地消费增加；加上耕地被占用量大，经济作物发展较快，粮食播种面积减少，能提供的商品粮数量逐渐减少。

然而，这些老基地通过兴修水利，加强农田基本建设，改造中低产田地，扩大高产稳产面积，培育和推广高产良种，改进生产措施，增加生产资料投入，提高集约化生产水平，从而提高单产、增加总产的潜力仍很大。而且这些老基地具有生产基础好、投资少、见效快的特点，应当进一步巩固、提高和发展。特别是具有全国意义的长江中下游洞庭湖平原、鄱阳湖平原、江汉平原目前还是中产区，如能加强建设，粮食单产和总产可望在短期内有较大提高。

3. 缺粮地区有潜力的区域性商品粮基地

目前，我国的主要缺粮区域是西南、华南和黄土高原地区，距主要产粮区路途遥远，运输相当困难且运费很高。而这些缺粮区域仍不乏生产条件较好的地区，例如黄土高原的汾渭谷地等。因此，除了要加强全国性商品粮基地的建设，还应抓紧缺粮区域内区域性和省内的商品粮基地的建设，全力保护这些地区的现有耕地，增加农业投入，完善保护粮食生产的法规和政策，提高农民的种粮积极性，不断提高区域的粮食自给水平。

第三节　中国经济作物生产与布局

经济作物指收获物主要是工业原料的作物。按用途可分为：纤维作

物、油料作物、糖料作物、淀粉作物、嗜好作物、饮料作物、橡胶作物、染料作物、鞣料作物、芳香油料作物等。

一、我国经济作物种植业的发展和布局特征

（一）在国民经济中的地位和重要性提高

20世纪50年代初，我国经济作物播种面积小，在农作物种植中占8%左右，收获的经济作物加工利用也不充分，经济效益不大。以后随着国民经济发展需要，各地相继推广种植经济作物，并相应地发展加工工业，使经济作物在国民经济中的地位和重要性增长，经济作物播种面积占农作物总播种面积之比到20世纪80年代中期既已提高到16%以上。

（二）对生长环境和经济技术条件要求较高

从生长环境来说，许多经济作物都需要满足其各自的生态条件，才能正常生长获得良好收成。因此，经济作物种植业有很强的地域性。从经济技术条件来说，种植经济作物，是比种植其他农作物需要更多资金，并在种植、管理、收获、初加工到出售过程中，付出技术性较强的劳动。发展经济作物种植业（特别是建立规模化种植园和生产基地），需对当地自然地理条件和社会经济技术条件进行充分调查、比较和选择，确定最佳布局方案，以求良好效益。

（三）受价值规律影响，对市场依赖程度大，与轻纺工业关系密切。

经济作物自产自销比例很小，绝大部分通过商业渠道或预签合同出售，商品率很高，价值规律对生产的作用大，市场价格浮动常使种植面积相应扩大或缩小。同时运输费用在生产成本中占较大比例，加之部分作物在收获后需要及时运往加工地，又不易长途运输。因此，经济作物的生产布局应考虑运输因素，或是新建运输线路，或是尽可能靠近原有运输通道。为了兼顾生产、运输、加工，通常将经济作物的集中产区与相应的加工业结合，并通过方便的运输线路联系起来。

二、棉花生产

我国经济作物中，棉花的播种面积、经济价值均居首位。20世纪60年代以前，我国纺织原料绝大部分依赖产棉区供应。后来化纤、毛、麻、丝原料也得到相应发展，使纺织工业原料结构有较大改变，但棉花仍然是纺织业发展和人民衣着的主要原料来源。

（一）棉花生产概况

1. 我国是世界最大的产棉国

长期以来,我国棉花生产发展受自然灾害和经济政策的影响较大,1949年全国棉花产量仅44万吨。以后,恢复老棉区,开辟新棉区,棉花播种面积1957年增至578万公顷,产量164万吨。但到60年代因饥馑缺粮而使许多棉田改种粮食,棉花面积急剧减少到350万公顷以下,产量也减至75万吨的低水平。之后,棉花生产又开始增长,但受到"以粮为纲"政策的影响而不稳定。1979年起棉花生产稳定发展,并于1984年达到高峰;播种面积692万公顷,产量626万吨,占世界棉花总产量三分之一以上。从1985年开始,棉花生产受市场需求影响有波动变化。

2002年我国棉花产量在世界主要产棉国中,超过美国、印度、巴基斯坦等国,居首要地位。棉花种植的发展及其地域分布如表4-5所示:

表4-5 棉花种植的发展及其地域分布

年份	播种面积 万公顷	占全国经济作物播种面积(%)	产量 万吨	增长速度(以1952年为100)	单位面积产量(千克/公顷)	棉花集中产区
1952	558	44.6	130	100.0	233	新疆、河南、山东、河北、江苏、安徽、湖北、湖南
1978	487	33.7	217	166.9	443	
1984	692	35.9	626	481.5	904	
2002	418	18.1	492	378.5	1177	
2005	506.2	20.1	571	439.2	1128.5	
2007	592.5	23.5	762.4	586.5	1286.8	

资料来源:《中国统计年鉴2008》。

2. 国际棉花生产比较及其基本格局

2001年,印度种植面积达862万公顷,远高于美国(639万公顷)、中国(478万公顷),但棉产量不足中国的二分之一,也次于美国,居世界第3位。为此,印度成为世界最大的原棉进口国。从2002年起,印度逐步改种转基因品种的抗虫棉,此举在多年后可能使世界三大产棉国重新排序。2001年世界三大植棉、产棉国排序,如表4-6所示:

表4-6 世界三大植棉、产棉国(2001年)

按植棉(万公顷)排序		按产棉(万吨)排序	
印度	861.9	中国	532,4
美国	639.4	美国	369.0
中国	477.5	印度	207.0

与世界主要产棉国相比，我国产棉的单产水平较高，是世界平均单产的1.8倍。目前，我国棉花已经形成良好的生产基础，但种植规模差距甚大。美国棉花家庭农场平均种植规模180公顷，我国仍以小农生产为主，全国约有1亿棉农，人均植棉仅0.07公顷，生产规模小，品种单一，流通环节多，对参与国际竞争不利。另外，我国棉花品种结构不合理，适纺高支纱和低支纱的原棉较缺少，品质一致性较差。

3. 中国棉花生产布局的调整与建设

棉花原产于亚热带，在生长过程中具有喜温、喜光、生长期长的特点。我国植棉历史悠久，适宜植棉的地区广泛。到2002年，我国植棉5万公顷以上的省区已调整到11个，近年来还在继续调整棉花生产布局，使一些分散的棉区向主产区集中，尤其是向重点产棉区集中。近期将使棉花品种结构进一步优化，重点发展陆地长绒棉和中短绒面生长。长绒、中长绒、中短绒棉花的比例，将由21世纪初的1:95:4调整到2007年的7:83:10。长江流域棉区将建设成为适纺50支纱以上、20支纱以下为主的原料生产基地；黄河流域棉区建设成为适纺40支纱为主的原料生产基地；西部内陆棉区建设成为适纺32支纱为主的原料生产基地。

彩棉的生产区域已成规模。彩棉原产于中美洲印第安人住地，1982年引进美国，并培育出长纤维品种，1994年扩大种植4000公顷。由于彩棉纺织成衣过程中无须使用有毒化学染料，故很受欢迎。2002年全球彩棉产量将增至20万吨。据国际农业委员会预测，至2030年全球彩棉产量将增至400万吨，占世界棉花总产30%。

我国已成世界彩棉生产国之一。1999年始种7000亩，2002年增至25万亩。目前，彩棉种植基地主要分布与新疆、江苏、山西、甘肃等省区。从种植到加工，业已形成专门化规模。

（二）中国主要棉产区

考虑到不同地区生态条件对棉花的适宜程度，以及棉花生产发展和技术管理特点等，可将全国划分为三大棉区，如图4-3所示。

1. 西北内陆棉区

包括新疆和甘肃河西走廊。这里热量资源甚优，温差大，日照充足，为全国日照条件最好的地区。区内棉田集中分布于北疆玛纳斯河流域、吐鲁番盆地；南疆叶尔羌河流域、塔里木盆地边缘。

近年来，在有灌溉条件的地方，植棉面积有很大扩展。1992~2002

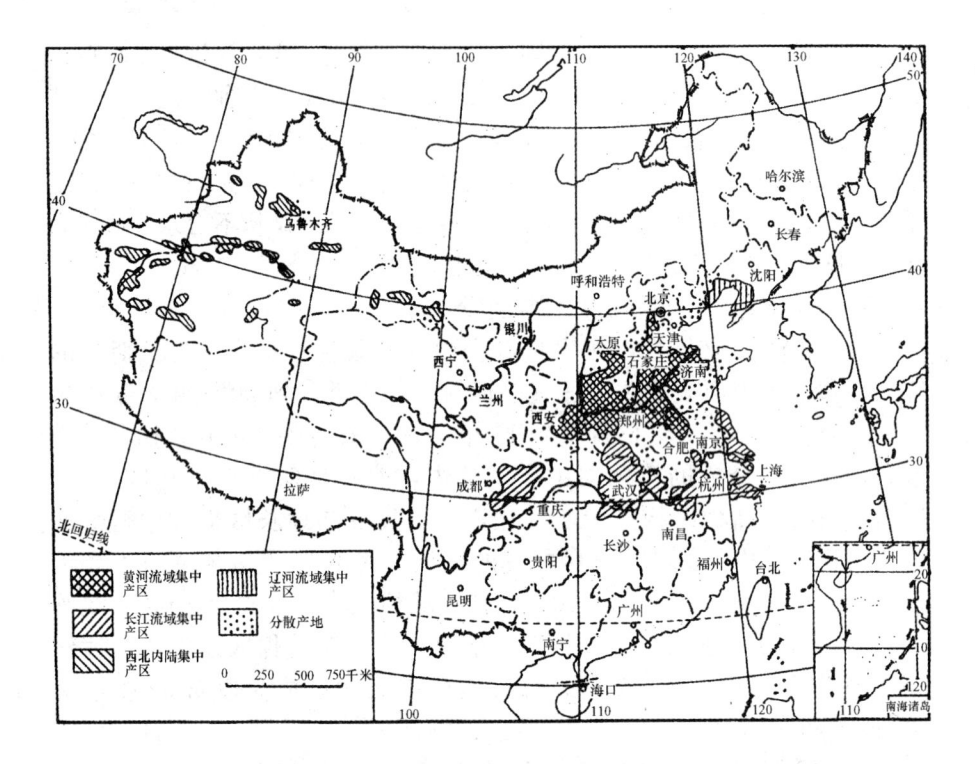

图 4-3 中国棉花分布示意图

年，新疆已连续 10 年成为全国最大的商品棉基地。所产原棉纤维长，是高档棉织品原料，质优价高，已成为我国长绒棉生产基地。但在有些地方，因棉田扩展太多或布局不当，已危及生态环境。为此，从 2000 年起，新疆适当缩小棉田面积，以防止土地沙漠化趋势，保护当地生态环境。2002 年本区棉田面积调减至 94 万公顷，棉产量 150 万吨，占全国三分之一。

目前面对国际市场竞争，我国棉花生产规模化经营必须进一步提高，建立稳定的优质棉生产基地。在国内三大产棉区中，以自然条件看，本区比较优势较多，在 2007 年以前建设成以适纺 32 支纱为主的原料生产基地，布局上主要建设新疆维吾尔自治区、新疆兵团和甘肃河西走廊地区的 30 个县、团场。

2. 黄河流域棉区

包括山东全省，京、津两市，河北、河南、山东三省的绝大部分，以及江苏、安徽两省淮河以北和山西的中央地带等。棉田集中于黄淮平原、海河平原以及山西汾河、陕西渭河这两条河流的谷地。自然环境对棉花生长有利；水热条件适中，春秋光照充足，无霜期较长，能满足早、中熟棉的需要。但在气候变化不稳定的年份，春季的低温和秋天的早霜，均影响棉花的产量、质量。该棉区是在原有老棉区基础上发展起来，棉田技术管理水平较高。20世纪80年代棉田面积占全国近半数；棉产量在全国所占比重，少时为三分之一，多时接近半数。此后因西北内陆棉区崛起，使本区棉产量占全国比重下降。近期本区主要建设冀、鲁、豫、苏、皖5省的50个产棉县。

3. 长江流域棉区

包括湖北、湖南、江西、上海四省市，江苏、安徽二省淮河以南地区，以及川东、豫南等。棉田分布东起长江三角洲、苏北里下河平原，经皖中平原、鄱阳湖平原、江汉平原、洞庭湖平原至四川盆地，这里以江汉平原棉田集中程度高，棉花产量多。

长江流域水热资源丰富，无霜期比黄河流域要长，有利于棉花增产，但不时发生春雨、伏旱和秋霖等自然灾害，又影响棉花生产。全区棉田面积和产量约占全国四分之一。近期本区主要建设江汉平原、洞庭湖、鄱阳湖、南襄盆地等地的40个产棉县。

三、油料作物种植及其地理分布

油料作物指可食用草本油料作物，在中国广泛种植的有花生、油菜籽、芝麻、向日葵以及油用大麻、胡麻和蓖麻等。

50多年中，我国油料产量以1962年为最低，近200万吨。此后缓慢恢复，至1978年才超过1952年水平。从1979～2002年，油料种植面积一再扩大，产量急剧增大，2002年油料总产量达2897万吨，2006年，油料作物产量为4700万吨居世界前列。

（一）花生

花生是半干旱作物，在沙质土壤种植的效益远高于其他作物。有些沙岗坡地或沿河冲击沙土以及南方丘陵地红、黄壤等，种别的作物减产，而种花生却能丰收。20世纪90年代，受内、外市场需求刺激，花生产量急增，2002年达1482万吨，超过印度、尼日利亚、美国而居世界首位。2002年—2003年度世界花生出口148万吨，中国占40%，远高于美国、越南等主要花生出口国，2005年我国花生产量为1434万吨，2007年为1303万吨。由于地理位置、气候条件有利，我国鲁豫等地花生品质、外观俱佳，成为出口贸易增长的主因。

花生种植主要分布于河南、山东、河北、安徽、江苏、广东、湖北、四川等省（区）境内。从苏北经山东、河南、河北到辽宁的大片沙土地和丘陵地区，是全国最大的花生生产和出口基地。从开发潜力来看，在沿黄八省区直至新疆一线的碱性沙质土壤建立起一个花生种植带（"沿黄花生产业带"），兼有重大的经济效益与生态效益。

（二）油菜籽

油菜生性喜凉，对热量、土壤以及其他技术、经济条件的要求不高，决定了其地理分布的广泛性。且既为油料作物，又为养地作物，目前我国油菜籽产量约占世界三分之一，但因内在品质差异，尚需进口。

近期油菜生产以提高含油率和单产水平、降低芥酸、硫甙含量为重点，到 2007 年，长江流域油菜基本实现"双低"化，满足国内植物油需求增量的 60%；地域布局上重点建设三个优势产区：（1）长江上游优势区，涵盖川、黔、渝、滇四省市的 36 个县市。（2）长江中游优势区，涵盖鄂、湘、赣、皖、豫五省 92 个县市区。（3）长江下游优势区，涵盖苏、浙两省 22 个县市区。2007 年全国油菜籽产量为 1057.3 万吨。

长江流域之所以能够发展成为世界最大的冬油菜集中产区，主要因为油菜可作为水田的越冬作物，不与水稻争地，又可起养地作用，故长期以来稳定发展。从长江向北，冬油菜的地理分布区可延伸至秦岭淮河一线以南，再往北只能种春油菜。

20 世纪 90 年代以来，西北地区油菜种植面积有所扩大，以陕西、甘肃、青海、新疆收获油菜籽较多。

（三）芝麻

芝麻含油率高，油质香雅优异，但对生长环境要求较严，喜温怕涝，不耐旱，单产较低，故种植面积和产量均不及花生和油菜籽，但仍不失为我国主要油料作物之一。随着人民生活水平提高，对芝麻和麻油的消费量加大，因此，许多地方扩大了芝麻的种植。2002 年全国芝麻产量 89 万多吨，2007 年产量是 55.7 万吨，集中分布于豫、鄂、皖三省。

（四）、胡麻籽

在我国西北和华北北部一带，一向有种植胡麻的习惯，甘肃、内蒙古、山西的胡麻籽产量居全国前列。胡麻是当地人民的食用油料作物，耐寒耐旱，但需要充足的光照条件。在华北北部海拔较高的河北坝上地区，内蒙古自治区东南部、山西的雁北地区、宁夏南部山区，这些条件均可得到满足，所以种植胡麻较集中。

第四章 中国农业发展与布局

（五）向日葵籽

向日葵籽含油率高，有营养价值，生长过程中耐旱耐寒，还可利用盐碱地种植，稍加经营管理即可丰收。过去只是零星种植，现已发展成为我国五大油料作物之一，主要分布于东北地多人少地区，内蒙古、新疆、黑龙江、山西向日葵籽产量居全国前列。

四、糖料作物地理分布

长期以来，我国糖料作物种植发展缓慢，生产不稳定，食糖消费水平低，近年情况有好转，糖料总产量仅低于巴西和印度，居世界第三位，但人均消费食糖量仅占世界平均水平的三分之一，因此糖料作物种植面积扩大的潜力可观。我国糖料作物生产的发展及其地域分布，如表4-7、图4-4所示：

表4-7 我国糖料作物生产的发展及其地域分布

作物\年份	产量（万吨）						集中产区
	1949	1962	1978	1990	2002	2007	
甘蔗	264	344	2112	5762	9011	11295.1	广西、云南、广东、海南、台湾
甜菜	19	34	270	1453	1282	893.1	新疆、黑龙江、内蒙古、吉林、辽宁、甘肃

（一）蔗区布局

甘蔗只有在华南水热条件结合良好、且无霜冻威胁的地区种植最适宜。为此，从21世纪初开始，我国重点建设桂中南、滇西南、鄂西三个"双高"甘蔗优势产区。到2007年，上述产区平均亩产提高到5吨，含糖率达到14.5%，相当于甘蔗生产发达国家平均水平；植蔗面积、总产、糖产量分别占全国54%、60%、65%。

近50年来，蔗区布局屡有变化，与不同时期经济社会发展状况关系密切。广东珠江三角洲和韩江三角洲是老蔗区，种蔗历史长、产量高。20世纪50年代后期，在鄂西雷州半岛开辟了新蔗区。从90年代前期开始，广

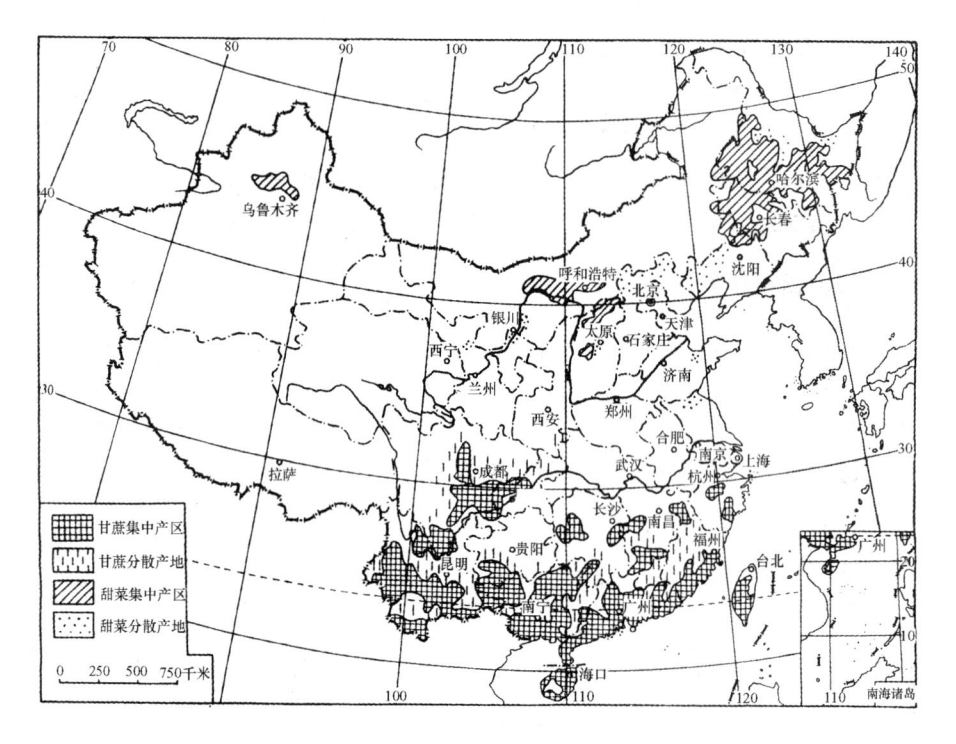

图 4-4　中国糖料作物分布示意图

东老蔗区萎缩，蔗田大减，主要原因是甘蔗成本居高不下；加之许多蔗田被工业发展与城镇建设占用所造成的。目前，鄂西仍是我国重要甘蔗产区。

20世纪90年代前期，广西蔗区迅速扩大并超过广东，成为我国第一大蔗区，但蔗区布局太分散，至90年代后期广西调整蔗田布局，减少植蔗成本较高的桂东、桂东南、及沿海蔗田面积，增加桂中、桂西蔗田面积。目前，桂中南地区是全国最大的甘蔗优势产区。

云南植蔗业发展也超过广东，仅次于广西，居全国第二位。滇西南地区已成长为全国第二大甘蔗优势产区。台湾一向是我国重要的蔗区，蔗田主要分布于肥沃的台南平原。但近十多年来蔗田面积缩小，产蔗量一再下降，已次于广西、云南、广东等省区。

（二）甜菜种植

甜菜生态习性同甘蔗差异很大，是一种喜温凉的作物，具有耐旱、耐寒、耐盐碱的特性，唯需日照充足，适宜于在长城以北种植。

全国有十多个省、自治区种植甜菜，其中播种面积超过5万公顷、年产量超过 100 万吨的只有新疆、黑龙江、内蒙古等三个省（区）最集中，产量占全国三分之一。从黑龙江省松嫩平原西部到吉林省西部，甜菜种植连成一片，亦为我国最主要的甜菜生产基地。从这一地区的气候和土地资源来看，还有进一步扩大种植的潜力。

五、烟草、茶叶种植和蚕茧生产及其地理分布

（一）烟草种植西移

烟草原产于美洲，约四百年前传入中国。烟草按其叶的用途和调制方法，可分为烤烟、晒盐、晾烟、香料烟等类。我国烟叶生产以烤烟为主，2002 年产量 214 万吨，2007 年产量 217.8 万吨，在世界各主要烟草生产国中居第一位。

烟草对生产环境要求较高，性喜温暖，怕涝，适宜排水良好、有机质含量适中的土壤。全国栽培烟草的省（市、区）有 27 个。种烟农户 570 万户，烟农 2200 万人。主产商品烟叶的有 14 个省（市、区）。其中出产烤烟有云南、贵州、河南、湖南等省。河南烤烟生产曾长期居全国首位，主要分布于省境中部的许昌、平顶山等地区。这一带年均气温 14～15℃，降水量 700～900 毫米，无霜期长，日照充足，加上土壤也适于烟草栽培，故烟田面积大，产量高。云南烤烟以优质优异著称，主要分布于玉溪、曲靖等地，所产"云烟"具有香味适中、色泽鲜亮，燃烧性好等优点，是加工制作高级香烟的主要原料。

到 20 世纪 90 年代中期，云南曲靖和玉溪两市同为全国著名的优质烟叶生产基地。曲靖市包括 9 个县（市、区），素称"云烟之乡"，烤烟的常年收购量 450 万担，70％销往省外或出口，为全国近 100 家卷烟生产企业提供生产高档卷烟的优质原料；玉溪市包括 8 个县（区）在 1985—1996 年期间建成 50 多万亩优质高产烟叶生产基地，所产烟叶的内在品质已达到美国、巴西等烟草大国水平。

（二）茶叶生产

茶树性喜湿润气候和微酸性土壤，耐阴性强，在我国中部至东南部普遍种植。种茶、饮茶在我国已有几千年历史。19 世纪 80 年代，我国茶叶出口量曾达 10 万吨以上，在世界茶叶市场占重要地位，到 20 世纪 30 年代后逐渐衰败，50 年代又开始广植茶树，开辟茶园，1976 年全国产茶 23.3 万吨，超过历史上 1886 年 22.5 万吨水平。至 20 世纪 90 年代中期，我国茶园面积居世界第一位、茶叶产量居世界第二位、出口居世界第三位。但近年茶叶销路不畅，使茶园面积和茶叶产量均有所下降。2003 年，我国内地茶园面积减至 121 万公顷，茶叶产量 77 万吨，2005 年茶园面积为 135.2 万公顷，产量 93.5 万吨，2007 年产茶量为 116.5 万吨，在世界各主要产茶国中，高于斯里兰卡、印尼、土耳其、次于印度，居世界第二位。

目前，全球约有 20 亿人以不同方式喝茶，为适应此需要，世界茶叶增产迅速。平均年产量在 20 世纪 60 年代为 110 万吨，70 年代 155 万吨，80 年代 220 万吨，2002 年 306 万吨。

印度茶叶近 220 年历史，已取代中国成为世界第一产茶果。2002 年产茶 86 万吨，占世界 28%，但其茶园面积仅占世界 18%，茶叶生产加工集约化程度高、技术含量高，是印度茶叶发展不同于中国的主要特点。相比之下，中国的茶园 70% 仍由农户分散经营为主。

茶叶产品结构根据市场需求结构经常调整。中国内地所产茶业中，绿毛茶约占 73%，其余依次为乌龙毛茶、红毛茶、压缩茶原料等。世界绿茶市场中有 80% 为中国生产。

我国出产茶叶的省（区）有 18 个，但实际上拥有 5 万公顷以上茶园的省只有七个：云南、浙江、福建、湖北、安徽、四川、湖南。其中，年产茶 5 万吨以上的有福建、浙江、云南、湖北、湖南、四川。根据植茶条件和茶叶品种的差异，可划分出几个跨省的茶区：（1）浙皖赣茶区，茶园主要分布于三省相邻的丘陵地区，产茶量居全国之首，以绿毛茶为主，红毛茶次之；（2）滇川茶区，主要分布于云南、四川、贵州的山地丘陵，绿、红茶兼有，云南施红毛茶的主产地；（3）湘鄂茶区，湖北以产绿毛茶占绝对优势，湖南绿红茶兼有，红毛茶产量 2002 年全国首位；（4）闽台茶区，福建是乌龙毛茶的最大产地。闽南安溪有"中国茶都"之称，乌龙茶产量占全国二分之一。

（三）桑园生产

栽桑养蚕的历史早于植棉业。春秋战国时，我国黄河、长江中下游一带已广植桑树，养蚕业兴旺发达。后来，桑蚕又进一步向南发展。历史上闻名中外的"丝绸之路"，就是从当时黄河中游出发。后来的"海上丝绸之路"，则是从我国东南沿海出发的。这些都足以证明当时我国北方和南方的蚕桑业曾经十分发达，只是近代才衰落。到 20 世纪 40 年代末，全国仅剩 20 万公顷桑园，桑蚕茧产量 3 万多吨。50 年代开始恢复栽桑养蚕，1980 年桑蚕茧产量 25 万多吨。超出历史最高水平（1931 年 22 万吨）。1994 年 78 万吨，居世界第一位。现有桑园主要分布于江苏、浙江、四川、广西、山东、广东等六省境内。其中，以太湖流域、四川盆地一带最为集中，产茧量也高。四川的桑蚕茧产量曾占全国四分之一，居首要地位。江苏、浙江两省产茧量现分居全国第一位和第二位。从1995年开始，因茧价大跌，使桑园萎缩，桑蚕茧减产。1999年曾增至44万吨，2002年恢复到64万吨。2007年桑蚕产量为87.9万吨。

（四）柞蚕开发规模较小

柞树叶也可以养蚕，我国拥有天然柞林约670万公顷，主要分布于黑龙江、内蒙古、辽宁、山东、河南、湖北、吉林等省区。目前，仅辽宁省境内的柞林资源得到较充分的开发利用，河南、黑龙江等省九（区）柞蚕业规模尚小。

六、水果生产及其地理分布

从1993年开始，我国内地的水果产量居世界第一位，同时，水果生产在大农业中的地位呈上升态势。1996年，水果业已成为仅次于粮食和蔬菜的第三大产业。主要品种有苹果、柑橘、梨、葡萄、香蕉、龙眼、荔枝和菠萝等，并已基本上形成了以这八大水果为主的果品生产体系。

（一）苹果优势产区：环渤海、西北黄土高原

苹果是高营养果实类水果，也便于储藏与运输，故而发展很快。2007年全国苹果产量达2786万吨，比1952年增长100多倍。苹果适于生长在温带气候条件下，20世纪80～90年代，苹果生产基地由东部沿海地带向中、西部地区转移，其中尤以陕西、河南两省发展迅速。苹果出口1998—2005年呈增势，加工制品出口增长快，苹果汁已占世界贸易量40%，陕西苹果出口创汇连续五年占全省农产品创汇总额二分之一。

目前，我国正重点扶持和发展两个苹果优势产区：（1）渤海沿岸区。主要包括山东、辽宁、河北三省12个地市28个县市；（2）西北黄土高原区。主要包括陕西、山西、河南、甘肃四省11个地市27个县市。上述两个苹果优势产区至2007年优果率增至50%，单产提高到15吨/公顷，形成全国85%以上苹果生产能力。高档苹果出口由2002年的30万吨提高到2007年的90万吨，占世界出口量的比重由6%提高的15%。

（二）梨

在河北、山东、安徽、湖北、陕西、辽宁、河南等地梨产量较多。其中，河北产量将近占全国三分之一，河北鸭梨，山莱阳梨等闻名全国。

（三）柑橘

作为一种典型的亚热带水果，柑橘分布有鲜明的地域性，主要集中于闽、川、浙、湘、桂、粤等地。近年柑橘、柑橘罐头出口增长，但优质柑橘进口增幅也很大。目前，我国正在重点建设三大柑橘优势产区：（1）长江中上游产区，主要在四川、重庆、湖北境内，将建成为亚洲最大的橙汁生产基地。（2）赣南湘南桂北产区，将成为亚洲最大的优质脐橙生产基地。（3）浙南闽西粤东产区，将建设成有较强竞争力的宽皮柑橘出口基地。预计到2012年，上述柑橘优势产区优果率提高到50%，早晚熟品种比重提高的35%，鲜果上市期延长至8个月。

（四）葡萄

葡萄是一种优质浆果，果实供生食、制干、制汁、酿酒用，以滋味甜美和富于营养而著称。葡萄适宜在雨量少、温差大、日照充足的条件下栽培，主要分布于新疆、河北、山东、辽宁等省区。在我国西部已形成各具特色的四大葡萄种植区：新疆种植区，陕西渭北地区，甘肃河西走廊东部，宁夏贺兰山南麓。其中，新疆葡萄产量占全国五分之一，吐鲁番以无核葡萄著名。

（五）香蕉、菠萝、荔枝、龙眼

香蕉、菠萝、荔枝、龙眼均为我国南方出产的热带、亚热带水果，以滋味鲜美而闻名，号称"南国四大佳果"。其种植有很强的地域性和季节性，集中产于广东、广西、福建、海南和云南。上述五省（区）的香蕉产量占我国内地99%。此外，台湾香蕉、菠萝产量也比较大，香蕉产量仅次于广东、广西、福建、海南。

第四节 林业生产

一、森林资源的地理分布

我国森林资源总量不足，人均森林面积0.128公顷，只及世界五分之一；人均森林蓄积量9.05立方米，只及世界的八分之一；且地理分布很不平衡。天然林多分布偏远，如东北大小兴安岭和长白山一带，地处边疆，山势较高，气候寒冷，这里的森林生长茂密，林木蓄积量占全国30%左右；西南地区的横断山脉等高山地带，森林资源也较丰富，林木蓄积量约占全国20%。

从各省（区）来看，以东北的黑龙江、吉林，西南的四川、云南、西藏（东部），华东的福建、江西、中南的湖南等省（区）森林面积和林木蓄积量较大，而森林覆盖率的高低则依次为：福建、浙江、江西、黑龙江、广东、湖南、吉林、云南、湖北等，森林覆盖率为20%～40%。

二、四大林区及其重点保护措施

（一）东北、内蒙古林区

曾长期作为全国最大的天然林区。区内森林面积3100多万公顷，林木蓄积量30多亿立方米，约占全国四分之一。由于地理位置不同和林木种类的差异，划分为：

1. 大兴安岭林区，跨黑龙江、内蒙古两省区，沿着大兴安岭成东北—西南走向，形成一道宽200—400公里、长1000公里的巨大林带，主要树种有落叶松、樟子松、榆鳞松、东北云杉和西伯利亚冷杉等。

2. 小兴安岭林区，位于黑龙江省北部，由西北向东南蜿蜒400余公里，山岭平缓，气候寒冷潮湿，红松、云杉、冷杉、落叶松、枫树、桦树等生长茂密。

3. 长白山林区，有针叶树还有阔叶树生长，成为混交林，以红松、落叶松、杉松、赤松（以上为针叶树）、胡桃、楸、水曲柳（以上为阔叶树）等为主要树种。

东北内蒙古林区不仅是重要的林业基地，而且是天然的绿色屏障，在自然生态环境保护等方面具有重要价值。但经过近百年来三次大的采伐之后，林木资源骤减，原始林木所剩无几，林区外缘平均退缩140公里，减少林地600万公顷，林区内水土流失面积急增至253万公顷，在资源、经济、生态效益等方面均出现危机。

据统计，1999年以前40年中，国家在大兴安岭砍伐木材2.4亿立方米，财政收入很有限。然而，生态等方面的损失却很大，每年仅碳氧循环和水循环的损失就达157亿吨，是木材生产的16倍，如加上其他生态损失，可能是成百上千倍。因大兴安岭自然地理条件差，一株落叶松长大要80—100年，长期繁衍的森林群落阻滞寒风，保卫着松嫩平原，连呼伦贝尔草原也受益。但连续40年的超强度采伐已使大兴安岭森林的调节和屏障功能大为弱化，周边地区自然灾害随之增多。

为此，近年来实行休养生息政策，对森林工业实行结构调整。1998年底国家宣布对东北内蒙古林区最后一片未开发的原始林——乌玛、奇乾、永安山原始林区封闭管理，实为一项生态抢救措施。

从1997年—2003年，东北、内蒙古林区木材年产量已由1853万立方米减至1102万立方米，但采伐量仍然过大。据估计，如不进一步减少采伐，16年以后可能无林可采。

（二）西南林区

它包括横断山脉、藏东南的山地和滇南的林地。该林区纬度较低，但因山高谷深（相对高差可达2000～3000米），地势崎岖，使气候具有明显的垂直变化。从树种来看，从寒温带到热带树种皆有，因此，西南林区不仅是我国第二大天然林区，也是我国树种资源最丰富的林区。主要树种有杉、松、竹、樟等。

西藏森林面积达717万公顷（国土实际控制线内439万公顷），居全国第5位，而林木蓄积量却达20多亿立方米（实际控制线内14亿立方米）居各省区首位。仅林芝地区即有8亿立方米，西藏局部地区森林资源丰富，主要得益于印度洋暖湿气流沿河谷上溯，带来大量的热和水汽，生长出茂密且种属多样的原始林。

以前，由于地处偏远，交通不便，采运困难，西南林区没有得到应有的开发。但在20世纪90年代期间又开发过快，造成大面积水土流失，有些地方的珍稀野生动植物（如国家一类保护动物滇金丝猴）已濒临灭绝，危及这一地区生态平衡。1998年长江流域特大洪水发生后采取一系列禁伐措施，以保护森林资源，减少水土流失。

（三）南方林区

本区范围较大，包括秦岭淮河以南、云贵高原以东的林地，主要由湖南、湖北、江西、安徽、浙江、福建、广东、广西、贵州等九个省区。区内开发历史悠久，人口和经济活动稠密，天然林资源受到破坏，除个别地区保留有成片的天然林（如湖北神农架林区）以外，主要是人工繁育的次生林。除用材林以外，还有各种经济林。

目前，这一地区是中国最大的经济林区。其中，南岭、武夷山一带为杉木生产中心；湘、鄂、黔三省丘陵山地则为油桐产地；湘、赣、浙中部丘陵是油茶集中分布区；赣、闽、粤邻近地区是松脂产区；粤、桂、闽、台诸省区则是天然橡胶、八角、柚木、油棕、椰树等热带经济林木产区。

（四）防护林区

本区主要包括横亘于我国北方、从东北西部到华北西北部和大西北一带的"三北"防护林带（目前是中国最大的防护林区），豫东、冀北沙荒林带（中国重要的果树和泡桐林区），东部、东南沿海海防林区。林区范围辽阔，然而森林覆盖率很低。"三北"及长江流域等防护林体系建设工程 2005 年共完成营造林面积 61.23 万公顷。其中，三北四期工程完成营造林面积 31.61 万公顷，长江流域等防护林工程完成营造林面积 29.62 万公顷。"十五"期间，长江流域等防护林体系建设工程累计完成造林面积 143.96 万公顷；完成投资 89.80 亿元。"三北"防护林体系建设四期工程 5 年来累计完成建设任务 303.11 万公顷，占工程规划总任务的 31.91%；累计完成投资 49.91 亿元，其中国家投资 25.70 亿元，分别仅占三北四期规划总投资、中央投资总额的 14.10% 和 10.21%，完成的投资额与三北四期规划总投资相比差距较大。"十五"末期，三北地区实现了工程建设重点向防沙治沙的战略转移，长江、珠江流域森林覆盖率分别比工程实施前增加 3.3 和 4.89 个百分点，沿海防护林建设海岸基干林带总长达到 1.7 万公里。

三、林业结构变化及主要林产品地理分布

林业在国民经济中原有地位较低。在全国农业总产值中的比重，1949 年只占 0.6%，2002 才上升至 3.8%。近年来林业结构变化大，虽然木材产量减少，但其他产业、延伸产业及相关产业发展很快，2005 年林业总产值达 8458.74 亿元，比 2004 年增加 1566.54 亿元，增长 22.73%。目前，我国林产业已形成包含林木种植、经济林、花卉业、木材采运、木材加工、木浆造纸、林副产品采集、森林旅游等在内的较完整产业链。除木材、竹材以外，我国主要林产品还有天然橡胶、松脂、生漆、油桐籽、油茶籽和核桃等。他们产自森林面积 7% 的经济林，我国的经济林包括生产木本粮油、工业原料、药材、香料等林木，经济价值较大。但这些林木对自然环境和管理技术的要求较严格，因此生产的地域性十分明显。

1. 木材生产

在林业中具有重要地位的木材生产，1949 年仅为 567 万立方米，1995 年达到 6767 万立方米。以后呈下降趋势，2002 年为 4436 万立方米，2007 年 6976.6 万立方米。主要出产于东北、华东和中南等地。

2. 竹林

作为世界竹资源最丰富的国家，我国现在竹林面积约为 420 万公顷，胸径 5—10 厘米的大茎竹约有 220 亿株，主要分布于南方林区，2005 年全部竹材产量 11.54 亿根。竹子生长快、成才早、产量高、用途广泛，发展较快。主业年产值和年加工产值及生态旅游价值渐增，市场前景广阔。浙

北安吉有"中国竹乡"之称。

至20世纪末,因木材生产减少并受到严格限制,使竹业发展备受重视。国家林业部门规划在十五年内改造和新建竹林基地120万公顷,使全国竹林种植面积达到541万公顷。

3. 天然橡胶

天然橡胶是国际公认的"稀缺资源"。我国天然橡胶产量1957年近200吨,且地理分布范围极小,只局限于当时广东省境内个别地方,后突破北纬18度种植禁区,在云南、海南、广东大面积种植。2002年全国天然胶产量52.7万吨,2007年为58.8万吨,成为世界第5产胶国(次于泰国、印尼、马来西亚、印度)。虽然产量大有增长,我国工业所需60%的天然橡胶原料仍要进口。目前,中国已取代美国成为世界橡胶消费第一大国。为推进橡胶产业化经营,正在调整产业布局。广东、海南和云南农垦逐步关闭农场小型加工厂,整合资源,组建大型加工厂和橡胶集团,通过改善经营管理体制,目前,云南的产胶已达先进水平。

4. 松脂

松脂是指从松树树干上采割而得到的树脂。2007年产量96.5万吨。松脂加工后可得松香和松节油。目前我国松香的年产量已达40多万吨,占世界总产量的三分之一,出口量为20多万吨,占世界松香贸易量的一半以上。松香产地主要在南方,以广西、广东、福建、云南、江西、湖南等地出产居多。

4. 油茶树

油茶树的种植,主要分布于南方林区的湖南、江西、广西、福建等省区。油茶籽的产量受自然因素的影响,时高时低。

5. 油桐籽

油桐籽的产地,主要分布于西南、华中一带的丘陵、山区,在贵州、四川、广西、湖南等四省(区)有大面积连片油桐林。全国油桐籽产量很不稳定,2002年为38.9万吨,2007年为36.1万吨,尚未达到20世纪50年代的生产水平(1957年曾达到51.8万吨)。

四、林业的保护建设与发展

历史上,中国曾是林木茂密、森林资源极为丰富的国家,汉初全国森林覆盖率达64%,后因不合理开垦、饥荒、战乱,林地一再缩小。到清初,森林覆盖率减至21%,1949年再减至不足9%。

近半个多世纪大力开展造林，林地有所扩大，全国森林覆盖率由9%上升至18.21%，但同时由于对天然林资源开发过度，保护不利，尤其东北林区连续数十年不间断采伐，超强度索取，致使天然林资源大为衰退，终于在20世纪90年代后期出现全国性的森林资源危机。

中国森林覆盖率变迁，如表4-8所示：

表4-8 中国森林覆盖率变迁

项目　　时期	汉初	清初	1949	2000	2005	林业规划		
						2010	2020	2050
森林覆盖率（%）	64	21	9	17	18.21	19	23	26

针对国有林区生态环境不断恶化的状况，先后推行了许多林业保护工程。

（一）六大林业重点工程

2005年六大林业重点工程完成营造林面积548.48万公顷，占全部营造林面积的87.28%，其中天宝工程、退耕还林工程、京津风沙源治理工程、"三北"及长江流域等重点防护林体系工程、野生动植物保护及自然保护区建设工程、速生丰产用材林基地建设工程等都取得巨大的成果。从2003年起，天然林保护工程初见成效，长江上游、黄河上中游地区的13省已全面停止天然林商业采伐，同时，林业经营方向实行战略调整，生态建设上升至突出地位。

"天宝工程"从1998年起我国实行国有天然林保护工程（"天宝工程"），停止生态公益林的采伐。国有林区主要分布于江河源头及重点山脉地带，集中了全国60%的天然林资源。这些珍贵的自然资源维系着民族生存与发展，并对涵养水源、保持水土、庇护所覆盖区域乃至全国生态环境发挥着极重要作用。期限十三年（1998～2010年）投资1196亿元，目标是从根本上遏制生态环境恶化，保护生物多样性，促进经济可持续发展。主要内容包括：对国内尚存的天然林重新分类、区划；调整森林资源经营方向，促进天然林资源保护、培育，维护和改善生态环境。对划入重点生态公益林的森林实行严格管护，停止采伐；对划入一般生态公益林的森林，大幅调减森林实行严格管护，停止采伐；加大森林资源保护力度，大力开展营林、造林；加强资源综合开发，调整和优化林区经济结构。

野生动植物保护及自然保护区建设工程：2005年全国林业系统建设和管理的自然保护区达到1699个，总面积1.20亿公顷（占国土陆地面积的

12.50%），分别占全国自然保护区数量、面积的84%和85%。其中，森林生态类型保护区1089个，湿地生态系统类型保护区237个，荒漠生态类型保护区30个，野生植物类型保护区89个，野生动物类型保护区254个。全国林业系统管理的国家级自然保护区177个，有效保护了中国90.6%的陆地生态系统类型、85%的野生动物种群和65%的高等植物群落，以及40%的天然湿地、20%的天然林。全国自然保护小区达到45439个，总面积1474万公顷。大熊猫、朱鹮、普氏原羚等濒危野生物种种群数量稳中有升，许多珍稀的野生植物得到了有效保护。

由于我国森林资源相对贫乏，而禁伐天然林的决策生效后，使林产品需求加大和供应不足矛盾凸现。为此，有必要开发海外森林资源，选择有条件的地方建立自主开发林业基地。另外，发展人工林，建设防护林体系和速生丰产用材林基地。"十五"期间，全国人工林面积达到5333.3万公顷，居世界首位；森林覆盖率由16.55%提高到18.21%，同时建立了一系列经济林开发基地，全国经济林面积已达到2733万公顷。

（二）我国林业发展总体布局设想

在重新认识森林与人类的关系、森林功能重要性以后，林业专家于2003年提出了我国林业发展总体布局设想。西部（三北、西南、青藏）在保护的基础上加速绿化；东部（华北、中原）发展种植林业及向农区、城区和林业下游产业延伸；北部（东北地区）休养生息恢复森林资源；南部（南方、东南沿海热带区）大规模发展商品林（用材林、经济林）。在上述基础上，形成"西治、东扩、北休、南用"的林业发展新格局。要采取措施是：第一，落实《中国中央、国务院关于加快林业发展的决定》的意见，推动林业持续快速协调健康发展。第二，推进林业产权制度改革。第三，深化国有林场改革。第四，加强林业建设与管理。第五，提前规划森林资源保护管理。

第五节　畜牧业生产与布局

一、畜牧业经济发展和布局现状

2007年，全国牧业产值达1.61万亿元，比1949年的34亿元增长474多倍。但是，同经济发达国家比较，我国牧业在农业中的比重还是较低的。目前，我国牧业正依托规模化养殖和产业经营来加快发展，牧业布局也由传统分散型向现代化集约型转化。

2006年，中国猪肉总产量达到5197万吨，占全世界总产量的50.1%，我国是全世界最大的猪肉生产和消费。2006年，在生猪存栏量减少的情况下，人均猪肉占有量呈现上升势头，全年人均猪肉占有量达到39.6公斤，比2005年增加1.3公斤，在所有肉类占有量中的比重超过60%。2006年，牛肉产量达到750万吨，羊肉产量达470万吨，禽肉产量达1509万吨，均居世界前列。2006年，全国肉类总产量达到8051万吨，占全世界肉类总产量的近30%，人均肉类占有量达到61.3公斤，比2005年增长2.1公斤。

近年来，随着居民饮食结构与消费习惯改变，对鲜奶和奶制品的消费量大增。因此，牛奶和羊奶的数量均有较大幅度增长，但仍远低于世界水平。

在大牲畜（牛、马、驴、骡、骆驼）中，以牛的饲养量最多，长年保持在1.3亿头左右，超过其他大牲畜之和，2004年是13781.8万头。猪的饲养在我国很普遍，在农区畜牧业中占有举足轻重的地位。2004年存栏头数为48189.1万头，经济价值很高。羊的饲养增幅较高，2004年全国有36639万头，比1949年增长8倍多，近年许多草原因载畜量过大而不堪重负，造成草场退化，甚至土地沙化。因此，养羊业发展规模必须考虑自然生态的承受能力。

二、我国四大畜牧业地理分布和生产类型

区域化、规模化是我国牧业发展在地域分布和生产上的主要特点。如四川、湖南的养猪数和猪肉产量多年来均居全国前两名；山东、四川、河北不仅肉类总产量居全国前列，且禽蛋占五分之二；区域化、规模化的另一个表现是：原来一些条件较好，但却长期落后的地区终于改变了面貌，如东北各省禽蛋肉类生产均获长足发展。

从农、牧区的分布情况来看，差异很明显。如猪的饲养差不多完全集中于农区，以南方各省（自治区）饲养最普遍。2002年全国18个省区猪的存栏数在1000万头以上，其中13个在南方。集中分布的省区有：四川、湖南、河南、广西、山东、河北、云南。

羊的地域分布则大体相反。2002年末全国有11个自治区（省）羊的存栏头数在1000万头以上，其中8个省区在北方。羊的种类在牧区以绵羊为主；山羊的饲养主要分布于农区各省，且南北并重，北方和南方的一些省均有较多饲养。养羊（尤为山羊）过多，特别是放养，对植被往往造成严重的破坏。

大牲畜的地理分布，总的来看也是南北并重。如图4-5，表4-9所示：

表4-9 我国主要牲畜、畜产品地域分布（2005年）

统计项目 \ 产地、名次	\multicolumn{6}{c}{出产最多的省、自治区（前6名）}					
	1	2	3	4	5	6
大牲畜(牛、马、驴、骡、骆驼等)	河南	四川	山东	河北	云南	贵州
猪（年末数）	四川	河南	湖南	河北	云南	湖北
羊	内蒙古	新疆	河南	山东	河北	青海
猪、牛、羊肉	河南	四川	山东	湖南	河北	云南
牛奶	内蒙古	黑龙江	河北	山东	新疆	山西
绵羊毛	内蒙古	新疆	河北	黑龙江	山东	甘肃
禽蛋	河北	山东	河南	辽宁	江苏	四川

资料来源：据《中国统计年鉴》2006摘编。

2005年末全国有22个省（区）大牲畜的存栏头数载300万头以上，其中：有12个省（区）位于北方，10个省（区）在南方。如果以农区、牧区来分，则有17个省（区）大体上位于农区，5个省（区）大体上地处牧区。大牲畜的牛多分布于河南、四川、山东、云南；20世纪90年代以来，奶牛饲养量稳步增长，主要分布于黑龙江、内蒙古、新疆、河北等省区；马主要分布于新疆、内蒙古、云南、吉林等省区；驴主要分布于河北、新疆、甘肃等省区；牦牛是藏民聚居区所特有的大牲畜，主要分布于青海、西藏；骆驼有"沙漠之舟"之称，主要分布于新疆、内蒙古、甘肃、青海等省区，其中，地处内蒙古西北部的阿拉善盟，有"骆驼之乡"的称号，因生态环境恶化，骆驼数量锐减。

根据我国畜牧业发展的自然资源、历史和经济条件等地区差异以及各地畜牧业生产的特点，在全国范围内大致可分为牧区、农区、半农半牧区、城镇郊区等四大类型。

（一）牧区畜牧业

包括大兴安岭东麓—辽河下游—阴山—鄂尔多斯东缘—祁连山—青藏高原东缘一线以西的广大地区（个别平原灌溉区和绿洲除外），土地面积占全国52%，我国辽阔的天然草场大多分布于此。区内畜牧业生产规模及其布局较为合理，但后来既发展粮食生产，又使牲畜超载过牧，草畜矛盾

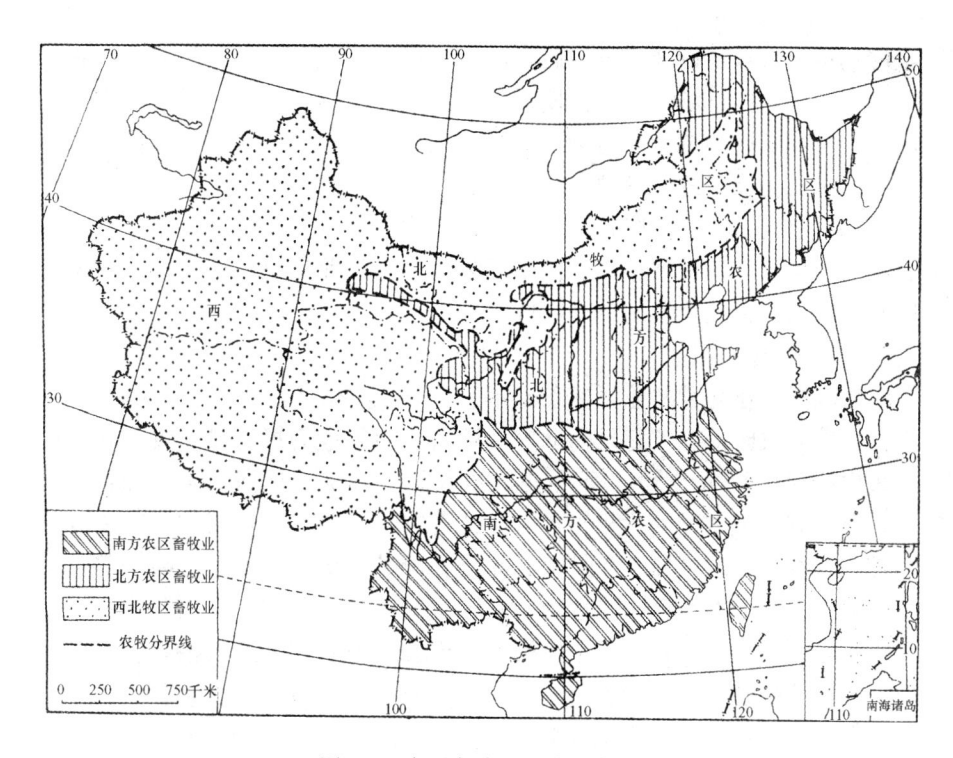

图 4-5 中国畜牧业区域示意图

加剧，造成草原退化、沙化。

畜牧业是牧区经济的主体，畜群构成以马、牛、羊、骆驼为主。其经营方式又分为两种类型：一是粗放的游牧畜牧业，主要分布在西藏、青海、内蒙古的部分地区，完全依靠季节性天然牧场，逐水草而牧，主要以自给性生产为主，畜产品的商品率很低；二是比较集约的牧区畜牧业，主要分布在新疆、内蒙古、宁夏、青海、西藏的大部分天然牧场与人工草、料并育基地，分区轮牧和围栏放牧相结合，以生产毛、皮为主，商品率较高。

20 世纪 50~90 年代，90% 的可利用草原不同程度地退化，并且还以每年 200 万公顷的速度在增加，使我国成为世界草原退化最严重的国家之一，草原生态"局部治理，总体恶化"趋势尚未得到有效遏制。造成草场大面积退化、减少的原因，除气候因素外，主要是不合理开发利用：（1）超载过牧。牧区草原平均超载 36%，使牧草生产力和覆盖度下降；（2）滥垦。累计开垦草原 1930 万公顷，二分之一已经沙化；（3）滥采乱挖药用与经济植物。仅内蒙古自治区草原破坏就达 1267 万公顷，其中 200 万公顷完全沙化；(4) 水利设施建设滞后，也使草原退化。

在西部有些草场，经历长期过牧之后，丰茂的牧草凋零时，还会生长出一种开花妖艳却有毒的植物，警示草场退化，预示生态衰变，并标志着自然界对人类掠夺式开发的报复。

由于上述原因，我国牧业生产地与结构进一步发展变化，牧业布局向农区特别是城郊地带转移，而传统的牧区成为休养生息、生态建设与保护以及适度发展特色牧业的重点区域。

(二) 农区畜牧业

农区畜牧业与种植业紧密结合在一起，是农村中的主要"副业"，它不仅为广大农区提供了充足的动力和肥料，而且也为提高农业收入和改善人民生活起了巨大作用。畜群构成以牛、马、驴、骡等役畜和猪为主，鸡、鸭、鹅等家禽饲养业相当普遍。经营方式一般以舍饲为主，农闲放牧为辅，饲草饲料的主要来源是粮食作物和糠麸、秸秆等农副产品和部分野生植物。由于饲养管理比较集约，农区畜饲业在我国整个畜饲业生产中占有重要地位，已成为我国最主要的牲畜产区和城乡肉蛋奶的主要来源。目前，农区牲畜总头数占全国的80%以上，提供肉食占全国90%以上。

但是，从农区畜牧业现状来看仍是农业生产中的薄弱环节，尚需进一步发展和加强。今后必须在政策上扶持饲养专业户，提高收购价格，广开低价优质的饲料门路，并充分发挥粮多，畜禽品种资源丰富的优势，加速饲料工业的发展，促进粮食向肉、禽、奶、蛋类的转化，以提高畜牧业生产的水平。

(三) 半农半牧区畜牧业

在我国农区和牧区的接触地带，就是半农半牧区。这里是一个多民族杂居的地区，其农业中有草原牧业，畜牧业中有农业。一般以围栏饲养为主，兼有放牧。畜群构成较为复杂，因各民族经营习惯和各地区种植条件不同而异。半农半牧区畜牧业发展应贯彻因地制宜、农牧结合的方针。在自然条件较好的地区以农为主，以牧为辅，使农牧业密切结合，提倡以农养牧，为畜牧业生产建立稳固的饲料基地。在自然条件较差、不宜农耕的地区，应禁止乱垦滥牧，退耕还牧，坚持以牧为主的方向，同时大力营造牧场和农田防护林、防风固沙林，努力将半农半牧区建成我国重要的畜牧业生产基地。

(四) 城镇郊区畜牧业

城镇郊区畜牧业的发展对于改善城市人民副食品供应与提高人民生活

水平起着重要作用。奶、蛋、肉等畜产品不易储存，运输不便，如果远距运输，不仅运费高、损耗大，而且不能及时供应市场。城镇郊区距离市场近，产品宜保鲜，运输距离短，可及时供应，并可得到城市工业的支援，发展畜牧业的条件非常有利。因此，大力发展城镇郊区畜牧业，建立城郊副食品生产基地，是尽快满足广大城市人民生活需要的重要措施。城郊牧业生产类型占地小，对生态环境损害较少，劳动生产率高，但对局部地区环境仍有污染。

三、畜牧业发展前景和重点建设的畜牧业基地

至 20 世纪末，我国牧业发展已形成生猪、蛋鸡两个相对成熟的产业，肉鸡、牛羊肉生产也有较大发展。只有奶业仍属弱势产业。在 21 世纪，我国牧业加快发展牛羊肉、禽肉生产，突出发展奶业、羊毛加工，并加强各自的基地建设。

（一）重点发展三大牛奶优势产区

目前，我国奶业正处于加快发展阶段。制约奶业发展的主要问题是良种奶牛数量不足，单产水平低，饲养规模小，奶业布局分散，质量监控体系建设滞后。对此，加强奶牛繁殖，扩大奶牛饲养规模，发展小区养殖，提高奶牛单产和牛奶质量安全水平。经规划正在建立三个牛奶优势产区：(1) 东北优势区。含黑龙江、内蒙古两省区 12 个地市（盟）37 个县市（旗）；(2) 华北优势产区；含河北、山西两省 10 地市 29 个县区；(3) 京津沪优势产区；含三市的 13 个郊区县和 25 个农场。

近年来在我国北纬 45 度及附近地带（松嫩平原、完达山麓、三江平原等）乳业经济发展较快，初步形成一定规模的乳业经济带，包含奶牛养殖、乳品加工、冷藏、流通等企业。对世界乳业来说，北纬 45 度线是国际著名的优质奶牛带，乳业发达国家的许多乳制品工业区多集中分布于这条纬度地带上，黑龙江乳业地带亦包括在其中。

（二）建设六个肉牛、肉羊优势产区

至 2002 年，我国是仅次于美国、巴西的第三大牛肉生产国和第一大羊肉生产国。但从总体上看，我国肉牛、肉羊饲养水平不高。为此，正在重点建设六个肉牛、肉羊优势产区：(1) 中原肉牛优势产区，含豫鲁冀皖四省 7 地市 38 个县市。(2) 东北肉牛优势产区，含辽吉黑内蒙四省区 7 地市 24 个县市（旗）。(3) 中原肉羊优势产区，含豫鲁冀苏皖五省 6 地市 20 个县市。(4) 内蒙古中东部及河北北部肉羊优势区，含两个地市 10 个县市。

(5) 西北肉羊优势区,含宁甘青新四省区 5 个地市(州)15 个县市。(6) 西南羊肉优势区,含川渝滇黔桂五省区市的 5 个地市 16 个县市。

到 2007 年,上述优势产区已建成具有国际竞争力的肉牛、肉羊产业带,牛羊肉产量提高 30% 以上,优质肉比重由 2002 年不足 5% 提高至 20% 以上,使中原、东北等地成为我国牛羊肉主要出口基地。

(三)建设综合性牧业基地

根据自然地理条件利弊、发展畜牧业的历史基础,建设综合性牧业基地:(1)大兴安岭两侧草原地区肉牛、奶牛、细毛羊生产基地;(2)新疆细毛羊、肉用牛羊、役用马生产基地。其中在伊犁州、博尔塔拉州、昌吉州、巴音郭楞州、塔城地区、阿克苏地区将建成全国最大的细毛羊生产基地;(3)青藏高原东南部地区牛羊肉、乳、毛生产基地;(4)华北、西北农牧交错地区牛羊肉生产基地;(5)长江中下游平原、四川盆地及鲁、豫地区猪、禽为主的肉蛋生产基地。

(四)退牧还草,退耕还林还草

针对长期以来得过牧、草原退化等一系列严重问题,在蒙甘宁西部荒漠草原、内蒙东部退化草原、新疆北部退化草原、青藏高原东部江河草原等严重退化的草原,安排近千万公顷退牧还草,并实行重点集中治理。此外,在 1999~2003 年全国退耕还林的 1500 万公顷中,也有一些涉及牧业地区。

第六节 渔业生产

渔业包括水生动物和海藻类植物的养殖和捕捞。一般分为海洋渔业和淡水渔业。广义的渔业还包括水产品加工业。因为渔业既能为人类提供副食品和工业原料,还可为畜牧业提供饲料,因此兼有农、工、商业的性质。目前我国渔业已发展成为一个由养殖、捕捞、加工、流通、渔用工业等组成的产业体系。

一、渔业发展现状与结构变化

我国水产品的产量在 1936 年曾达到 150 万吨,至 1949 年下降到 45 万吨。此后,渔业发展较稳定,但从 60 年代到 80 年代,由于政策失误,水产品总量增长缓慢,少数年份甚至倒退,出现"负增长"。1982 年调整渔业政策取得成效,出现增长稳定、增产幅度较大的局面。我国水产品的年产量 2005 年为 5107.6 万吨，占世界水产品总量三分之一，超过日本、俄罗斯，连续 16 年居世界首位。同时，水产品的人均占有量也超过了世界平均水平。

但是，也应该看到，我国渔业产量虽大，但加工量低，高附加值产品少，废弃物利用率低，传统技术落后；而且渔业水域的生态环境恶化，渔业结构调整滞后等问题日益凸现，也影响到我国渔业可持续发展。

根据国际渔业贸易一体化、自由化的新趋势，21 世纪初期，我国将按照发挥区域比较优势的原则，建设一批从种苗培育到养殖、加工等区化布局、专业化生产、规模化经营的生产基地。重点发展对虾、罗非鱼、鳗鱼等品种的种苗、养殖、加工一体化的出口基地。至 2002 年，中国已取代泰国成为世界最大的鱼类出口国。

在渔业生产发展的同时，我国渔业产业结构也发生了变化：养殖渔业的产量在渔业总产量中的比重，由 1985 年的 44% 提高到 2005 年的 66.5%；沿海捕捞渔业比重则大幅度下降；外海和远洋渔业从无到有，产量增长快。另外，渔业总产值在大农业总产值中所占的比重，也由 1979 年的 1.4%、1985 年的 3.5% 提高到 2002 年的 10.9% 以上，在我国许多地方，渔业已发展成为当地经济的支柱产业。

在渔业产业结构发生显著变化时，渔业的资源结构也发生重要变化。如在我国第一大渔场——舟山渔场及邻近海域的捕捞渔业中，传统的大宗鱼类资源衰退，从过去以大黄鱼、小黄鱼、带鱼、墨鱼四大经济鱼类为主体的渔业，转变为以上层鱼类、虾类和小型鱼类为主体的次生类型。在 20 世纪 60 年代，四大鱼类产量占舟山渔业总产量的 80%，到 90 年代只占 20%。

二、发展渔业的资源条件与战略调整

（一）资源条件

我国濒临太平洋的西北岸，有 1.8 万多公里大陆海岸线和 1.4 万多公里岛屿海岸线，海岸总长 3.2 万多公里；海域总面积 473 万平方公里；其中拥有 12 海里领海权海域面积 37 万平方公里，200 海里专属经济区管辖海域 300 万平方公里。这是发展海水养殖和海洋捕捞的有利场所。在海域总面积中，大陆架渔场面积 280 万平方公里，海水可养殖面积 260 万公顷，浅海滩涂可养殖面积 242 万公顷。

从全国的大农业发展目标看，海洋水产业应是发展的重点之一。20 世纪90年代以来我国沿海各地正在大力发展"耕海牧渔",实现海洋农牧业。21世纪以水产业为重点的海洋产业将得到发展。我国沿海海域为实现这一目标提供了有利的场所。

上述海域从南至北跨越地理纬度约44度,包括热带、亚热带、温带,故适生鱼类多;由于与沿海暖流、寒流、外海高盐水和沿岸低盐水在此交汇;再加上有几条源远流长的大河及众多中小河流注入其中,带来丰富有机物,浮游生物生长快。以上这些,对于吸引鱼类回游、索饵产卵和繁殖生长有利。我国渔业生产的发展,如表4-10所示:

表4-10 我国渔业生产的发展

年份	水产品总产量(万吨)	年份	水产品总产量(万吨)
1936	150	1975	441
1949	45	1985	705
1952	167	1990	1237
1957	312	1995	2517
1962	228	2003	4690
		2005	5102

从生物生产力的角度看,我国近海是太平洋生物生产力的高值区域。这里所有的海洋生物,有数千种,鱼类即有1500多种,以暖水性鱼类居多。其中主要经济鱼类约200种。此外,经济虾类有100多种,海藻类则有2000种左右。按其水域、水文,可以分为渤海、黄海的温水性鱼类(大黄鱼、带鱼、鲐鱼、鳕鱼、鲥鱼等),东海、海南的暖水性鱼类(带鱼、鲹鱼、墨鱼、马面鲀、鲳鱼、鲷鱼等)。大黄鱼、小黄鱼、带鱼、墨鱼亦成为中国海洋的四大经济鱼种。

在淡水渔业方面,淡水水域包括河流、湖泊水面,水库和塘堰。在上述水域中,相当一部分适合发展淡水养殖。养殖面积约500万公顷,尚有发展潜力。我国淡水鱼类约有700多种。其中,经济鱼类有50多种,鱼种以青、草、鲢、鳙、鳊、鳝、鲤、鲫、鲟等为主。青、草、鲢、鳙是我国特有的经济鱼类。

(二)发展战略调整

随着世界渔业资源日益匮乏,曾长期作为渔业主业的捕捞业发展前景堪忧,传统渔业优势也迅速弱化。为实现渔业可持续发展,须从战略上调整产业结构和产品结构。如实行"捕捞——精深加工"、"养殖——精深加工"等发展战略,通过精深加工,延长渔业经济产业链,提高渔业附加值,逐步在国内外市场上占有较大的市场份额。

我国是世界渔业大国,更是水产养殖大国,养殖产量占世界76%,水产品出口也已占到农产品出口的首位。但我国水产品出口竞争力不稳定,质量安全问题突出,加工流通和产业化滞后。所以应重点做好水产品质量安全、种苗繁殖、精深加工,改善水质生态环境等工作,推广健康养殖方式,巩固和扩大国际市场份额。在地域布局方面,优先发展三大水产品优势区:(1)东南沿海养殖带。主要布局于浙、闽、粤、桂、琼五省区28个地市43个县、市,重点发展鳗鱼、对虾、罗非鱼、大黄鱼;(2)黄渤海养殖带。主要分布于鲁、冀、辽三省9个地市23个县、市,重点发展对虾、贝类;(3)长江中下游养殖区。主要分布于苏、皖、赣三省11个地市12个县、市,重点发展河蟹。

2007年,上述三大优势区(带)按国际标准组织生产,鱼类良种覆盖率由2002年的70%提高到80%,水产品加工率由2002年的40%提高的50%,养殖产品出口量明显提高。

三、渔业地理分布的变化

(一)海洋渔业

我国水产品中,海水产品已占58%,在海水产品中,各种海水鱼类近占五分之二,其他海水产品总和占五分之三。海洋渔业生产区域大致可分为以下三种类型:

1. 沿岸渔业生产区

通常指海岸线以外水深40米以内的狭长水域,包括渤海大部以及黄海、东海、南海的沿岸地带,海域面积约3300万公顷。这一海域由于承受大陆中诸江河的注入,海水盐度较低,且富含有机物,成为多种鱼类繁殖场所。区内海域南北狭长,因气候情况不同,渔业资源差别较大,可分:(1)北部渤海湾区;(2)黄海沿岸区;(3)中部东海沿岸区;(4)南部南海沿岸区。他们在历史上一向是沿海渔民的重点捕捞区。

近20年来由于捕捞过度、工业排污,使本区部分海域(特别是渤海)渔业资源严重破坏。如渤海湾沿岸有217个排污口,1995年排污量达98万吨,海底重金属含量超标2000倍;加之渤海海域过量捕捞,20世纪90年代中期渤海作业的船网为80年代初的5倍。因此,是渤海湾一带继同乐鱼、鲅鱼绝迹,螃蟹、平鱼、黄花鱼、毛蚶、对虾形不成鱼汛之后,特有鱼种棘头鱼也濒临绝迹。

现在，本区是我国渔业资源的重点保护区，也是实行捕捞和养殖相结合、大力发展海水养殖的渔业区。在本区范围内，目前主要有如下海水养殖基地：辽宁、山东的扇贝、海参、鲍鱼养殖基地；山东、江苏的对虾、文蛤、海带养殖基地；浙江、福建、广东的对虾、牡蛎养殖基地。

2. 近海渔业生产区

指沿岸渔业区外侧、水深40～100米海域，面积5300万公顷，超过沿岸渔业生产区。这一海域由于有沿岸水和外海水交汇，水质肥沃，饵料丰富，是多种经济鱼虾的索饵场和越冬场。因此，我国一些主要的渔场都集中于此。因海域内自然条件和资源条件的差异，大体以北纬34度线为界，此线以北的黄海海域，重要渔场有石岛渔场、连青石渔场，主产冷水性鱼类；此线以南的南黄海、东海、台湾海峡一带，有大沙、沙外、长江口、江外、舟山、鱼山等重要渔场，是海洋水产品主产区，舟山渔场为中国第一大渔场，地处舟山渔场中心的沈家门渔港是全国第一大天然渔港，与挪威的卑尔斯港和秘鲁的卡亚俄港并称世界三大渔港。鉴于捕捞船只增长过快，本区已对海洋捕捞强度严格控制。

3. 外海和远洋渔业生产区

指近海渔业区外侧、水深100～200米海域，包括东海、南海的外海和台湾岛以东的太平洋洋面。主要渔场有东海外海的五岛、海礁、对马、济州岛渔场等。从20世纪80年代中期开始，外海渔业生产区的范围迅速扩展，我国内地远洋渔船向西越过印度洋进入西非大西洋水域，向东已越过太平洋进入白令海和阿拉斯加湾一带，进行远洋捕捞作业。1995年，我国内地的外海和远洋渔业产量已占海洋捕捞量的10%，2000年再增至34%；而台湾渔船的远洋作业区域也已发展到太平洋、印度洋和大西洋海域。

（二）淡水渔业

淡水渔业在我国渔业生产中的地位，近二十年来大有提高。淡水水产品占全国水产品的比重，1978年为22.7%，2005年达到44.4%，使淡水鱼也由原来无足轻重的地位，而变成与海洋渔业并驾齐驱了。我国淡水渔业地位的变化，如表4-11所示：

根据我国各地淡水渔业发展的自然条件、渔业资源和渔业生产状况的差异，全国淡水渔业可划分为以下区域：

1. 长江、淮河流域淡水渔业区

表 4-11　我国淡水渔业地位的变化

年　份	水产品合计（万吨）	比例（%） 海水产品	比例（%） 淡水产品
1952	167	63.5	36.5
1957	312	62.2	37.8
1965	298	67.5	32.5
1978	466	77.3	22.7
1985	705	59.6	40.4
1990	1237	57.7	42.3
1995	2517	57.2	42.8
2002	2564	57.9	42.1
2005	2269	55.6	44.4

本区江河湖沼塘库密布，淡水水面约占全国 50%，且鱼类饵料来源丰富，盛产鲤、鲫、鳊、青、草、鲢、鳙、鲴、等鱼类。淡水鱼类产量占全国总产量近 60%，区内已形成以下淡水鱼商品生产基地：(1) 以太湖为中心的长江三角洲水网地区；(2) 洞庭湖区；(3) 洪湖梁子湖区；(4) 鄱阳湖区；(5) 巢湖和泊湖区；(6) 微山湖东平湖区。

2. 珠江流域淡水渔业区

淡水面积约占全国 17%，气候条件十分有利，鱼类可四季生长。盛产青、鲢、鳙、草等鱼类。区内的珠江三角洲水网地区，为全国淡水鱼单产最高地区，也是最主要的淡水鱼商品生产基地之一。

3. 黄河、海河流域淡水渔业区

淡水面积约占全国 18%，但养鱼不普遍，养鱼水域单位面积产量也较低。鱼类产量只占全国 7%，主要鱼种有鲫、鲤、白、鳜鱼等。

4. 辽河、黑龙江流域淡水渔业区

淡水面积约占全国 12%，产鱼量占 5%，有鲫、鲤、白、鲟、鲑等。

5. 青海、新疆、西藏内陆渔区

淡水面积分散，利用率低，产量甚微。

四、主要渔港、渔场、渔获物产地

(一) 渔港

我国的渔港中以烟台、石岛、青岛、沈家门、宁波、马尾、高雄、汕头、湛江等生产规模较大。地处舟山群岛上的沈家门渔港，为我国目前最大的天然渔港。这里接近我国第一大渔场，港内水域宽阔，避风条件良好，可同时容纳1000艘渔船停靠。沈家门渔港所在的舟山市是我国目前唯一的渔港城市。

淡水渔港同海洋渔港相比，淡水渔业的生产较分散，因而淡水鱼港的生产规模和集中程度不及海洋渔港。目前我国较大的淡水渔港有：武汉、九江、浏河、广州等。

（二）渔场

海洋渔场从北至南主要有：海洋岛、辽东湾、滦河口、渤海湾、莱州湾、烟威、石岛、青岛、海州湾、大厦、吕四、长江口、舟山、鱼山、温台、闽东、闽中、闽南、粤东、珠江口、沙堤口、电白、洲头、铜鼓、三亚、莺歌海、昌化、白马井—西口、涠洲、青兰山渔场等。

（三）渔获物产地

我国主要渔获物产地（按渔获量多少排列）依次为：山东、广东、福建、浙江、辽宁、江苏、广西、湖北等省，渔获量均在200万吨以上。但各省的渔业结构差异较大，有的以海洋渔业为主，有的以淡水渔业为主。我国主要海洋渔获物产地为山东、福建、浙江、广东、辽宁、广西、台湾等，渔获量年均在100万吨以上。浙江舟山市年产水产品130万吨，出口10万吨，有"中国鱼都"之称。

全国淡水渔获物产地主要是湖北、广东、江苏、安徽、湖南、江西等省。主要渔港及渔获物产地，如表4-12所示：

表4-12 我国主要渔港及渔获物产地

主要渔港	海洋渔港：沈家门、高雄、石岛、烟台、青岛、马尾、宁波、汕头、湛江
	淡水渔港：武汉、九江、浏河、广州
主要渔获物产地（数字为2002年鱼类和其他水产品的总量，万吨）	海洋渔获物主要产地：山东（598）、福建（495）、浙江（409）、广东（374）、辽宁（327）、广西（166）
	淡水渔获物主要产地：湖北（272）、广东（254）、江苏（237）、安徽（163）、湖南（150）、江西（138）

五、渔业生产的问题与对策

（一）过多捕捞，海洋污染严重

从1960以来，大、小黄鱼资源由于过度捕捞而出现了严重衰退。至80年代，仅有带鱼尚能形成鱼汛；到90年代中期，在东海等海域，由于滥捕等原因，带鱼也难以形成鱼汛了。而在南海海域，捕捞能力大大超过资源的再生力。海洋的底部原本凹凸不平，但由于捕捞船拖网在海底长期拖拉，许多礁石遭破坏。没有了礁体，海洋微生物无法生存，海底生态环境因此出现荒漠化趋势。另外，大量未经处理的废水直接排入海洋，造成海水水质恶化，赤潮灾害等频繁出现。珠江口水域原有200多种海洋鱼类繁衍生长，现已锐减至50余种，国家一级重点保护动物中华白海豚已数量极少。因环境恶化也使渔业资源出现衰退现象，渔业资源的平均密度只有80年代的八分之一，一些海域甚至无鱼可捕。

另外，海洋污染趋于严重，主要是营养盐、有机物、石油类和重金属泛滥，赤潮增加，使我国每年减少50万吨捕捞量，经济损失30亿元。在我国四大海区中，以东海污染情况最严重。

（二）长江渔业资源严重衰退

长江流域水域面积约占全国淡水面积50%，渔业产量占全国淡水渔业总产量60%，是我国淡水渔业资源集中度最高地区。同时这里又是经济发展迅速的区域。近30年来的经济发展已给长江渔业地位带来多方面威胁。水环境污染、水利工程建设、围湖造田、过度捕捞等因素，使长江流域原本丰富的渔业资源及水生哺乳类资源处于严重衰退状态，直接影响长江渔业经济发展。据统计，长江流域自然资源捕捞量1954年为54万吨，现已减至10万吨以下，优质鱼比例更是大减。著名的长江鲥鱼，1975年捕捞1570吨，现已难见。长江四大家鱼鱼苗年产量从300亿尾减至10亿尾，许多经济鱼类已行不成鱼汛，或者濒临灭绝。

（三）海上休渔与轮渔

鉴于海洋渔业资源衰退现象严重，从资源保护和可持续发展出发，1990年开始执行"零增长"计划和"伏季休渔"，并消化过剩的捕捞力，同时加强海洋资源环境监测、管理等措施。2003年起实施"海洋渔船控制制度"，预计至2010年，我国海洋捕捞渔船从2002年的22万艘再减至19万艘。2000～2010年，广东治理海洋生态环境，通过卫星定位系统在沿海投放大量人工雨礁，为各种鱼类寻找食物、繁衍生长及躲避天敌提供良好场所。

（四）长江等水域禁渔制度

2002年，国家决定在长江流域实行春季禁渔。长江干流从云南德钦以下至长江口（南汇嘴与启东连线以内），加上汉江、岷江、嘉陵江、乌江、赤水河等一级同江支流以及鄱阳湖、洞庭湖区为禁渔范围。2003年起长江流域十省市同步禁渔。

第七节 "十一五"期间农业的发展

一、发展目标

根据建设社会主义新农村的总体要求，综合考虑未来五年我国农业和农村经济发展趋势和条件，"十一五"时期要努力实现以下发展目标：

1. 主要农产品供给保持平稳增长

粮食播种面积不低于1.0333亿公顷，粮食综合生产能力达到5亿吨左右；棉花、油料和糖料产量分别达到680万吨、3200万吨左右和1.2亿吨；蔬菜、水果等农产品稳中求升。肉、蛋、奶总产量分别达到8400万吨、3000万吨和4200万吨。水产品总产量达到6000万吨。

2. 农业和农村经济结构进一步优化

农产品区域布局更加合理，优势农产品产业带初步形成；农业产业结构更加优化，养殖业占农业总产值的比重达到50%；农村产业结构更加协调，二、三产业快速发展，农产品加工业与农业产值之比超过1.5∶1；农村就业结构逐步优化，乡镇企业每年新增就业250万人以上，农民外出务工每年新增500万人左右。

3. 农业科技自主创新和转化应用能力进一步提升

国家农业科技创新体系基本框架初步建立，科技进步对农业增长的贡献率提高约5个百分点。全国农机总动力达到8亿千瓦，耕种收综合机械化水平达到45%，农机社会化服务能力进一步增强，安全生产形势明显好转。

4. 农业资源利用水平进一步改善

主要农区耕地退化率下降10个百分点，农田地力等级普遍提高1~2级；农业灌溉用水有效利用系数提高到0.5，化肥、农药等资源利用率分别提高5个百分点。

5. 农产品质量安全水平进一步提高

农业标准化生产能力显著提升，农产品质量安全管理体系基本健全，良好农业规范（GAP）得到有效推行，基本实现食用农产品无公害生产；农业防灾减灾能力逐步增强，主要农作物病虫害损失率降低3个百分点，畜禽病死率降低8%。

6. 农民自我发展能力进一步增强

培训农民达到 1 亿人，有文化、懂技术、会经营的新型农民不断涌现；农业组织化程度明显提高；农民收入年均增长 5% 以上，城乡差距扩大的趋势得到遏制。

7. 农村面貌进一步改善

农村基础设施建设取得新进展，农民生产生活条件明显改善。适宜农户沼气普及率达到 27% 左右，农业污染物排放水平降低 50%，农业面源污染区域综合治理率达到 50%，农村生活垃圾和污水得到有效处理，环境卫生和村容村貌明显改观。详见"十一五"时期农业和农村经济发展的主要指标详见表 4-13。

表 4-13 "十一五"时期农业和农村经济发展的主要指标

类别	指标	2005年	2010年	年均增长（%）	属性
农产品供给	粮食播种面积（亿公顷）	1.0428	1.0333	-0.18	约束性
	粮食综合生产能力（亿吨）	4.84	5.0	0.65	约束性
	棉花产量（万吨）	571	680	3.55	预期性
	油料产量（万吨）	3077	3200	0.78	预期性
	糖料产量（亿吨）	0.9451	1.2	4.89	预期性
	肉类产量（万吨）	7743	8400	1.64	预期性
	禽蛋产量（万吨）	2879	3000	0.82	预期性
	奶类产量（万吨）	2865	4200	7.95	预期性
	水产品产量（万吨）	5106	6000	3.28	预期性
经济结构	养殖业占农业总产值比重（%）		50		预期性
	农产品加工业与农业产值之比	1∶1	1.5∶1		预期性
	五年新增乡镇企业就业人数（万人）			[1250]	预期性
	五年新增农民外出务工人数（万人）			[2500]	预期性
农业科技	科技贡献率（%）	48	53	[5]	预期性
	农机总动力（亿千瓦）	6.8	8.0	3.3	预期性
	耕种收综合机械化水平（%）	36	45	[9]	预期性
资源利用	主要农区耕地退化率（%）			[-10]	预期性
	农田地力等级			累计提高1~2级	预期性
	农业灌溉用水有效利用系数	0.45	0.5	[0.05]	预期性
	化肥利用率（%）			[5]	预期性
	农药利用率（%）	30	35	[5]	预期性

续表

类别	指标	2005年	2010年	年均增长（%）	属性
质量安全	主要农作物病虫害损失率（%）	8	5	[-3]	预期性
	畜禽病死率（%）			[-8]	预期性
发展农民	培训农民数量（亿人）			1	预期性
	农民人均纯收入（元）	3255	4150	5	预期性
农村面貌	适宜农户沼气普及率（%）	12	27	[15]	预期性
	农业污染物排放水平（%）			[−50]	预期性
	农业面源污染区域综合治理率（%）		50		预期性

注：带 [ ] 的为五年累计数。

二、区域与产业布局

（一）区域布局

按照自然资源条件、产业基础以及发展潜力，将农业区域分成优势开发区、重点开发区、适度开发区三类区域。

1. 优势开发区

包括《优势农产品区域布局规划》确定的 13 种优势农产品的 41 个优势区域。

功能定位：充分发挥自然条件好、生产规模大、区位优势明显、产业化基础强的优势，做大做强优势农产品产业带，使之成为我国农产品主要生产基地，带动农业整体素质提高和生产布局优化。

发展方向：开发培育一批在国内外市场有较强竞争力的农产品，打造一批具有自主知识产权、国内外公认的名优品牌，建立一批规模较大、市场相对稳定的优势农产品生产基地，提高农业的机械化、标准化、产业化水平，形成具有鲜明特色的优势产业带，构建适应国际化合作与竞争的农业产业体系。

2. 重点开发区

主要包括新疆北部地区、东北中低产田地区、黄淮海旱作地区、华南热作地区、海峡西岸地区、南方草山草坡地区。

功能定位：立足区域资源潜力，通过改善生产条件、缓解制约因素，提高农业综合生产能力和农产品竞争力，使之成为我国农产品生产的战略基地。

发展方向：新疆北部地区重点解决农田灌溉用水问题，建设我国粮食战略接替区；东北中低产田地区重点提高耕地地力与质量，加强灌溉排水设施的建设和改造，改善农业现代物质装备条件，建设高起点的现代化粮食生产基地；黄淮海旱作地区大力推广旱作节水农业技术，提高水资源利用率，走资源节约型农业发展之路；华南热作地区重点加强国家天然橡胶基地建设，积极营造橡胶林生态复合系统；海峡西岸重点加快现代农业建设；南方草山草坡地区重点加快草地改良，提高畜牧良种率，发展草地畜牧业。

3. 适度开发区

主要包括农牧交错区、青藏高原区、黄土高原区、西南岩溶区、西北荒漠化地区、东北湿地区。

功能定位：针对这些区域农业生态脆弱、易毁难复和农村经济发展相对滞后的特点，在充分考虑国家和区域生态安全，确保不破坏自然生态的前提下，立足当地优势资源，适度发展畜牧业和特色农业，实施减量化生产，努力改善生产条件，转变生产方式，提高当地农业和农村经济发展水平。

发展方向：在农牧交错区加强农业基础设施建设，千方百计遏制生态环境恶化，大力恢复草原植被，着力改善生产结构，提高农牧业持续产出能力；青藏高原区重点转变农牧业生产方式，加强草原保护和建设，发展特色无公害农牧业产品；黄土高原区着力加强基本农田建设，发展草畜产业，推广旱作节水农业技术，发展优质小杂粮、专用小麦和苹果等优势产品，提高专业化、标准化生产水平，加快发展特色农产品加工业；西南岩溶区在搞好小流域综合治理的基础上，抓好中低产田改造，加强优势特色农产品生产基地建设，积极发展草原畜牧业；西北荒漠化地区要限制资源开发，降低草原载畜量，加强草原保护建设，发展节约型畜牧业；东北湿地地区要严格保护湿地资源，有选择地开发利用农业资源，发展环境友好型农业。

（二）产业布局

1. 种植业

在优势开发区域，重点建设四大粮食作物九大产业带，着力保护和提高粮食综合生产能力，提高机械化作业水平，以主产区为重点，做大做强粮食产业经济；加强棉花、糖料、油料、苹果、柑橘等经济作物生产基地建设，重点提升科技含量，加快品种更新换代，增强市场竞争力。

在重点开发区域，加强农田基础设施建设和改造，提高耕地质量，改善生产条件，提升粮食综合生产能力，建设一批新的粮食生产基地。

在适度开发区域，本着开发与保护相结合的原则，在粮食生产条件较好的地区，加强基本口粮田建设，保障粮食自给水平，巩固生态建设成果；在立地条件较好、特色优势明显的地区，因地制宜发展特色农产品生产，带动当地农民增收。

2. 畜牧业

在优势开发区域，加快奶牛、肉牛、肉羊、生猪产业带建设，继续调整畜牧业结构，稳定家禽生产，大力发展奶业。恢复和保持传统草原牧区持续发展能力，大力发展农区畜牧业。加快畜牧业良种更新换代，积极发展秸秆养畜，提高集约化、产业化、专业化生产水平，提高牲畜出栏率和商品率，提升产品质量和市场竞争力。

在重点开发区域，积极开发利用南方草山草坡资源，大力发展草食畜牧业，增强畜产品产出能力。

在适度开发区域，加强草原保护和建设，积极推行禁牧休牧划区轮牧制度；重点优化畜群结构，转变养殖方式，推广舍饲、半舍饲，发展资源节约型和环境友好型畜牧业，加强无公害、绿色、有机畜产品开发。

3. 渔业

在优势开发区域，优先发展优势出口水产品和适于加工水产品养殖，提高养殖业标准化、产业化和集约化水平；加强水产新品种培育和遗传改良，建设优势出口水产品养殖基地，扶持出口水产品精深加工企业发展，积极培育知名品牌。积极发展大洋性和过洋性并重的远洋渔业。继续开展渔业资源增殖放流，保护水域生态环境。

在重点开发区域，积极开发宜渔资源，提高水域资源利用率，加强水产原良种体系和疫病防治体系建设，加快水产养殖标准化示范区和无公害示范基地建设，积极发展淡水产品精深加工。引导和推动有条件地区发展都市休闲渔业。

在适度开发区域，坚持因地制宜，保护和合理开发渔业资源。提高宜渔资源利用水平，积极发展山区流水养鱼和稻田养鱼模式；注重发展与地区生态环境相适应的低耗生态型、节水型特色渔业，加强自然保护区建设，保护水生生物多样性和水域生态完整性。

4. 加工业

在优势开发区域，大力发展粮食、经济作物、畜产品、水产品及其副产品的精深加工与循环利用，提高产品科技含量和附加值。大力发展产地饲料加工业，壮大农业产业化龙头企业，培育主导产品，打造知名品牌，构建支柱产业，形成有市场竞争力的产业体系，带动优势农产品产业带发展壮大。依托农产品加工业、乡镇企业，大力发展农村二、三产业。

在重点开发区域，积极扶持以粮食、畜产品为主要原料的农产品加工，稳步推进水产品和特色农产品加工业发展。

在适度开发区域，根据区域经济布局和资源特点，积极发展特色农产品加工。

5. 农垦

立足垦区自然资源优势，巩固壮大粮食、棉花、天然橡胶、奶牛、糖料等优势产业基础，大力发展优势特色农业产业化经营，培育带动范围大、示范效应强、具有国际竞争力的农垦企业集团和产业大公司，继续发挥垦区在现代农业建设中的示范带动作用。

思考题：

1. 试述我国水稻、小麦生产布局的特点？
2. 简述我国主要的商品粮基地及其变化？
3. 我国棉花生产布局有什么特点？
4. 简述我国桑蚕、麻类、茶叶、烟草、油料和糖料作物的布局。
5. 试述我国林业资源的特点及主要林区的分布？
6. 我国畜牧业的发展布局有何特点？
7. 简述淡水水产和海洋水产业的地区分布。

第五章　中国工业发展与布局

第一节　概　　述

一、工业合理发展与布局的战略意义

工业是国民经济的主导，其发展与布局的状况如何，关系到我国经济和社会发展的全局。工业发展与布局的态势，直接作用于我国经济与环境、工业与农业、城市与农村、沿海与内地、经济网络与地域特色、当前与今后可持续发展等一系列重大关系问题。因此，中国工业布局问题具有重要战略意义。

二、工业分类

工业是采掘自然界的物质资源或对工、农业产品原料进行再加工的物质生产部门。工业的门类繁多，但归纳起来可分为重工业和轻工业两大类。重工业是生产生产资料为主的工业部门，包括能源、冶金、化学、机械、电子等。轻工业是以生产消费资料为主的工业部门，包括纺织、缝纫、皮革、食品、造纸、文化用品等。

三、影响生产布局的因素

工业生产必须占有一定的地域空间，工业布局是工业生产在地域空间上的表现形式。影响工业布局的因素很多，主要有：

（一）资源条件

资源是工业生产与布局的物质基础。一个地区资源的种类、数量、质量以及分布状况，对这个地区工业的发展方向、结构、规模和布局有重要的影响。

（二）技术条件

技术是将资源条件变为工业生产与布局现实的纽带。随着科学技术的

不断发展，找矿、采矿、冶炼技术的进步，能源利用技术与运输技术的改进，生产技术与工艺方法的革新，将大大降低布局对资源的依赖程度。技术条件有时直接决定了工业部门的存在与否。在分析技术条件对工业布局的影响时，必须注意技术上的先进性、生产上的可行性、经济上的合理性以及采用后的无害性。

（三）运输条件

运输条件是现代化工业建设的先行条件。进行工业布局时，必须对该地区交通是否便利；工业原料、燃料与产品的运输量大小、运输距离远近；运输工具的利用程度以及采用何种运输方式比较经济等方面进行综合分析评价，以达到降低生产成本、减少运输费用，进行合理布局的目的。

（四）人口条件

人既是生产者，又是消费者。作为生产者和消费者的人口数量、密度、性别构成、民族构成、劳动技能和素养，对工业布局有很大影响。

（五）市场条件

消费市场容量的大小、产品需求的变化，决定着工业生产的规模和种类。只有处理好工业生产与市场的关系，才能促进产品更新与质量的提高，才能改善企业经营方式，降低生产成本，扩大产品销路，提高经济效益。从某种意义上说，市场条件对工业布局有决定性影响。

（六）环境条件

工业发展，带来了工业污染。如工业生产过程中排放的"三废"以及工业噪声等都能污染周围环境。为了最大限度地限制或缩小污染影响，在进行工业布局时，必须综合考察新建厂址的区域环境容量、自然净化能力、污染负荷能力，对水源、大气和土壤等采取保护措施。因此，环境条件已成为影响工业布局的一个重要因素。

此外，地区的经济基础、农业生产水平、社会历史文化以及地质、地貌、气候、水文等条件对工业布局都有直接或间接影响。总之，工业布局受多种因素影响，在进行工业布局时，必须综合、全面地考虑各种因素，才能做到因地制宜、合理布局。

四、我国的工业发展与布局变化

旧中国的工业发展十分缓慢，基础薄弱，部门结构残缺不全，地区分布极不平衡，绝大部分工业偏集于东部沿海地区的少数城市，而广大内地特别是西北、西南的少数民族边远地区，近代工业几乎是空白。新中国成立以后，工业生产取得了巨大成就。2005年我国工业总产值达76912.9亿元，由1950年的世界第15位上升到了世界前列，工业产品大幅度增长，许多已居世界前列。工业部门逐步完善，一些新兴工业部门如航天、汽车、电子等工业从无到有，已在全国初步形成完整的现代化工业体系，尤其是工业布局发生了根本变化。改变了过去完全集中于东部沿海地区的状况，使沿海、内地及边疆的工业逐步趋于均衡。见表5-1中国主要工业产品增长速度，图5-1我国工业分布地区的变化。

我国工业布局的变化，主要表现在：

（一）沿海地区，在充分利用原有工业的基础上更新改造了以上海为中心的沪、宁、杭工业区；以广州为中心的珠江三角洲工业区和以济南、青岛为中心的胶济工业区；以沈阳、大连为中心的辽中及辽东工业区，使之成为具有全国先进水平的综合性工业基地。

表5-1　中国主要工业产品增长速度

	1949年 产量	1949年 位次（在世界上）	1957年 产量	1957年 位次（在世界上）	1980年 产量	1980年 位次（在世界上）	1985年 产量	1985年 位次（在世界上）
钢（万吨）	15.8	26	535	9	3712	5	4679	4
煤（亿吨）	0.32	9	1.31	5	6.20	3	8.72	2
石油（亿吨）	0.0012	27（1950年）	0.146	23	1.09	6	1.25	6
发电量（亿度）	43	25	193	13	3006	6	4107	5
化学纤维（万吨）	—	—	1.06（1960年）	26（1960年）	45.03	7	94.78	5
硫酸（万吨）	4.00	—	63.20	14	764.30	3	676.40	3
化肥（万吨）	0.60	—	15.10	33	1232.10	3	1322.20	3
布（亿米）	18.9	—	50.5	3	134.70	1	148.70	1

续表

	1949年		1957年		1980年		1985年	
	产量	位次（在世界上）	产量	位次（在世界上）	产量	位次（在世界上）	产量	位次（在世界上）
糖（亿吨）	—	—	86	—	257	10	451	6
电视机（万台）	—	—	—	—	249.20	7	1667.66	2
钢（万吨）	6635	4	8956	3	12850	1	35324	1
煤（亿吨）	10.80	1	11.50	1	12.99	1	22.05	1
石油（亿吨）	1.38	5	1.45	5	1.63	5	1.81	5
发电量（亿度）	6212	4	8395	3	13556	2	25003	2
化学纤维（万吨）	165.42	2	237.37	2	694	2	1665	—
硫酸（万吨）	1196.9	3	1336.5	3	2427	—	4545	
化肥（万吨）	1879.7	3	1956.3	2	3186	1	5178	1
布（亿米）	188.8	1	203.0	1	277	2	484	1
糖（亿吨）	582	3	771	3	700	4	912	3
电视机（万台）	2684.7	1	3032.97	1	3936	1	8283	1

（二）在内地的中原地带和东北腹地，扩建和兴建了一批重要工业中心。如武汉、长沙、株洲、北京、天津、唐山、太原、西安、宝鸡、长春、吉林、哈尔滨等。

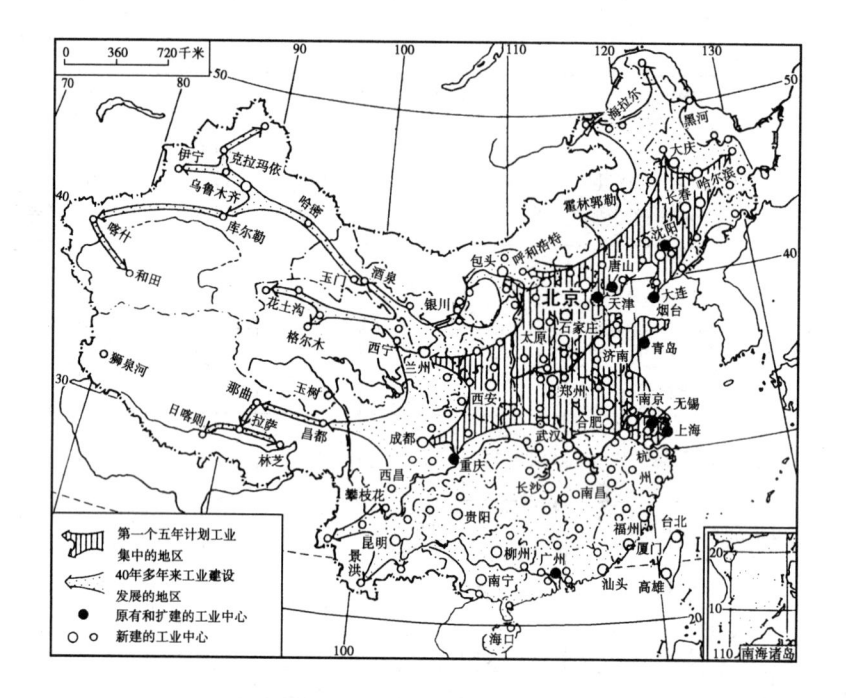

图 5-1　我国工业分布地区的变化

（三）西北、西南地区，在改善交通条件的同时，兴建了一批工业基地及中心。如兰州、重庆、成都、渡口、贵阳、昆明等。

（四）在落后的边疆少数民族地区，也新建了一批工业基地和地方工业中心。如内蒙古自治区的包头、呼和浩特；新疆维吾尔自治区的克拉玛依、石河子、乌鲁木齐；宁夏回族自治区的银川、吴忠、石嘴山；广西壮族自治区的柳州、南宁以及西藏自治区的拉萨、林芝等。

（五）除了建成全国性和地方性的工业基地与工业中心以外，在广大农村还新建了一大批乡镇企业，这对改善我国工业布局，充分利用自然资源和农村剩余劳动力，加速农村的经济发展具有重要意义。经过多年的建设，我国工业布局已经在全国范围内展开，在沿海和内地分别形成了一批工业区。它们是：以沈鞍、哈齐、大庆为中心的东北工业区；以京津唐为中心的冀东工业区；以太原为中心的晋中工业区；以包头为中心的呼包工业区；以济南、徐州为中心的胶济沿线和徐淮工业区；以上海为中心的沪宁杭工业区；以武汉为中心的武大工业区；以广州为中心的珠江三角洲工业区；以郑州为中心的郑洛三工业区；以西安为中心的关中工业区；以兰州为中心的甘南工业区；以重庆、成都为中心的成渝工业区；以及攀西工业区和云贵有色金属基地等。

第二节 能 源 工 业

能源是指可以提供大量能量的物质和自然过程。它是经济发展和技术进步的前提。近30多年来屡屡出现的能源危机，对许多国家和地区的经济、政治产生深远影响，成为一个世界性问题。因此，能源的开发、布局和运输格外引人注目。

能源工业包括煤炭、石油和天然气、电力、核工业等。其发展速度和水平，在很大程度上决定着国民经济发展速度和水平，并直接影响到经济安全和国家安全。因此，它在整个国民经济发展中具有战略地位。

一、能源工业概况

(一) 我国能源和能源工业的总体情况

我国能源资源丰富，但按人平均比较紧张。一次能源的储量居世界第3位，其中煤炭、石油、天然气、水电分别居世界第3、第12、第22、第1位；按人均可采矿物能源资源，煤炭、石油、天然气分别为世界平均值的55%、11%、4%（2000年）。

从能源生产看，原煤产量世界第1位，发电量第2位，原油第5位，天然气第15位，一次能源生产总量居世界第3（仅次于美俄）。能源消费居世界第2，占世界总量的11%（2003年）。人均消费能源1.29吨标准煤（世界平均2.4吨，发达国家5—10吨）。

1. 煤炭

我国煤炭探明保有储量10077亿吨。经济可开发剩余可采储量900—1200亿吨（2003年），占全球的11.6%。陆上煤田2000米以浅煤层气30—35万亿立方米。2003年煤炭产量17.22亿吨，消费15.76亿吨，2005年煤炭产量22.05亿吨。"十五"期间，煤炭生产年增长18.2%；消费年增长9.3%。发电用煤占全部煤炭消费的51%（2003年），火电占发电量的81%（2001年）。

2. 石油

预测可采资源量约150亿吨（陆上占87%）。累计探明石油可采储量65亿吨，剩余可采储量25亿吨（2003年），占全球的1.45%。采储比13—14年。2004年，国内石油开采量为1.7亿吨，消费2.67亿吨，2005

年原油开采量为 1.8 亿吨。从 1990 年至今，石油生产增速稳定在 1.7% 的水平。

3. 天然气

预测可采资源 8.8 万亿立方米（2004 年），探明可采储量 2 万亿立方米。2003 年生产 350 亿立方米，消费 353 亿立方米，2005 年生产天然气为 503 亿立方米。

4. 水电

技术可开发资源 5.21 亿千瓦，开发率仅为 15%。我国水电装机容量占全国电力的 24.5%，发电量占 17.6%（2001 年），在全部能源生产中占 7% 左右。

（二）未来 15 年的能源形势

我国能源供需的特点是：总体可以满足经济高速增长需要，但存在着严重结构矛盾。

1980 年以来，我国年平均增长 4.5% 的能源消耗，支持了 9% 左右的经济增长，成效显著。万元 GDP 能耗，从 1980 年的 4.28 吨标准煤降到 2000 年的 1.45 吨（2000 年不变价）。但"十五"期间，我国能源消费年增速度达到 8.8%，特别是石油进口增加过快，形势严峻。详见我国一次能源供需情况表 5-2 和未来 15 年一次能源需求的预测表 5-3。

表 5-2 我国一次能源供需情况　　　单位：亿吨标准煤

	生产和构成					消费和构成				
	总量	原煤 %	原油 %	天然气 %	水电 %	总量	原煤 %	石油 %	天然气 %	水电 %
1980	6.37	69.4	23.8	3.0	3.8	6.03	72.2	20.7	3.1	4.0
1990	10.39	74.2	19.0	2.0	4.8	9.87	76.2	16.6	2.1	5.1
2000	12.90	72.0	18.1	2.8	7.2	13.86	67.8	23.2	2.4	6.7
2003	16.38	75.1	14.8	2.8	7.3	17.50	68.4	22.2	2.6	6.8
2005	20.61	76.4	12.6	3.3	7.7	22.33	68.9	21.0	2.9	7.2

资料来源：2006 中国统计年鉴简编。各能源折标准煤系数：煤炭 0.7143，石油 1.4286，天然气 0.00133，水电按当年火电标准煤耗，1980 年以后为 404 克。

表 5-3 未来 15 年一次能源需求的预测（中间值）

品　种	需求量 2000	需求量 2010	需求量 2020	年增长率 2000—2020	构成（%） 2000	构成（%） 2010	构成（%） 2020
煤炭（亿吨） （折亿吨标煤）	12.7 (9.07)	19.1 (13.65)	25.0 (17.88)	3.45	69.6	66.0	61.7
石油（亿吨） （折亿吨标煤）	2.3 (3.24)	3.7 (5.24)	5.6 (7.95)	4.58	25.0	25.3	27.5
天然气（亿 m³） （折亿吨标煤）	272 (0.36)	811 (1.08)	1453 (1.93)	8.74	2.8	5.2	6.7
一次电力 （折亿吨标煤）	0.29	0.70	1.20	7.28	2.3	3.4	4.1
合计（亿吨标煤）	12.97	20.68	28.96	4.10			

资料来源：据中国能源综合发展战略与政策研究课题组："国家能源战略的基本构想"整理。

国家有关机构预测，到 2020 年，中国一次能源的需求为 25—33 亿吨标准煤，中间值 29 亿吨。其中，煤炭 21—29 亿吨，石油 4.5—6.1 亿吨，天然气 1453—1654 亿立方米，发电装机容量 8.6—9.5 亿千瓦（现 4 亿千瓦）。

到 2020 年，能否实现能源翻一番、GDP 翻两番的目标，要解决两个关键问题：一是能否持续地提高能源利用效率，二是如何缓解石油供需矛盾。

二、煤炭工业

我国能源生产结构和消费结构都以煤为主，煤炭工业是名副其实的基础产业，煤炭工业的建设和发展，影响能源工业和整个工业的全局。从 20 世纪 50 年代中期以来，煤炭在我国能源生产结构中的比重，虽有所下降，但迄今仍占 68%，为我国第一大能源。从工业部门能源消费结构来看，煤炭所占比重也达到 60% 以上。

（一）煤炭资源状况

煤炭资源相对丰富，但分布不均衡。已察明资源储量 1 万亿吨（2005 年），经济剩余可采储量 1145 亿吨，占世界 11.6%，资源探明率 19.9%；居世界第三位。在察明资源储量中，晋陕蒙宁占 67%；新甘青、云贵川渝占 20%；其他地区仅占 13%，从煤炭储量的地区分布来看，主要集中于华北、西北。与国外主要采煤国家相比，我国煤炭资源开采条件属中等偏下水平，可供露天矿开采的资源极少，除晋陕蒙宁和新疆等省区部分煤田开采条件较好外，其他煤田开采条件较复杂。

如果以昆仑山—秦岭—大别山一线为界，此线以北，煤的储量占全国的94%，此线以南仅占6%；如再以大兴安岭—太行山—雪峰山一线为界，此线以西煤的储量占89%，此线以东中占11%。

2007年6月内蒙古自治区有色地质勘察局108队在呼伦贝尔市新巴尔虎左旗诺门罕盆地进行煤炭勘察时发现一处储量达205亿吨的超大型煤田。该区可采煤层厚度一般为3.14至11.11米，最大可采单层煤厚度25.54米，全区预获煤炭资源储量205亿吨，属于超大型煤田。煤田属高发热量、低灰、低硫优质褐煤，具备联合机械化开采条件和为大型发电厂提供煤炭资源的能力。诺门罕特大型煤田的发现以及以后的开发利用，将为东北三省建立新的能源接续基地。

尽管我国煤炭资源丰富，但优质资源少，后备工业储量不足，而且煤是一种可以转化为油、气的能源，因此，国家能源安全储备战略，包含煤、石油、天然气等的储备都必须考虑，就煤炭工业而言，节煤、减少出口（2003年中国焦煤供应占全球50%），保护资源，合理布局，科学规划与开采，势在必行。而且国家能源安全战略也必须考虑煤炭能源安全，对稀缺煤种、重要煤种实施战略性保护。

（二）煤炭工业的发展和布局

1. 煤炭工业的发展

"十五"期间，在市场的强劲拉动和国家政策的支持下，扭转了"九五"期间建设规模严重不足的局面，煤炭产量年均增速达11%，保障了国民经济发展。2007年，煤炭产量25亿吨，比2000年增长79.2%；在建规模4.4亿吨/年，是"九五"末期的10倍；煤炭占我国一次能源生产总量的76.3%，比2000年提高4.3个百分点；占消费总量的68.7%，比2000年提高0.9个百分点。我国原煤产量达到了世界煤炭总产量的四分之一，居世界第一位。

"十五"期间建设的大中型煤矿，主要分布在大型煤炭基地内。2005年，大中型煤矿产量占54%，比2000年上升7个百分点；原煤入选率32%，比2000年提高6个百分点；在建煤矿中，大中型煤矿规模占82%。目前，已形成3000万吨级以上的煤炭企业10家。其中，亿吨级特大型企业集团2个，5000万吨级的大型企业3个。煤炭企业与电力、化工等企业合作步伐加快，向区域化、多元化发展，23家煤炭企业跨入全国500强。

2. "十一五"期间我国煤炭工业的总体部署

稳定调入区生产规模，增加调出区开发规模，适度开发自给区资源。

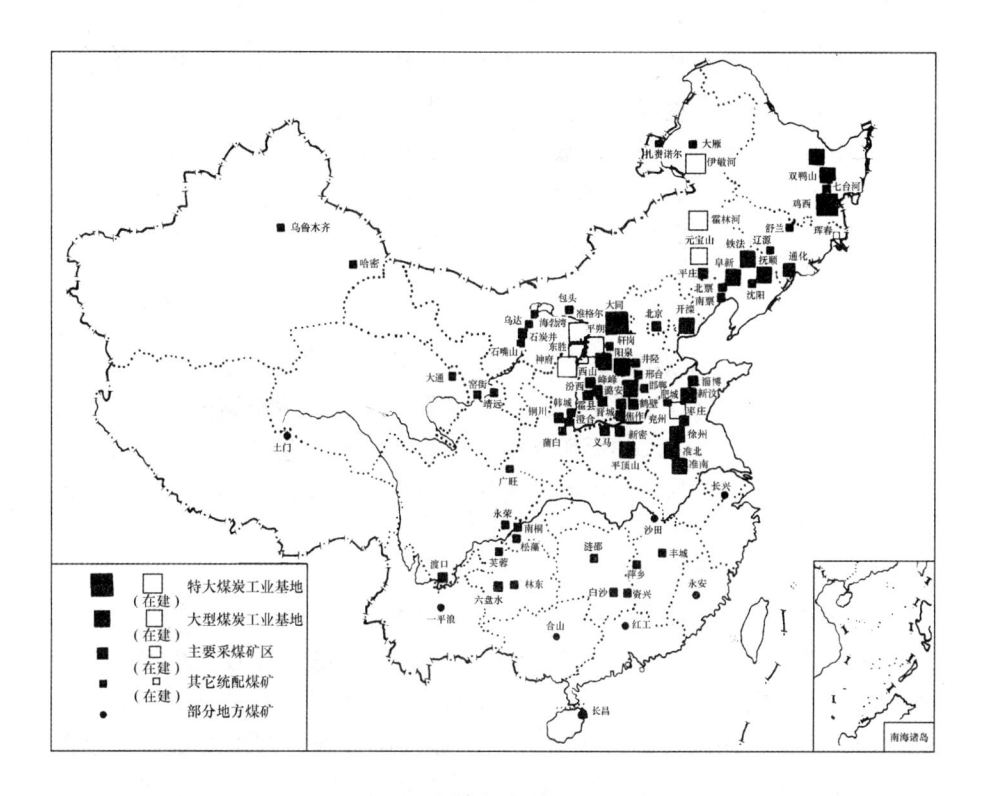

第五章 中国工业发展与布局 119

图 5-2 中国煤炭工业分布图

根据煤炭资源、区位、市场等情况,全国划分为煤炭调入区、煤炭调出区和煤炭自给区。调入区包括京津冀、东北、华东、中南四个规划区;调出区为晋陕蒙宁规划区;自给区包括西南、新甘青两个规划区。

(1) 稳定调入区生产规模

东北区 在稳定现有生产规模的基础上,加强地质勘探,积极寻找接续资源,适当建设大中型煤矿,解决煤矿衰老接续问题,提高小型煤矿办矿标准。适当扩大黑龙江省生产规模,做好炼焦煤资源的保护性开发和合理利用,褐煤资源的开发要和坑口电厂建设同步进行。稳定辽宁、吉林两省煤炭生产规模,同时做好衰老矿区的产业接续和转型工作。

京津冀区 河北要加快蔚州和平原矿区开发,稳定煤炭生产规模,提高小型煤矿办矿标准。稳定北京京西矿区大中型矿井生产能力,做好小型煤矿退出工作。

华东区 加强深部煤炭地质勘察,提高勘察程度,建设一批大中型矿井,解决衰老矿井接续问题。稳定山东生产规模,适度扩大安徽生产规模。做好江苏矿井的技术改造，维持生产规模。江西和福建要提高小型煤矿的办矿标准，维持现有生产规模，缓解煤炭调入压力。

中南区　提高河南深部资源勘察程度，建设一批大中型矿井，稳定生产规模，同时要大力整合现有小型煤矿，提高矿井规模和办矿标准。湖南、湖北、广西重点做好小型矿井整合改造，提高办矿标准，维持现有生产规模，缓解煤炭调入压力。

（2）增加调出区开发规模

晋陕蒙宁区　重点建设神东、陕北、黄陇、晋北、晋中、晋东、蒙东、宁东等八个大型煤炭基地，提高勘察程度，增加精查储量，以建设大型、特大型煤矿为主，新建煤矿原则上不低于120万吨/年。重组和关闭小型煤矿，减少矿点数量。对山西省优质炼焦煤资源实行保护性开发，合理利用。

（3）适度开发自给区资源

西南区　充分发挥贵州和云南煤炭资源丰富的优势，建设云贵大型煤炭基地，提高勘察程度，配合"西电东送"工程建设，建设大中型煤矿和重组改造小型煤矿结合，大力调整生产结构，适度扩大生产能力，以满足当地需要为主，并调出部分煤炭到两广和湖南等地。四川要重点开发古叙、筠连矿区，四川、重庆要做好小型煤矿的技术改造，稳定煤炭生产规模，减轻煤炭调入压力。

新甘青区　加强煤炭资地质勘察，做好矿区总体规划，合理开发资源。新疆、甘肃、青海，适度扩大生产能力，以满足当地需要为主，严格控制小型煤矿建设规模，重点建设甘肃的华亭矿区，提高勘察程度，增加资源储备。从保护生态环境考虑，严格控制青海西南部和西藏地区煤炭生产开发。

（三）主要产煤基地

在全国各主要产煤省区中，除山西以外，煤炭工业的布局也不均匀，集中于一些生产规模大的煤矿。下列煤矿是我国现代化煤炭工业的主要基地：山西大同、西山、阳泉、平朔、晋城、潞安、汾西、霍州；河南平顶山、义马、鹤壁、焦作；山东兖州、邹城、新汶、枣庄、肥城；黑龙江鹤岗、鸡西、七台河、双鸭山；河北开滦、井陉、峰峰；四川攀枝花、松藻；内蒙古霍林河、伊敏、准格尔、东胜、乌海；宁夏石炭井、汝箕沟、呼鲁斯太；陕西神府、铜川、韩城；甘肃华亭、贵州水城；安徽淮北、淮南；江苏徐州等。如图5-2中国煤炭工业分布图所示。

国家重点建设的大型露天煤矿主要有：内蒙古的准格尔、霍林河、元宝山、伊敏河、山西平朔等；大型井工矿有：山西古交矿区、山东济宁煤矿和兖州矿业、河南永城煤矿、淮南新集一矿、二矿、陕西神木大柳塔和黄陵煤矿、河北开滦的张家营和东欢坨煤矿等。与此同时，还重视对原煤的洗选加工，兴建了一批大型洗煤厂。

（四）煤炭工业生产和布局前瞻

1. 煤炭生产

按照保障煤炭有效供给的原则，2010年煤炭生产总量控制在26亿吨。主要增加优质动力用煤和优质高炉喷吹用煤生产，适度增加优质炼焦用煤和无烟块煤生产，控制高硫、高灰煤炭生产。新增煤炭产量以大型煤矿为主，中型煤矿为辅。压减小型煤矿产量，严格限制煤矿超能力生产。

2010年，煤炭调入区产量8.66亿吨，比2005年增加0.22亿吨，占全国增量的5.6%；煤炭调出区的晋陕蒙宁区产量13.15亿吨，比2005年增加3.25亿吨，占全国增量的82.2%；煤炭自给区产量4.19亿吨，比2005年增加0.48亿吨，占全国增量的12.2%。

2. 煤矿建设

"十一五"期间，煤矿建设坚持"整合为主、新建为辅"的原则，全面整合、改造小型煤矿，全面调控煤矿建设年度开工规模。以建设大中型煤矿为主，优先建设煤电联营和煤转化一体化项目，严格控制小型煤矿建设。在煤田瓦斯突出区域内，严禁新建小型煤矿。在瓦斯、水、火等灾害特别严重的矿区，适度控制大中型矿井建设，禁止建设小型煤矿。

"十一五"期间，全国大中型煤矿建设规模8.1亿吨。其中，"十五"结转3.6亿吨，"十一五"新开工建设4.5亿吨。全国煤矿新增生产能力4.3亿吨。其中，"十五"结转的大中型煤矿项目全部投产，增加3.6亿吨；小型煤矿整合改造为大中型煤矿，增加2亿吨；新开工大中煤矿4.5亿吨，建成投产2.5亿吨；通过实施资源整合与关闭淘汰，现有小型生产、在建煤矿生产能力由2005年的10.8亿吨，压减到2010年的7亿吨以内。

3. 煤炭资源勘查

重点围绕建设大型煤炭基地，开展区域煤炭预查、普查基础地质勘察，提高勘察程度，择优开展煤炭详查，满足矿区总体规划需要。按照煤矿项目建设规划，适时开展煤炭资源勘探，满足"十一五"煤矿开工建设及"十二五"项目前期准备需要。

做好北方缺水矿区水资源普查工作。在山西晋城、沁源、阳泉、潞安、大同、离柳、乡宁，陕西榆神、榆横、新民、彬长、铜川、黄陵，内蒙古东胜、准格尔、扎赉诺尔，山东济宁、巨野等矿区开展水资源详查，建设矿区供水工程。加强山西阳泉、晋城，河北峰峰、邢台，山东济北、兖州，河南永夏等矿区组织煤水文地质补充勘查工作，防治水害。

4. 建设大型煤炭基地

大型煤炭基地包括神东、陕北、黄陇（华亭）、晋北、晋中、晋东、鲁西、两淮、冀中、河南、云贵、蒙东（东北）、宁东13个大型煤炭基地。大型煤炭基地建设，一是坚持有序集中开发。依据批准的矿区总体规划和矿业权设置方案，实行矿业权市场化配置；坚持一个矿区原则上由一个主体开发，一个主体可以开发多个矿区的集中开发模式，合理安排勘察开发项目，控制建设节奏。二是推进制度创新。以大型基地建设为契机，培育大型煤炭企业集团，建立现代企业制度；以大型煤炭企业为主体建设大型煤炭基地。三是优化生产结构。优先建设大型现代化露天煤矿和现代化矿井，提高资源回收率，加快淘汰小型煤矿。四是促进产业融合。支持煤电、煤化、煤路等一体化建设，推进产业聚集和产业融合。五是发展循环经济和加强环境保护。按照循环经济的理念，综合开发利用煤炭及煤炭伴生资源。采取有力措施，做好资源开发与保护，加强生态环境保护、污染治理和地质灾害防治。

"十一五"期间，全国新开工大中型煤矿主要分布在大型煤炭基地内，重点建设10个千万吨级现代化露天煤矿和10个千万吨级安全高效矿井。2010年，大型煤炭基地产量达到22.4亿吨。

5. 培育大型煤炭企业集团

以市场运作为主，强化政府推动和政策引导，打破区域界限，发展跨区域企业集团；打破行业界限，发展煤、电、化、路、港为一体的跨行业企业集团；打破所有制界限，发展各类资本参与的混合所有制企业集团。把大型煤炭企业集团培育成为优化煤炭工业结构的主体、大型煤炭基地开发建设的主体、平衡国内市场供需关系的主体、参与国际市场竞争的主体，逐步形成若干个由国有资本控股、担负跨省区市煤炭供应的大型煤炭企业集团，提高国家对煤炭资源的控制力和对煤炭市场的调控力，保障煤炭供应安全，促进煤炭工业健康稳定协调发展。根据资源分布特点、企业发展现状、对国民经济的重要程度以及长远发展的要求，煤炭企业战略性重组的重点区域是晋陕蒙宁、华东、东北、西南等地区，要依托大型煤炭基地内外部优势条件，兼并联合区域内中小型煤矿，加快发展坑口电厂，大力发展煤炭深加工和综合利用产业，以神骅铁路、大秦铁路和拟规划建设的输煤铁路为纽带，加强与铁路沿线电厂联营，参与铁路、港口的建设和股份制改造，形成煤炭、电力、化工、铁路和港口运输等综合经营的大型企业集团。

6. 整合改造中小型煤矿

综合运用经济、法律和必要的行政手段，加快中小型煤矿的整合改造，实行集约化开发经营。鼓励大型煤炭企业兼并改造中小型煤矿。积极推进中小型煤矿技术改造，规模以上煤矿必须采用壁式开采工艺。继续整顿关闭布局不合理、不符合安全标准、浪费资源和不符合环保要求的小型煤矿，坚决取缔违法经营的小型煤矿。瓦斯、水、火等灾害严重的小型煤矿，重点予以整合，难以整合的限期退出。

山西、陕西、内蒙古省区2005年小型煤矿产量3.8亿吨，在建规模0.4亿吨。"十一五"期间，小型煤矿整合改造为大中型煤矿的生产能力增加1.5亿吨，保留的小型煤矿产量控制在2.5亿吨以内。

黑龙江、河北、安徽、山东、河南、贵州、云南、甘肃、新疆省区2005年小型煤矿产量3.8亿吨，在建规模0.2亿吨。"十一五"期间，小型煤矿整合改造为大中型煤矿的生产能力增加0.4亿吨，保留的小型煤矿产量控制在2.7亿吨以内。

辽宁、吉林、江苏、福建、江西、湖北、湖南、广西、重庆、四川等省区市2005年小型煤矿产量2.4亿吨，在建规模0.2亿吨。到2010年，小型煤矿整合改造为大中型煤矿的生产能力增加0.1亿吨，保留的小型煤矿产量控制在2亿吨以内。

7. 加快煤炭科技创新

加大科技攻关力度，建立以企业为主体的技术创新体系，推进煤矿重大装备国产化，加快安全高效矿井建设，大力推进中小型煤矿机械化。

三、石油工业

石油是作为液体燃料而被世人特别关注的重要战略物资。石油是矿物能源中发热量高的燃料，也是重要化工原料。石油工业以采油为主体，包含炼油和石油产品的储运等生产过程。由于石油及石油产品在现代社会经济中普遍使用，使石油工业在现代工业体系中占重要地位。石油工业一直是中国能源建设的重点基础产业，建成了庞大的全国石油勘探、开采和加工体系。

(一) 资源评价

我国沉积岩面积约 400 万平方公里，分布广泛，生油地质条件尚可。特别是近年来对外开放招商引资，进一步发现和查清了陆上和近海油、气资源。目前，全国形成四大石油勘探开发区：东部、西部、海上和南方 10 省区，形成由东部地区为重点，西部和海上为战略接替区域的基本格局。10 个勘探开发的重点区域为：松辽盆地、华北地区、塔里木盆地、东海路架盆地、四川盆地、南海海域、下扬子（苏浙皖）、中扬子（湘鄂赣）、鄂尔多斯盆地和藏北高原的一些盆地等。2007 年 5 月 3 日，中国石油天然气股份公司宣布，"在渤海湾冀东滩海地区发现地质储量规模达 10.2 亿吨的大油田——冀东南堡油田"。南堡油田目前发现地质储量规模达到 10 亿吨，考虑这一凹陷的石油丰度，预期将来总资源量可以突破 20 亿吨水平，这无疑是一个振奋人心的好消息。

中国石油资源虽比较丰富，但人均占有资源量严重不足。2003 在世界 103 个产油国中，我国的石油可采资源总量和剩余可采储量分别居于第 11 位和第 10 位。我国石油可采资源量 150 亿吨，已探明 65.1 亿吨，待探明 84.9 亿吨。同时，我国人均占有石油资源严重不足，相当于世界平均水平的 1/6。

中国石油可采资源探明率为 43%，尚有 57% 的剩余可采资源有待探明，总体属于石油勘探中等成熟阶段。但中国待探明石油资源 70% 以上主要分布在沙漠、黄土塬、山地等等，勘探开发难度加大，技术要求和成本费用越来越高。未来中国石油储量增长的主要领域在西部和海上。另外，南沙海域石油资源丰富，根据初步估算石油可采量约为 100 亿吨，其中 70% 在中国断续国界以内。海上油田有其特殊性，石油会在海床下流动，早开发者会得益更多。所以，中国应该尽量多开发海上油田而非陆上油田，应该抓紧进行更多的海上石油勘探。

我国石油勘探仍处于中等成熟阶段。从世界主要产油国 140 年来的石油发展历史表明，当资源探明率达到 40%—60% 这个中等成熟阶段的时候，储量增长是处在一个相对较长的稳定时期。从全球和我国历次油气评价结果来看，随着科技进步、勘探投入的增加、勘探认识的深化，我国石油可采资源量还会不断增长。

(二) 石油工业发展

近代石油工业在我国已有百余年历史，1877 年于台湾省苗栗首次打成机械石油井，1907 年又在陕西延长钻探成功，建成大陆第一口油井——延一井。但半个世纪后，1949年全国石油产量仅12万吨。50年代末，我国石油生产布局实行战略性转移，从西北、西南转向东北，1959年建成大庆油田，1963年首次实现我国石油自给。70年代以来，石油勘探在华北、西北等陆上地区获得重要成果，并开始向海洋进发，在渤海、珠江口、北部湾、莺歌海、东海找到了油气层。至90年代中期，海上油气产量分别达到生产规模。

石油产量1978年首次突破1亿吨，并开始有一定数量出口。石油出口始于1970年，当年出口48万吨，到80年代达到高峰（1985年出口3630万吨，出口额67亿美元）。此后国内需求迅速增长，石油出口急剧下降。至90年代初，由于原有油田的探明储量减少，使我国石油生产增长缓慢。自1993年起，我国成为石油净进口国，2007年原油产量1.86亿吨，约占世界石油总产量5%，在世界主要产油国中，次于沙特、美国、俄罗斯、伊朗，居第5位。2004年石油进口突破1亿吨，进口依存度（净进口量/消费量）达到37.5%。一般预测，国内石油产量将长期稳定在2.0亿吨以内，需求如上所述，到2020年，石油进口依存将达到55—69%。

2005年全国原油加工量达到2.86亿吨，同比增长6.5%。近10年来，中国石油消费量年均增长率达到7%以上，而国内石油供应年增长率仅为1.7%。这种供求矛盾使中国2005年对外石油依存度达到42.9%。2006—2020年期间，国内石油产量远远不能满足需求，且供需缺口越来越大。主要表现在：受国内石油资源的限制，预计2010年中国石油进口量将达到2—2.4亿吨，2020年将增加到3.2—3.6亿吨。2010年后中国石油对外依存度将超过60%，到2020年石油对外依存度将达到70%左右。

（三）石油工业的布局

石油工业布局，不仅包括油、气田的开采，还包括炼油厂的布局，原油、天然气、石油产品的运输和地区产销平衡等。就石油开采业的合理布局来说，主要是考虑油田可采储量大小、原油质量高低，以及油层埋藏深浅；在决定油田开发规模时，也要适当考虑油田所处的地理位置、交通运输条件。

现已相继建成松辽石油基地、华北石油基地、新疆石油基地、南海海上石油基地、渤海海上石油基地、陕甘石油基地和四川盆地天然气生产基地、新疆天然气生产基地、陕甘宁天然气生产基地等。从各省区来看，原油开采分布于20个省（市、自治区），其中黑龙江、山东、新疆、辽宁、天津、广东、陕西七省区占全国85%。原有老产区黑龙江、山东、辽宁在全国所占比重呈下降趋势；新疆、天津、陕西则呈上升趋势。广东的产量不稳定，1999～2002年建原油产量起伏较大。今后我国石油工业战略是按照"挖潜东部、发展西部、加快海域、开拓南方"的原则，通过地质理论创新、新技术应用和加大投入力度等措施，使到2010年，全国原油、天然气产量分别达到1.93亿吨和920亿立方米。我国主要产油地及重要油田，如图5-3中国石油工业分布图、表5-4我国主要产油地及重要油田所示：

表 5-4　我国主要产油地及重要油田

地区	项目	2005年占全国石油产量和比重（%）		重要油田和石油生产基地
		全国合计	1.8亿吨	100.0（%）
主要产油省（市、自治区）	黑龙江	4516.0万吨	25	大庆油田
	山东	2694.5万吨	14.9	胜利油田、蓬莱19—3海上油田
	新疆	2393.7万吨	13.2	克拉玛依油田、塔里木油田、吐哈油田
	辽宁	1261.0万吨	7.0	辽河油田、绥中36—1海上油田
	广东	1470.0万吨	8.1	南海东部油田
	天津	1782.9万吨	10.0	大港油田、渤海埕北油田
	陕西	1778.2万吨	10.0	长庆油田、延长油矿
	河南	507万吨	2.8	中原油田、南阳油田
	河北	562万吨	3.1	华北油田、冀东油田、秦皇岛32—6海上油田
	吉林	522万吨	2.9	扶余油田
	其他省（区）			青海油田、江苏油田、江汉油田、南海北部湾油田、东海油田

1. 挖潜东部

我国东部油区包括大庆油田（黑龙江）、胜利油田（山东）、辽河油田（辽宁）、中原油田（河南）、华北油田（河北）、大港油田（天津）等，其产量占全国总产量的80%。这些油田目前甚至在今后相当长的时期内，为我国原油生产的主力，影响全局。

地处黑龙江省安达县大同街（现属大庆市大同区）附近的松基三井在1959年首喷原油，标志着大庆油田发现，随后成为中国第一大石油基地，至2002年已连续27年年产油5000万吨，总产量近17亿吨。但大庆油田开采高峰期早已过去，2003年起减产幅度较大。

胜利油田是我国第二大石油生产基地，20世纪80年代扩大采油区范围，90年代初原油产量达到高峰，以后产量下降，1995年为3006万度，2002年2671万吨。辽河油田的原油产量1995年逾1500万吨，居全国第3

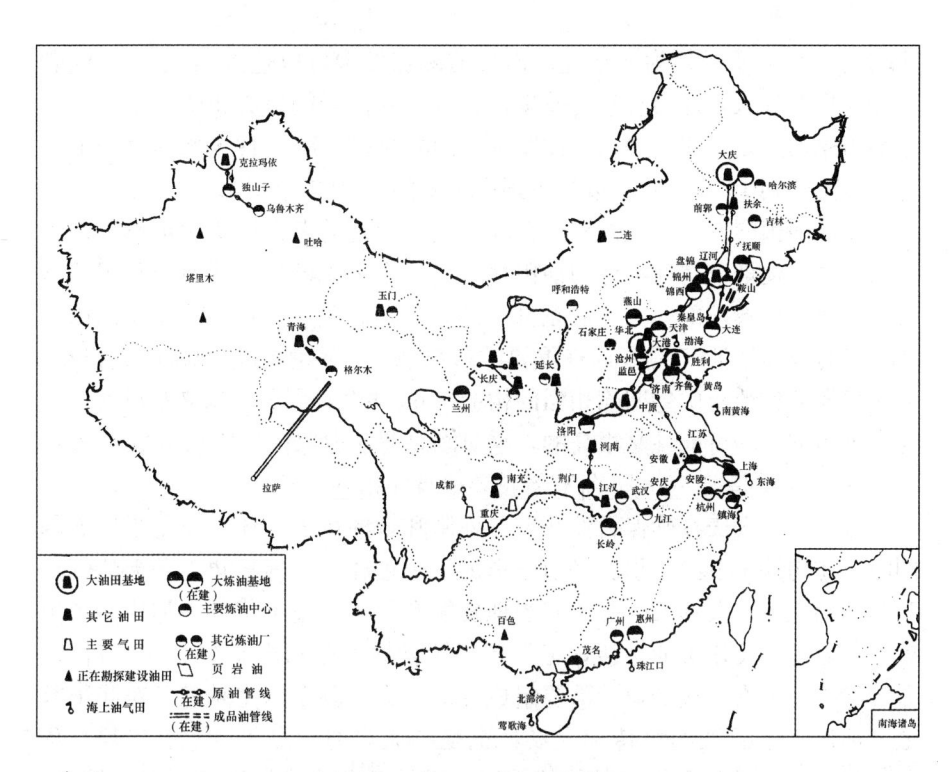

图 5-3　中国石油工业分布图

位。华北油田自 1970 年全面开发以来，原油年产量最高曾达 1700 万吨，近年产量下降，1997 年生产原油不足 400 万吨，但仍不失为一处重要油田。中原油田在 20 世纪 80 年代开发规模大，1990 年产油 826 万吨，但近年来因后备储量不足而使产量下降。

2007 年 5 月 3 日，中国石油天然气股份公司宣布，"在渤海湾冀东滩海地区发现地质储量规模达 10.2 亿吨的大油田——冀东南堡油田"。南堡油田目前发现地质储量规模达到 10 亿吨，考虑这一凹陷的石油丰度，预期将来总资源量可以突破 20 亿吨。长期以来，我国石油工业主要靠东部渤海湾和松辽盆地的贡献。在中西部产量增长不及预期，东部石油产量下滑的情况下，南堡油田的发现为中西部石油勘探实现对东部的接替赢得了时间。

冀东油田即是在"稳定东部"战略下，于 1988 年成立的新油田。但一直以来，它在中石油十三大油田中属于不起眼的"小弟弟"，2006 年原油产量仅为 170 万吨。在渤海湾盆地的七大油田中，冀东油田更是勘探面积最小、产量最少的一个。根据新一轮全国油气资源评价成果，冀东油田

2004年的评价资源仅为6亿吨。而目前勘探发现可以达到10亿吨，随着勘探工作的深入，还会有新的发现，在未来一段时间里必将带来中石油冀东油田原油产量的快速增长。按照中石油的规划，到2012年冀东油田的原油产量要达到1000万吨，成为中国一个新的千万吨级油田。

南堡油田的发现让人们看到在勘探程度较高的老探区仍然可以发现大油田，对其他地质情况类似的油田增储是一个很大鼓舞。从而升起了我国石油工业"挖潜东部"、"发展东部"的希望。有关专家认为，南堡油田发现对渤海湾盆地油气勘探具有重要的指导意义。南堡凹陷面积虽然很小，但在渤海湾盆地与南堡凹陷相似的构造有60多个，因此，未来在渤海湾盆地发现新油田的可能性是很高的，这对渤海湾盆地保持年原油产量6000—8000万吨水平持续40—50年有着重要的现实指导意义。

近年来，大庆在确保石油开采、炼制和石油化工主体产业稳步发展的同时，还构筑了下游工程。目前已形成了炼油化工、轻烃化工、天然气加工和基础化工四大框架。并依靠当地资源和经济、技术优势，加快实现由单一产业向多元化工业过渡，尽早形成综合性工业和产业系统，"替代产业"已逐渐成为大庆产业的重要组成部分。大庆路子越走越宽，对我国其他老油区、老矿区的可持续发展，也是一大启迪。尽管胜利、辽河、华北、中原等油田由于各自条件的不同，石油工业内部序列的开采、炼制、加工等几种分散点也有所差异。但是，千方百计保持稳产和高产却是油田发展的共同目标，为此，大庆油田发展的产业多元化，优化环境和可持续发展战略值得借鉴。

2. 发展西部

50年来，中国石油工业勘探与开发的轨迹是由西而东再由东而西的战略大转移。西部先后建有延长、玉门、常庆、青海、克拉玛依油田等新老油田，特别是近年来勘探开发的吐哈、准格尔和塔里木油田。

新疆三大盆地石油资源约210亿吨，探明地质储量27亿吨，产原油2002年合计达到2040万吨，是我国内地新崛起的油田群。在21世纪前十年，新疆石油产量可望继续提高，并成为我国陆上石油资源的战略接替区之一。长庆油田是以低渗、低压、低产为主要特征的油田，开采年限逾半个世纪，包含陕北、陇东、宁夏油区，是鄂尔多斯盆地石油开发的主体，年产能力到2003年升至730万吨，2005年900万吨。

陕北延长油矿是我国目前具有合法石油开采资质的四家企业之一，迄今已开采一个世纪，至2003年产能约500万吨，油井主要分布于延安市所属的安塞、吴旗、志丹、子长、延长五县。近年因民间乱开滥采，使陕北石油资源遭受损失。2002 年起国家有偿收回油井权益，石油开采布局也开始得到规范。

2007 年 5 月 30 日，中石化集团在其网站上宣布，其子公司中国石油化工股份有限公司（中国石化）在新疆塔河油田 12 区新发现 1.4 亿－2 亿吨的原油地质储量。分析师预测，这可能使中国石化的原油总储量增加 15%，同时中国石化的净资产价值可能因此增加约 5%。中国石化已部署了七口探井。其中的 AD4 探井日产原油达到 1018 吨，合 7462 桶/日，这是该油田产量最高的一口探井。该探井的高产量意味着塔河油田可能拥有规模高达千万吨的油气储量。塔河油田一直是中国石化主要的产量来源，截至 2006 年中，该油田产量约占中国石化原油总产量的 13%。一些分析师表示，塔河油田的产量可能会在某一天与中国最大的油田大庆油田的产量不相上下。

现在，人迹罕至的塔克拉玛干大沙漠已经展现一派繁茂的石油大会战的图画：一条穿越禁区的 446.2 千米沙漠公路已贯通；塔北、塔中等地油气开采年能力达 460 万吨；库车、库尔勒等地随之将崛起能源石化及其配套设施和下游加工制造业等产业群体。塔河油田新发现的储量进一步加强了中国石化上游业务实力。按照产能计算，中国石化是亚洲最大的炼油企业。可以想见，这在解决我国石油的战略接续和调整我国东部与中西部关系上，必将新添一个举足轻重的砝码，为发展西部打下良好的基础。

3. 加快海域，开拓南方

海上采油是资金密集、技术密集程度很高的产业，采油设施布局必须紧靠海床油气富集区。近 20 年来，有多家外国石油公司与我国合作从事海洋石油勘探与开发，已在 24 个海上油气田获取探明储量，海上原油产量增至 2300 万吨。

1985 年是我国海洋石油工业发展的转折点，国内第一个符合国际标准的渤海埕北油田建成，到 1996 年渤海海域的商业油田增至 7 个，2001 年底，渤海海域年产油能力 560 万吨，2005 年增至 2100 万吨。渤海海域是华北含油气盆地组成部分之一，可供油气勘探面积 5.3 万平方公里，预测资源量 96 亿吨。但渤海油气开发在地质构造、生态环境条件方面有不少亟待解决的技术难题。

南海的第一个海上油田位于北部湾涠洲岛西南，已于 1986 年投产，至 2001 年已形成具有一定规模的涠西南油田群。以蛇口为总基地的南海东部油田已有9个油田投产，2000年生产原油1393万吨，成为我国第一大海上油田。南海东部油田可供勘探油气面积13.1万平方公里，石油资源约50亿吨，开发前景甚佳。

目前海上油田产量已达全国产量的10%，成为全国原油增产的主力，海上油气田投产的有19个，其中最大油田位于珠江口外、香港东南190千米处的流花油田，最大气田为莺歌海的崖城13—1气田，后者已向海南天然气大化肥厂和香港供气。渤海、东海的勘探与开发也取得喜人成就。

4. 实行油气并重

天然气开发利用的关键在于资源勘探、后备储量增长以及下游产品开发。天然气利用主要体现在能源利用、化工利用两方面。勘探方面，我国陆地和海域发现的天然气田有139个，其中储量50亿立方米以上的天然气田20个。20世纪90年代后期至今，国家确定将加快天然气开发利用作为能源发展一项重要战略决策。为了增加天然气资源后备储量，1998～2003年建的勘探开发新增近2万亿立方米，新增天然气产能180亿立方米，累计达350亿立方米。到2005年可进一步增值400亿立方米。通过进一步勘探开发，川渝、塔里木、柴达木、陕甘宁、鄂尔多斯等地以及海南、东海、渤海、北部湾、珠江口等海上油气田的天然气储量与生产能力均有提高，共同组成我国天然气工业布局的基本格局。

（1）塔里木气田

塔里木盆地天然气总资源量8.39万亿立方米（占全国22%），至2003年底已探明天然气地质储量6579亿立方米，主要分布于库车—塔北，塔西南—巴楚、塔东三大气区。其中，作为西气东输主供气源的塔里木盆地库车—塔北气区，天然气地质储量5000亿立方米。西气东输的源头工程包括克拉、牙哈、桑南、吉拉克4个气田，已形成120亿立方米产能，通过轮南—靖边—上海输气管道，主要输往长三角用气市场。

（2）长庆气田

位于陕甘宁接壤地带，在近十多年相继发现靖边、榆林等大型气田，至2003年底累计探明天然气地质储量11143亿立方米，探明储量5126亿立方米，预测储量7550亿立方米，三级储量合计23819亿立方米。其中，陕北定边、靖边、横山三县天然气探明储量2410亿立方米，在20世纪90年代后期已建成每年30亿立方米产能的净化厂及860公里的陕京天然气管道（靖边—北京），1998年后分别向北京、西安、银川供气，2002年向天津供气。至2004年建成靖边—上海段管道，靖边已形成年供气100亿立方米的能力。优质的长庆天然气已成为我国一些特大城市首选的清洁燃料。

(3) 苏里格气田

地处内蒙西部鄂尔多斯盆地的苏里格气田近年才发现，探明天然气地质储量6025亿立方米，预计2008年苏里格气田年产气65亿立方米，为西气东输提供另一气源，并扩大长庆气田对京、津及华北和东部地区的天然气供应量。

(4) 柴达木气田

柴达木盆地拥有天然气资源2.5亿立方米，探明加控制地质储量5000亿立方米。这里的天然气资源开发利用早，但直至20世纪末才形成规模经济。柴达木腹地的涩北地区，是盆地中已发现的最大天然气富集区域，在500平方公里范围内3000～4079米深的地层均含有丰富的天然气。涩北—西宁—兰州输气管道2001年建成，优质清洁的柴达木天然气东输，已改善地区能源结构，带动甘、青两省经济发展及产业布局调整。

(5) 川渝气田

四川盆地天然气总资源7.2万亿立方米，探明天然气地质储量4755亿立方米，建成配套产能100亿立方米。主要由重庆、蜀南、川西北、川东北四大气区和川中油气区。预计2007年天然气产量130亿立方米，2010年150亿立方米。从21世纪初起，川渝气田也成为我国"西气东输"的主要源头之一，已建成忠县—武汉输气主管（738公里）及三条输气支线，供应鄂、湘两省用气市场。

(6) 其他陆上气田

准噶尔盆地天然气资源总量2.1万亿立方米，年产天然气20亿立方米，2005年增至30亿立方米。其他天然气产地还有华北油田、苏北射阳等。以上陆地天然气产地有一个共同特点，就是几乎都偏于西部，国内用户则大多在沿海一带。为此，除在沿海寻找新气源以外，还必须大力兴建长距离、大管径的输气管网，以便经济合理地运输和消费。

(7) 海底天然气田

海上天然气开发，通过海底管道运输等方式上岸，用于发电、化工或民用，对沿海经济发展十分有利。近20多年我国在南海、渤海、北部湾及珠江口附近海域，相继对外开放海底油气勘探，发现一批油气田并投入开发。

(四) 中国原油生产分区

中国原油生产也是北多南少，所以管道输油也多由北而南，其主流是大庆和胜利两大油田（产量约占全国总产量的60%以上），大量原油南下至辽中南、京津唐、长江三角洲、华中，以及通过海港大连、秦皇岛、黄岛等下海，运抵华东、华南沿海各地。其他大部分油田（约占40%）则就近由管线或铁路、公路供炼油厂加工转化。

1. 东北

北有大庆，中有抚余，南有辽河3个油田，原油产量全国第一，虽然东北自身炼油业很发达，油品消耗也很大，且下游工业生产又大量消费原料油，但是总的趋势是供过于求，不仅原油通过大秦和秦京管线和大连连接，而且油品等下游产品也迫切要求通过铁路和建设成品油管线入关。抚顺、大连、葫芦岛（锦西）、大庆、吉林、鞍山等均为我国著名炼油和石化基地。这些企业今后不宜在外延扩大，而应着力内涵精深加工和开展综合利用。

2. 华北

本区胜利、华北、中原等油田，不仅油田数量较多，且产量也大，居全国第二。京津唐、黄淮海及其毗邻地区是中国北方经济发达地区，工农交通耗油耗能数量很大。北京、天津、淄博、洛阳、沧州、石家庄、濮阳、呼和浩特等，都有规模宏大的炼油和石化基地。今后也应以深加工和开展综合利用为重点，尽量增加原油外输量，就近供应华东、华中和华南缺油地区。

3. 西部

西部主要是指我国油、气资源勘探与开发最早的大西北地区，是今后中国油、气资源战略接续区域。目前有兰州、乌鲁木齐、独山子等炼油厂，石油化工的基础也较好。新疆及各油田目前集中乌鲁木齐、独山子两地加工，并有部分原油和油品东运兰州。青海格尔木、玉门也建有炼油厂，格尔木—拉萨有我国最早的输成品油管线，供西藏需求，也有部分原油东运兰州。长庆和延长油田原油供当地长庆、延安、宁夏等中小型炼油厂加工。兰州炼油厂是建国初期建设的，也是目前西部最大的炼油和石化基地，部分产品还供应西南和东部地区。

4. 江南

长江中下游和华南广大地区，是我国人口稠密的经济发达地区，耗油耗能数量非常大，该区目前虽有江苏、安徽、江汉、白色以及近海油田等，原油产量远远满足不了本区炼制加工和对油品的需要，主要靠东北和华北供应以及合理利用国外资源进口部分原油。上海、南京、镇江、安庆、九江、岳阳、荆门、茂名、广州等地炼油和石化规模很大，沿海的海南、广东、福建、浙江、江苏和上海等正在新建和扩建炼油企业。利用北油南输和本区油田特别是海上油田提高原油自给率，充分发挥便捷的海、江水上运输和开放的有利机遇，合理利用国外资源，来料加工业，扩、建生产能力也是可行的。

（五）石油瓶颈和能源安全

自1993年起，我国成为石油净进口国。十五时期，我国石油消费年增长5.7%，比前20年平均增长速度高0.8个百分点，近年来我国石油需求增速是世界的3倍。交通、建筑的加快发展是石油消费加速的重要因素。2003年，民用汽车保有量达2400万辆，机动车消耗燃油超过6000万吨，交通运输用油已占石油消耗量的45%。2007年来，全国民用汽车保有量达到6597万辆，交通运输用油已占石油消耗量的50%左右。我国一次能源需求的部门构成预测见表5-5。

表5-5　一次能源需求的部门构成预测

	2000	2010	2020	2000—2020需求年均增长率%
工业部门	72.7%	66.9%	57.5%	2.9
交通	11.2%	13.3%	17.0%	6.3
商用/民用	16.1%	20.8%	25.5%	6.5
总计	100%	100%	100%	4.1

资料来源：同表5-2。

发达国家石油消费占能源消费的40%，而目前我国石油仅占能源总消费的24%。如果我们的能源消费结构也达到西方水平，那么2020年至少要消耗16亿吨原油，需进口14亿吨，而今天全世界可供出口的石油只有15亿吨。开发海外资源也不是无限制的。

近两年国际油价飙升，引起广泛关注。国际权威机构认为，按目前可接受的成本，全世界石油还可开采60—100年。一般认为，一国进口石油超过5000万吨，国际市场的变化就会显著影响国家的经济运行。亚太经济合作组织认为，每桶石油价格上升10美元，通胀率将上升0.5%，经济增长率下降0.25%。另外，我国石油进口的50%来自中东，海上运输线漫长，途经霍尔木兹海峡和马六甲海峡，对我石油供应形成安全隐患。

四、电力工业

(一) 二次能源及其布局特征

电力属"二次能源",是由一次能源(煤、石油、天然气、水力、核能等)转化而来的。它是一种大量生产的最佳动力。电力工业是指生产、运输和分配电能的工业部门,其特征是电能的生产、消费过程在同一时间内进行,不能储存。

电力工业布局较为分散。由于资源分布的不平衡性,使多数电源电距离负荷中心偏远。要加快发展电力工业,须解决大量电力能源从我国西部、中部送往东部的高压输变电技术及大电网构成问题,因地制宜地建设一系列水、火电站(火电站还包括一般电站、热电站、坑口电站、配套电站),形成布局合理的电力工业体系。中国内地电力工业发展及国际地位变化,如表 5-6 所示:

表 5-6　中国内地电力工业发展及国际地位变化

年份 项目	1949	1965	1986	1995	2003	2005	预计 2010	预计 2020
发电装机容量(亿千瓦)	0.018	0.121	0.94	2.17	3.8	4.5	6.7	9.5
发电量(亿千瓦时)	43	572	4495	10070	19108	21000	30500	45000
国际地位排序	25	9	5	2	2	2	2	2

(二) 电力工业发展概况

长期以来,我国电力严重短缺,电力工业成为经济与社会发展的"瓶颈"。20 世纪 80 年代以来,为加快电力工业发展,采取下列措施:采用大机组,建设大电厂,加速发展火电;选择地理上和经济效益上均有利的河段,建设一系列水电站;同步建设几个核电站;大力开发超高压输变电线路,形成大电网,发挥联网的经济效益;开发其他发电能源(风电等)。至 20 世纪末,由电力"瓶颈"到相对富裕,当时,不少地方出台对高耗能产业的优惠政策。2002 年,钢铁、有色、化工等高耗能工业出现盲目发展迹象,造成电力再度趋紧,2003 年缺电趋势进一步扩展,全国各地有 21 个省级区域(南方居多)相继拉闸限电,2004 年再增至 24 个省级区域。

至 2003 年,中国内地已建成 100 万千瓦以上水、火、核电站 107 座,并形成以大型发电厂和高效大容量发电机组为骨干的电力生产体系,共有独立核算电力企业1万家，总装机约4亿千瓦，发电量19108亿千瓦时，2005年发电量为25003亿千瓦时，均超过日本，仅次于美国（有电厂6000家，发电量32122亿千瓦时）。

近年来电力工业发展很快，2005年总装机量超过4.5亿千瓦，发电量2.1万亿千瓦时，但结构性矛盾依然存在，总体电气化水平仍有待提高。

多年来电力工业发展的经验证明，他的发展及其合理布局、大地域范围内的资源优化配置，不仅对于能源工业，而且对于整个工业乃至社会经济协调发展，都将产生重要影响。我国各地可用于发展电力工业的资源种类多，有煤、水利、石油、天然气、核能、地热能、风能以及海洋潮汐能和海水温差能等。其中，煤炭、石油主要分布于华北、东北、西北地区；水力资源主要分布于西南、中南；风能主要分布于西北、华北北部和东南沿海；地热能主要分布于西南；海洋潮汐能则集中于华东（尤其浙、闽两省）沿海。

目前，我国电力生产的资源，主要是煤，其次是水力，再次是石油、天然气、风力，至于地热能、潮汐能的开发利用，虽然起步较早，但迄今规模不大，所发出的电力甚微，而核能发电则正在加速，成为投资开发重点之一，并成为石化能源的一种替代能源。

（三）电力工业布局

在最新公布的国家"十一五"计划中，关于电力工业的发展布局方针是：以大型高效环保机组为重点优化发展火电。建设大型超临界电站和大型空冷电站。推进洁净煤发电，建设单机60万千瓦级循环流化床电站，启动整体煤气化燃气－蒸汽联合循环电站工程。鼓励发展坑口电站，建设大型煤电基地。适度发展天然气发电。加快淘汰落后的小火电机组。在保护生态基础上有序开发水电。统筹做好移民安置、环境治理、防洪和航运。建设金沙江、雅砻江、澜沧江、黄河上游等水电基地和溪洛渡、向家坝等大型水电站。适当建设抽水蓄能电站。积极推进核电建设。重点建设百万千瓦级核电站，逐步实现先进压水堆核电站的设计、制造、建设和运营自主化。加强核燃料资源勘查、开采、加工工艺改造以及核电关键技术开发和核电人才培养。加强电网建设，建设西电东送三大输电通道和跨区域输变电工程，扩大西电东送规模，继续推进西电东送、南北互济、全国联网。加强区域、省级电网建设，同步发展输配电网络，加强城乡电网建设和改造，完善城乡配电网络，扩大供电范围，确保供电安全。中国电力工业分布如图5-4所示，具体是：

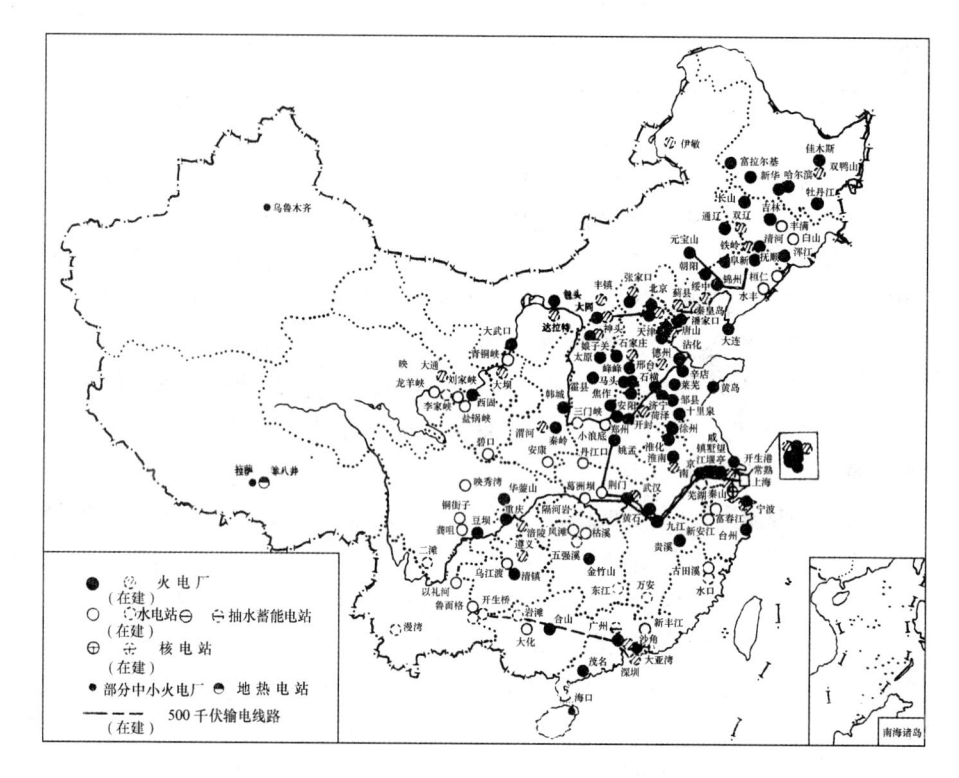

图 5-4　中国电力工业分布图

1. 优化发展火电

火力发电通常指以煤、石油、天然气作燃料发电，经过输电系统送给用户。各用户耗电量的多少和发电燃料的选择、供应以及工业用水的稳定来源和供水保证率，加上电厂附近地区产业发展和社会对环保的要求等，是火电厂选址建厂的决定因素。其布局方式大体可以分为以下几种类型：

坑口电厂和矿区电厂毗邻煤矿，其效益越来越显示其优越性，尤其是实行煤电联营或煤电和其他关联产业联营，更是如虎添翼。坑口电厂（燃煤由矿井、露天直输电厂，不经过内铁路转运），如赤峰元宝山电厂（露天紧邻电厂用传送带输煤，并以露天疏干水为水源）是非常典型的例子。中国主要坑口电厂和矿区电厂有：大同、阳泉、阜新、徐州、淮南、姚孟等。坑口和矿区电厂将是今后我国火电建设的重点，逐步变输煤为输电，以刺激提高经济效益，又带动矿区产业多元化，一举数得。正在新建和扩建的重点项目有：邯峰、阳城、伊敏、鹤岗、淮北、府谷等。其中阳城大电厂（晋东南燃用无烟煤）项目是我国变输晋煤至长江三角洲为输电系统的重要举措。

路口和港口电厂、矿区因为用水用地（排灰等需要）等条件限制，则应选择运煤通道的最佳区位（如湖区和大型水库），特别是转运枢纽建火电。我国主要路口电厂有：蓟县、锦州、富拉尔基、贵溪等。在建项目有达拉特、绥中、襄樊、石门等。港口既是水路枢纽，又接近耗电中心，具有优越建火电厂条件。我国北起大连、秦皇岛、天津、黄骅、黄岛、石臼所，南至南通、上海、北仑、福州、厦门、汕头、广州、茂名、北海等港口均建有或在建大型火电厂。沿长江、镇江、裕溪口、九江、武汉、重庆等也建有或在建大火电厂。

负荷中心除了以坑口、矿区、路口、港口等电厂以及水电等多种形式供电外，因技术经济安全稳定要求，仍须建备用、热电等类型火电，而最早电厂往往是从负荷中心建火电开始，然后外延其他类型火电和水电等。中国主要负荷中心长江三角洲、京津塘、辽中南、珠江三角洲、山东半岛、长江中游、哈（尔滨）长（春）、豫中、关中、成渝以及兰州、包头、贵阳等地区和工业中心都建有负荷中心电厂。中国负荷中心电厂也以燃煤为主，少量燃油则应予以严格控制。火电的多种类型可以优势互补各得其所，今后应适当向坑口、矿区电厂倾斜。

2. 在保护生态基础上有序开发水电。

水电是清洁能源，利用江河水流的位能发电，如果江河流量大，落差也大，又有良好的坝址可供筑坝建设电站，则可发出量大而又廉价的电力。从国民经济可持续发展的角度看，发展水电也是十分紧迫的。为改善我国能源结构，应继续开发这种可再生能源。

但是，水电（尤其是大型水电）对当前和未来生态环境的影响在总量上很大，且很难精确计算，有些项目的评估对此的估算通常偏小。应此，虽然我国把大型水电作为可再生资源利用而大力推广，但国外却只将小型水电作为可再生能源，因其对当前与未来生态环境影响总量很小。另外，水电还有明显的时段性、季节性，有"不可调节"这个固有缺陷。由于气候的变数大，如果大旱延续时间长，在"水电比"高的地区季节性缺点极为突出，危及宏观经济和社会生活。

2006年12月30日发布的我国"十一五"和2020年水电发展目标指出：

按照电力发展和"西电东送"需要、大型河流开发进程、大中型水电项目规划和前期工作深度以及小型水电站合理建设规模等，制定水电的中长期发展目标：到 2010 年常规水电装机容量达到 19400 万千瓦，占电力总装机容量的 26.0%，开发程度达 35%；到 2015 年常规水电装机容量达到 27100 万千瓦，占电力总装机容量的 28.6%，开发程度达 50%；到 2020 年常规水电装机容量达到 32800 万千瓦，占电力总装机容量的 28.6%，开发程度达 60%。详见表 5-7 常规水电发展规划装机容量表。

表 5-7　常规水电发展规划装机容量表　　　　　单位：万千瓦

年份 项目	2000 年	2005 年	2010 年	2015 年	2020 年
常规水电总装机	7382	11430	19400	27100	32800
其中：新增		4048	7970	7700	5700
大中型总装机	4532	7636	14400	20850	25300
其中：新增		3104	6764	6450	4450
小型总装机	2850	3794	5000	6250	7500
其中：新增		944	1206	1250	1250

按规模划分，大中型常规水电在 2005 年底装机 7636 万千瓦的基础上，"十一五"、"十二五"和"十三五"分别需要投产 6764 万千瓦、6450 万千瓦和 4450 万千瓦，到 2010 年、2015 年和 2020 年末，全国大中型常规水电站总规模将分别达到 14400 万千瓦、20850 万千瓦和 25300 万千瓦；小型水电站 2005 年底装机容量 3794 万千瓦，以后按每年 250 万千瓦左右投产，到 2010 年、2015 年和 2020 年末，全国小型水电站总规模将分别达到 5000 万千瓦、6250 万千瓦和 7500 万千瓦。

按区域划分，到 2010 年，在全国水电发展到 19400 万千瓦规模时，东部地区开发总规模达到 2700 万千瓦，占全国的 13.8%，其开发程度达 90%以上；中部地区总规模为 5800 万千瓦，占全国的 29.8%，其开发程度达到 78.4%；西部地区总规模为 10900 万千瓦，占全国 56.4%，其开发程度达到 24.9%，其中四川、云南、贵州的水电开发总规模分别为 3190 万千瓦、2090 万千瓦和 1530 万千瓦，开发程度分别为 26.6%、20.5%和 78.6%。

到 2020 年，在全国水电发展到 32800 万千瓦规模时，东部地区开发总规模达到 2900 万千瓦，占全国的 9%，水力资源基本开发殆尽；中部地区总规模为7200万千瓦，占全国的22%，其开发程度达到90%以上；西部地区总规模为22700万千瓦，占全国的69%，其开发程度达到60.7%，其中四川、云南、贵州的水电开发总规模分别为7600万千瓦、6280万千瓦和1830万千瓦，开发程度分别为63.3%、61.6%和94%。

根据全国水电电源规划及"西电东送"规划研究成果分析，至2005年、2010年、2015年和2020年，初步安排全国水电"西电东送"总容量分别为1980万千瓦、4440万千瓦、8750万千瓦和10650万千瓦。

3. 加强核燃料资源勘查、开采，适当发展核电

核电是一种干净清洁的能源，属于技术密集、资金密集型产业。20世纪60~80年代核电在世界多数发达国家高速发展，从20世纪80年代后期起从整体上进入徘徊甚至停滞阶段。到2003年，全球有446座核电机组运行，占总发电的18%，总装机3.5亿千瓦，分布于32个国家（地区）；另有24座核电机组正在建设，33座已列入发展计划。

我国内地核电从20世纪70年代初开始运量筹建，到1985年才起步。1991年在浙江省杭州湾畔海盐县的秦山建成第一座核电站"秦山一核"（30万千瓦），1994年在广东大亚湾畔简称"广一核"（180万千瓦），即大亚湾核电站，向香港、深圳供电。随后，"秦山二核"1号机组（60万千瓦）以及"广二核"岭澳核电站（198万千瓦）分别于2002年建成，我国首座商用重水堆核电站——"秦山三核"（146万千瓦）2003年建成，秦山二核2号（60万千瓦）和地处江苏连云港田湾核电站4台100万千瓦级压水堆型机组中的两台随后建成。可见，我国核电布局的主体思路是靠近沿海经济发达而又缺少常规能源的地区。

目前，我国核电发展主要建设100万千瓦级核电站，以缓解经济发展对能源的急需，至2005年，我国内地三大核电基地：秦山（一、二、三期），大亚湾（广一核、广二核）、田湾均可形成规模效益，核电容量合计913万千瓦，核电比例逾2%，其中浙、粤两省核电比例均为13%左右。东部沿海缺电省区粤浙苏辽鲁闽等均在发展核电，以此作为解决能源短缺的一条重要途径，并重视选址与方案论证。其中，"广东核电"已建、在建、规划四大核电站，分别布置于珠三角东、西两翼的大亚湾、岭澳、岭东、阳江。岭东核电站（"广三核"）再见，阳江核电站（"广四核"）靠近珠三角西翼，拟建6台100万千瓦级机组，年发电450亿千瓦时，将成为中国最大核电站。

21世纪初核电被纳入国家能源整体规划，并拟定核电规划。至2020

年，将新建27个百万千瓦级机组，我国核电将达3600万千瓦装机，占全国电力总装机4%；布局主要集中于华东、华南、在建造方式上，由以前单个建造改为小批量建造，以获取规模效益，预计2020年前后进入大规模建设阶段。

4. 绿色电力——风能、潮汐能、潮流、地热发电

风能、潮汐能、潮流、地热发电都是一种无污染、可再生的新能源，且发展潜力巨大。它们在地理分布上与常规能源呈互补特征，而且他们的开发利用将成为保护环境、减少污染的重要措施之一，具有可持续发展的价值。

风能的开发不会对环境造成损失，符合当今世纪推崇的可持续发展战略。但风能开发通常具有投资大、装机容量小等特点，并网又有一定难度。因其分布地域广，且便于民间开发利用，故发展前景仍然看好。我国10米高风能资源总储量32.26亿千瓦，陆地可开发利用风能的装机容量约10亿千瓦（其中内蒙古1亿千瓦、新疆6500万千瓦），次于俄、美，居世界第三位，具有商业化、规模化发展潜力。我国风电开发已形成规模的地区主要分布于我国内地的西北及东南沿海一带。至2003年，中国内地已建40个风电场，预计2010年风电装机400万千瓦，2020年2000万千瓦。目前我国的风电场（10万千瓦以上）分别在广东惠来、江苏如东等地兴建。内蒙古二连浩特蒋建规模更大的风电园区，投资12亿美元，装机100万千瓦；建成后，二连将成为亚洲"风电之都"。2005年一项100万千瓦风力发电工程，在被称为"世界风库"的甘肃省安西县正式启动。该项目总投资80亿元，将对我国开发新型清洁能源和缓解东西部地区电力紧张起到巨大作用。中国华电集团公司新疆分公司从2006年起，公司投资150亿元在吐鲁番小草湖风区建立两座装机容量各为100万千瓦的风力发电场；在未来五年内将投资15亿元，确保风电装机容量初期达到30万千瓦。

目前我国已探明可开发利用的潮汐能为2500万千瓦以上。主要分布于浙江、江苏和山东沿海一带，浙江的杭州湾、乐清湾沿岸，具有建设大型潮汐电站的良好条件。目前，我国尚未建大型潮汐电站，地处浙江省温岭市的江厦潮汐电站，装机容量为3200千瓦，在世界上已经建成的潮汐电站中居第三位，除每年可发电1000多万千瓦时以外，还进行海水养殖等综合开发利用。

潮汐能资源用于发电，在我国有很大潜力。根据我国与欧盟签署的协议，将在浙江省舟山市岱海海域合作兴建第一座100～300千瓦的潮流发电

站。电站所在水道的潮流流速达到每秒 2 米。该电站建成后，可为开发我国丰富的潮流能资源提供借鉴。

地热资源目前已利用的仅占十分之一，地热能发电主要分布于广东、西藏。已在广东丰顺建成国内第一座地热发电站，且已并网发电。随后建成的西藏羊八井地热电站，装机容量为 2.5 万千瓦，是拉萨主要电源之一。

5. 加强电网建设

在我国这样的广袤国土上，能源资源蕴藏和经济发展不平衡，统筹和建设好电网系统具有特殊重要意义。现已形成跨省的华东、华北、华中、东北、西北、南方、川渝等七大电网，各电网的容量在 2000 万～7000 万千瓦之间。

(1) 华东电网包括沪苏皖浙的主要电厂，电网容量迅速扩大至 6000 万千瓦，年发电 3700 亿千瓦时以上，成为大容量和超高压运行的电网。网内除少数大型水电站以外，以火电为主，核电增长较快。主要火电由上海市的闸北、宝钢、闵行、吴泾、杨树浦和金山等电厂，在建有石洞口和外高桥电厂；江苏的常熟、望亭、天生港、戚墅堰、谏壁、南京热电厂和徐州电场；浙江的北仑、长兴和台州；安徽的平圩、淮南、淮北和芜湖等电厂。主要水电有新安江、富春江电站以及在建的天荒坪抽水蓄能电站等。核电有秦山基地、连云港基地（开始筹建）。两淮至上海、宜昌至上海 50 万伏输电线路已建成，晋东南阳城至江苏 50 万伏输电线路基本建成。本网除坑口、路口、港口以及核电挖潜增容外，尚需华中水电、华北坑口火电大量调入，2003 年～2004 年缺电较多，电网缺口较大，必须进一步实现跨世纪工程——西电东送、北电南输。

(2) 华北电网覆盖京、津、冀、晋和蒙中西五省市区，火电比高达 98%，网内有一大批区域性的骨干火电站，发电装机容量逾 6000 万千瓦。主要火电有：北京的高井和热电；天津三场、热电、军粮城以及在建蓟县电厂；河北的陡河、唐山、半润热电、石家庄热点、马头、峰峰、邢台、下花园、秦皇岛以及在建沙岭子、衡水和邯峰电厂；山西的大同二电厂、一热厂、娘子关、阳泉、太原一厂、二厂、神头一厂、二厂、霍线以及在建阳城电厂；内蒙古的包头、峰镇以及在建达拉特电厂等。在建的主要水电有十三陵和潘家口两个抽水蓄能电站，还有万家寨水利水电枢纽等。华北电网特点是火电占优势，坑口占优势，区位也占优势，是缺电区东北特别是华东的主要供电基地。近年来，华北电网相继与东北电网、华中电网实现联网，加上华中、川渝两大电网也已实现互联，遂形成北起伊敏、南至二滩、跨 14 省区的超大型交直流互联电网。

（3）华中电网是由鄂、豫、湘、赣四省电网连接而成，其突出特点是电网容量大（超过 5000 万千瓦），水电比重大。该电网利用河南丰富的煤资源和湖北、湖南、江西的水能优势，形成电网内南水北火、水火互补、彼此调节能源开发格局。主要水电有湖北的葛洲坝、丹江口以及在建三峡和隔河岩；河南的三门峡和小浪底；湖南的柘溪、凤滩和五强溪，东江；江西的新建万安等。主要火电有湖北的青石、黄石、荆门和在建的阳罗、襄樊；河南的郑州热电、开封、平顶山热电、姚孟、焦作、安阳；湖南的金竹山；江西的九江，贵溪河在建丰城等。三峡水电厂建成后，华中电网容量逾 7000 万千瓦。其庞大的电力送出工程包括：500 千伏交流输电线路 6519 公里、500 千伏支流输电线路 2965 公里，主送方向为华中、华东、广东。预计 2009 年 26 台机组全部发电后，同时建成的三峡输变电工程向华中电网送电能力可达 1200 万千瓦，向华东电网送电能力 300 万千瓦。2020 年金沙江下游四个巨型梯级电站建成后，将形成以三峡为中心沿长江展开的供电网络。届时，华中电网与川渝、华东、福建电网实现互联，将形成全国最大的中部超级电网。

（4）东北电网包括辽、吉、黑和内蒙古东部，规模接近华北电网，水电比重则高于华北电网。主要火电厂有辽宁的清河、阜新、辽宁、锦州、大连、朝阳以及在建铁岭、绥中；吉林的浑江、吉林、长山以及在建四平、双辽；黑龙江的哈尔滨热电、三厂、新华、富拉尔基、牡丹江二厂、佳木斯、双鸭山以及在建鸡西、鹤岗；内蒙古的元宝山、通辽以及在建伊敏等。主要水电由辽宁的桓仁、水丰以及在建抽水蓄能电站；吉林的白山、丰满、红石等。核电有筹建的辽西、辽南沿海两处。元宝山至鞍山、沈阳至吉林、东丰京长春至哈尔滨已建有 50 万伏输电线路。东北是全国重要工农业地区，其不足电力主要靠华北供电，也可设想从邻国购买。

（5）西北电网覆盖陕、甘、青、宁四省区，地处黄河中上游和"北煤"西部，煤炭、水力均较丰富，为全国大电网中水火比中最为接近的电力网。随着地区经济发展，原来富裕地区也成为严重缺电地区。主要火电有陕西的秦岭、韩城以及在建渭河；甘肃的西固以及在建靖远；宁夏的石嘴山、大武口以及在建大坝；青海在建桥头等。主要水电有龙羊峡以及目前黄河装机容量最大的李家峡；刘家峡、盐锅峡；青铜峡等。此外还有嘉陵江上游甘肃境内碧口、汉水上游陕境内安康等水电站。龙羊峡经刘家峡至关中已建有 30 万伏输电线路连接网内各省区。黄河上游已有 15 个梯级坝址（1300万千瓦），目前仅开发300万千瓦，潜力还很大，再联系未来新疆煤电东送，西部网将是西电东送的重要组成部分。

（6）南方电网由广东、广西、贵州、云南电网组成，是以"西电东送"为最大特色的跨省商业化大电网。在20世纪90年代期间发展迅速，后来居上。电网总装机容量逾4000万千瓦。其主要特征是电网所在地区水力资源极富，但分布很不均匀。其西部资源集中度很高，云、贵电能资源储有量占全区90%，而其东翼的广东却是常规能源贫乏区。为使东、西两翼优势互补，从90年代起，区域内的水能大规模开发利用，并已实现水电、火电、核电、抽水蓄能等多种电源互补、水电跨流域补偿调解，既提高供电可靠性，又能错开用电高峰，增加效益。在目前南方电网的基础上，随着红水河、澜沧江、金沙江、乌江等流域的开发和贵州煤电基地的建设，将扩大范围形成我国的南部超级电网。

（7）川渝电网作为承担"西点东送"的主力电网而发展迅速。其外送电力2005年为250万千瓦，2010年为600万千瓦，2020年为1800万千瓦。如加上金沙江溪洛渡、向家坝、白鹤滩、乌东德四大电站在内，外送总规模5000多万千瓦。巨量电能通过"两交四直"的外送大通道向华东、华中、广东输送。

6. 西电东送主通道

在我国内地，已相继形成并继续扩大三条西电东送主通道，第四条通道也即将形成。

（1）南部主通道

主要由南盘江、红水河、澜沧江、乌江各干流河段上梯级电站的电力东输广东等地，并形成连接粤桂黔滇四省区和港、澳地区的南方电网。

（2）中部主通道

主要由长江干支流各电站的电力东输长江三角洲等地，并形成连接川渝、华中、华东三大区电网的超级电网，其关键是三峡电力输送。

（3）北部主通道

主要有山西、陕西、内蒙西部的煤电基地以及黄河上游公伯峡、拉希瓦等水电站的电力东输京津唐和山东，并形成连接西北、华北、山东电网的北方大电网。

鉴于西电东送是一项大的地理区域之间的全国性的基础设施建设，在布局上需要反复比较论证，同时还必须防止重复建设、区域保护等不利于宏观经济布局合理化的情况出现。

第三节 中国原材料工业

原材料工业是指向国民经济各部门提供基本材料、动力和原料的部门，包括金属冶炼及加工、炼焦及焦炭化学、化工原料、水泥、人造板加工等工业。本节着重讨论冶金工业、石化工业、建材工业。

《中华人民共和国国民经济和社会发展第十一个五年规划纲要》中指出：要调整原材料工业结构和布局，按照控制总量、淘汰落后、加快重组、提升水平的原则，加快调整原材料工业结构和布局，降低消耗，减少污染，提高产品档次、技术含量和产业集中度。第一，优化发展冶金工业：坚持内需主导，着力解决产能过剩问题，严格控制新增钢铁生产能力，加速淘汰落后工艺、装备和产品，提高钢铁产品档次和质量。推进钢铁工业发展循环经济，发挥钢铁企业产品制造、能源转换和废物消纳处理功能。鼓励企业跨地区集团化重组，形成若干具有国际竞争力的企业。结合首钢等城市钢铁企业搬迁和淘汰落后生产能力，建设曹妃甸等钢铁基地。积极利用低品位铁矿资源。控制电解铝总量，适度发展氧化铝，鼓励发展铝深加工和新型合金材料，提高铝工业资源综合利用水平。加大铜铅锌锰矿资源勘查力度，增加后备资源，稳定矿山生产。控制铜铅锌冶炼建设规模，发展深加工产品和新型合金材料。加强稀土和钨锡锑资源保护，推动稀土在高技术产业的应用。第二，调整化学工业布局：按照基地化、大型化、一体化方向，调整石化工业布局。在油品消费集中区域以扩建为主适度扩大炼油生产能力，在无炼油工业的油品消费集中区域合理布局新项目，在生产能力相对过剩区域控制炼油规模。关停并转小型低效炼油装置。合理布局大型乙烯项目，形成若干炼化一体化基地，防止一哄而上。调整化肥、农药、农膜工业布局和结构。在能源产地和粮棉主产区建设百万吨级尿素基地，建设云南、贵州、湖北磷复肥基地和青海、新疆钾肥基地。控制农药总量，提高农药质量，发展高效、低毒、低残留农药。发展和推广可降解农膜。优化发展基础化工原料，积极发展精细化工，淘汰高污染化工企业。提高药品自主开发能力，巩固传统化学原料药，开发特色原料药。加强中药资源普查、保护、开发和可持续利用，建设中药资源基地，大力发展中药产业。第三，促进建材建筑业健康发展：以节约能源资源、保护生态环境和提高产品质量档次为重点，促进建材工业结构调整和产业升级。在有条件的地区发展日产5000吨及以上的新型干法水泥，逐步淘汰立窑等落后生产能力。提高玻璃等建筑材料质量及加工深度。大力发展节能环保的新型建筑材料、保温材料以及绿色装饰装修材料。推进建筑业技术进步，完善工程建设标准体系和质量安全监管机制，发展建筑标准件，推进施工机械化，提高建筑质量。

一、冶金工业

冶金工业即金属冶炼业。在现代工业体系中，冶金工业始终是基础材料工业部门，被称为"资源型产业"，在经济社会发展中具有重要的战略地位。冶金工业通常可分为黑色冶金工业（钢铁工业）和有色金属工业两大类。中国冶金工业以钢铁工业最为重要。

（一）钢铁工业资源评价

1. 铁矿资源

我国钢铁资源丰富，不仅储量大、分布广，而且地区配合状况良好，这为迅速发展钢铁工业创造了十分有利的条件。

我国铁矿资源具有以下几个特点：①储量大。我国铁矿探明储量近500亿吨，仅次于巴西，居世界第二。丰富的铁矿资源，保证了我国钢铁工业的迅速发展。②品位低。我国铁矿资源平均品位只有34%，若按金属量计算，仅约150亿吨，居于巴西、加拿大、澳大利亚和印度之后，为世界第五位。品位在50%以上的富矿约占总储量的64%，按目前的冶炼技术水平，除去不能直接入炉的部分，可直接入炉的富矿仅占23%。可见，我国铁矿资源贫矿多、富矿少。但许多贫矿埋藏较浅，易于露天开采，便于加工成人造富矿，从而大大提高了矿石的利用率。③伴生元素多。我国铁矿的1/3是多元素伴生矿床。例如，四川攀枝花铁矿品位仅33%，含有大量的钛、钒、铬、钴、铜、镓等13种金属元素，其中钒储量高居世界首位。内蒙古白云鄂博铁矿含铁33%，并含有稀土、钒等多种稀有金属元素，其稀土储量占全国总储量的98%，比世界其他地区的总和还要多。其他如马鞍山的硫化铁矿、大冶的锰铁矿等都是著名的伴生矿。铁矿伴生元素多，便于资源的综合利用，可充分发挥各金属矿藏的优势。因此，今后应加强金属分离技术和综合冶炼的研究，提高铁矿资源综合利用程度，发挥金属矿种丰富的优势，换取更多的外汇支援国家经济建设。④分布广而相对集中。我国铁矿资源分布非常广泛，已探明的铁矿资源有1800多处，广泛分布于28个省、市、自治区的600个县内，但又相对集中在10个大铁矿产地。铁矿资源分布广而又相对集中的特点，为合理布局钢铁工业提供了十分有利的条件。我国铁矿分布可见图 5-5 所示：

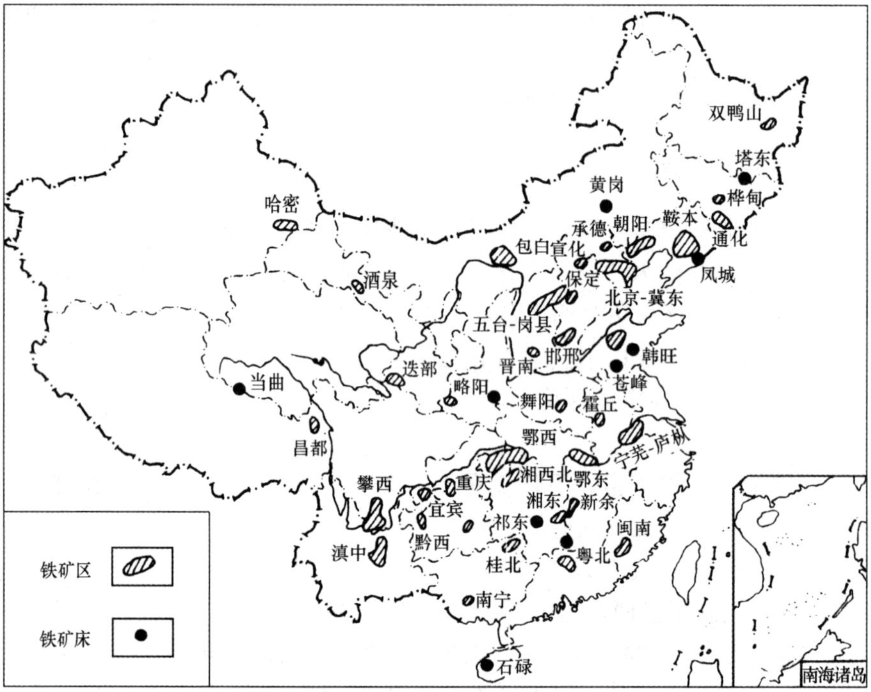

图 5-5　中国主要铁矿分布示意图

引自：程潞主编《中国经济地理》，华东师大出版社，1988 年版，第 148 页

2009 年 12 月，河北省政府与国土资源部联合召开"马城铁矿勘查成果发布会"，宣布探明一处资源储量达 10.44 亿吨特大型铁矿——马城铁矿，该铁矿将配置给河北钢铁集团开发利用。这是自上世纪 80 年代以来，我国探明的单矿床（地表或地壳里可以开采和利用的单个矿物的集合体）规模最大铁矿资源产地。马城铁矿位于冀东地区的唐山市滦南县马城镇附近，是河北省近年来安排的重点铁矿勘查区之一，预计另有远景资源量约 5 亿吨。马城铁矿的特点是勘查程度高、矿体埋藏浅、开发工程地质条件简单、适合大规模开发等。在冀东司家营、马城、杏山等铁矿区开展的深部资源勘查，已证明这些矿区在 800 米—2000 米的深度范围内，铁矿层厚度数十米至上百米，铁矿石品位也有变富的趋势。根据冀东铁矿资源潜力分析成果，预测冀东地区还有约 200 亿吨的资源潜力，是我国中东部地区铁矿勘查最具潜力区之一。

总体来看，中国铁矿石产量不能满足钢铁生产增长的需要，铁矿石进口量逐年增加。今后五年中国钢铁工业发展仍将以国内铁矿石为主，因此对一些铁矿石资源较好的企业，应强调使用国产铁矿石。在进口铁矿石的使用方针上，对沿海和长江中下游等航运便利而当地铁矿石资源又相对紧缺的地区，应鼓励企业多使用进口铁矿石，对于内陆企业，进口铁矿石要充分考虑经济合理性，以资源定规模。

废钢资源。目前中国钢积蓄量较少，废钢产出率又较低，全社会废钢年产出量在近期不能满足钢铁生产的需要。由于废钢不足，目前电炉炼钢普遍使用了部分生钢替代废钢，预计钢产量达到 1.4 亿吨时，国内废钢缺口为 700 万吨左右。我国十大铁矿产地见表 5-8 所示。

表 5-8　我国十大铁矿产地

区域		产地	产地位置与特点	占全国比重（%）	合计（%）
北方	东北	本溪	辽宁省本溪市附近，包括南芬、外头山等矿区。储量多，易采选，供本钢。	25	54
		鞍山	辽宁省鞍山市附近，包括鞍山、齐大山、大孤山、眼前山、张岭等矿区，规模巨大。矿石供鞍钢		
	华北	白云鄂博	内蒙古包头市附近。储量多，矿石伴生大量稀土。供宝钢	23	
		水厂	河北省迁安。规模大，矿石易采选。供首钢。		
	西北	镜铁山	甘肃省酒泉市西南的祁连山中。储量多，矿石含硅高。供酒钢。	6	
南方	中南	石碌	海南岛西部昌江县，我国最大的富矿，供应全国	14	46
		大冶	湖北省黄石市。矿石较富，供武钢。		
	华东	梅山	江苏省南京市南郊。储量较多，矿石较富，供上钢。	12	
		马鞍山	安徽省马鞍山市，包括凹山，姑山矿区，矿石供马钢。		
	西南	攀枝花	四川省渡口市。矿石伴生大量钒钛，供攀钢。	20	

2. 焦煤资源

我国焦煤资源的特点是：

①储量很大，且分布集中。当今世界各国焦煤都颇感不足，而我国炼焦用煤却占煤炭总储量的1/3以上，但绝大部分集中于北方各省，仅山西一省就占全国焦煤储量的一半以上，加上山东、内蒙古、河北、黑龙江、陕西等省区则占全国的70％以上。焦煤相对集中的特点，造成焦煤"北煤南运"，从而限制了我国钢铁工业的发展。②品种齐全，但配合较差。我国焦煤品种齐全，但主要以气煤为主，约占焦煤总储量的60％，而其他焦煤储量较少，且各煤种的地区配合较差，以致造成各煤种的大量调运，给交通运输造成了很大压力。我国焦煤地区分布见表5-9所示。

表 5-9 我国焦煤资源地区分布比重表

地区	各种煤所占比重（％）				
	占炼焦煤总量	气煤占炼焦煤	肥煤占炼焦煤	焦煤占炼焦煤	瘦煤占炼焦煤
全国	100.00	100.00	100.00	100.00	100.00
西南区	7.19	1.78	9.33	20.22	10.80
西北区	8.18	7.96	1.83	12.66	11.33
中南区	3.32	0.86	5.44	6.03	9.43
华东区	15.18	20.93	14.93	2.32	2.35
华北区	61.32	62.73	67.81	53.69	63.45
东北区	4.81	6.06	0.66	5.08	2.54

3. 各种辅助材料资源

钢铁工业生产除需大量铁矿石、焦煤外，还需大量的锰、石灰石、耐火材料及多种有色金属原料等辅助材料，炼1吨钢铁一般需辅助材料16吨。因此，辅助材料也是钢铁工业生产不可缺少的原材料之一。

我国钢铁工业辅助材料资源分布广泛，但又相对集中。锰矿探明储量达4亿吨，仅次于南非、原苏联和加蓬，居世界第四。其中90％以上集中分布于南方的中南和西南地区。如广西、湖南、贵州、湖北及四川、云南各省。北方各省分布较少。耐火材料以华北和中南地区最为集中。石灰石、白云石、萤石及各种有色金属原料则相对集中于中南和西南地区，而硅石以西北居多。

（二）我国钢铁工业的发展和布局

钢铁工业主要产品是各种性能和形状的钢材，钢材是国民经济建设的重要材料之一。钢铁产量及品种、质量和生产技术水平，至今仍是衡量一个国家综合经济实力的重要标志。尽管发达国家钢铁工业逐步衰退并已经向发展中国家转移，但在今后一个时期，钢铁工业仍将是中国国民经济发展的重要组成部分。

1. 发展历史

我国是个产铁的古国，早在3200多年前的商代，就可使用陨石中的铁制造农具。到了汉代，生铁的冶铸和炼钢技术迅速发展起来。1840年鸦片战争以后，中国逐步变成了一个半殖民地、半封建的社会，由于受帝国主义的掠夺、控制和清廷、国民党政府的腐败及生产关系的桎梏，中国几代的钢铁业发展缓慢，规模狭小，产量低下，布局畸形，技术十分落后。1949年全国钢产量只有15.8万吨，居世界26位。钢材品种只有100多种，绝大部分是普通碳素钢。钢铁工业内部结构极不平衡，炼铁能力和产量都大于炼钢，钢铁企业集中分布在沿海地区，即集中分布在距海岸100千米左右的鞍山、本溪、大连、抚顺、唐山、天津、北京、上海等少数地点。1949年，东北地区的钢产量占全国的94.5%，生铁占88%，钢材占95%。

1949年以来，中国钢铁工业有了迅速发展。钢产量由1949年的不足16万吨、1952年的135万吨，发展到1978年3178万吨，1995年更上升到9356万吨，位居世界第二（1993年起）。1996年已跃居第一，总产量达1.2亿吨，已成为名副其实的产钢大国。2008年我国粗钢产量达到5亿吨，占全球38%。但是，中国还不是一个产钢强国，主要钢材品种和质量与先进工业国家相比，仍有相当大的差距，许多高档次的钢材品种还不能生产或是虽然能生产但质量满足不了要求。生产技术水平也明显低于发达国家，每吨钢能耗大大高于发达国家，劳动生产率却大大低于这些国家。

2. 钢铁工业分布

从分布上来看，1949年至改革开放以前，中国钢铁工业的布局，主要是根据国内资源分布条件展开，即在铁矿资源集中的鞍山—本溪、冀东、攀西、包头—白云鄂博、五台—岚县、宁芜—庐纵、鄂东—鄂西等七个特大矿区，建设了鞍山、本溪、首钢、唐钢、本溪、攀钢、包头、太原、马鞍山、武汉就资源布局的大钢铁联合企业和以梅山、马鞍山为原料基地的上海钢铁工业、以涉县为原料基地的天津钢铁工业；同时在煤炭和铁矿石资源零星分布的地区也建成了一批中小型钢铁企业。改革开放以后，中国的钢铁工业布局，除了考虑原料条件以外，主要依据燃料和能源供应条件、交通条件及是否靠近消费市场等因素展开。根据中国铁矿石优质资源比较缺乏,分布点多、面散,发展钢铁工业必须立足两种资源的特点,采取沿海与内地同时发展的战略方针,利用进口原料,在沿海建设了现代化的大型钢铁联合企业宝钢,并扩大了武钢、马钢、上钢等沿江企业的生产规模。

经过新中国成立后近60年的建设,我国钢铁工业从小到大,已经形成了一个有中国特色的、大中小企业相结合的、具有年产数亿吨钢综合生产能力的体系。同时钢铁工业布局框架已经形成,改变了新中国成立前偏集沿海特别是辽南的状况,并与煤、铁资源和钢铁消费市场分布相一致,形成了大、中、小型企业相结合的布局结构。目前,各省、市、自治区基本上都建立了钢铁工业,但主要集中于上海、辽宁、北京、河北、湖北、四川等省市,并形成了上海、鞍(山)本(溪)、京津唐、武汉、攀枝花、太原、包头、重庆、马鞍山及台湾等钢铁工业基地。

3. 我国钢铁工业的布局类型

根据煤铁资源的配合状况,我国钢铁工业的布局大致可分四种类型:靠铁近煤,是我国最理想的布局类型。这一类型的钢铁工业基地既靠近铁矿资源又临近煤炭产地,是在丰富的煤铁资源基础之上发展起来的。如鞍山、本溪、包头、北京、天津、唐山等钢铁工业基地均属这一类型。移煤就铁,这一类型的钢铁工业基地,是在当地丰富的铁矿资源基础上发展起来,但需从外地调入大量煤炭。如武汉、攀枝花、马鞍山等钢铁工业基地。移铁就煤,这一类型的钢铁工业基地,是在当地丰富的煤炭资源基础上,从外地调入铁矿石而发展起来的,如太原、抚顺、水城、乌鲁木齐、石嘴山等钢铁工业基地。近消费地,这一类型的钢铁工业基地,附近既无铁又无煤,资源贫乏,但本身是消费中心或接近消费中心,如上海、宝山、广州、重庆、杭州、齐齐哈尔等。

(三)主要钢铁工业基地

我国大型钢铁基地的建立,从历史发展的既成事实出发,起步于原有基础,充分利用沿海原有钢铁工业基础,在改造和加强沿海钢铁基地的同时,有计划地循序渐进地建立了相当数量的新基地。中国钢铁工业布局,见图5-6。

1. 鞍本钢铁基地

包括鞍山钢铁公司和本溪钢铁公司。基地位于辽宁中部工业区,东倚千山山脉,北临辽河支流太子河,西侧千里平原,南望渤海海湾。鞍山与

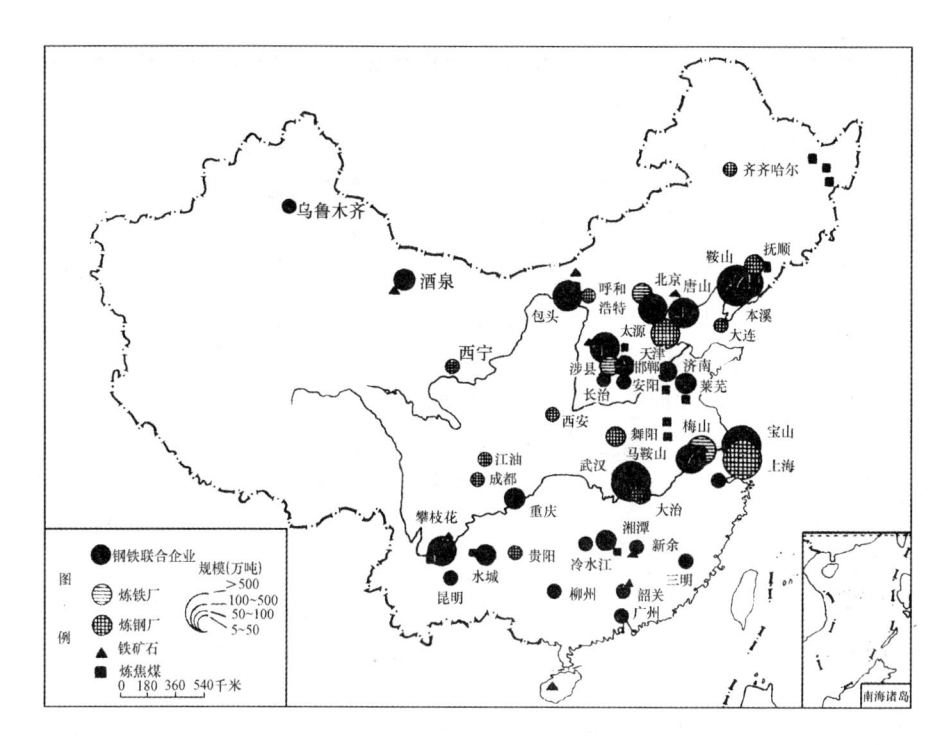

图 5-6　中国钢铁工业布局图

引自：李文彦主编《中国工业地理》，科学出版社，1990 年，第 114 页。

本溪两钢铁公司之间相距约 100 公里。周围资源丰富，铁矿的探明储量近 100 亿吨，其中工业储量 40 亿吨，居全国各大基地之首位。现有铁矿开采能力约 4000 万吨，是全国最大的铁矿基地。辽宁中部煤炭资源也相当丰富，拥有本溪湖（采屯）、红阳（沈北）等煤矿，与钢铁基地相距在 100 公里范围内。但经长期开采，区内煤炭不能满足钢铁工业的需要，不足部分由黑龙江及河北、吉林等省供应。目前已具有年产 300 万吨铁、150 万吨普钢、20 万吨特钢的综合生产能力。2008 年，鞍山钢铁集团生铁产量 1607 万吨，钢产量 1600 万吨；本溪钢铁有限公司 2007 年生铁产量 721.5 万吨，钢产量 742 万吨。

2. 京津冀钢铁基地

包括首都钢铁公司（含北京市各钢厂）、天津各钢厂及河北钢铁集团，是全国重要的钢铁基地之一。周围资源丰富，冀东铁矿储量仅次于鞍本，开滦煤矿年产 2000 万吨以上，是我国最大型优质炼焦煤基地。基地靠近消费区，技术力量雄厚。首钢是京津唐地区最大的钢铁联合企业。2007 年首钢集团钢产量1540万吨,河北钢铁集团由唐钢集团和甘钢集团联合组成,2008年集团钢产量3300万吨。

3. 上海钢铁基地

以上海宝钢集团公司为主,包括上海浦东钢铁有限公司、上海梅山有限公司、上海第一、五钢铁有限公司、宝山钢铁股份公司等多个主要炼钢企业和10多个轧钢厂及铁合金厂等30多个企业,年产钢能力3000万吨左右。上海钢铁基地所在的上海市工业发达、生产协作条件好、技术力量强、管理水平高、水陆交通方便等,是本基地发展钢铁工业最有利的条件;无铁、无煤、无辅助材料又是本基地最突出的缺点,每年需要运入数百万吨的生铁和焦炭。始建于1985年11月底的宝钢,拥有年产千万吨以上铁、钢和钢材的能力,具有设备大型化、自动化程度高的突出优点,是集团公司的骨干企业。

4. 武汉钢铁基地

主要是武汉钢铁集团公司,位于武昌青山区的长江沿岸,是新中国成立后我国新建的大型钢铁工业基地。2005年生产1230万吨铁、1304万吨钢和1201万吨钢材。主要生产中型材、薄板、中厚板、大型板、带钢等,是我国最大的钢板生产基地。武钢位置条件优越,水陆运输方便。鄂东铁矿主要矿石产区,所产矿石品位高,含铜等有益成分,储量有限,埋藏较深。这是武钢基地进一步发展的限制因素。

5. 攀枝花钢铁基地

攀钢集团包括攀枝花钢铁集团公司和成都钢铁有限责任公司。位于四川渡口市,建于第三个五年计划时期,是我国西南地区最大的钢铁联合企业。这里自然资源得天独厚,攀枝花钒钛磁铁矿储量达数十亿吨,钒、钛储量居世界首位;与攀枝花相距只有一二十公里的宝鼎煤矿是优质炼焦煤基地;附近的辅助原料矿和水力资源都很丰富。

6. 包头钢铁基地

位于内蒙古包头市昆仑河西岸,是我国"一五"期间国家重点建设项目之一,"二五"期间正式投入生产。包钢基地近铁又近煤,铁矿石基地在白云鄂博,南距厂区仅150公里,在厂区东北约80公里处有石拐沟煤矿,可供部分炼焦煤和动力用煤。包头钢铁有限责任公司2008年,钢产量达到983.9万吨。

7. 太原钢铁基地

是"二五"时期重点扩建、改建项目之一。它是我国目前大型的特殊钢钢铁联合企业，也是生产以优质板材为主的特殊钢基地。山西省焦煤资源丰富，品种齐全是太钢基地的突出优势。太（原）、古（交）、岚（县）铁矿是我国主要铁矿区之一。但矿石品位低，矿区分散，这是基地建设的不利条件。

8. 马鞍山钢铁基地

位于安徽省东部马鞍山市内，临江近海，交通十分便利，资源丰富。附近宁芜铁矿是我国主要矿产区之一，距淮南、淮北煤产地也很近，是江南重要的生钢基地。

9. 重庆钢铁基地

包括重庆钢铁有限责任公司和重庆特殊钢（集团）有限责任公司，2006 年重庆钢铁有限责任公司生产铁 270 万吨，钢 204 万吨，钢材 284 万吨；重庆特殊钢（集团）有限责任公司生产钢 9.79 万吨，钢材 7.34 万吨。产品除民用外，还为军工常规武器及国家尖端科学的研究提供优质钢材和特种合金材料。

我国主要铁矿和钢铁企业的分布，如表 5-10 所示。

表 5-10　中国主要钢铁企业地域分布

序号	生产商 （集团、公司）	地域 （省、市、自治区）	2003 年钢产量 （100 万吨）
1	宝钢	上海	19.86
2	鞍钢	辽宁	10.17
3	武钢	湖北	8.43
4	首钢	北京	8.17
5	本钢	辽宁	7.20
6	唐钢	河北	6.08
7	马钢	安徽	6.06
8	攀钢	四川	5.34
9	包钢	内蒙古	5.25
10	华菱	湖南	5.19

（四）我国有色金属工业

在工业上除了铁、锰、镉等黑色金属以外的金属即为有色金属。它是现代国民经济各生产部门的重要原材料。其生产的阶段包括有色金属矿采选、有色金属冶炼和有色金属加工三个阶段。各阶段由于生产特点、布局要求不同，布局的影响因素也不同。决定有色金属矿开采、选矿的因素是有色金属矿产的分布；而有色金属粗冶炼工业布局取决于原料、燃料与运输条件；有色金属精炼与加工布局一般在动力与消费中心。

有色金属矿产是中国的优势资源之一。从已探明的储量来看，钨、锑、锡、锌、钼、汞及稀土金属等居世界首位，铜、镍、铅、铝等居世界前列。辽宁、甘肃、云南、湖南是中国有色金属工业的四大基地。

1. 铜业

铜的重要性居有色金属之首。我国铜资源的基础储量2856.4万吨（2005年），从长江中下游到黄河流域均有分布。长江中下游的赣、皖、鄂三省，是重要的铜矿资源分布带，20世纪80年代才获得大规模工业开发的赣东北铜带，包括德兴、永平、武山、城门山、东乡等五个大型铜硫共生矿，已探明铜的工业储量占全国三分之一；湖北大冶，安徽铜陵，山西中条山，云南东川和易门，甘肃金昌和白银亦有铜的储藏。另外，西藏冈底斯铜矿带储藏亦较丰富。全国已建设利用的矿区主要有白银、中条山、大冶、铜陵、滇中、赣北等；主要冶炼中心有沈阳、白银、昆明、洛阳、上海等；铜的加工中心则多分布在消费区，主要有江苏、辽宁、上海、河南、浙江等。

2. 铝业

中国铝土资源主要分布在山西、河南、贵州和广西四省区，铝土矿石基础储量73057.8万吨（2005年），与澳大利亚、几内亚、巴西等国同为铝土大国。主要矿山分布在山西孝义、贵州修文、清镇以及山东淄博等地。与之大致相应，主要氧化铝生产基地是山西、河南、山东、贵州和广西。电解铝生产能力主要集中在甘肃、内蒙古、辽宁、河南、贵州、青海、宁夏。铝材加工能力较强的地区为河北、黑龙江、广东、四川。

3. 铅锌工业

铅、锌在自然界多以共生的形式出现。我国铅、锌储量分别为1393.4万吨、4269.1万吨（2005年），主要分布于云南、青海、甘肃、山西、湖南。其中云南兰坪铅锌矿储量居全国之冠。铅锌开采、冶炼工业基地主要有湖南常宁水口山、青海锡铁山、甘肃厂坝、湖南株洲、广东韶关、辽宁葫芦岛和沈阳等地。

4. 稀土工业

稀土元素被誉为 21 世纪的换代型工业原料，广泛应用于磁性材料、荧光材料、汽车、计算机、环保产品等领域。我国稀土矿的基础储量 1968.5 万吨（2005 年），居世界前列，主要分布于内蒙古、甘肃、江西、湖南、湖北、广东等地。包头被认为"世界稀土之都"，已建设成为全国最大的科研生产基地，可生产 80 多个品种、200 多个规格的稀土产品。

5. 黄金工业

在 20 世纪 80—90 年代，国家重视发展黄金工业，先后建成一批大、中型金矿，产金万两以上的黄金矿山增至 71 个，全国基本上形成 10 个主要的黄金生产基地：（1）胶东地区；（2）小秦岭豫陕地区；（3）千山长白山辽吉基地；（4）燕山大青山华北基地；（5）黑龙江沙金基地；（6）承德赤峰朝阳基地；（7）嘉陵江上游沙金基地；（8）滇黔基地；（9）天山阿勒泰新疆基地；（10）鄂豫皖基地。地处胶东半岛的招远有"中国金都"之称，2001 年黄金产量逾 80 万两，2006 年产量是 73 万两，占全国黄金总产量的七分之一，是全国最大的黄金开采、冶炼、加工基地。

二、化学工业

化学工业是一个原料来源广、产品种类复杂，与各产业部门有广泛而密切联系的工业部门，化学工业发展牵动着许多产业部门。

（一）资源评价

化工原料来源极为广泛，其中占很大比重的是来自其他工业部门和农业生产的产品，如煤炭、石油、天然气和许多农副产品等。这里所讲的资源评价是指化工专用原料资源，而且主要满足基本化工（三酸二碱）所需原料资源。我国硫铁矿储量位居世界前列，但品位偏低，粤、甘、皖、蒙、湘等地矿山均可外调，赣、皖、甘等地有色冶金都回收利用硫。磷矿蕴藏也很丰富，集中分布于云、贵、川、湘、鄂、苏等地。钾资源总类较多，主要集中青海。冀、京、晋、蒙等钾长石储量丰富，分布普遍。明矾石更为丰富，集中皖、浙、闽、苏等地。我国原盐资源特别丰富，而且沿海、内陆分布普遍。

（二）化工结构与发展

从 20 世纪 50 年代至今，我国化学工业发展比许多别的工业部门要快，至 21 世纪初已在世界上占据一定地位：合成氨、氮肥、电石产量均居世界第一位，硫酸、化学农药、染料、磷肥等产量居世界第二位。化学工业布局已发生了很大变化。1949年全国化工产值仅1.8亿元，只有八个较大的化工厂，分布于个别几个沿海、沿江城市；至2007年，国有及规模以上非国有化学原料及化学制品制造业企业增至2.2981万家，工业产值2.68万亿元，化工布局扩散到各地。形成布局比较合理的规模可观的综合的化学工业体系。详见图5-7中国化学工业分布图。

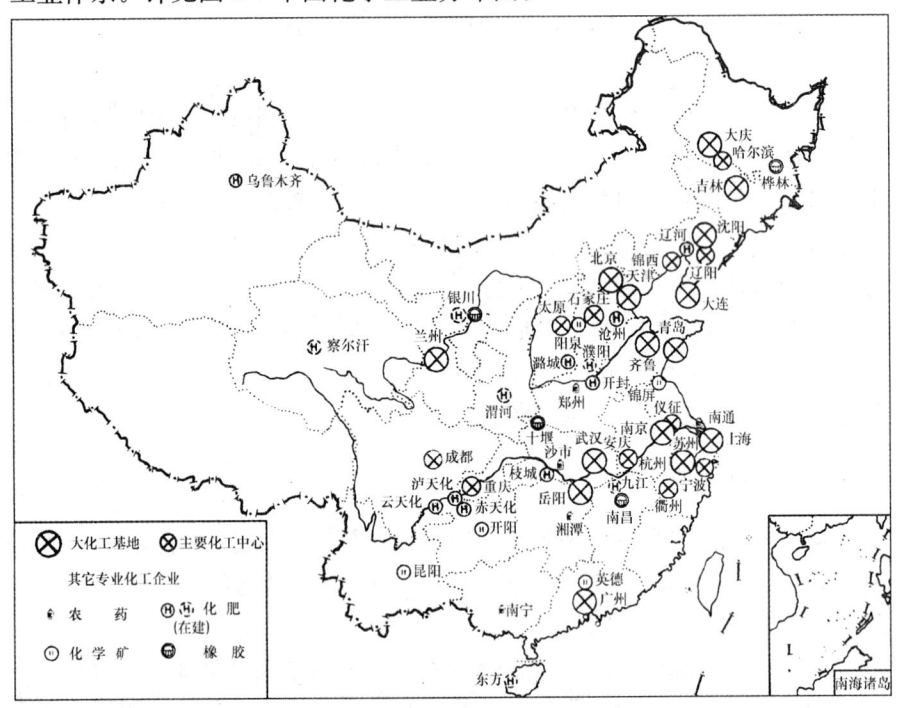

图 5-7　中国化学工业分布图

1. 酸碱工业

酸碱工业是生产"三酸"（硫酸、盐酸、硝酸）和"两碱"（纯碱、烧碱）的化学工业部门。它是最基本的化学原料工业，也是现代工业生产和国防不可缺少的原材料，故又称基本化学工业。我国酸碱工业生产中规模较大的是硫酸、纯碱和烧碱。

硫酸：是三酸生产中产量最大，用途最广的产品，广泛用于化肥、轻工、食品、纺织、印染、冶金、石油、制药以及原子能等工业。其中化肥工业又是硫酸的最大用户，其用量约占硫酸总产量的50%左右。硫酸的腐蚀性强，运输不便，在布局上一般要求接近消费区，兼顾原料产地。南京是我国最大的硫酸生产中心，其次是大连、株洲、葫芦岛、白银、开封等地。

纯碱：广泛用于冶金、石油、纺织、造纸玻璃、有机合成、染料、制革、医药等工业生产。我国纯碱工业目前主要采用氨碱法（食盐及石灰石）和联合制碱法（食盐及合成氨）两种工艺。主要原料是食盐、石灰石和合成氨。由于纯碱生产消耗原燃料较多，约占总成本的 80—85%，工业布局趋向原料产地。我国纯碱工业的地理分布，主要集中在东部沿海的渤海湾和山东半岛一带，大连、天津、青岛是最大的加工中心。内地的自贡、应城也有一定的规模。

烧碱：产品主要用于化工、造纸、染料，纤维和洗涤剂等生产部门。目前我国烧碱生产主要采用电解原盐法并副产氢、氯、合成盐酸，故又称氯碱工业。电解烧碱耗电最大，电费占总成本的一半左右，产品多液体碱，运输不便，故烧碱分布宜接近有足够电力的消费地区。我国烧酸工业分布广泛，除西藏以外，各地都有规模不等的生产基地，但大型厂多分布在沿海地带。上海、辽宁、天津、江苏、山东等省市是烧碱工业生产的主要基地。

2. 化肥工业

化学肥料是当前世界最重要的肥源。它具有养分含量高、肥效快、运输、贮存和施用方便等优点。化肥种类很多，其中以氮、磷、钾肥需用量最大，对农业生产的效果也最显著。目前世界上生产的化学肥料有 100 多种，但以氮、磷、钾三种化学肥料为主。因此，氮、磷、钾工业是化肥工业的主体。

氮肥工业：包括氨水、碳酸氢铵、硫酸铵、硝酸铵、尿素、石灰氮等。除石灰氮外的各种氮肥，主要是由合成氨加工而成，因而合成氨的生产分布基本上代表了氮肥工业的生产分布。合成氨的主要原料是煤、石油和天然气。采用油、气为原料生产合成氨，其经济效果较煤炭要高得多，但我国煤炭资源比油、气资源更为丰富。因而，我国大型氮肥厂多以油、气为原料，其布局宜在大型油田、天然气产地及炼油工业附近或交通方便的消费地；中小型氮肥厂大多采用煤炭为原料，其布局宜在煤炭供应方便的消费区。我国目前已建成年产 30 万吨合成氨、48 万吨尿素设备有 15 套，分布在：大庆、辽河（盘山）、沧州、辛店、上海、南京、安庆、岳阳、枝江、成都、泸州、赤水、安边、广州和乌鲁木齐等城市。

磷肥工业：磷肥在农业生产中占有重要地位，特别是在普遍缺磷的我国南方红、黄壤和北方冲积土地区，施用磷肥对促进作物生产，提高作物产量具有重要意义。磷肥的主要原料是磷矿石和硫酸。我国磷矿石资源大部分集中在云南、贵州、四川和湖北、湖南等省区。我国磷肥工业的大型企业比重不大，在磷肥总产量中，95%以上是地方中小企业生产的。比较集中生产的地区是南京和太原。其他比较重要的生产中心还有：铜官山、株洲、柳州、湛江、昆明、成都等地。

钾肥：以氯化钾为主，占钾肥产量的90%，硫酸钾占8%，还有少量硝酸钾。制造钾肥的主要原料是钾盐。我国氯化钾资源探明储量不多，最大的钾盐矿是青海的察尔汗盐湖，现已开始生产。

3. 有机化学工业

由简单原料用有机化学反应合成为较为复杂而更有用的产品，称为有机化学工业。它是一个新兴的、最有前途的工业部门。20世纪60年代以煤为原料的煤化工发展到了高潮，如当时西德有机化工产品有77%用煤炭制成。当前世界有机化工已进入到以石油、天然气为主要原料的"石油化工"时代。根据油气效率高以及我国煤炭资源相对油气要丰富得多的具体情况，我国有机化工的原料应以石油、煤炭并重，注意综合利用，特别是冶金工业和炼油工业的副产品回收，这样不仅可以降低成本，还可以减少污染，回收资源。

有机合成工业可分为两大类：一类为基本有机合成（亦称重有机合成）；一类为轻有机合成。基本有机合成是有机化工的基础，原料都是简单的含碳的化合物，其产品为进一步形成各种化工产品提供基本原料。三烯（乙烯、丙烯、丁烯）、三苯（苯、甲苯、二甲苯）、乙炔是基本有机合成工业中最重要的原料。轻有机合成工业也称高分子化工，即合成橡胶、合成树脂（塑料）、合成纤维三大合成。

石油化学工业：石油化学工业的基本原料是乙烯，乙烯产量是衡量一个国家石油化学工业发展水平的重要标志。石油化工需要大量的油气原料，耗用水、电多，技术要求高，生产设备复杂，产品运输量大，而且在生产过程中排放相当数量的废水、废气，严重污染环境。因此，石油化学工业宜布局在近油气田或水陆交通便利、水源条件良好、科学技术发达、远离居民点的消费地区。我国许多省、市、自治区都建有石油化学工业基地，但规模较大的主要有：大庆、北京、吉林、淄博、天津、武汉、南京、辽阳、岳阳、兰州、广州和上海等地。其中，北京是我国最大的石油化学工业基地，原油加工能力700万吨，乙烯裂变能力30万吨，产品以化工原料和塑料、纤维、橡胶等为主。上海、天津、辽阳、四川长寿都是我国重要的石油化纤基地。南京扬子石化公司已进入高负荷运行，生产出合格的乙烯产品。

煤化学工业：煤化学工业是煤炭通过焦化、气化、液化、电石化而获得基本有机化学原料的工业部门。电石是煤化学工业的主要原料，被称为"有机化学工业之母"，是基本的有机化工原料。目前，除西藏外，各省、区均有煤化学工业分布，但以太原、吉林以及安徽、云南、贵州、江西、福建、湖南、广西等煤和石灰石资源比较丰富的地区为主。

虽然以石油、天然气为原料的石油化学工业飞速发展，但是以煤炭为原料的煤化学工业仍不容忽视。随着石油资源的逐渐减少，有人称煤化学工业为"未来的有机化学工业"。我国煤炭资源丰富，从长远来看，煤化学工业前景广阔。今后应建立一个以煤化和石化并存，取长补短，共同发展的有机化学工业体系。

4. 精细化工

精细化工是对化工原料的精、深加工的化工行业，具有技术密集、产值高、品种多、批量小、经济效益好等特点。精细化工主要有涂料、染料、农药、医药、化学试剂和感光材料等。分布一般接近消费区，如天津、上海、苏州、无锡、北京、沈阳、武汉等。

（三）主要化工基地

化学工业由于技术经济要求综合化、联合化、协作化，相关的行业企业成组布局，又由于原料路线、发展过程等情况的不同，形成不同类型的综合化工基地。

1. 吉林和太原

吉林和太原均为我国早期新建的煤化工基地。吉林有目前我国化工系统所属的第一大化工企业，产值次于上海、天津、南京、北京居第五位。基地最初是利用毗邻地区之焦煤、石灰石以及水电等优势发展煤化工，有闻名的电石、化肥、染料三大厂。大庆、吉林油田开发后，吉化又建起炼油、有机合成等石化装置，组成了包括煤、油化工紧密结合的综合化工基地。目前，吉林化工基地的燃料、电石、硝酸铵等产品已居全国重要地位；太原依托晋煤这一得天独厚的资源优势，先后办起化工、化肥、磷肥、电石、农药、染料等骨干厂，布局也比较集中。主要产品有酸碱、化肥、农药、电石、染料等。吉林和太原老企业今后应加强技术改造，提高产品质量，增加经济效益。

2. 兰州

兰州处于我国早期开发的玉门油田东运加工的最佳区位，成为我国建设最早的石油化工基地。设有合成橡胶、化肥、石油化工以及化工等企业，主要产品有合成酒精、丙烯腈、硝酸铵、高压聚乙烯等。随着青海、新疆等油气资源的开发，兰化区位优势也将得到更大的发挥。

3. 大庆和淄博

随着60年代的大庆、胜利等油田的发现和开发，中国石油化工进入了新的发展时期，石油、天然气资源的综合利用迅速在更大范围内展开，大庆和淄博等大型石化基地应运而生。大庆为我国目前最大油田，交通便利，石油、伴生气、凝析汽油等油气资源特别丰富，又接近东北重工业基地，是发展石油化工的理想区位。

4. 北京和南京

北京和南京虽不接近油田，与大庆和淄博石化基地类型有所不同，但他们地处在京津唐、长江三角洲经济发达地区的腹地，是在我国大口径、长距离输油管线大庆—秦皇岛—北京、任丘—北京、鲁—宁等输油管线开通后，在原来煤化工基础上又新增石油化工的一种综合化工基地。北京的燕山石油化工公司是居于全国前卫的综合化工基地。主要产品如乙烯、塑料、合成橡胶等处于全国领先地位。今后进一步发挥首都优势，向深、精和高科技产业方向发展；南京原来煤化工（大厂）和后来石油化工（燕子矶、栖霞山和仪征）的建设过程与北京相似。南京的三大石化厂（金陵、扬子和仪征）是全国瞩目的特大型综合化工基地，规模列居全国第三位。

5. 上海和天津

上海和天津相似，同属我国近代化学工业的发祥地，化工发展原来都有一定基础，但是，从前基础薄弱、规模小，厂点分散行业不全。经过40多年的改、扩、新建，从根本上改变了原来的面貌，并形成全国举足轻重的综合化工基地，排名分别居第一、第二位。上海金山石油化工公司建成后，轻、重化工突飞猛进，成为全国门类齐全，配套能力强，技术基础好，规模最大的综合化工基地。上海的化工布局已由中心区域向近郊（北新泾、桃浦、吴泾、高桥）和远郊（金山）逐步展开。主要产品合成纤维、烧碱、轮胎等在全国领先。上海化工产品远销国内外；天津毗邻我国最大沿海长芦盐区，为发展两碱的最优区位，精细化工业也占有重要地位，大港油田开发后，天津的石化也发展很快。主要产品纯碱、烧碱、燃料、油漆、橡胶制品等均占全国重要地位。

第四节 中国加工制造业

加工制造业包括机械工业、汽车工业、纺织工业和轻工业等几大工业部门。在我国"十一五"计划中明确指出：要振兴装备制造业。第一，振兴重大技术装备：努力突破核心技术，提高重大技术装备研发设计、核心元器件配套、加工制造和系统集成的整体水平。加强组织协调，强化政策支持，依托重点工程，完善技术标准，在高档数控机床与基础制造装备、高效清洁发电与输变电等领域研制一批对国家经济安全、技术进步、产业升级有重大影响和带动作用的重大技术装备，引导形成一批集研发设计制造于一体、竞争力强的企业。第二，提升汽车工业水平：增强汽车工业自主创新能力，加快发展拥有自主知识产权的汽车发动机、汽车电子、关键总成及零部件。发挥骨干企业作用，提高自主品牌乘用车市场占有率。鼓励开发使用节能环保和新型燃料汽车。引导企业在竞争中兼并重组，形成若干产能百万辆的企业。第三，壮大船舶工业实力：加强船舶自主设计能力、船用装备配套能力和大型造船设施建设，优化散货船、油船、集装箱船三大主力船型，重点发展高技术、高附加值的新型船舶和海洋工程装备。在环渤海、长江口和珠江口等区域建设造船基地，引导其他地区造船企业合理布局和集聚发展。

一、机械工业

机械工业肩负特殊使命，为我国现代化建设提供技术装备，是加工制造业的核心部门，为国家确定的重要支柱产业部门之一。

（一）发展和布局变化

1865年，清政府在上海开办"江南机器制造局"，这是我国近代机器工业的开端。经过八十多年发展，到1949年，我国机械工业基础仍十分薄弱，主要表现在门类少，工厂规模小，产值在国民经济中所占比重不大，地理分布过于集中在东部沿海少数城市。

自20世纪50年代以来，机械工业有所发展，但规模不合理，产业集中度低。至2005年底，我国已形成门类较齐全、具有较大规模的机械制造体系，产值、利税、企业数、员工数等占全部工业的15~20%，中国机械工业总体规模仅次于美、日、德的机械工业规模，居世界第四位。外贸出口额居世界第三位，许多重要产品已居世界前列，如拖拉机、联合收割机、发电设备、工业锅炉、电梯、小功率电机、变压器、电动工具等居世界第一位，机床按台数计居第一位，按价值量计居世界第三位，中国已成为世界机械大国。

机械工业内部结构主要包括：工业设备制造业，主要有重型矿山机械制造、石油化工设备制造、电力设备制造和机床工具制造；农业机械制造业；交通运机械制造业，主要有铁路车辆制造、船舶制造和飞机制造等。近年来其内部结构也发生显著变化。其中，电子及通信设备制造业、交通运输设备制造业、电气机械及器材制造业的产值已有很大增加，他们在整个机械制造业中的地位上升，并占据主导地位。

机械工业的地区分布，同20世纪50年代相比变化明显，由原来集中于沿海少数城市扩展到东部沿海地带的所属省区和西部少数省区。形成了以上海为中心的长江三角洲汽车、船舶制造业基地；珠江三角洲通信设备和计算机制造基地；东北地区中的成套设备制造基地；西部（川渝陕等）军事装备制造基地等。

机械工业主要行业的地域分布，如表5-11 机械工业主要行业的地域分布，图5-8 中国机械工业分布图所示。

表5-11　机械工业主要行业的地域分布

主要行业（按经济规模排序）	经济规模大的省、直辖市、自治区（前八位）							
	1	2	3	4	5	6	7	8
一、电子及通讯设备制造业	广东	江苏	上海	北京	天津	福建	山东	浙江
二、交通运输设备制造业	广东	江苏	上海	吉林	山东	浙江	湖北	重庆
三、电气机械及器材制造业	广东	江苏	浙江	山东	上海	安徽	辽宁	福建
四、通用设备制造业	江苏	浙江	山东	上海	广东	辽宁	河南	四川
五、专用设备制造业	山东	广东	浙江	江苏	河南	上海	辽宁	北京
六、仪器仪表文化办公机械	广东	江苏	浙江	上海	北京	山东	福建	辽宁

资料来源：据《2005中国工业经济统计年鉴》资料整理。

（二）主要机械工业基地

目前，随着机械工业的迅速发展，全国已经涌现一批机械工业产值名列前茅、又居该城市工业总产值比重之首的机械工业基地。

1. 上海

上海是中国最大的城市，也是全国最大的机械工业基地。上海机械工业在研究、规划、设计、开发、制造、引进及吸收消化创新和协作配套等方面均居全国之首。主要代表行业有工业设备、交通运输设备、电子工业、精密仪器仪表、高科技产业等，几乎囊括了重、中、轻、大、中、精所有的机械行业门类和制造业。依托上海和长江三角洲的区位优势，上海机械工业在中国现代化建设中占有特殊地位。

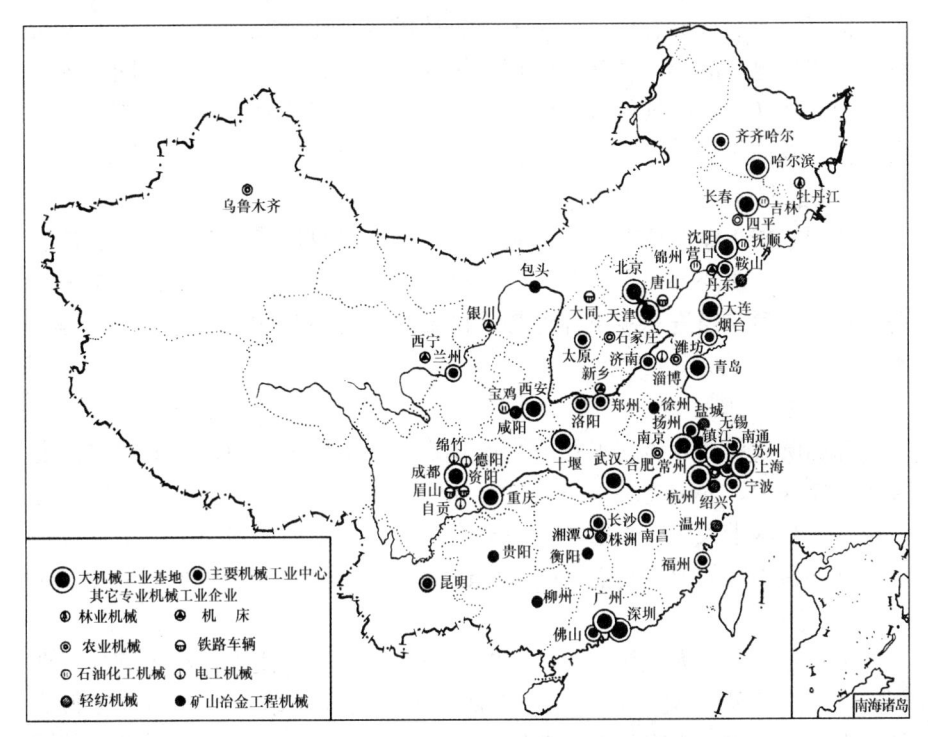

图 5-8 中国机械工业分布图

2. 北京

北京机械工业仅次于上海居全国第二位。基本上形成了具有首都特色的技术密集型的机械工业体系，交通运输机械和电子工业等占有突出地位。但是区位优势仍发挥不够，北京作为中华人民共和国首都，其社会、经济、文化地位非同寻常，科技力量雄厚，信息发达，高科技产业已有一定基础。今后应坚持向高、精、尖的发展方向，进一步突出科技含量高的产业和行业，更好地发挥机械工业的龙头作用，为我国机械工业发展作出新贡献。

3. 天津

天津机械工业门类比较齐全，主要部门是工业设备制造、农业机械制造和交通运输机械制造，已形成较强的综合性机械工业基地。机械工业规模仅次于上海、北京居全国第三。今后应进一步强化综合机械工业基地作用，提高产品竞争能力，改善经济效益，占领国内和国际市场。

4. 广州

借着改革开放的春风，广州工业包括机械工业突飞猛进。广州轻型机械如日用机电产品异军突起，已打入国际市场，并有较好信誉。随着港澳的回归和珠江三角洲其他城市的发展，广州机械工业具有进一步扩大引进和出口的双向优势。

5. 沈阳

沈阳机械工业产值在该市工业比重中占有绝对优势，是名副其实的机械工业基地。主要部门是冶金矿山、机床、输送变电、交通运输等机械设备制造。今后应当进一步发挥优势，也要加快调整步伐，焕发青春，提高水平。

6. 深圳

深圳的发展充分体现了我国改革开放的突出成果。而深圳的机械工业又充分体现出改革开放前沿的特色，电子工业占全部机械工业产值的近70%，为全国十大机械工业中心中电子工业比重最高的城市。今后应进一步发挥外引内联的窗口功能，引进先进技术，吸收创新，为我所用。

7. 南京

南京是全国十大机械工业城市中唯一的机械工业比重仅次于其他工业部门居第二位的机械工业基地。南京机械工业部门结构与深圳有相似之处，电子工业比重之高仅次于深圳。通信装备制造是南京电子工业的传统名牌产品，质与量均已今非昔比。

8. 重庆

重庆是中国西部机械工业迅速崛起的一面镜子。武汉、成都、西安等内地一批城市相继发展了多种门类机械制造业。重庆机械工业门类比较综合齐全。随着三峡工程的推进，长江航运条件的根本改善和中西部的迅速发展，重庆和其他内地机械工业城市的建设环境将会有更大改观，在促进中西部经济和工业建设与发展中担负重要使命。

9. 长春

长春机械工业的70%是交通运输机械制造，包括铁路客车和机车，主要是汽车制造，为名副其实的汽车城。其他光学精密仪器在全国也占有一定地位。随着汽车工业作为国家的支柱产业，长春汽车城正在作出新的贡献。

10. 大连

大连机械工业门类比较多，由于沿海区位和历史基础，船舶制造特别是远洋船舶制造居全国突出地位。近年来大连制造的远洋船舶在国际上很有竞争力，铁路内燃机和重型机械制造也占有重要地位。

（三）电子信息产品制造业和软件业

1. 全国工业经济第一支柱产业

由于新技术发展浪潮的冲击和经济发展以及产业结构调整、产品升级换代等方面的迫切需要，以及居民消费热的出现，近十年来，我国电子信息产业获得前所未有的发展，并已成为全国的"领先产业"。1980年我国内地电子信息产品制造业和软件业的产值仅有100亿元，1996年增至2982亿元，2005年电子信息产业总额为3.84万亿元，软件产业总额为3900亿元。超过纺织、化工、冶金、电力等，居我国制造业之首，形成全国工业经济第一支柱产业。

其中软件业的发展主要是在近20年来实现的。1995年中国内地软件业销售收入仅68亿元，至2005年达3900亿元。

2. 结构变化与布局

在内部结构方面，至20世纪90年代后期，微电子技术已成为现代通信与信息业的硬件基础。电子信息产业的增量中，以计算机和通信设备为主体的投资类产品的拉动作用增强，成为带动整个产业生产增长的主要动力。微电子产品的增长，主要集中于芯片的加工生产。芯片是集成电路（IC）的简称，承担运算、存储功能，是电子设备主要组成部分。芯片产业包含芯片设计、制造、封装测试三个产业群，它可带动一个包括化工、材料、设备制造、电子在内的庞大产业链发展，故芯片产业在国民经济发展中的地位和作用十分重要，且关系到国家的经济安全。在"十五"期间，微电子、软件、计算机、通信、网络产品成为发展热点。2005年中国内地芯片市场产值增至400亿美元。

产业布局已由少数几个点扩展到11个省区：广东、上海、江苏、北京、天津、福建、浙江、山东、四川、辽宁、山西。出现了一批电子信息产业较发达的城市：深圳、上海、北京、天津、东莞、惠州、昆山、珠海、杭州、无锡、苏州、福州、厦门（以上在东部沿海地带）、绵阳、成都、咸阳、西安（以上在西部地带）。

二、汽车工业

汽车工业属机械工业和交通运输机械制造业，其经济技术地位和工业区位特色基本相似。但是，汽车工业主要是轿车工业，属于资金、科技密集型产业,与纵向、横向协作产业间关联密切,带动作用大,与社会生产、生活关系日益紧密,不仅是交通运输机械制造的重中之重,而且已经成为许多发达国家的支柱产业。近年来我国产业政策也明确规定,汽车工业作为我国国民经济的支柱产业,任重道远。

(一)汽车工业已成为国民经济主要支柱产业

我国汽车工业已有 50 多年历史,1956 年中国长春第一汽车制造厂经过三年建设,第一辆解放牌重型卡车开出了总装配线,从此,中国有了自己的汽车制造业。直到 1990 年以后,才初步发展成为国民经济的支柱产业,但中国汽车制造业在本国经济中的地位,与世界主要汽车工业国家相比差距明显。中国汽车工业主要经济指标见表 5-12。

表 5-12 2005 年汽车工业主要经济指标

指标名称	单位	全行业 指标值	全行业 同比增长(%)	14 家重点企业 指标值	14 家重点企业 同比增长(%)
企业数	个	6315		14	10.56
产品销售输入	亿元	11895.64	10.65	5906.28	−39.89
利润总额	亿元	526.16	−24.33	234.96	0.65
工业总产值	亿元	11929.72	8.26	5468.56	0.68
从业人员平均人数	万人	515.59	4.05	46.69	2.83 点
产品销售率	%	99.13	1.06 点	99.28	

注:14 家重点企业(集团)包括:北汽、上汽、一汽、东风、南起、重汽、哈飞、江淮、东南、昌河、庆铃、长安、金杯、广州。资料来源:《2006 年中国经济年鉴》。

目前,中国内地汽车工业主要生产轿车、载货车、客车三大类。生产规模由 1971 年的 10 万辆、1986 年的 37 万辆(其中轿车 1.2 万辆)增加到 2005 年的 570.49 万辆(其中轿车 277.01 万辆),在世界汽车生产国中的地位也提高到第 5 位,2007 年汽车产量已达 880 万辆预计 2010 年中国汽车总产量逾 1000 万辆,汽车制造业成为最主要支柱产业。

(二)汽车制造业布局

目前,全球汽车产能 7500 万辆,实际年产销 5500 万辆,其中 18 家年产 100 万辆以上大集团占全球汽车产量 80%。

目前,中国内地汽车工业有整车企业百余家,其中年产量超过 50 万辆企业 3 家;超过 10 万辆企业 7 家;超过 5 万辆企业 10 家;1000~10000 辆企业 25 家;1000 辆以下企业 70 家。汽车产业"3+9"的布局态势初步形成:一汽、东风、上汽三大集团,产销规模均为 50 万辆以上,占国内市场51%；还有九家骨干企业（北汽福田、北京现代、长安福特、南京菲亚特、广州本田等），占国内市场的40%。

汽车生产的主要厂家分布于上海、长春、天津、十堰、北京、武汉、广州、重庆、闽侯，其中轿车生产集中于上海、长春、天津；载货汽车生产主要集中于长春、十堰；轻型客车集中于闽侯等地。伴随着上汽、通用、五菱的联合重组；一汽、丰田合资；东风、日产全面合作，中国汽车三大集团相继选择了两个合作伙伴，中国内地汽车工业的格局已初步确立，汽车跨国公司在华布局也基本完成。

至2004年，主要轿车生产企业按产销量排序依次为：上海大众、一汽大众、上海通用、广东本田、北京现代、天津一汽夏利、长安汽车、神龙汽车、奇瑞汽车、一汽丰田。上述企业轿车产、销量分别占全国72%以上，产业布局集中度仍然不高。

我国内地汽车制造业发展与布局，如表5-13所示。

表5-13　中国内地汽车制造业发展与布局

年份 项目	1971	1986	2003	2005	2010 （预计）	地域分布
产量 （万辆）	10	37	444	570.49	1000	上海、长春、天津、十堰、重庆、北京
汽车轿车 （万辆）		1	202	277.01	650	上海、长春、天津、广州、北京、武汉、重庆

具体布局与结构的现状是：

1. 产业布局

我国汽车工业布局主要在东部。2005年，珠三角、长三角、环渤海地区以及东北地区集中了我国汽车工业约70%的整车生产能力。其中，珠三角占7%，长三角占22%，环渤海地区占20%，东北地区占21%。在中部，形成了以十堰—武汉为中心的汽车工业产业群，整车生产能力约占12%。在西部，形成了以重庆为中心的汽车工业产业群，整车生产能力约占10%。汽车零部件企业的布局与整车企业的布局基本匹配，主要集中于上述汽车工业集群所在地，而合资汽车零部件企业主要集中于东部地区。

2. 产业组织结构

我国汽车工业中已形成了具有百万辆生产能力，能够进行多品种、系列化生产的大型汽车企业集团，如一汽、上汽等。我国汽车工业的产业组织结构，呈现出专业化分工逐步加速的趋势。大型汽车公司开始把汽车零部件生产企业独立出去，发展成为外向的企业。外国大型汽车零部件跨国公司逐步进入我国，使汽车零部件企业的集中度逐步提高。商用车领域，根据车型已经逐步形成了以大集团为中心的生产体制。轿车生产领域，也形成了以大型合资企业为核心的竞争格局。

3. 产品结构

我国汽车工业产品结构逐步趋于合理。2004年，商用汽车与轿车所占比例分别为54.12%和45.88%；在商用汽车中，重型车、轻型车的比重持续上升。

4. 技术结构

经过改革开放以来的全面技术引进与消化吸收，我国汽车工业的技术水平有了长足的进步。近10年来，电子技术的应用，使国产汽车在安全、环保、节能方面有了突破性进展，主要产品性能指标大幅度提高。在产品系列化基础上，我国汽车企业已可以每年推出大量的新产品。我国汽车工业，已经具有相当水平的大客车和载货车的开发能力；在低档轿车领域，已有联合设计、自主开发的轿车产品；在汽车零部件的技术开发方面，某些中低附加值产品有相当的开发能力。在电动汽车技术的研制方面，我国在具有自主知识产权的概念车方面，取得了重要突破。

（三）汽车工业存在的问题和发展方向

1. 存在的问题

（1）组织结构相对比较分散。2003年，一汽、东风、上海、长安、北汽、哈飞、昌河、广汽等7家主要汽车生产企业的产量为343.6万辆，生产集中度为77.4%。一汽、东风、上海3家企业的产量为141.9万辆，生产集中度为32%。2004年，汽车工业产业集中度略有降低。我国的整车生产厂家数量，仍然是世界最多的（110余家）。产业组织结构不合理，导致我国汽车工业规模经济效益低下。我国汽车零部件企业更显分散，在3000余家规模以上汽车零部件企业中，尚未形成有影响力的大企业及企业集团。

（2）产品结构有待进一步调整。与发达国家相比，我国汽车产品中，柴油汽车所占比重为30%左右，比发达国家低10个百分点。在载货车领域，要进一步提高重型车的比重。在轿车产品中，中高级轿车比例仍然较高，这与我国目前的能源供应状况不相符合。

（3）轿车和零部件开发能力薄弱。我国汽车工业尚不具有成熟和较高水平的轿车整车开发能力，缺乏具有自主知识产权的产品平台。高附加值汽车零部件开发能力薄弱,许多关键零部件仍处在外国产品的仿制阶段。我国的汽车产品在电子化、信息化方面,与发达国家汽车工业相比存在着较大差距;电子部件在我国汽车上的应用程度仍然比较低。与汽车工业相关的工业发展相对滞后,我国的电子信息产业尚不能提供高水平、高附加值的汽车电子零部件;在塑料、橡胶制品中,汽车专用产品品种少,质量和性能不稳定;汽车生产需要的铝、镁等轻金属材料、高强度合金钢、薄板等钢材,尚难以满足汽车生产需要。

2. 今后发展对策思路

(1) 尽快制定鼓励企业自主开发新产品的政策措施。目前,我国汽车工业发展的主要方向应是提高水平,形成自主开发的能力。因此,政府应当把对汽车工业支持的战略重点,转移到形成自主开发能力上;在我国公布的汽车工业产业政策中,缺乏具体的实施细则和鼓励措施。当前,可考虑的鼓励自主开发政策有:对自主开发的产品,在销售、流通环节,给予减免税费的优惠。对自主开发新产品的企业,在企业有关税费方面予以减免。鼓励企业在海外投资、兼并专业汽车设计开发企业,鼓励企业与海外专业汽车设计开发企业合作开发新产品。对自主开发产品的民族企业,给予资金等扶植。

(2) 对产业共用关键技术,组织联合攻关。政府应当针对汽车工业中共用的重大新技术项目、基础研究项目,组织产学研联合攻关,以打破跨国公司的技术垄断。针对此类问题,政府应当制定有关政策,促进重大前瞻性新技术的产业化,创造必要的条件,提供必要的资金支持。

我国新一代电动车的开发已经取得了突破性进展,政府应从战略高度予以重视,尽快制定政策,促使其产业化,使我国汽车工业取得跨越式的发展。

(3) 改变我国汽车产品构成与能源使用构成。今后汽车工业发展面临的主要瓶颈,是能源供应。这一问题也关系到国家的经济安全,因此要从消费和供应两个方面予以重视。

供应方面。第一,发展柴油车是必然趋势,普及柴油车应当成为国策。今后要进一步提高客车的柴油化率,尤其在推进轿车的柴油化上下工夫。第二,提高我国油品水平与质量,要加快开发清洁汽柴油生产适用技术。同时,加速开发新的汽车发动机,炼油企业要抓紧时间对炼油生产装置进行技术改造。从我国汽车能源供应的发展看,能源工业要加速推进乙醇、甲醇等新型燃料的开发与供应。汽车工业应加强利用其他能源的技术的研究（尤其是发动机技术），开发相应的汽车产品。

消费方面。一是通过技术标准、政策法规引导节油和环保。政府应当制定有关标准、政策法规扶植清洁能源汽车、新能源汽车的使用。同时通过这一措施淘汰规模小、产品落后的汽车生产企业。二是应制定汽车消费政策，引导大众汽车消费，鼓励企业多开发生产和消费者多购买小排量轿车。

(4) 加速汽车工业产业集聚地区的发展。尽管与发达国家相比我国汽车工业比较分散，但今后国家在汽车工业产业布局方面，不必有大的战略性变动。政府可以在汽车工业产业积聚的重点地区，引导与鼓励地方政府打破地区间的行政束缚，加速企业间的兼并重组，形成以若干大企业集团为中心的、具有国际竞争力的汽车工业产业集群。同时，中央政府不应再支持目前尚无汽车工业的地区，上马汽车整车项目；也不应支持主要汽车工业积聚区之外的汽车生产再扩大规模。

三、轻纺工业

(一) 主要轻工业发展和布局

轻工业是指满足人们吃、穿、用需要的部门。轻工业是一个门类多、范围广泛的综合性产业部门，按其所使用原料的不同，可分为以农产品为原料的轻工业（主要包括食品制造、饮料制造、烟草加工、纺织、服装制造、皮革和毛皮制作、造纸及印刷等工业）和以非农产品为原料的轻工业（主要包括文教体育用品、化学药品制造、合成纤维制造、日用化学制品、日用玻璃制品、日用金属制品、手工工具制品、医疗器械制造、文化和办公用机械制造）两大类。

20世纪50年代以前，轻工业是我国工业的主体。1949年轻工业（不包括纺织工业和手工业）产值占到全国工业总产值五分之二强，但产品档次低，品种少，布局偏集于沿海城市。半个多世纪以来，我国轻工业布局也有很大的变化，一方面，表现在原有轻工业基础较好的大城市（上海、天津等），进一步发展多种轻工部门，成为具有全国意义的轻工基地；另一方面，在各主要的轻工原料集中产区（华东、华南等地），发展制糖、乳制品、罐头食品、香料、卷烟、造纸等多种轻工行业，并分别形成一批具有全国或地区专门化意义的基地。

中国轻工业的布局在全国已经基本展开，但各地区发展不平衡，初步形成了以环渤海地带、长江三角洲、闽南金三角、珠江三角洲为主的轻工业出口基地。在中国沿边内陆地区，以新疆、内蒙古、黑龙江等地对独联体、东欧和蒙古各国，以新疆、宁夏对中、西亚伊斯兰国家，以四川、云南、贵州对南亚和中南半岛的轻工业产品出口基地正在逐步形成。

1. 食品、饮料及烟草工业布局

食品工业

食品工业是以农副产品为原料的加工工业。中国的食品工业在国民经济中占有重要地位。尤其是农村乡镇企业的快速发展，大大地加快了我国食品工业发展的步伐，使其成为我国工业增长最快、创产值、利税和外汇较多的部门之一。

食品加工工业主要包括面粉、碾米、淀粉及榨油工业等。由于农副产品不易保存和长途运输，原料因素和运输条件对食品工业的布局有决定性影响。同时，食品工业的产品是满足人们食用需求的，卫生条件和消费地环境对食品工业的布局也有重要影响。中国碾米工业主要分布在江苏、浙江、四川、广东、湖南、湖北、安徽等稻谷集中产区以及北方河北、辽宁、吉林等新稻区。面粉工业的产品不宜长途运输和长期储存，一般布置于消费区。油质工业按原料来源可分为植物油脂和动物油脂两大类。中国目前以食用植物油脂为主，其生产加工广泛分布在原料产区及消费区。以大豆为原料的油脂工业中心，主要有东北的大连、营口、丹东和哈尔滨等；以花生为原料的油脂工业主要有青岛、烟台、济南及天津、唐山等；以芝麻为原料的油脂工业主要分布在郑州、安阳、武汉等地；以油菜籽为原料的油脂工业主要分布在长江沿岸及其以南地区。

制糖工业按原料分有甘蔗糖和甜菜糖，其分布完全在原料产区。中国甘蔗制糖业主要分布在长江以南的广东、广西、福建、云南、四川、江西及台湾等地。甜菜制糖主要分布在黑龙江、吉林、内蒙古、新疆四省区。

饮料工业

饮料工业是近几年崛起的一个行业，产品包括白酒、啤酒、果汁、矿泉水等十余种，以山东、广东、江苏、浙江、四川、河南、安徽等省最多。

烟草工业

我国的烟草工业有着悠久历史，生产规模也较大，目前，我国内地平均每年生产、收购烟叶约220万吨，卷烟产销量约3400万箱，均占世界三分之一；2002年，卷烟产量3467万箱，2005年，卷烟产量19389亿支。烟草加工业布局以前高度集中于上海、天津、青岛等城市，现在扩展至全国各地，尤其是地处内陆的西部、中部地带。烟草加工产值和销售收入依次为云南、湖南、湖北、贵州、上海、广东、河南、四川、山东等省、市。云南一个省占全国四分之一居首位；上海烟草加工因受原料供应限制，从以前占全国首位而衰退，但上海仍然是我国高级香烟生产中心之一。

现有主要卷烟厂分布于云南玉溪、昆明、曲靖、昭通、楚雄、上海、湖南长沙、长德、贵州贵阳、毕节、遵义、武汉市、广州市、河南新郑、郑州、许昌等地。鉴于我国烟叶产地相对集中，而卷烟生产则相对分散的情况，近十多年来烟草加工布局呈现出由东部向中、西部经济地带逐步转移的趋势。应推动烟草加工业布局继续西移，使其在布局上进一步接近原料产地，并借以推动西部、中部经济地带特别是烟叶生产主产区（如滇黔）的资金积累与经济发展。

2005年中国烟草行业在"大品牌、大市场、大企业"的战略下继续保持着平稳增长态势，卷烟行业产销总体保持均衡增长，实现效益稳步增加，卷烟价格基本稳定，市场格局明显改善，行业经济运行保持了良好发展态势。截止到2005年12月，烟草行业在产卷烟品牌为203个，4个品牌年销量超过百万大箱，烟草制造行业累计资产达3282.64亿元，同比增长8.89%，实现销售收入2858.19亿元，同比增长11.05%，行业税金总额和利润总额分别为1461.2亿元和417.6亿元，分别比2004年同期增长了11.18%和12.46%，中国烟草行业进入了一个较好的发展时期。

进入2006年，中国的烟草行业在国家烟草局"控量、促销、稳价、增效"的调控方针指导下，国内烟草行业产销均保持着均衡的增长，产品库存合理、市场价格基本平稳，行业效益稳步增长。截止到5月，国内烟草制造行业累计完成产品销售收入1361.69亿元，同比增长10.76%，实现利润和税金总额分别为221.9亿元和715.95亿元，分别比2006年同期增长了12.35%和14.62%，但部分省份仍然存在产品结构上移较快，低档卷烟有效货源供给不足的问题。

"十一五"期间中国烟草消费市场总体上将保持小幅上升态势，烟草产量较"十五"期间将有较大的增长。随着世界经济一体化步伐的加快，世界烟草业的格局和走向将深刻影响长期以来脱离真正市场经济历练而保守封闭的中国烟草产业，跨国公司在中国实施国际化经营战略必将给中国烟草行业带来巨大的冲击和挑战。从市场结构来看，随着中国政策对烟草市场的不断调整，中国烟草市场竞争将从无序竞争变成有效和有序的和平竞争。从烟草企业来看，随着国家烟草局"打造十大烟草航母集团"计划的正式启动，中国烟草业重组又取得了突破性重大进展，进一步的加大中国烟草工业的国际市场竞争能力，对于国内的烟草工业而言，只有进一步的巩固国内强势品牌、继续优化国产香烟的品牌结构、提高品牌市场的集中度，才能在全球性竞争中争得一席之地。详见图5-9：中国食品加工、食品制造、饮料制造和烟草制造业规模、结构图。

2. 造纸工业布局

中国是世界上最早发明造纸技术的国家。现代造纸工业包括纸浆与造纸两部分。2005年，中国纸与纸板消费量约为6256万吨，仅次于美国。同比增长幅度达15%。然而，中国当前人均纸消费量仅有42公斤，远远

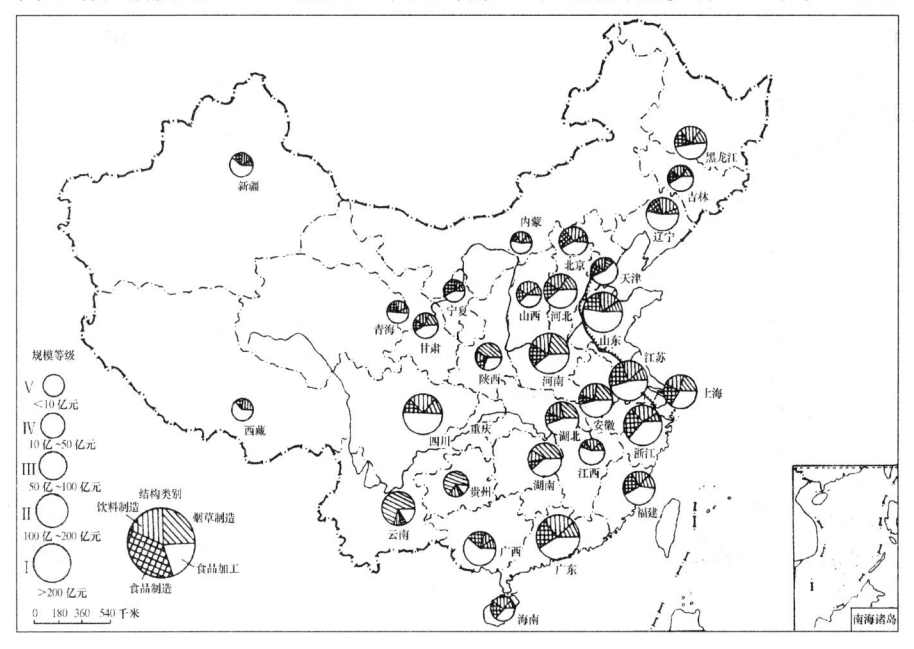

图5-9 中国食品加工、食品制造、饮料制造和烟草制造业规模、结构图

低于发达国家人均300公斤的消费量，也低于世界平均值人均52公斤的消费量，预计未来几年中国纸与纸板的消费量增速将为10%～15%。由于对纸的需求逐年增加，我国造纸产量也增加迅速。国内各主要造纸企业纷纷上马新的生产线，导致产能增加过快，2005～2006年集中喷发。此外，国外纸业巨头纷纷登陆中国，投资建厂。2005年，国内纸与纸板产量为5900万吨，行业整体供需基本持平。2005年，我国造纸行业整体运行良好，全行业企业数达3342家，从业人员突破76万人，资产累计达3228亿元，实

现利润123亿元，造纸行业发展顺利。

我国造纸业东部沿海地区比较发达，西部内陆地区比较落后，东部沿海的山东、河南、江苏和浙江等省是我国的造纸大省。当前我国造纸业也存在一些问题，造纸产业集中化比较低，环境污染严重和废纸回收利用率比较低等。但是我国出台了造纸业"十一五"计划，出台了相应的政策来促进造纸业的发展，我国造纸行业有广阔的发展前景。

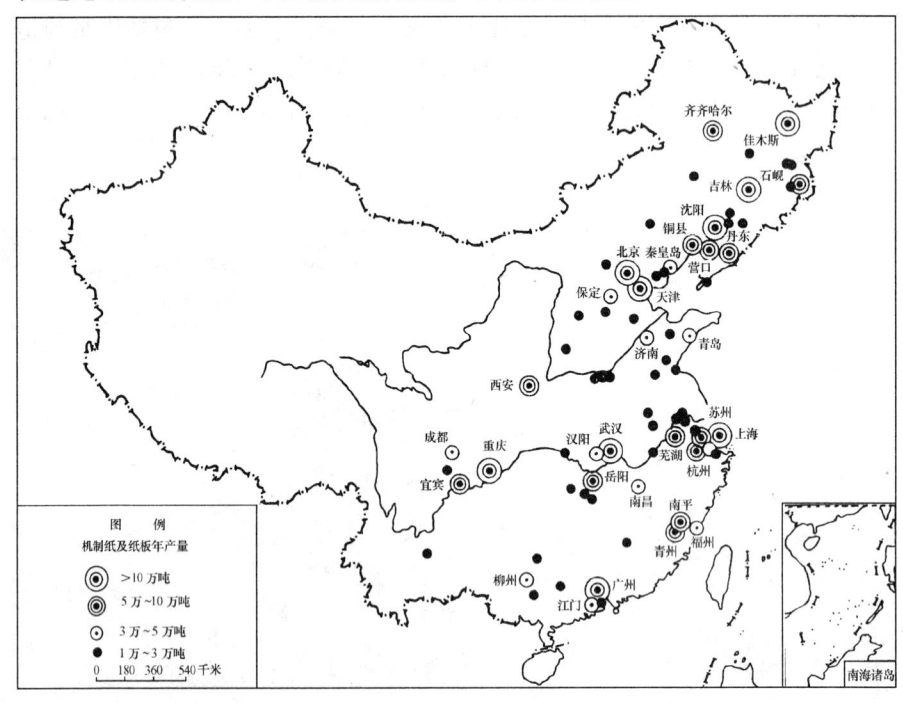

图 5-10　全国造纸工业分布图

引自：李文彦主编《中国工业地理》，科学出版社，1990年，第222页。

目前，粤纸、苏纸、浙纸和鲁纸共同形成了全国造纸四强局面，预计到2010年，广东省造纸工业产值达1100亿元，年均增长15%，造纸总量达1100万吨。造纸工业分布详见图5-10，全国造纸工业分布图。

3. 耐用消费品工业

随着人们生活水平的提高，耐用消费品的种类也越来越多，主要是指家用电器、民用电子产品和家具等。

(1) 日用机械工业

日用机械工业是制造和生产人们日常生活中所用机械产品的行业总

称。我国日用机械工业发展的历史较长,并已形成了各自相对独立的工业生产体系。

日用机械工业的特点是:生产技术水平要求高,专业化协作程度强,单位产品原材料消耗少;产品的社会需求量大,供应范围广,质量要求严,竞争性强。因而,日用机械工业的发展规模受到社会购买力和经济技术发展水平的制约,工业布局一般接近工业发达的城市和经济中心。日用机械工业包括自行车、摩托车、手表、缝纫机等等,布局是点多面广,生产能力大大超过社会需求。我国自行车产量,占世界生产量的三分之一以上,尤其是电动自行车近年来发展很快,其中上海、广东、江苏、浙江、天津等产量较高,这五个省市的产量占全国生产总量的70%强;2006年,我国摩托车产销量双双突破2000万辆,四川、江苏、山东三省的摩托车生产占全国的60%以上;我国手表平均年产11亿块,产量占世界的70%—80%,而产值只占世界的20%—30%,广东、福建、上海三省市的产量占全国的90%,其中广东一省的产量就占80%;目前我国缝纫机产量占全球产量的70%以上,其中:家用机占全球产量的75%以上,工业机约占全球产量的70%,绣花机占全球产量的70%以上。仅浙江一省就占据全国缝纫机整机产量的半壁江山。缝制设备行业已是中国最具竞争力的行业之一。中国已经无可争议地成为"世界第一"的缝制设备大国。

(2) 家用电器工业和民用电子工业

家用电器工业和民用电子工业是我国的新兴行业,是实现全国电气化、城市现代化和家庭劳务社会化的重要组成部分,是机械、电子、冶金、化工等工业的综合体,包括电热、电动、制冷等若干大类和洗衣机、电冰箱、电风扇、电视机、录音机等十几个门类产品。我国这两个行业的基本情况是:起步晚,起点高,速度快,目前规模较大,很多产品如电视机、洗衣机等,已经跃居世界第一。

这两个行业的布局特点是,虽然相对集中,长江三角洲、珠江三角洲和京津地区较多,但布点太多,重复建设现象严重,规模不经济。其中电冰箱产量已达1500万台/年,主要分布在广东、安徽、上海、山东、陕西、河南和浙江等,七省产量占全国总产量的80%以上;电视机主要分布在广东、江苏、上海、四川、浙江等省,五省市产量占全国三分之二以上;家用洗衣机2005年总产量2530万台,主要分布在广东、上海和山东,三者产量占全国总产量的近50%,我国历年家用洗衣机产销量及拥有率见表5-14所示;录音机主要分布在广东、江苏、上海、浙江等省市内,四省市产量占全国总产量的96%,广东一省即占全国的85%以上。

随着社会的进步和人民生活水平的提高,这些行业的内部结构也在发生变化,放像机、摄像机、家用电子计算机的生产发展很快,微型电子计算机主要布局在广东、北京、山东、上海、天津、湖南和辽宁等地,七省市产量占全国总产量的近85%,广东一省的产量即接近全国30%。

表5-14 我国历年家用洗衣机产销量及拥有率

年份	1990	1991	1992	1993	1994	1995	1996	1997	1998	1999	2000	2001	2002	2003	2004	2005
城镇家庭拥有率%	78.41	80.58	83.41	86.36	87.29	88.97	90.06	89.12	90.57	91.44	92.55	92.68	93.12	95.67	96.18	97.20
农村家庭拥有率%	9.12	10.99	12.23	13.82	15.30	16.81	20.54	21.87	22.81	24.32	25.58	26.10	26.87	28.87	30.78	31.80

(3) 家具制造业

家具消耗原材料较多,同时又不易运输。所以家具制造业的布局既要考虑原材料,又要尽可能接近市场。一般规律是:低档家具就原料产地,高档家具靠近消费区。我国的家具木材原材料主要在东北和西南地区,近年也进口了相当数量的木材和其他辅助材料,消费地则遍布全国。此外,一般的家具制造所要求的资金和技术投入都不很多,因此,我国各省市都发展了一定规模的家具制造业。但从产值的角度看,广东、山东、江苏、北京、浙江等地规模较大,五省市产值占全国的55%,从就业人员方面看,广东、山东、江苏、黑龙江、湖北等人员较多,五省从业人员约占全国的39%。

(二) 纺织工业发展和布局

改革开放以来,我国纺织工业快速发展,已形成了世界上规模最大、产业链较为完整的纺织工业体系,在国际上具有明显的比较优势。为国民经济增加积累、解决就业、改善人民生活水平、出口创汇、进行产业配套发挥了重大作用,同时也积极推动了解决三农问题和农村城镇化水平的提高。随着国内需求的不断增长和国际市场的拓展,纺织工业仍将处于快速增长态势,同时也面临着进一步优化布局调整结构,加大培育自主创新等问题。

1. 纺织工业概况

目前,我国已具有世界上规模最大、产业链最完整的纺织工业体系,从纺织原料生产开始(包括天然和化学纤维),纺纱、织布、印染到服装及其他纺织品加工,形成了上下游衔接和配套生产,成为全球纺织品服装的第一大生产国、出口国。2004年我国纤维加工量为2400万吨,占全球纤维加工总量的三分之一,其中国内消费比例为76%,是纺织产业发展的主要动力;据海关统计,2004年我国纺织品服装出口974亿美元,超过全球纺织品服装出口贸易额的五分之一。到2004年末,我国化学纤维、棉纺织、毛纺织、丝绸纺织、服装等生产能力居全球第一;主要产品如化学纤维、棉纱、棉布、印染布、丝织品、服装等产量居全球第一。

"十五"时期以来,我国纺织工业在东部地区的发展速度始终高于中西部地区,区域布局逐渐向东部地区集中,东部和中、西部的差距也逐步拉大。东部沿海的浙江、江苏、山东、广东、福建、上海五省一市成为全国纺织工业发展的主体。纺织工业布局详见图5-11。

2. 纺织产业集群地区状况、结构与布局

改革开放以后,在东部沿海开始涌现出一批县、镇区域为依托,中小民营企业为主体,纺织经济占主导的纺织产业集群地区,这些地区和区域有适应市场经济的灵活机制,有特色突出的产品,有与产业密切互动的专业化市场,有正在形成的集群规模效应和产业链,有不断提升技术装备水平的内在功力,有成本较低、素质较高的丰富劳动力资源,还有较好的地方政府服务与日渐完善的第三产业,显示出纺织产业集群的勃勃生机与活力。在全国,各类县、镇区域的纺织产业集群地区有上百处,有95%分布在浙江、江苏、广东、山东、福建省。这些产业集群的纺织销售收入占全国纺织销售收入的30%,纺织品服装出口占全国纺织品服装出口的20%,是我国纺织工业的又一支生力军。

3. 纺织工业行业发展中存在的问题

(1) 科技开发能力不强,缺乏发展后劲

主要表现在:①高性能、高功能性纤维的开发应用不够。高性能纤维已成为21世纪重要的新材料之一,成为国防、航空及其他工业的重要材料,由于受到技术和机制方面的限制,我国在这些领域的开发和应用缓慢。②机电一体化的先进纺织机械研发滞后。与国际先进纺机比,我国纺织机械在工艺性能、产品软件开发能力、机器的精度和稳定性以及能耗等方面均有明显差距。如我国印染生产万米布耗煤3吨、耗电450度,是国外先进水平的3—5倍,用水量300—400吨,是国外先进水平的2—3倍。③自主开发创新能力弱,缺乏专业技术人才。纺织产品原创能力差,缺乏自主品牌产品,产品加工和贴牌多,企业重硬件轻软件,重生产轻管理现象严重,缺少专业技术人才、生产技工和熟悉纺织专业的管理经营人才。

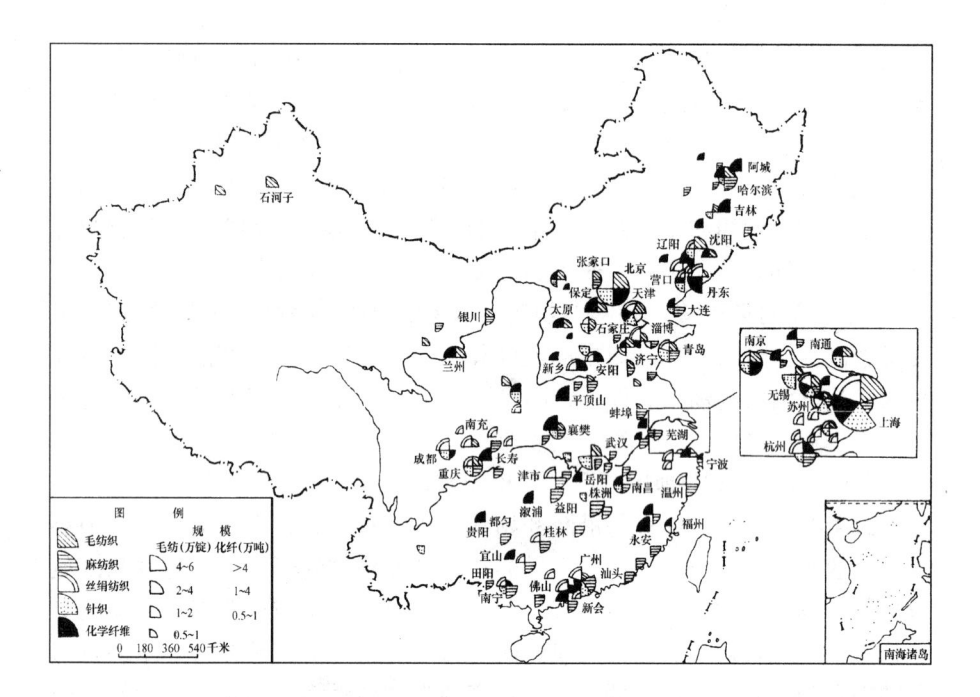

图 5-11　中国纺织工业布局图

引自：李文彦主编《中国工业地理》，1990年，第203页，科学出版社。

(2) 国际原料资源依存度高，制约行业发展

化纤和棉花是纺织工业最重要的原料。2004年，纺织用棉花743万吨，其中国产棉552万吨，进口191万吨，由于进口棉花配额体制的管理不到位以及人为市场的炒作等原因，在一年内棉花的价格大起大落，影响了棉纺行业的经济效益和国际竞争力。2004年，我国化纤产量1425万吨，进口依存度分别高达56.4%、77.8%、66.4%。在国际油价上涨带动化纤原料价格提高的时候，化纤行业也不得不大量进口，给化纤企业带来巨大的成本压力。

(3) 产业的社会化服务水平较低，行业自律有待加强

目前纺织企业的中小企业发展缺少技术和市场的支撑，公共服务体系极不健全，设计研发、质量检测、人员培训、信息化等各项工作都跟不上，社会服务也跟不上，企业的社会责任落实不到位，诸如不注意劳动环境改善，环保意识不强等等；知识产权得不到保护，多数企业属跟进型，模仿、抄袭走"捷径"；市场竞争缺乏行业自律。这些都是引起国际贸易摩擦和出口产品"量增价跌"的重要原因。

(4) 中西部纺织发展滞后,产业比重逐步下降

纺织工业的区域布局逐渐向沿海地区集中,东部和中、西部的差距有逐步拉大的趋势,中部和西部的纺织工业在全国的比重越来越小。2000年中西部纺织工业产值占全国比重为16.23%,到2004年比重减至12.87%,下降了3.36个百分点。与东部相比,中西部的纺织产业发展滞后,在整体上产业的市场竞争力不足。

4. 纺织工业发展政策建议

(1) 运用产业政策引导和推进纺织工业结构调整。

大力支持优势企业、出口骨干企业的发展,培育壮大一批拥有知名品牌和自主知识产权、主业突出、核心竞争力强的大型企业和企业集团。加速培养具有竞争潜力、科技含量高、有创新能力的中小企业,提高其与大企业的配套能力,形成更具竞争优势的企业群体结构。培育一批具有自主品牌的出口产品,提高直接进入终端国际市场的比重。

(2) 积极促进纺织工业技术创新能力的提高

鼓励企业和社会资金对技术创新的投入;创造有利于技术创新的政策环境,如税收政策和知识产权保护法律法规;建立和完善技术创新激励机制,构筑以技术创新为竞争重点的社会和市场氛围。大力发展以自主开发创新为主的、具有高技术含量的、适应产业信息化要求的新型纺织、印染、化纤生产技术设备,提高纺机产品的先进性、可靠性和稳定性,为产业技术进步和竞争力的提高提供保障。

(3) 稳定纺织纤维原料供应

一是棉花。预计到2010年,我国用棉量将超过1000万吨,要稳定扩大棉花种植面积,制订最低收购保护价,真正保护农民利益,同时继续推进棉花市场体系建设,完善棉花宏观调控的方式和手段,建立棉花市场应急机制,尽快使棉花价格、棉花标准、棉花销售方式与国际接轨。二是化纤。解决好上游化纤原料自给的问题,加快化纤原料的配套协调发展,提高主要化纤原料的自给率,逐步减少对国际市场的依赖,促进化纤工业健康发展。三是大力开发麻类、蚕茧、羊毛、竹等天然纤维资源。

(4) 加强公共服务体系建设,促进产业升级

尽快建立起科学先进与国际接轨的标准化指标体系,完善行业准入体系,规范行业发展,帮助企业克服发达国家各类技术性贸易壁垒的限制。在纺织产业集群地区,从产业研发、质量检测、人员培训、信息化、电子商务和现代物流方面着手,建立真正为中小企业服务的平台。

(5) 积极推动中西部地区纺织产业的发展

抓住国家西部大开发战略实施的历史机遇，充分利用中西部地区的资源优势、劳动力优势和潜在的市场优势，通过政策导向，鼓励东部地区劳动密集型的纺织产业向中西部地区进行战略转移，使中西部地区得到东部地区的资金和技术优势的支持，为中西部地区纺织产业发展注入活力。

(6) 发挥中介作用，规范企业行为

充分发挥行业协会等中介组织在政府与企业之间的桥梁作用，加强行业协会的服务与自律职能，规范企业行为，避免行业内的恶性竞争。支持行业协会等中介组织开展以质量检测、建立企业社会责任和保护知识产权为重点的行业自律工作。支持行业协会等中介组织积极开展民间外交，建立与各国同行间的合作伙伴关系及民间对话机制。

第五节　高新技术工业

高新技术工业是区别于前述传统工业的高级、新兴、尖端工业，处于工业现代化的前沿，具有龙头和先导作用。如果说工业是国民经济的主导，那么高新技术工业则是主导的主导。高新技术工业具有高智力、高信息、高难度、高技术、高投资、高风险、高竞争、高增值、高效益、高渗透、高潜能等许多特点。因而高新技术工业不仅是现代工业的重要部分，而且区位对软环境和交通、水质、气候等硬环境的选择要求与传统工业也不尽相同，有许多自己的特色。

21世纪，高新技术产业是国际经济竞争的主要力量。我国要实现"科教兴国"和"可持续发展"两个战略，以及两个根本转变的基本任务，应该把开发高兴技术产业放在经济发展战略的全局的主导地位。

1949年以来，我国在不太长的时间里成功地研制了"两弹一星"，从而带动了高新技术产业的建立和起步。改革开放以来特别是作为我国新技术产业的重要基地，一大批高新技术产业开发区不断涌现，可以说他们是21世纪中国经济腾飞的启动点。

高新技术工业和传统工业一样，其部门结构也包括能源、原材料和制造业。我国高新技术工业态势概括如下：

一、新能源与新材料工业

根据核电工业和核电站区位特点，我国首先在经济发达、耗电特大的长江三角洲和珠江三角洲,选建秦山和大亚湾两大核电站。前者为我国自行设计、建设的项目,一期已运行数载,二期正在紧张施工,三期也已列入计划,成为我国核电建设的重要里程碑。后者为中外合资项目,按国际标准建设,其建设对于珠江三角洲和港澳地区都有重要意义,而且对我国核电进一步健康发展也有借鉴意义。秦山、大亚湾两个核电群体即将形成,我国其他新能源的研制和开发也在加紧进行。

我国新材料研制的起步虽较晚,但是本着瞄准前沿、积极追踪、重点突破的原则,研制和生产都取得了可喜的进展。在当今世界新材料如精细陶瓷、复合材料、光导纤维、激光材料、超导材料、形状记忆合金、非晶态材料、超微粒等生产领域,我国有的已实现产业化,有的正在积极研试,我国新材料研试的院所和生产企业主要分布在北京、上海、武汉、广州、福州等城市的科技工业园区以及其他重要工业科技城市。

二、电子和信息工业

电子工业和电子信息产业是高新技术工业的中枢和先导。将电子工业看作传统的机械工业的认识已不合时宜。我国电子工业与其他高新技术工业相比起步较早,发展速度较快。电子产品国内占有率逐年提高,并有部分产品出口。但是,由于在相当一段时期内没有集中人力、物力、财力扶持其发展,我国电子工业与国际先进水平仍有很大差距。

电子计算机是电子技术的标志,反映着一个国家电子工业发展水平的高低和实力的大小。从60年代到70年代,我国基本依靠自己的力量走完了电子管、晶体管、中小规模集成电路三代计算机的发展历程。从80年代开始向第四代大规模集成电路计算机过渡,并且很快研制出大型电子计算机,成为世界上少数几个能生产大型计算机的国家之一。电子计算机应用十分广泛,从科学计算到过程控制、信息处理、情报检索、人工智能等许多方面。

电子工业分布比起其他高新技术工业分布要广,其中以沪、粤、苏、京、川、辽、陕、浙、闽、津等省市尤为集中。粤、闽出口量大,苏、沪产值也较高。我国电子工业如此布局,对于带动高新技术工业发展和改造传统工业都十分有利。南京无线电厂是我国最早以生产通讯设备等产品著称的企业,率先发展为熊猫电子集团,带动了长江下游南通、镇江、铜陵、安庆、南昌等地的电子工业发展,形成了"电子走廊"。近年来异军突起的北京中关村"电子一条街"等电子信息产业集团,开创了我国电子信息产业振兴的新路,迅速形成一支全新的产业大军。

三、生物工程、空间技术与海洋开发

航空航天技术是20世纪人类在认识自然和改造自然的过程中最活跃、发展最迅速、对人类社会生活影响最为深刻的科学技术领域之一,也是表征一个国家科学技术先进性的重要标志。航空航天技术是高度综合的现代科学技术,它们综合运用了基础科学和应用科学的最新成就,应用了工程技术的最新成果。力学、热力学、材料学、电子技术、自动控制理论和技术、计算机技术、喷气推进技术以及制造工艺等科学技术的进步都对航空航天技术的进步和发展,发挥了重要作用。上述科学技术在航空航天领域的应用中相互交叉、渗透,产生了一些新的学科;航空航天技术发展中提出的新要求,促进了这些学科的进一步发展。

作为集中了众多高新技术的领域,载人航天从来都是国家意志和能力的重要制高点。神舟号系列飞船的接连飞行成功,已经在国家科技领域产生新的重要影响,有力地带动了力学、天文学、地球科学、航天医学等基础学科的深入探索,有力地推动了系统工程、自动控制、推进技术、计算机等现代信息和工业技术的创新发展;进一步加速了科技成果向现实生产力的转化,带动了新能源、新材料、微电子、光电子以及通信、遥感等产业的兴起,促进了我国高科技产业群体的形成和发展;为我国提供了一个学科范围宽广、综合性和创新性更强的科技平台,凝聚和培养了一大批年龄结构合理、综合素质过硬、能够站在世界航天科技前沿的高层次人才,有力地支撑了国家人才创新工程的建设发展,从而进一步提高了我国科学技术的整体水平,为改革开放和社会主义现代化建设注入了新的强大动力。

发展载人航天技术,一个十分重要的意义在于,这种航天技术应用到人类的生产生活之中,有力地推动着人类的文明,使人类更诗意地栖居在地球上。从应用卫星为人类活动提供便利,到航天育种改善农作物品质;从健康和医学仪器、新型交通工具、公众安全,到环境和资源管理、计算机技术和许多工业产品;航天技术的应用,已对人类的生产、生活产生了广泛的影响。人类也已开发出许多太空产品,如纯度极高的砷化镓晶体(半导体材料)、高纯度蛋白晶体;干扰素、抗流感制剂、酶、激素、抗生素等医药制品;超导合金,能修复人眼的陶瓷材料等,产生了巨大的经济效益和社会效益。

我国十分重视生物工程技术的研制,通过攻关,基因工程制药产业已初见端倪。乙肝疫苗的研制成功,使我国基因工程的研究进入国际先进行列。此外,培育转基因动物及植物基因工程也迈出了关键的一步,克隆抗体诊断盒已进入市场,植物细胞工程保持国际领先地位。近50年来,我国依靠自己的力量,建立和发展了具有世界水平的航天事业,中国已成为世界航空技术强国之一。

2007年2月3日零时28分,我国在西昌卫星发射中心用"长征三号甲"运载火箭,成功将北斗导航试验卫星送入太空。这是我国发射的第四颗北斗导航试验卫星。中国科学院科技政策与管理科学研究所宣布,全球导航定位技术、空间遥感技术和空间通信技术将成为未来20年我国空间技术领域最重要的三项课题。

海洋开发高科技领域包括海洋调查和海洋开发两个基本方面。当前我国在海洋资源调查监测体系的建立、渔业资源和水产养殖、海底矿产资源勘探与采掘、海水化学资源、海洋能源以及海洋空间等方面的开发利用都相继取得可喜成果。但与发达国家相比,差距仍然很大。我国是海陆兼备的国家,更有远洋广阔天地,随着世界进入海洋经济时代,一个新兴的海洋工业体系即将在我国建立和发展。目前,主要海洋产业基地有上海、青岛、广州等地,已具有一定规模。

第六节 中国主要综合工业基地

1949年以来,我国工业布局按照妥善处理沿海与内地、城市与农村、工业与农业及其他产业、专业分工与协作生产、集中与分散、工业生产与原燃料地以及其他建设条件、平衡与不平衡等一系列关系的原则,因地制宜,逐步展开并形成了不同规模、水平和各具特色的综合工业基地的基本网络格局。这一格局是构筑全国经济区域系统的基本因素和中枢。它与全国综合农业区划网络一样,对于揭示全国区域经济的发展演变有重要意义。

一、长江三角洲

长江三角洲综合工业基地是以上海为中心,沿沪宁、沪杭甬铁路和长江沿岸、太湖流域毗邻的包括上海、苏州、无锡、杭州、扬州、南京、宁波、常州、南通、绍兴、嘉兴、镇江、湖州滁州、马鞍山和舟山等组成的城市群,其工业总产值为12576.2亿元,占沪、苏、浙、皖四省市城市工业总产值的 82.6%，是华东经济区的核心，是全国最大综合工业基地，其产值相当于全国第二、三、四综合工业基地工业总产值之和。为全国工业部门行业最全，工业结构最为协调，经济发展水平最高，内外分工协作运作最佳，实力最为雄厚的综合工业基地。其凝聚辐射功能首先是沪苏浙皖，以及鲁赣闽等更大范围乃至全国。基地得益于长江三角洲是中国最大的江海交汇处这一得天独厚的区位优势，形成发展以加工制造业的机械、电子高新技术、轻纺等，带动了原材料和能源工业的发展并且占有一定比重，属加工制造——加工贸易型的中国最大的内商外贸的窗口和基地。积百年工业轨迹沉淀之优势，扬我国近代工业的摇篮和龙头之所长，为华东和全国工业和经济建设与发展，出名优产品、装备、资金、技术、管理、人才等硬件和软件做出了最大贡献。近年来随着浦东对外开放开发，多种经济成分的共同发展，作为全国的龙头日益显示其强势。今后，要大力改造传统工业，加快技术改造步伐，实现两个根本转变。要把高新技术工业放在重要位置，使之成为带头产业。要加快发展外向型产业和名优产品，抓住国际市场变化的有利机遇，积极开展国际交往。要强化外引内联加速向内转移，不断调整和更新与国内其他地区分工协作关系。

二、京津唐

京津唐综合工业基地是以北京、天津为中心，沿京沈、京沪、京九、京广、京包等铁路辐射的包括北京、天津、唐山、石家庄、张家口、沧州、保定、廊坊以及保定、衡水两地区的涿州、定州、安国、高碑店、衡水、冀州等五个县级市组成的城市群，此地区工业产值占京、津、冀、晋、蒙五省市区城市工业总产值的 71.8%，为五省市工业总产值的 67.2%；占京、津、冀、晋、蒙、鲁六省市城市总产值的 39.7%，为六省市区工业总产值的 37.5%，为华北经济区的核心，也是渤海湾经济圈的核心部位，是全国第二大综合工业基地。工业部门行业比较齐全，工业结构也比较协调。建立在当地煤、油、铁、盐、棉等丰富资源基础上，又兼有沿海、首都等区位优势的资源采掘与加工制造紧密结合的以机械、化工、冶金、纺织等为主，采掘业也占有很大比重，并具有一定加工贸易型特色的综合工业基地。近年来，随着工业结构的优化和技术装备的更新改造，以及对外开放引进，资源和区位优势的进一步发展，此基地对国家贡献越来越大。今后，要进一步发挥优势，特别是首都北京的科技人才信息和天津的对外窗口、实力雄厚等优势，在提高和强化传统工业的同时，要加快高新技术工业发展进程，在全国发挥龙头和带动作用。在继续加强京津唐一线的同时，还要强化津浦、京九、京广、京源、京包、京通等多项辐射机制并加强诸城市间的联系，理顺基地内外的分工与协作。

三、珠江三角洲

珠江三角洲综合工业基地位于广东省中南部，是以广州、深圳为中心，沿广九、广梅汕、广三铁路和广珠公路毗邻的包括广州、深圳、佛山、汉门、惠州、中山、东莞、珠海、清远等组成的城市群。具有平原广阔、气候温和、河流纵横等优越的自然条件，是我国人口、城镇密集，经济发达的地区之一，也是我国对外开放的前缘地带，改革开放以来经济的持续高速发展。珠江三角洲在原有的较好经济基础上，成为全国经济增长最快、人民生活最富裕的地区。本区位于我国东南沿海，同香港、澳门毗邻，靠近东南亚，地理位置相当优越。这样的区位条件使本区得以发挥劳力丰富、地价低廉的优势，就近接受港澳产业的扩散，利用港澳贸易渠道转口大量出口商品，参加广泛的国际分工。

珠江三角洲是著名的侨乡，与港澳同胞、海外华侨有着共同的文化背景和密切的血缘关系。改革开放的优惠政策，吸引了大量的外资，促进了本区的发展。外资进入的同时还引进了先进的技术设备和经济管理方法，并对传统工业进行技术改造，创办了一批现代外资、合资企业，成为本区区域经济增长的重要源泉，成为我国重要的轻工业基地。现在，这里已经形成了以轻工业为主、重化工业较发达、工业门类较多、产品竞争能力较强的工业体系。家用电器、消费类电子、纺织服装、食品饮料、医药、玩具、手表、自行车、多种日用小商品等轻工业均居全国前列。尤其是电子工业的产值占全国20%，已成为全国重要的新兴电子工业基地。

但是，珠江三角洲在经济迅速发展的同时，出现了盲目征地的现象，使耕地大量减少，造成了水土资源的紧张；同时也出现不重视农业的倾向，使基础农业受到明显削弱；此外，生态环境问题也不容忽视。因此，珠江三角洲在今后的发展中，可利用香港和澳门主权的回归这一特殊的有利条件，在工业、金融、运输、贸易、旅游等方面进一步与港澳进行分工协作，互相补充。在改造、提高现有的家电、电子、轻纺、医药等支柱工业，发展新的支柱产业的同时，要切实加强耕地保护、加大农业投入，为经济的发展提供良好的基础。

四、山东半岛

山东半岛综合工业基地是以济南、青岛为中心，沿胶济铁路和沿海毗邻的包括青岛、潍坊、济南、烟台、淄博、威海、东营、日照等组成的城市群，其工业产值占华北京津冀晋蒙鲁六省市区城市工业总产值的32.2%，为全区工业总产值的30.4%，是华北经济区和渤海湾经济圈除核心京津唐以外另一重要综合工业基地。目前列为全国第四大工业基地。山东半岛综合工业基地的近年兴起，不仅对华北而且对周边如环渤海、华东、华中等经济区域的运作发展都有连锁影响，实为举足轻重。该基地与京津唐堪称姐妹篇，具有我国北方沿海区域共有的既沿海又富资源两者得兼的优势。基地的沿海城市由青岛、烟台、威海、日照和潍坊，工业结构以轻为主，济南、淄博、东营则以重为主，优势互补。机械、石油和化工、轻纺等在华北和全国占有重要地位。今后要进一步突出特色，搞好与京津塘和其他基地的分工与协作。

五、辽中南

辽中南综合工业基地以沈阳、大连为中心，沿长大、沈丹铁路和沿海毗邻的包括大连、沈阳、鞍山、抚顺、盘锦、本溪、辽阳、丹东、营口、铁岭等组成的城市群，工业产值占辽宁、吉林、黑龙江三省城市工业总产值的47.2%，为东北三省工业总产值的46.6%，是东北经济区的核心，也是环渤海经济圈的重要组成部分，为全国第五综合工业基地。基地内关键矿产资源铁、煤、油等十分丰富，又有沿海和交通之便等区位优势，一直是中外瞩目的重工业基地，为名副其实的资源型工业结构，冶金、化工、建材、能源、机械等重工业部门占绝对优势。多年来随工业结构的调整，轻纺工业比重相应有所增加，来料加工业正在兴起。各城市和工业企业间，采掘、原材料、加工制造各业分工协作联系紧密，并且网络触及东北三省和内蒙东部各个角落。其中心部位沈、抚、鞍、本、辽、铁在半径不到100千米范围内，大中型企业如此集中和城市化水平之高为国内所少有，基地曾为我国工业化作出过重要贡献，但是，与我国其他沿海地区相比，应进一步强化市场机制，发展多种经济成分，加速原有国企的技术改造，重塑辽中南和东北的形象。

六、成渝沿线

在上述沿海基地发展的同时，我国中西部地区的综合工业基地也相应在形成、发展和壮大，长江流域更为突出。成渝沿线综合工业基地是以重庆为中心，沿成渝铁路和长江上游及其支流毗邻的包括重庆、成都、绵阳、德阳、乐山、内江、自贡、泸州、南充、万县、涪陵以及县级市华蓥等组成的城市群，工业产值占渝川贵云藏五省市区城市总产值的63.3%，为西南五省市区工业总产值的56.2%，是西南经济区的核心，为我国中西地区的最大综合工业基地，也是我国第六综合工业基地。基地位于"天府之国"，资源与环境条件优越，又有长江黄金水道与外界联系，特别是以上海浦东为"龙头"和川渝基地建设为"龙尾"，带动整个长江经济带发展。加上南昆铁路的建成通车，给大西南的经济发展带来难逢的机遇。1949年以来，以成渝沿线综合工业基地为核心、大西南的大规模经济建设，许多工业部门行业从无到有从小到大，具有区域特色的工业体系基本形成，工业布局基本展开。三峡工程的顺利推进和重庆直辖市的组建，都为我国中西联合带来勃勃生机。

七、长江中游区

长江中游综合工业基是地以武汉为中心沿京广、汉丹、武九铁路和沿江辐射和毗邻的包括武汉、荆沙、襄樊、十堰、岳阳、宜昌、九江、黄石、孝感、荆门、鄂州以及信阳地区县级市等组成的城市群，工业产值占鄂豫湘赣四省城市工业总产值的36.8%，为华中四省工业总产值的34.0%，是华中经济区的核心。与前述综合工业基地比较，不仅工业总产值较低，而且分布也比较分散，但其间经济技术联系相当密切，如重要工业城市十堰—襄樊—武汉间虽相距500千米，就汽车工业而言，三地企业间的分工与协作极为相关与紧密，并且外延其他城市和地区。通过主导产业汽车、水电、钢铁、石化等有机地进而覆盖全经济区。今后要进一步发挥长江中游的优势区位，承东启西，在竞相发展中逐步解决东中西关系和差距。

八、关中地区

关中地区工业基地是以西安为中心，沿陇海铁路东西延伸包括西安、咸阳、宝鸡、天水、铜川以及渭南地区的渭南、华阴、韩城等县级市组成的城市群，工业产值占陕甘青宁新五省区城市总产值的 36.6%，为西北五省区工业总产值的 29.1%。从工业发展水平来看，不仅能与前述七个综合工业基地相比，而且与其他如松嫩、豫中、福建沿海等基地也有差距。但是，综观关中在大西北所处地位，仍不失为重要经济核心作用。关中地处我国东、中、西部、大西北与大西南的沟通和联系的中枢，北接我国最丰富的煤藏，西连我国石油资源战略后续地西北，又连接欧亚大陆桥，区位十分优越。目前工业部门主要是加工制造业，资源等优势远未发挥，基地的综合功能不强，因而凝聚辐射作用不明显。今后应充分依托能源和区位优势，除继续发挥和提高机械、轻纺、化肥等加工制造业外，还要发展煤、油及其深加工等能源、原材料工业，进一步发挥科技人才优势，强化高技术工业，从而协调工业部门和产品结构，促进和加快大西北的开发和建设。

复习思考题
1. 试分析 1949 年以来中国工业布局的深刻变化。
2. 简析中国能源工业发展和布局的特点。
3. 试分析中国冶金工业发展和布局的特点。
4. 试评述中国化学工业发展和布局的特点。
5. 中国机械工业发展和布局的调整和特点如何？
6. 中国轻、纺工业发展和布局的条件和特点如何？
7. 试述中国高新技术工业发展和布局的特点。
8. 试分析中国主要综合工业基地现状及其前景。

第六章　中国交通运输业发展与布局

第一节　概　　述

一、交通运输业的地位和作用

交通运输业是指人类利用各种运输工具，按一定路线以实现人或物的空间位移的生产部门，它是国民经济建设中联系生产、分配、交换和消费社会再生产环节的纽带，是沟通工农之间、城乡之间、地区之间、部门之间的桥梁。在我国实现四化宏伟目标过程中，发展交通运输业，就更具有其重要意义和作用。

（一）社会生产的基本条件和先行部门

任何生产部门，都要求保证连续不断地获得其所需的原料、材料、燃料以及生活必需品的及时输入，而生产的产品又必须保证及时输出，以满足市场和经济建设的需要。这些都是靠交通运输来完成的。特别是在21世纪现代化的建设过程中，四通八达、布局合理的交通运输，可以促进生产和流通的各环节运转自如，从而有效地提高社会劳动生产率。反之，就要影响生产和堵塞产品的流通渠道，从而影响整个国民经济的发展。所以，交通运输是进行社会生产的必要条件。

国内外大量事实说明，"要想富，先修路"。国家要实现工业化和现代化，交通是先行部门，这是发展国民经济的客观规律。发展现代化工业，特别是煤炭、钢铁等重工业，没有相适应的交通运输条件，是无法进行的。因此，要求交通建设总要先于其他产业发展，这样，才能促进国民经济的发展。

（二）联系工业与农业、城市与乡村的重要桥梁

工业和农业是国民经济两大物质生产部门，它们之间相互依赖、相互促进。工业生产需要大量农产品，农业生产的发展则需要足够的农业机械、化肥、农药等工业品。而交通运输正是实现工农业产品交换的重要手

段，同时也是联系城市与乡村，促进城乡经济繁荣和发展的途径。

（三）加速和扩大商品流通

商品流通是靠运输手段来完成的。交通运输业越发达，商品流通就越快，资金循环周期就越短，成本就越低，经济效益就越高，社会经济也就越繁荣。

（四）加强各民族之间的团结，促进民族经济的繁荣

我国幅员辽阔、民族众多，许多少数民族主要分布在边远地区，而各区域之间的经济文化水平差异很大，必须依靠发达的交通运输来缩小区域差异，扩大交流，沟通心理，有利于开发边远地区的丰富资源，促进边远地区的经济发展，加强各民族之间的团结，更有利于巩固国防。

（五）促进旅游事业的发展

我国是世界上历史悠久的文明古国，富有驰名中外的文化古迹、艺术宝库和革命圣地，名山大川也遍布各地，自然旅游资源和人文旅游资源极其丰富。在我国旅游业方兴未艾的今天，发达的交通运输业的作用就更加重要了。

此外，交通运输业的发展在促进国内外政治、经济、文化的交流，加强与世界各国的友好往来等方面，都具有不可替代的作用。

二、交通运输业的特点

交通运输业是一个特殊的物质生产部门，属第三产业范畴，与其他物质生产部门相比，交通运输业具有以下几个基本特点。

（一）交通运输业并不生产任何新的产品

交通运输业在生产过程中并不改变物质的性质和形态，不能生产新的物质产品。其生产过程中不需要任何原料，而只是实现人和物空间位置的移动，因此，运输对象的数量多少和位移距离大小，就直接影响到运输工作量（吨公里、人公里）。

（二）运输产品不能储存

运输产品的生产过程和消费过程是同时完成，即随着运输对象（客、货）到达目的地，运输产品位移也随即消失。它不像工农业产品那样可以运送、储存和调配。因此，交通运输业的产品是看不见，摸不着的，交通运输业所创造的价值，全部追加到被运送的商品中去。

（三）交通运输业只生产同一产品

工农业生产的各个部门，生产出各种各样的产品，以满足社会各方面

的需求。但是各种运输方式的产品是同一的,都是人和货物空间位置的移动。

三、交通运输业布局原则及影响条件

(一)交通运输业布局原则

交通运输业布局是整个社会经济布局的一个组成部分,是以线状布局为特色的经济布局形式。交通运输业布局在经济布局总原则的指导下,又根据自身的特点和要求,具有其特有的原则。

1. 保证国民经济发展需要

工农业生产的发展,必须有相应的运输条件的保证。尤其是现代化的大工业生产,不论是企业内部的生产过程,还是企业外部的产品销售过程,都需要交通运输及时配合;农业发展中所需各种各样的生产资料和品种丰富的农产品,也都靠交通运输作保证。因此,交通运输业的合理布局,一定要与工业、农业等部门布局相协调,这样,才能保证国民经济的顺利发展。

2. 形成综合交通运输网

国民经济的运输任务是由铁路、水运、公路、航空、管道等运输方式共同完成的。各种运输方式各具特点,各有所长。交通运输布局,要充分发挥各种运输方式的长处,互相配合,互相衔接,协调发展,尽快形成全国综合交通运输网,这样才能提高运输效率,降低运输费用,加快客货到达时间,实现更大的社会效益和经济效益。

3. 充分利用原有的交通运输网

交通运输业的布局不能脱离原有的运输网,应在原有运输网的基础上,因地制宜地选择,发展合理的运输,不论建新线,修复线,利用水运还是采用其他运输方式,都应对现有运输网的完善和发展有利。

4. 有利于巩固国防和开发边疆

交通运输业布局要有利于巩固国防、开发边疆、发展民族经济、加强民族团结。要充分重视这些因素,使边疆要塞、军事要地和少数民族聚居区既有干线与内地相通,又有支线相互连接,这样一旦发生战争或自然灾害,才能保证畅通无阻,应对自如,也才能有利于边贸的繁荣发展。

5. 便于资源开发,尽量少占土地

我国幅员辽阔,人均资源不足,在交通运输业布局过程中,应考虑到要有利于资源开发,使我国有限的自然资源得到顺利开发、充分利用。同时要牢记"珍惜每一寸土地",建设任何一种交通运输设施,都要尽量少占土地,并要与城市规划相结合。

(二) 影响交通运输业布局的条件

交通运输业布局,也受到自然条件、社会经济条件和技术条件的影响。

1. 自然条件

交通运输业生产,是凭借自然条件和路线在运动中进行的,它的布局受到自然资源、地形、地质、水文、气候等不同自然条件的影响。自然资源的禀赋程度影响着交通运输的建设和布局;地形起伏、地质结构均影响着铁路和公路选线和造价;不同的水文条件影响着水路运输及桥梁建设;复杂的气候会影响不同运输方式的建设。因此,因地制宜,按照不同运输方式的特点,合理利用、适应和改造自然条件是交通运输业布局的一个重要方面。

2. 社会经济条件

交通运输业的发展和布局取决于国民经济发展的需要。

工业和农业生产的发展,必然会增大对原料、燃料、成品等物资的运输量,也必然会扩大地区与地区之间的经济联系;旅游业的迅速发展,也要求交通运输的保证,这些都是交通运输业布局的依据。

人口条件也是影响交通运输业布局的重要条件。作为运输对象的人,其数量、密度、经济文化水平和职业构成,都影响客运量的大小。特别是我国人口众多,人口流动量大,对交通运输业的生产建设和发展都有重要影响。

3. 技术条件

现代交通运输业的发展是和科学技术的发展密切相关的。如电力机车的诞生为在地形崎岖的山区发展铁路创造了条件;大吨位船舶的建造,使深水海岸线得以充分利用;管道的出现使原油能克服自然障碍而迅速、大量地运输;高速公路的建成,大大密切了地区之间的联系等。总之,交通运输业的发展过程就是应用新的科学技术来利用和改造自然条件,创造新的交通运输工具,提高运输效率的过程。因此,根据新的技术发展趋势,及时掌握新技术的信息,合理选择运输业的技术类型,是交通运输业布局的重要课题。

四、我国交通运输业的发展概况

（一）旧中国交通运输业的特点

由于长期的封建统治和近百年来帝国主义的侵略，以及多年来频繁的战争破坏，旧中国交通运输业处于十分落后的状态，其特点是：

1. 数量少，发展慢

自1876年兴修第一条沪淞铁路，到1949年的73年间，一共修建铁路2.2万公里，平均每年只修300公里，全国通车里程仅有1.1万公里。在每百平方公里面积上仅有铁路0.23公里，是世界大国中拥有铁路最少的国家之一。全国公路仅13万公里，但能通车的只有7.5万公里，仅占58%，一半以上的县城不能通汽车。全国43万公里长的河道只有7.3万公里通航，仅占17%。民用航空运输更是落后，航线稀少，全国只有1万公里左右。按能通行的铁路、公路、内河三种交通线合计，全国交通网密度每百平方公里仅有1.6公里。

2. 质量差，效率低

旧中国铁路主要是帝国主义国家直接投资或贷款修建的，例如法国修建的滇越铁路，俄国修建的中东铁路，德国修建的胶济铁路等。在运营管理和技术设备上也分别受有关国家的控制，从而造成了旧中国的铁路设备类型多样，线路质量差，建筑标准各异，技术装备落后和残缺不全，管理制度混乱，运输效率低。当时质量比较好的京汉铁路，行车时速只有每小时15~30公里；全国公路有一半以上没有路面，数量有限的汽车中，货车所占比重不到一半；内河航道大部分是天然航道，缺乏导航设备，轮船主要是设备陈旧的老船和小船，船龄在20年以上的轮船占5%以上；航空运输更是设备落后，事故经常发生，运输效率极低。

3. 分布极不平衡

全国铁路主要集中在东北和东部沿海一带，这里占全国面积的40%，却占有全国铁路总长度的94%，东北地区占全国面积不足9%，而铁路却占全国的50%左右。京广线以西广大地区占全国总面积的60%，铁路却只占全国的6%；公路集中在东部和中部；内河航线，长江中下游的六省市和广东、广西等省区，共占了全国通航里程的70%，上海一个港口的年吞吐量就占当时全国港口的一半以上。

4. 半封建、半殖民地性质显著

帝国主义和官僚买办直接控制着交通运输业。帝国主义采取多种手段，几乎全部控制了我国的铁路。1937年帝国主义控制了我国90%的铁路。抗日战争胜利后，帝国主义与官僚资本相勾结，控制了旧中国的交通命脉。一条条运输线路，是帝国主义掠夺原料、推销商品、榨取中国人民血汗的吸血管，可见旧中国交通运输业，具有浓厚的半封建、半殖民地的特性。

（二）新中国交通运输业的发展

新中国成立以来，我国交通运输业有了较大的发展，尤其是改革开放以后，我国经济建设突飞猛进，交通运输业也呈现一派欣欣向荣的景象。

1. 交通运输业迅速发展

到2005年，全国各种运输线路总长度已达417.17万多公里，是1949年的22倍；是1978年的3.4倍。铁路营业里程达7.54万公里；公路通车里程达193.05万公里，其中高速公路里程达4.1万公里；内河通航里程达12.33万公里；民用航空线达199.85万公里，其中国际航线为85.59万公里；管道运输里程达4.4万公里。运输能力也大大增强，2005年各种运输工具完成的货物周转量为80258亿吨公里，是1949年的314倍，是1978年的8倍多。其中，铁路货物周转量为20726亿吨公里；公路为8693.2亿吨公里；水运为49672.3亿吨公里；民航为78.9亿吨公里；管道为1088亿吨公里。2005年各种运输工具完成的客运量为1847018万人，是1978年的7倍多，其中：铁路客运量为115583万人，公路为1697381万人，水运为20227万人，民航为13827万人。交通运输业的迅速发展，对我国经济协调发展发挥了重要作用。我国运输线路长度见表6-1。

表6-1　运输线路长度　　　　　　　单位：万公里

年份	铁路营业里程	国家铁路电气化里程	公路营业里程	高速公路	内河营业里程	民航营业里程	国际航线	管道里程
1949	2.2		8.07		1.14			
1952	2.29		12.67		9.5	1.31	0.51	
1965	3.64	0.01	51.45		15.77	3.94	0.45	0.04
1978	5.17	0.10	89.02		13.60	14.89	5.53	0.83
1981	5.39	0.17	89.75		10.87	21.83	8.28	0.97
1985	5.50	0.42	94.24		10.91	27.72	10.60	1.17
1990	5.78	0.69	102.83	0.05	10.92	50.68	16.64	1.59

续表

年份	铁路营业 里程	国家铁路 电气化里程	公路营业 里程	高速公路	内河 营业 里程	民航营业 里程	国际航线	管道 里程
1995	5.97	0.97	115.70	0.21	11.06	112.90	34.82	1.72
2000	6.87	1.49	140.27	1.63	11.93	150.29	50.84	2.47
2001	7.01	1.60	169.80	1.94	12.15	155.36	51.69	2.76
2003	7.30	1.81	180.98	2.97	12.40	174.95	71.53	3.26
2005	7.54	1.94	193.05	4.10	12.33	199.85	85.59	4.40

资料来源：根据2006年《中国统计年鉴》整理。

2. 全国统一的综合运输网基本形成

新中国成立后随着我国经济布局的变化，交通运输业的布局也发生了根本改变。尤以西部地区的变化最为显著，新建了多条铁路和公路。在西南地区陆续兴建了成渝、宝成、渝黔、贵昆、湘黔、成昆、襄渝、南昆等铁路，初步形成了西南地区的铁路网骨架。在西北地区相继建成了兰青、兰新、包兰、南疆、宝中等铁路，尤其是连接西北与西南的青藏铁路建成通车后，全国各省、市、自治区都有了铁路。在全国还同时新建了川藏、新藏、青藏、滇藏等公路，改变了历史上青藏高原与其他地区的交通隔绝状态。同江至三亚，北京至珠海，连云港至霍尔果斯，上海至成都，这4条"两纵两横"的国道主干线的建成，把我国沿海与内地有机地连接在一起。内河、民航和管道运输都有较快发展，大大改善了全国运网布局，目前全国已基本形成以北京为中心的"水、陆、空"立体交通网。我国客货运量和周转量变化见表6-2。

表6-2 客货运量和周转量

项目	年 份						
	1949	1978	1985	1990	1995	2000	2005
一、旅客运输							
客运量总计（亿人）	1.37	25.39	62.02	77.26	117.26	147.86	184.70
其中：铁路	1.03	8.15	11.21	9.57	10.27	10.51	11.56
公路	0.18	14.92	47.65	64.80	104.08	134.74	169.74
水运	0.16	2.30	3.08	2.72	2.40	1.94	2.02
民航		0.023	0.075	0.17	0.51	0.67	1.38

续表

项目	年份							
	1949	1978	1985	1990	1995	2000	2005
旅客周转量总计（亿人公里）	155	1743.1	4436.4	5628.3	9001.9	12261.0	17466.7
其中：铁路	130	1093.2	2416.1	2612.6	3545.7	4532.6	6062.0
公路	8	521.3	1724.9	2620.3	4603.1	6657.4	9291.1
水运	15	100.6	178.7	164.9	171.8	100.5	67.8
民航	2	27.9	116.7	230.5	681.3	970.5	2044.9
二、货物运输							
货运量总计（万吨）	18.09	248946	245763	970602	1234938	1358682	1862066
其中：铁路	5.59	110119	130709	970602	165982	178581	269296
公路	7.96	85182	538062	724040	940387	1038813	1341778
水运	2.54	43292	63322	80094	113194	122391	219648
民航	2	6.4	19.5	37.0	101.1	196.7	306.7
管道		10374	13650	15750	15274	18700	31037
货物周转量总计（亿万公里）	255.47	9829	18365	26207	35909	44321	80258
其中：铁路	184.00	5345.2	8125.7	10622.4	13049.5	13770.5	20726.0
公路	8.14	274.1	1903.2	3358.1	4694.9	6129.4	8693.2
水运	63.12	3779.2	7729.3	11591.9	17552.2	23734.2	49672.3
民航	0.21	0.97	4.15	8.20	22.30	50.27	78.90
管道		430	603	627	590	636	1088

资料来源：根据2006年《中国统计年鉴》整理。

3. 交通运输业的现代化有所发展

随着经济的发展和科学技术的提高，交通运输业的现代化也发展很快。到2005年，我国电气化铁路达1.94万公里，占铁路营业里程的25.73%。高速公路达4.1万公里，占公路的2.1%。2007年4月18日开始铁路第6次大提速，"D"字打头的动车组列车是此次铁路提速的最大亮点，高科技的运用，使第6次大提速成为我国铁路史上的里程碑。高速铁路的修建，磁悬浮列车的使用，大马力船舶和大飞机的制造，装卸作业机械化，集装箱运输的发展等，都体现交通运输的现代化已发展到空前的先进水平。

4. 开展了合理运输

所谓合理运输，就是从生产到消费的运输过程中，走最短的里程，用最快的时间，经最少的环节，以最少的消耗选择最经济合理的运输路线和运输工具，以最低的运费，完成运输任务，就是合理运输。很显然，合理运输所达到的目的，就是要做好各种运输方式相互衔接，发挥组合效率和整体优势，形成便捷、通畅、高效、安全的综合交通运输体系，以便促进区域协调发展，实现经济效益最大化。

针对煤炭等主要大宗货流制定了合理流向，修建了运输煤炭专线、煤炭专用码头，通过水、陆使"北煤南运"实现合理运输。我国还要修建多条客运专线，以解决客、货运输紧张局面。

我国交通运输业的发展成绩斐然，但是，也存在很多问题。

第一，交通运输业的发展不能满足经济发展和人民生活的需要。如1978—2005年，我国国内生产总值增长了近50倍，人均国内生产总值增长了36倍，而运输线路总长度只增长2倍多，其中铁路只增长0.45倍，公路只增长1倍多。而内河航运却成了负增长。

第二，各种运输方式发展不够协调，分工不尽合理。如1978—2005年间，民航发展迅速，运输线路长度增长13倍，而水运发展缓慢，优越的水运条件还未得到充分利用，特别是内河航道在减少；公路的运输作用也未能充分发挥，高速公路从无到有发展较快，但分布极不平衡，仍无法满足经济发展的需要，铁路运输一直是我国交通运输业发展的重点。

第三，货流的地区分布极不平衡。主要集中在华北、东北和华东，这三个地区占全国铁路货运总量的60%以上，水运、公路、管道运量占全国的比重更大。货物总的流向是由北向南，由东向西，但不同的运输方式亦不尽相同。铁路运输是进关大于出关，由东向西的运量大于由西向东的运量；沿海水运，由北向南的运量要大；而长江水运量是下水大于上水，即由西向东运量大于由东向西。

（三）各种运输方式的经济评价

现代交通运输方式主要包括铁路运输、公路运输、水上运输（包括内河运输和海上运输）、航空运输、管道运输和民间运输等。各种运输方式采用不同的运输工具，具有不同的特点，适应不同的运输范围。我国在全面建设小康社会的关键时期，对运输的要求是综合的、全面的。它要求载运量大，投资少，运价低，速度快，安全准点，连续性强，灵活性大，受季节和环境等外界条件变化影响小。各种运输方式都有自己的长处，也各有其局限性，很难同时满足上述要求。所以，在组织商品运输时，要根据商品的特点，运输距离的远近和供应任务的缓急，正确地选择运输方式，合理地使用各种运输工具。

1. 铁路运输

铁路运输的载运量大，运输成本低，略高于水运成本，而低于公路运输。运输作业连续性强，一般不受气候的影响，能保证一年四季、昼夜不停地连续运输，而且具有较高的可靠性。铁路网是相互衔接的整体，便于统一管理和指挥，比较安全、准点。因此，铁路运输适合大宗、笨重物资如煤炭、矿石、建筑材料等和旅客的中长距离的运输。但铁路造价高、建设周期长、占用土地多、灵活性较差、短途运输成本高等不足。

2. 公路运输

公路运输是我国运输范围最广、运输线路最长、最普遍的运输方式。公路运输具有高度的灵活性，装卸方便，可以在短时间内把运输物品按照需要的数量，在指定地点集中起来，也可以很快分散出去，还可以直接深入到广大的中小城市和偏僻山区、农村，实现"门到门"的运输。公路作为铁路和水运干线的辅助线，发挥着重要作用，特别是在无铁路和水运的地区，公路承担着干线运输任务。公路运输对不同的自然条件适应性强。但公路运输运载量小、耗能大、成本高、劳动生产率低，不宜载运大宗笨重货物的长距离运输。

3. 水路运输

水路运输包括内河运输和海洋运输。其特点是载运量大，投资省、运价低、耗能少、可不占或少占农田，通过能力大，一条水道可以容纳许多船只上下对驶航行，海上通船能力更不受限制。据统计，内河航道每公里的投资大约为公路的 1/10，铁路的 1/100。成本和运费相当于铁路的 20%～30%。水路运输的缺点是受自然条件限制大，连续性差，灵活性小，速度慢，商品在途中时间长，损耗大，资金周转慢。因此，水运适宜大型、笨重、大宗货物的长途运输。

4. 航空运输

航空运输是一种现代化的运输方式。它的突出优点是运输速度快，不受地形条件的限制，航线最直，灵活性大，对远距离和交通不便的地区具有特殊的作用。但是，航空运输运量小，耗能大，成本高。制造飞机所需的材料及飞机飞行时消耗的燃料价格很昂贵。在我国，航空运输主要承担国际和国内各大城市之间的长途旅客运输以及运送小批量贵重、鲜活、急件、报刊和时间性强的物品。

5. 管道运输

管道运输在我国是一种新的运输方式。它具有运量大，成本低，损耗少，连续性强，占地少，受自然条件影响小，能够大量不间断运送，安全可靠，经济合理，自动化水平高等优点。目前，我国管道运输，只用于输送石油、天然气、煤气等。现在世界上有的国家管道运输可输送煤炭、矿石和沙子等固体物质，其今后的发展空间很大，是一种很有发展前途的运输方式。

6. 民间运输

民间运输主要是利用人力、畜力、自然风力等为动力的运输，如人力车、畜力车、木帆船、马帮、牦牛、骆驼等为主要运输工具的运输。此种运输运量小，速度慢，劳动强度大，受气候和季节影响大，但灵活、方便、联系面相当广泛，在生产力低下的农牧区、少数民族地区、边远山区等，还是较为重要的运输方式，同时也是农牧地区副业收入的重要来源，对经济发展也有一定的作用。

此外，输电线路，从输送能源角度看，也是一种运输方式。

综上所述，各种运输方式都有其一定的适用范围，只有通过具体的技术经济比较，选择合理的运输路线，才能使生产、供应、运输、销售中的各个环节，各个工序的联系和配合更加密切。货物的运输过程，往往需要几种运输方式来完成，因此在组织运输时，一定要本着生产和市场的最大经济效益，以节约社会必要劳动为目的，合理选用各种运输方式和运输工具。

第二节　铁路网布局

铁路是我国现代化交通运输的骨干，在各种运输方式中一直起着主导作用。用现代化技术装备起来的铁路，不仅比其他运输方式具有优越性，而且保证了对国民经济有决定意义的运输任务，大宗物资长途调运和旅客长途旅行主要靠铁路。2005年，铁路货物周转量占全国货物周转量26%，铁路旅客周转量占全国35%。此外铁路运输本身也是一个物质生产部门，每年能够创造巨大的物质财富和经济效益，支援国家现代化建设。

一、我国铁路运输的发展

我国从1876年修建上海至吴淞的第一条铁路,到1949年的73年间,一共只修建2.2万公里铁路,路网密度每百平方公里0.23公里,分布偏于东部沿海和东北地区,且质量差,运能低,尚未形成有效的路网。

新中国成立后,针对铁路一少、二偏、三落后的特点,加强了旧线改造,积极建设新线提高运输能力,合理规划布局,经过六十年的发展,我国铁路网布局已初具规模。

新中国成立后,我国铁路建设有了很大发展。铁路通车里程不断增长,至2008年,铁路营业里程达8万公里,居世界第二位,亚洲第一位。电气化铁路达1.94万公里,占铁路营业里程的26%,位于世界各国家电气化铁路长度排位第三名。复线里程达2.45万公里,占全国32.5%。客运周转量和货物周转量均有较快发展。但是,我国铁路网密度还较低,每平方公里只有0.78公里,在世界排名还是靠后的。

新中国成立六十年来,我国铁路网布局也发生了巨大变化。不仅东部、中部地区的铁路网得到进一步完善和加密,而且原来没有铁路的西北、西南诸多省区,也都结束无铁路的历史,至2005年,西北地区铁路营业里程达1万多公里,占全国13.3%。在西南地区建成了环形路网骨架,大大改变了西部地区交通闭塞的状况。南疆铁路、南昆铁路和青藏铁路的建成通车,对发展少数民族经济、巩固国防、改善铁路网布局,都起到重要作用。尤其是青藏铁路的修建,创造了我国铁路史上的奇迹。

随着社会经济不断发展,铁路技术装备也有了明显进步。牵引动力也经历了由蒸汽机车到内燃机车和电力机车的变化过程,从上世纪90代至今,火车经过6次大提速使我国铁路驶上快车道,"D"字头动车组列车时速可达200公里以上,即使时速达250公里,旅客在车厢内如同"闲庭信步"。

隧道和铁路桥梁建设已达国际水平。已建成的衡广复线上的大瑶山隧道长达14.29公里,是世界上十大隧道之一,而于2007年1月正式通车的秦岭终南山隧道,全长18.02公里,这是我国自行设计施工的世界最长的双洞隧道。在第一大河长江上,自武汉长江大桥1957年建成以来,又相继建起多条长江大桥,"一桥飞架南北,天堑变通途"早已成为现实。

我国铁路运输业的发展,大大提高了市场份额,增强了铁路竞争力,促进了社会经济的发展。但我国铁路运输仍滞后于经济发展,远远满足不了需要。不但比发达国家有很大差距，就是和许多发展中国家相比我们也比较落后。特别是西南、东北、华东通路和煤炭外运通路运能紧张问题尚未得到明显缓解，西部民族地区交通不便状况也未能较好地改善，因此，为了我国尽快地富强起来，一定要建成适合我国国情的、有相当规模的现代化铁路网。

二、主要铁路干线和铁路网

新中国成立六十年来，我国铁路网的地区分布日趋合理，现有的铁路网基本上和第一、二、三产业布局密切配合。根据"十五"规划和我国的国情，我国铁路网的基本特点是，以北京为中心，形成"八纵八横"铁路主通道，构成纵贯我国南北和横贯我国东西的铁路骨架。此外，还通过一些支线、联络线、专用线等把全国主要的工矿城镇及农、林、牧业生产基地连成一个整体。

（一）"八纵"主通道

1. 京哈通道

该通道由京哈线和滨州线组成。京哈线从北京到哈尔滨，全长1388公里，滨洲线从哈尔滨到满洲里，全长935公里，两线共长约2323公里。

这两条铁路线由北京出发经过东北三省省会沈阳、长春、哈尔滨，一直到中俄边境城市满洲里，这是华北联系东北的重要通道。沿线物产丰富，是我国木材、牲畜及肉乳品供应基地，也是大豆、高粱和甜菜糖以及石油、煤、钢铁、汽车和重型机器重要产地。南运货物主要有煤炭、钢材、机械、大豆；北运货物主要有煤炭和日用工业品等。滨洲线和俄罗斯铁路紧密相连，中俄贸易日益繁忙，在沈阳交汇沈丹线，可直通朝鲜。该通道对促进东北地区经济发展有着重要意义。

2. 沿海通道

这条通道是我国东部沿海交通大动脉，经过的城市是沈阳、大连、烟台、启东、无锡、上海、杭州、宁波、温州、厦门、广州、湛江、全长4000多公里。该通道不仅经过多座对外开放港口城市，还使东北、环渤海、长江三角洲三大经济圈更加紧密相连。沿线自然条件优越，经济高度发达，不论是农业、工业、交通运输，还是商业、旅游业、城市化水平，在全国都处于领先地位。它向西可辐射带动广大中西部地区，向东可以走向世界。两种资源，两个市场，在这里得到充分展示和发挥，这是一条充满活力和大有发展空间的主要通道。

3. 京沪通道

京沪通道从北京南下,穿过河北、山东、安徽、江苏四省,沟通京、津、沪三大直辖市,跨越海河、黄河、淮河、长江四大水系,连接华北平原、江淮平原和长江三角洲,到达我国最大城市上海,全长1462公里,全程均为复线。

该通道在德州有石德线,在济南有胶济线,在兖州有兖菏线和兖石线,在徐州与陇海线相交,在蚌埠有淮南线,在南京有宁芜线,在上海与沪杭线连接。

沿线地势低平,人口稠密,城镇密布,运输繁忙,是我国经济高度发达地区。南运货物主要有煤炭、钢铁、棉花、木材、油料、杂粮、烟草和温带水果等,北运货物主要有机械、仪表、布匹、纺织品、茶叶、日用工业品等。新建的皖赣铁路北起芜湖南达贵溪接浙赣线;新建的新长铁路北起新沂接陇海线,南达长兴,对缓解京沪通道交通紧张状况具有重要意义。

4. 京九通道

京九通道北起北京,经河北霸州、衡水,山东聊城、菏泽,河南商丘,安徽阜阳,湖北麻城,江西九江、南昌、吉安、赣州,广东龙川、惠州至深圳,连接香港九龙,跨越九省市区,全长2370公里。该线是我国铁路建设史上规模最大,投资最多,一次建成线路最长的铁路干线。

京九线位于京沪线和京广线两条平行铁路线之间,由北向南跨越海河、黄河、淮河、长江、珠江等众多大河,并在商丘、向塘与陇海、浙赣线相交。1996年9月1日正式运营,为1997年7月1日香港回归献上一份厚礼。它的建设对完善我国铁路布局,缓和南北运输紧张状况,带动沿线地方资源开发,推动革命老区经济发展,加快老区人民脱贫致富,促进港澳地区稳定繁荣,扩大加强大陆与港澳台地区经济文化交流,都具深远的重要意义。

5. 京广通道

京广通道北起北京,南至广州,横贯我国中部,经过河北石家庄、河南郑州、湖北武汉、湖南长沙、衡阳、广东韶关至广州。跨越海河、黄河、淮河、长江、珠江五大流域,连接华北平原、两湖平原、江南丘陵、珠江三角洲,全长2313公里。

京广线为我国南北间的中轴线,在石家庄连接石太、石德线;在郑州与陇海线相交;在武汉连接汉丹和武九线;在株洲与湘黔、浙赣线相会;

衡阳是湘桂线的起点；广州有广深、广梅汕、广三等线。

京广铁路沿线煤、铁、有色金属和农产品资源丰富，经济发达，人口稠密，货运量巨大。南运货物主要有煤炭、钢铁、石油、木材及出口物资；北运货物主要有稻米、茶叶、桐油、蔗糖、亚热带水果、有色金属及进口物资。

6. 大湛通道

大湛通道是指从山西大同、太原经河南焦作、洛阳、湖南石门、益阳、永州、怀化、广西柳州至广东湛江。该通道经各专线与工矿区、农林山区相连，最后直达海南。

该通道是由北同蒲线、石太线、太焦线、焦柳线、湘桂线、黎湛线和粤海等线组成，沿线经过山西、河南、湖北、湖南、广西、广东、海南七省区，北从山西煤都大同出发，南到海南省会海口市，全线长3000多公里。

全线除北同蒲线的357公里外，其余均为新中国成立后兴建的南北铁路干线，在大同有京包线和大秦线，在原平有京原线，在洛阳与陇海线相交，在襄樊与汉丹线、襄渝线连接，在怀化与湘黔线相交，在柳州与湘桂、黔桂线连接，在湛江与粤海线连接，庞大的铁路网，和祖国各地紧密相连。

沿途盛产粮食、棉花、油料、木材、烟叶等农副产品，矿产资源如煤、铁、有色金属等也很丰富，晋煤外运的任务十分繁重。该线对分担京广线运输，改善铁路布局，开发少数民族地区经济，提高晋煤外运能力等，都具有重要意义。

7. 包南通道

该通道北起草原钢城包头，南到广西"绿城"南宁，沿线经过内蒙古、陕西、四川、重庆、贵州、广西六省市区，全长近3000公里，这是我国又一条南北主干道。

沿线跨过黄河、渭河、长江、红水河等河流，经过内蒙古高原，黄土高原，汉中盆地，四川盆地，云贵高原和广西丘陵。所经城市有包头、延安、西安、重庆、贵阳、柳州、南宁等，它们和京包线、包兰线、陇海线、襄渝线、成渝线、渝黔线、湘桂线等多条铁路相连，组成四通八达的铁路交通网。

该线所经地区资源品种齐全、煤、铁、有色金属都很丰富，包头是著名的草原钢城，内蒙古、陕西和贵州又是重要的煤炭产地；广西的有色金属，特别是铝土等也非常著名。农产品也很丰富，有小麦、稻米、油菜、桑蚕、木材、烤烟和亚热带水果等。这里的旅游资源也极其丰富。该通道位于我国西部地区，经济发展缓慢，今后应通过交通运输的发展，来提升这些地区的社会经济地位。

8. 银昆通道

银昆通道北起宁夏首府银川，南到云南省会昆明，经过甘肃、陕西宝鸡、四川成都、西昌和云南昆明五省区，全长约2500公里。该通道由包兰、宝中、宝成、成昆四条铁路线组成，整个铁路线均为新中国成立后兴建，是西部地区一条重要的南北大通道，可以经河口与越南铁路相接。

沿线穿过银川平原、六盘山、秦岭、大巴山、大小凉山，越过大渡河、金沙江，地质地貌条件极为复杂，高山深谷，气候多变，工程异常艰巨。其中宝中线上六盘山隧道和桥梁就有40座，而在成昆1085公里的铁路线上，就有隧道424条，桥梁658座，隧道和桥梁总长度400公里，创造了世界铁路史上的奇迹。

宝中线在中卫与包兰线连接，在宝鸡与陇海线连接；宝成线在成都与成渝线连接；成昆线在昆明与贵昆、南昆和昆河线连接。沿线是我国物产丰富和多民族聚居区，煤、铁、石油、有色金属、天然气等都很丰富；粮食、土特产、木材和亚热带水果也很著名。南部通过中越边境的河口与越南铁路连接，便于对外开放。该通道在提高路网的综合运输能力，加速西部资源的开发利用，促进经济繁荣和加强民族团结等，都将产生重要作用。

(二)"八横"主通道

1. 京藏通道

该通道自北京至拉萨，经过河北、山西、内蒙古、宁夏、甘肃、青海和西藏八省区市。全线由京包、包兰、兰青和青藏4条铁路线组成，全长3785公里，是沟通华北、西北和西藏的重要干线。

京包线在大同与同蒲线连接，在集宁与集二线连接；包兰线在中卫与宝中线连接，在兰州与陇海、兰青、兰新线连接；青藏线由西宁到拉萨，全长1956公里，是刚通车运营唯一通往西藏的大动脉。

沿线资源极为丰富，河套平原和宁夏平原是我国重要的商品粮生产基地，内蒙古为我国最大的畜牧业基地，呼和浩特、包头、银川都是畜产品集散地；宁夏丰富的矿产，柴达木享有"聚宝盆"之称，西藏更是待开发的处女地。西运货物主要是钢铁、机械设备、煤炭、木材、茶叶和日用品等；东运货物主要有煤炭、矿石、畜产品、棉花等。这条重要的东西干线，对繁荣民族地区的经济，增强民族团结，巩固国防都有重要意义，尤其是对西藏的发展和开放，将起到积极的作用。

2. 煤运北通道

该通道由大秦铁路和神黄铁路组成，全长1473公里。

为进一步提高晋煤东运的能力，并与秦皇岛港的扩建相适应，我国在上世纪80年代修建了第一条现代化运煤专线——大秦铁路。该线西起大同，东至秦皇岛，途经山西、河北、北京和天津四省市，全长653公里。秦皇岛港背山面水，港阔水深，是一个不冻的天然良港，这里已新建成我国最大的与铁路线相连的煤炭专用码头，年运量可达1亿吨以上，是我国运煤能力最强的铁路线。

被称为西煤东运"第二通道"的神黄铁路，西起内蒙古、陕西交界的神府东胜煤田，东至渤海之滨的黄骅市，途经山西、河北，全长820多公里，远期设计年运力为1亿吨。

神府东胜煤田跨内蒙古、陕西两省区，紧邻山西，现探明储量为2300亿吨，接近全国探明储量的1/3。兴建这条铁路通道，是为了源源不断地运出内蒙古、陕西、山西交界处的优质煤炭，以解京津沪及东部发达地区的燃"煤"之急，这是跨世纪的特大工程，意义极其深远。

3. 煤运南通道

该通道由山西长治—山东青岛和从山西侯马—山东日照两条线组成，全长2000多公里。

为了解决山西南部煤炭外运问题，由长治市经邯长线到邯郸，再经过京广、石德、胶济等线，将晋煤输送到现代化大港青岛，该线全长约1000公里。另一条线是从晋南的侯马市，经侯月线到月山站，东连新乡、焦作、兖州，直达山东沿海日照港，该线全长约1000公里，以上两条通道又和多条铁路线相连，成为四通八达的运输网，加之和陇海线平行，又成为另一条东西向的铁路干线，对加快山西能源重化工基地建设，加大晋煤外运能力，发展晋东南经济和改善老区人民生活，促进山西改革开放都具有重要意义。

4. 欧亚大陆桥中国段通道

欧亚大陆桥中国段由陇海线、兰新线和北疆线三线组成。陇海线东起黄海之滨的连云港，西到内陆腹心兰州市，全长1760公里；兰新线从兰州到乌鲁木齐，全长1892公里；北疆线从乌鲁木齐到阿拉山口，全长

460公里，三线共计4112公里。经过江苏、安徽、河南、陕西、甘肃、新疆六省区和徐州、郑州、洛阳、西安、兰州、乌鲁木齐等城市。横贯黄淮平原、豫中平原、关中平原、黄土高原，穿过河西走廊，进入天山山地。

该线在徐州与京沪线相交，在郑州与京广线相交，在洛阳与焦柳线相交，在宝鸡与宝成线连接，在兰州与包兰线和兰青线连接，在吐鲁番与南疆线相连。

沿线有丰富的煤、石油、铁、有色金属、工业用品、畜产品和棉花等，人口众多，城镇遍布，把经济发达的沿海地区和重点开发的大西北紧密相连，大大促进了东西间的物资交流，对我国经济发展，开发大西北和巩固国防，都有重要意义。

新欧亚大陆桥以连云港为起点，到阿拉山口出国境，至荷兰的鹿特丹港为终点，横跨亚欧两大洲，连接太平洋和大西洋，穿越中国、哈萨克斯坦、俄罗斯、白俄罗斯、波兰、德国、荷兰等国，辐射30多个国家，全长约11000公里，比海上运距缩短约5000海里，运费和时间分别节省约20%和70%。该通道可以吸引我国外资总额80%的出口运输，是我国西北、西南以及中原各省区通往中亚、中东、欧洲的捷径，将对世界经济、贸易、运输格局和我国对外开放产生重大影响，这是一条通向世界大舞台的东西向大动脉。详见图6-1中国主要铁路图。

5. 宁西通道

该通道西起陕西西安，东至江苏南京、启东，途经陕西、河南、湖北、安徽、江苏五省，全长1558公里。

该通道由宁西铁路和宁启铁路组成。宁西线在西安与包西线、陇海线、安康线连接，在河南省南阳、信阳、潢川分别与焦枝、京广、京九线交会，在合肥连接淮南线，在南京连接京沪线。宁启铁路从南京至启东，是"江北的沪宁线"。该铁路通车后，大大缩短了西北至华东的距离，从西安到合肥、南京、上海可以实现"夕发朝至"。

宁西铁路是我国西部大开发的重要标志性工程，也是我国陇海线与长江之间、连接西北与中南、华东的又一条便捷的东西向铁路大通道。东运货物主要是煤炭、钢铁、木材、粮食、棉花、油料、烟草等，西运的货物主要是机械、仪表、纺织品、日用工业品、茶叶等。这对于西部大开发，东、中、西联动发展，缓解陇海、京沪线的运输，都有着极其重要意义。见图6-1：中国主要铁路。

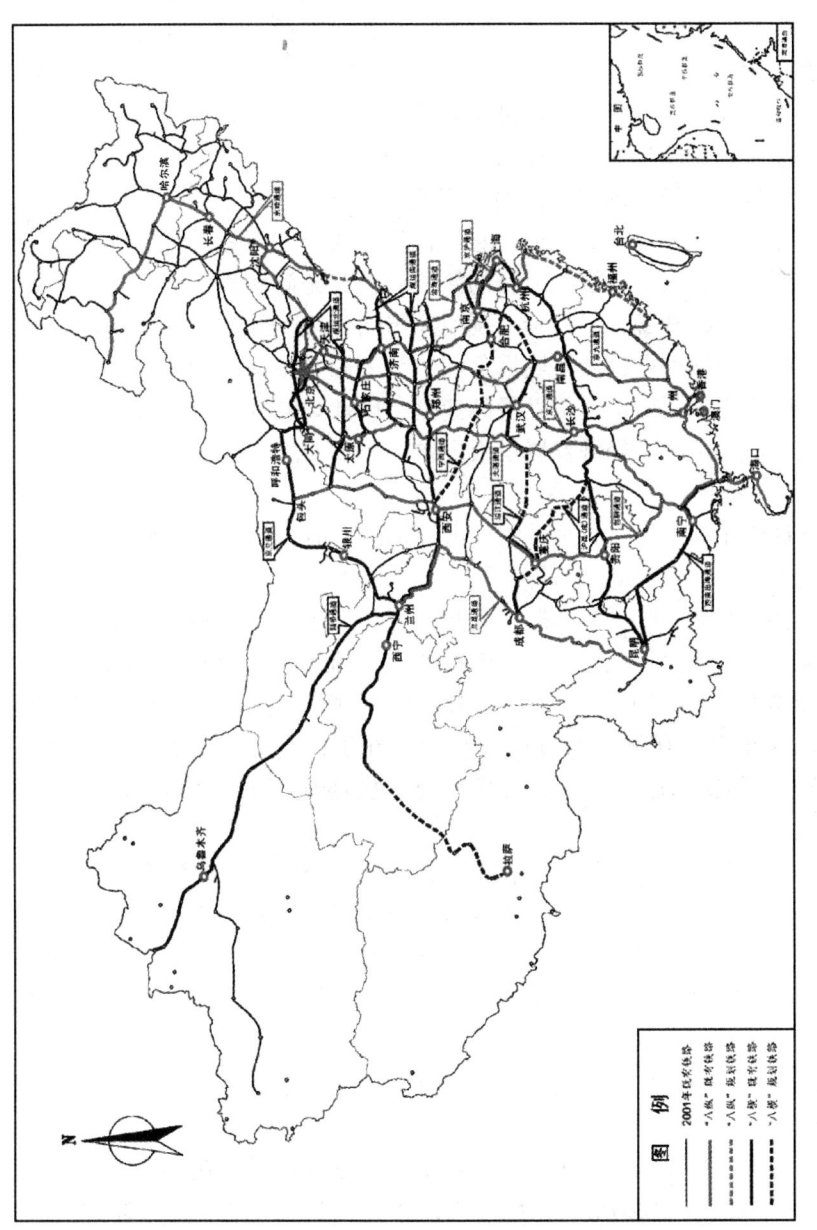

第六章　中国交通运输业发展与布局

图 6-1　中国主要铁路

6. 沿江通道

该通道是指沿长江修建西起重庆东到上海的铁路。分江南和江北两个走向，现在江南线东段从上海沿长江已经修到安徽铜陵，铜陵至江西九江段正在建设中；西段从重庆黔江——张家界，这条黔张线已上报铁道部。张家界到石门是枝柳线一段，再从石门经岳阳到九江，整个沿江通道（江南线）就可以全线贯通。全长约2600公里。

从重庆向东经过湖南、江西、安徽、江苏、直达上海市，这将是大西南通往上海最近、最快的通道，它不仅使重庆、上海能够优势互补，共同发展，同时也将会带动沿线地区的繁荣。尤其是湖南省，它与华东铁路联系主要靠浙赣线和株洲这个唯一通道，由于运输繁忙，浙赣线运力有限，目前浙赣线与株洲站已经不堪重负，严重的影响湖南与华东各省的经济交流，同时也影响了湖南经济发展的速度。因此，开辟通往华东各省的第二大通道，对加速湖南经济发展也很重要。

7. 沪昆通道

该通道东起上海，西至昆明，由沪杭线、浙赣线、湘黔线和贵昆线四条铁路组成，全长2677公里。

这四条线经过上海、浙江杭州、江西鹰潭、湖南株洲和怀化、贵州贵阳和云南昆明五省一市，连接长江三角洲、鄱阳湖平原、江南丘陵和云贵高原。在上海与京沪线连接，在鹰潭与鹰厦线连接，在株洲与京广线相交，在怀化与枝柳线相交，在贵阳与渝黔、黔桂两线相连，在昆明与成昆、昆河、南昆三线相连。昆河线经过边境河口与越南铁路相通。

该通道东段人口密集，工农业发达，货运繁忙。东运的货物主要有粮食、木材、毛竹和有色金属；西运的货物主要有钢铁、机器、水泥、日用百货等。这是一条与陇海线、长江航道平行的又一条交通大动脉，是沟通东、中、西的纽带，对经济发展和布局极其有利。

8. 西南出海大通道

该通道西起昆明、东至湛江，途经云南，贵州、广西、广东四省区，全长约1330公里，由南昆线和黎湛线组成。

南昆线东经湘桂线可达边境凭祥市，与越南铁路相接，北经贵昆线可达贵阳；黎湛线经粤海、广茂线可与广州、海口、三亚相通，通过支线还与防城、北海相连，经北部湾可以通向南洋、中西亚和欧美。

南昆铁路是上个世纪90年代中国最大的扶贫工程，它的建成使滇东、黔南和桂北广大山区占全国1/5的贫困人口直接受益而走上脱贫致富之路。沿线资源丰富，少数民族聚居。贵州煤、云南磷、广西铝和石油，还有种类多样的水果，经该通道东运，要比原有铁路外运缩短800公里到1000公里，对振兴西南经济，开发民族地区资源，发展民族经济，扩大对外贸易等，都有重大意义。

三、新建铁路

（一）青藏铁路

从青海省会西宁至西藏首府拉萨，纵贯青藏两省区，跨越青藏高原，全长1956公里。见图6-2：青藏铁路示意图。

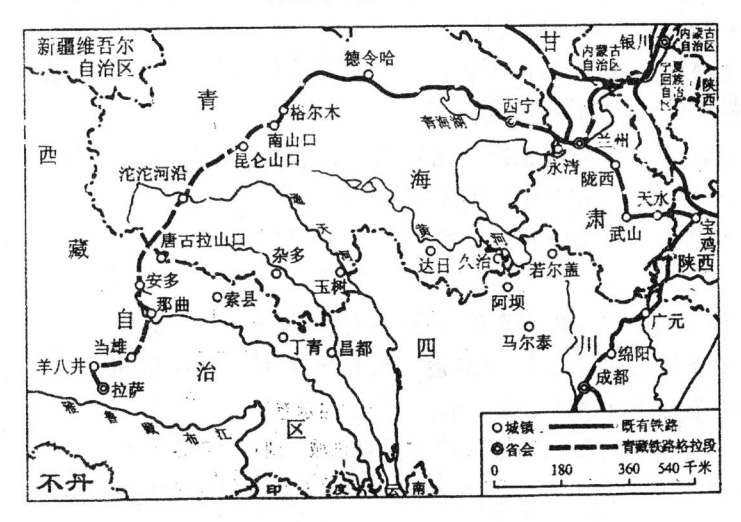

图6-2 青藏铁路示意图

青藏铁路的建设始于1958年9月，其中西宁至格尔木段于1978年8月完工，全长814公里。新线格尔木至拉萨段于2001年6月29日开工，2006年7月1日正式运营，全长1142公里。

格拉段由格尔木出发，向南经西大滩、五道梁、沱沱河、雁石坪，翻越唐古拉山的铁路最高点海拔5072米，经过海拔4000米以上地段960公里，经过多年冻土区550公里以上，面对天路，凝结着万千建设者的奉献精神和牺牲精神。

曾有外国人预言：100年内，中国不可能建成青藏铁路。该铁路的建成通车，是沟通西藏与内地的一条具有战略意义的铁路干线，是拉萨向北京及西北、华北、中原等地的最便捷的途径。大米、面粉、煤炭、钢材、化肥等援藏物资可直达拉萨。

2008年9月1日"五星级"豪华旅游列车正式开行。这种豪华旅游专列是目前世界上最高档的列车，内部设施全部比照"五星级"酒店的要求设计制造，一辆车只有96个席位。这种列车目前只在欧洲和印度等少数地区运营。

青藏铁路的全线通车，对我国保护国家安全和领土完整具有重大的战略意义，同时也具有重大的政治意义、历史意义和经济意义。可以说，青藏铁路这条"天路"，是"世纪之路"，是"奉献之路"，是"科学之路"，还是一条将给沿线地区经济带来跨越式发展机遇的"黄金之路"。

青藏铁路创九大世界之最

1. 世界海拔最高的高原铁路。铁路穿越海拔4000米以上地段达960公里，最高点海拔为5072米。

2. 世界最长的高原铁路。格尔木至拉萨段，全长1142公里，穿越戈壁荒漠、沼泽湿地和雪山、草原等独特的地质带。

3. 世界穿越冻土里程最长的高原铁路。铁路穿越多年冻土连续里程达550公里。

4. 世界海拔最高的火车站。唐古拉山车站海拔5068米。

5. 世界海拔最高的冻土隧道。风火山隧道为青藏铁路第一个冻土隧道，全长1338米，海拔5010米。

6. 世界最长的高原冻土隧道。昆仑山隧道全长1686米。

7. 世界最长的高原冻土铁路桥。身兼冻土铁路桥与野生动物通道两种功用的清水河特大桥，全长11.7公里。

8. 世界高原冻土铁路最高时速、冻土地段时速达到100公里。

9. 世界海拔最高的铺架基地。青藏铁路安多铺架基地海拔4704米。

（二）粤海铁路

粤海铁路北起湛江市，经雷州市、徐闻县在海安火车轮渡站跨越琼州海峡至海口市；再经海南西部穿越澄迈县、儋州市、东方市到达三亚市，全长542.6公里。1998年开工，2003年开通运营。见图6-3：粤海铁路示意图。

琼州海峡火车轮渡，是我国第一条海上火车轮渡，从海口至雷州半岛南端的海安港，海上航距38公里，轮渡引线海安端约10公里，海口端约11公里。火车轮渡的特点和优势很多，一是不必像轮船运输那样，货物要

图 6-3 粤海铁路示意图

在码头上倒装,避免了货物的破损、污染、丢失,节省了装卸费用;二是火车车厢直接上船,无需建设大规模的码头装卸设备,从而节省了建设资金;三是火车轮渡运输在港口作业的时间短,加速了车船周转和货物送达,可大大提高港口的吞吐能力。

火车轮渡有水上列车之称。1953 年我国首次出现火车轮渡,使京沪铁路在浦口实现了跨越长江天堑。作为我国第一条跨海火车轮渡的粤海通道,在湛江接黎湛线北上与湘桂、焦柳、京广等线相接;西行与南昆线相连;东去可与河茂、京九、广梅汕线相接,充分发挥全国铁路网直达运输的优势。这样,海南和雷州半岛就形成一个铁路、公路、海运和航空优势互补的立体交通运输网,成为海南岛连接大陆的黄金水道,对于海南岛的资源开发,对外开放,民族团结和国防巩固都具深远意义。

(三)烟大铁路

北起辽东半岛大连市,跨越渤海海峡,南至山东半岛的烟台市,全长

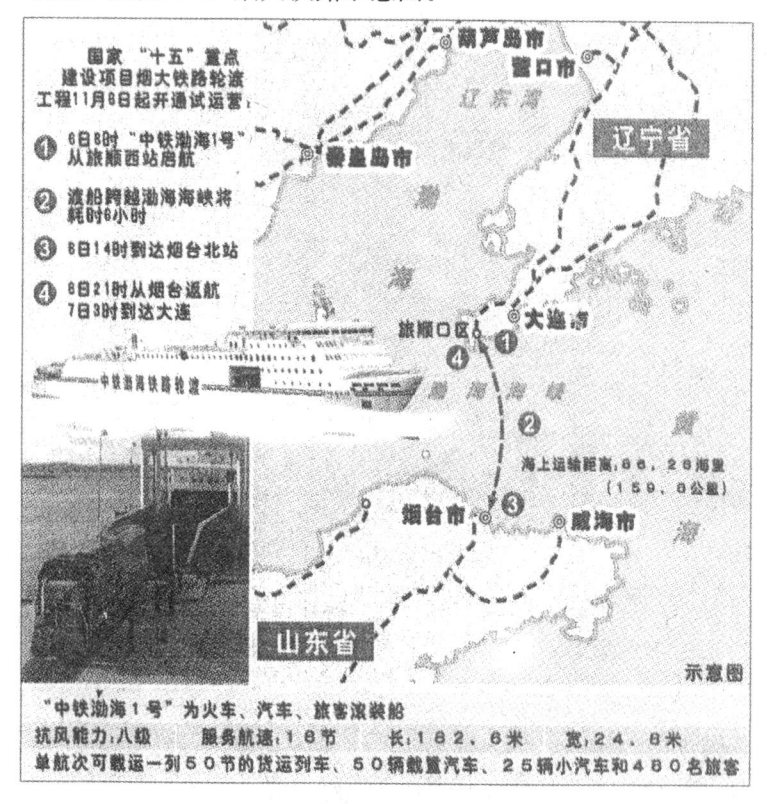

约 206 公里。见图 6-4：烟大铁路示意图。

图 6-4　烟大铁路示意图

从蓝烟铁路珠玑站接轨点至烟台港口突堤码头，铁路长 10.9 公里，经海上运输距离 86.28 海里（约 159.8 公里）至旅顺羊头洼港，再到旅顺支线长岭子站，铁路长 35.2 公里。这是我国第一条、世界第 35 条运距超百公里的铁路轮渡。烟大铁路轮渡建成后，在烟台、大连间运行的列车，在时间上比绕行山海关缩短 20 多个小时，运距要减少 1653 公里。

烟大铁路轮渡于 2006 年 11 月开通运营，它的开通使东北、环渤海、长三角三大经济圈更加紧密相连，开辟了东北地区至山东及东部沿海地区的最短路径，大大节省了运输时间和运输费用。这对于东北和华东地区的客货运输会产生巨大的社会效益和经济效益。

（四）大丽铁路

大理至丽江，全长 165 公里，于 2004 年底开工建设，2009 年 9 月建成。该线连接两大国际著名旅游城市，对云南的经济发展将起拉动作用。

六十周年大庆前全线开通并试运行。

四、高速铁路

(一)铁路大提速

为了改变我国铁路运行速度慢(平均时速仅40公里)的状况,从1997年4月1日至2007年4月18日,我国铁路进行六次大提速。

1997年4月1日零时,我国铁路第一次大面积提速拉开了序幕。提速列车最高运行时速达到140公里,全国铁路旅客列车旅行速度由1993年的时速48.1公里,提高到时速54.9公里,首次开行了快速列车和夕发朝至列车。

1998年10月1日零时,第二次铁路大面积提速。快速列车最高运行速度达到了时速160公里;全国铁路旅客列车平均旅行速度达到时速55.2公里;首次开行了行包专列和旅游热线直达列车。

2000年10月21日零时,第三次大面积提速在陇海、兰新、京九、浙赣线顺利实施。全国铁路旅客列车平均时速达到60.3公里,并将原来列车7个等级调整为3个等级,即特快旅客列车、快速旅客列车、普通旅客列车。

2001年10月21日零时,第四次铁路大面积提速。铁路提速延展里程达到13000公里,使提速网络覆盖全国大部分省区市。全国铁路旅客列车平均旅行速度达到时速61.6公里。

2004年4月18日零时,第五次铁路大面积提速。提速网络总里程达到16500多公里;全国铁路旅客列车平均旅行速度达到时速65.7公里。

2007年4月18日零时,第六次铁路大面积提速。提速共涉及京哈、京沪、京广、陇海、沪昆、胶济、广深、京九、兰新等18条线路。时速250公里及以上的线路延展里程共计864公里,提速后,全国铁路旅客列车平均旅行速度达到时速70.18公里。此次大提速标志着中国铁路既有线提速已经跻身世界先进铁路行列,铁路既有线路提速成为绝唱。

六次铁路大面积提速形成的提速网络,加快了人流、物流周转速度,增加了运力,对促进各地发展及经济合理布局具有重要意义。但是,铁路大提速并不等于高速铁路。

(二)高速铁路的发展

1964年日本建成东海道新干线以来,到2000年,世界上有日、法、德、意、西等国建成高速铁路6858公里,并有韩、荷、澳、英及我国台湾地区正在建设高速铁路。我国内地高速铁路规划及前期准备工作从 20 世纪 90 年代已开始进行。

高速铁路通常具有速度快（运营时速约 300 公里）、运量大、占地少、能耗低等优点，这对人多地少，建设用地奇缺，又以煤炭为主要能源结构，加上现有环境污染问题十分突出的我国国情来说，还是较为适合的。

中国上海的磁悬浮列车和京津塘城际高速铁路分别"驶入"世界 5 条最快高速铁路。其中上海磁悬浮列车是世界上最快的机场连接线列车，最高时速达 311 公里。京津塘城际高速铁路最高时速达 245 公里，从北京到天津只要 30 分钟。

主要在建高速铁路：

1. 京沪高速铁路

作为"十一五"铁路建设高峰开篇之作，京沪高速铁路是《中长期铁路网规划》中投资规模最大、技术含量最高的一项工程，于 2007 年开工建设，并在 2010 年基本建成。

京沪经济带土地面积仅占全国 6.4%，而人口占 26.7%，人口在百万以上城市有 11 个，国内生产总值占 43.3%。近年来，京沪运输通道上的公路、民航均有大发展，但铁路运力仍严重不足。京沪之间现在铁路里程 1463 公里，仅占全国铁路的 2.03%，却承担占全国铁路 8.8% 的货物周转量、14.3% 的旅客周转量。因此修建京沪高速铁路成为当务之急。

京沪高速铁路纵贯北京、天津、上海三大直辖市和河北、山东、安徽、江苏四省，为全封闭电气化复线，主线全长约 1310.8 公里，设 22 个站，设计时速 350 公里，初期运营时速 300 公里，年单方向输送旅客 8000 余万人次，全程运行时间约 5 小时。

京沪高速铁路所经区域，是中国经济发展最活跃和最具潜力的地区，也是中国客货运输最繁忙、增长潜力巨大的交通走廊，有望成为未来全世界最盈利的一条铁路专线，对环渤海和长江三角洲两大经济区及其他地区经济的发展和提升将具有重大意义。

京沪高速铁路南京大胜关长江大桥于 2009 年 9 月 28 日胜利合龙。该桥体量大、跨度大、荷载大、速度高的"三大一高"集中显示了大桥的世界之最，也充分体现了我国铁路进入高速时代的科技水平和建设能力。详见图 6-5：京沪高速铁路示意图。

2. 武广高速铁路

武广高速铁路位于湖北、湖南、广东三省境内，北起武汉站，途经咸

图 6-5 京沪高速铁路示意图

宁、岳阳、长沙、株洲、衡阳、郴州、韶关、清远等市，南到广州南站。线路全长 1068.6 公里，时速 350 公里，全程用时 3 小时，这是世界上一次性建成里程最长、标准最高、投资最大、时速最高的高速铁路。

武广高速铁路客运专线运营后，不仅能很好地满足旅客对快速安全，舒适、便捷和准时的要求，同时，可以有效缓解铁路对煤炭、石油、粮食等重点物资运输的瓶颈制约，提高全国铁路网的整体运输能力。

3. 哈大高速铁路

哈大高速铁路贯穿东北三省，途经三个省会哈尔滨、长春、沈阳和一个计划单列市大连。全线长度为 904.27 公里，其中辽宁境内 553.52 公里，吉林境内 269.64 公里，黑龙江境内 81.11 公里。是双线电气化铁路，最高设计时速 350 公里。2007 年 8 月全线动工，工期历时五年半，工程完工后哈尔滨至大连只需 3 个小时。

该铁路建成后,对振兴东北老工业基地,加强和沿海及内地联系都起重要作用。

4. 渝黔高速铁路

渝黔高速铁路北起重庆,南到贵阳,全程约 350 公里,设计时速 250 公里,由电力牵引,通车后全程不到两个小时。

该铁路建成后,可以极大地缓解渝黔地区的运输压力,对该地区经济社会的快速发展具有重要意义。

5. 黔粤高速铁路

从贵阳到广州的黔粤高速铁路,经贵州都匀、溶江、从江,再经广西桂林、贺州,到达新广州站。主线全长约 818 公里,设计时速达 250 公里,建成后来往于贵阳与广州之间仅需约 5 小时。

整个工程定位为客货兼顾、以客为主、完善西部路网布局、提升地区经济社会发展的区际快速铁路干线。

6. 京沈高速铁路

京沈高速铁路客运专线,由北京到沈阳,经承德、凌源、朝阳、北票、阜新、新民等,全长 684.3 公里。设计时速 350 公里,全程运行两个多小时。

该铁路建成后,有利于完善我国铁路客运专线网络,提升进出关铁路通道运输能力和服务水平,促进区域经济社会协调发展。

五、主要铁路枢纽

在铁路网中,几条铁路干线交叉或衔接的地点,由若干个车站、站间联络线、进站线和信号等组成的运输生产综合体,称为铁路枢纽。某些铁路干线的终点站、水陆联运站,也可形成铁路枢纽。我国铁路枢纽很多,一般也是全国或省区的政治、经济、文化中心,或工业基地,水陆码头,著名旅游地、疗养地等。我国重点铁路枢纽有:

(一)北京铁路枢纽

北京是全国最大的铁路枢纽,每天的客流量就相当于一个流动的大城市,第六次列车大提速后,北京铁路列车对数达到 293 对,有京广、京沪、京九、京哈、京承、京原、京通等多条铁路呈辐射状通向全国,并有国际列车通往朝鲜、蒙古、俄罗斯、哈萨克斯坦等。

北京从上世纪 60 年代开始兴建地下铁路,目前地铁纵横交错,运营总里程已达 200 公里,在全球地铁大排名中位居前列。北京最大的火车站是1996年1月21日开通运营的北京西客站，第六次大提速后，现在西客站每天始发到达的旅客列车为112对，从西客站坐车可直达三亚，只需30小时。北京又是我国航空、公路综合运输网的中枢。

（二）天津铁路枢纽

是北方最大的水陆交通中心，承担着繁重的运输任务。通过天津的京沈线是联系关内外的咽喉要道，京沪线经天津南下联系南京、上海等重要经济中心，京秦线可直达我国北方最大的煤炭输出港——秦皇岛，京九线通过霸州至天津的联络线可直达香港。天津的塘沽新港是北京的外港和门户。

（三）上海铁路枢纽

上海是我国东部沿海地区最大的枢纽站，是京沪和沪杭甬线的起点，目前正在修建重庆到上海的沿江铁路，这是上海通往大西南最近、最快的通道。上海站是客运站，南站和北站是主要的货运站，每天客流量和货运量极大。为缓解地面交通紧张状况，上海地铁于上世纪90年代已建成通车。

（四）哈尔滨铁路枢纽。

哈尔滨是东北北部最大的铁路交通中心，有哈大、京哈、滨洲、滨绥、哈佳等干线在此汇合，边境运输量大，主要是粮食、大豆、木材和煤炭等。通过滨洲、滨绥和滨北——北黑等线，直接与俄罗斯相连。

哈尔滨又是东北北部最大的汽车客运中心和内河航运中心，航空运输也很便利。

（五）沈阳铁路枢纽

沈阳是东北南部最大的铁路交通中心，也是联系东北三省和关内的交通枢纽。有京哈、哈大、沈丹、沈吉多条铁路在此交汇，其中沈丹线可通往朝鲜。过境运输量为东北之冠。主要为煤、钢铁、木材机械等。沈阳又是东北最大的航空港。

（六）郑州铁路枢纽

地处我国中原地带，我国重要的南北和东西向的铁路运输干线——京广和陇海线在此相交，沟通了全国的货流，客货运量相当大，郑州北站是全国著名的大型编组站，郑州是全国铁路运输网中的"心脏"。

正在新建的郑州黄河公路、铁路两用桥，全长22.89公里，总工期为三年，2009年建成。主桥分上下两层，公路在上，为一级公路，双向六车道，设计时速为100公里，铁路在下，为双线布置，设计时速为350公里。

建成后将成为世界上最长的公铁两用大桥。

（七）武汉铁路枢纽

是京广、汉丹、武大铁路和长江、汉水航运的交汇中心，是我国南北陆上交通，东西水上运输的要冲，素有"九省通衢"之称。枢纽的各车站分别设于武昌、汉口和汉阳。京九线通过麻城至武汉的联络线连接武汉，武汉第二长江大桥建成通车，使这里的交通运输更加繁忙。

我国最大的铁路编组站，也是亚洲最大编组站——武汉北编组站于2009年4月正式开通。

（八）广州铁路枢纽

广州是我国的南大门，是华南地区最大的水陆运输枢纽。有京广、广梅汕、广三、广茂铁路和广深准高速铁路在此交汇，客货运输量很大，尤其是每年经过这里回乡探亲、旅游观光的港澳台同胞、外籍华人和国际友人与日俱增。广州也是我国航空运输的重要枢纽。

（九）兰州铁路枢纽

兰州位于全国的几何中心，是西北地区最大的铁路枢纽。陇海、兰新、包兰、兰青四条铁路干线在此交汇，是连接内地与边疆的要冲，尤其是欧亚大陆桥的建成通车，兰州在交通运输上的意义更大，作用更加重要。兰州也是公路和航空运输中心。

（十）重庆铁路枢纽

重庆是西南地区最大的水陆运输枢纽，有成渝、襄渝、渝黔三条铁路干线和长江、嘉陵江在北交汇，由于长江、嘉陵江上铁路、公路大桥建成通车，交通更加便利。重庆至上海的沿江铁路建成后，使沿海和内地交通运输更加便捷。这里也是我国重要的航空中心。

第三节　公路网布局

公路运输在我国是重要的、普遍使用的短途运输方式。它具有建设投资少，速度快，对不同自然条件适应性强，机动灵活，中转环节少，可一次性到位等优点。在我国综合运输网中主要承担中短途运输，为铁路和水运干线集散物资，在缺乏铁路和水运干线的边远地区，沟通乡镇之间联系占有明显的优势，居于主导地位。

一、我国公路运输的发展

我国自 1913 年修建从长沙至湘潭的第一条公路起，到 1949 年的 30 多年间，只修建 13 万公里公路，能通车的只有 7.5 万公里，且多分布在东南沿海和平原、丘陵地区，占全国土地面积 2/3 的山区和边疆地区，几乎没有公路。

新中国成立以来，我国在公路网的布局上，以内地建设为主，使公路通车里程迅速增长。至 2005 年底，全国公路总里程达 193.05 万公里，比 1949 年增长 24 倍。居世界第四位，高速公路从 1988 年的 0.01 万公里，到 2005 年的 17 年间，发展到 4.1 万公里，居世界第二位，2005 年我国公路客运量达 169.74 亿人，旅客周转量达 9292.1 亿人公里，分别为 1978 年的 17 倍和 18 倍；货运量为 134.18 亿吨，货物周转量为 8693.2 亿吨公里，分别为 1978 年的 16 倍和 32 倍。

我国公路运输虽然发展很快，公路网已基本形成，但却存在路网密度不够，道路技术标准低等问题。自 1990 年以来，进行了公路主枢纽规划布局。提出在全国建设 45 个公路主枢纽的布局方案。"十一五"期间，要贯通"五纵七横"12 条国道主干线，详见图 6-6：我国公路"五纵七横"示意图。

二、主要公路干线和公路网

目前，我国以北京为中心，连接各省、市、自治区的全国公路网已经形成，各省际、省内公路干线网也已基本形成。国道、省道、县乡道遍布全国，在西藏修建的青藏、川藏、新藏、滇藏等公路，对西藏的发展更具深远意义。

（一）"五纵"国道主干线

1. 同江至三亚

经哈尔滨、长春、沈阳、大连、烟台、青岛、连云港、上海、宁波、福州、厦门、深圳、珠海、湛江、海口至三亚，全长约 5200 公里。

2. 北京至福州

经天津、济南、合肥、南昌至福州，全长约 2500 公里。

3. 北京至珠海

经石家庄、郑州、武汉、长沙、广州至珠海，全长约 2400 公里。

4. 二连浩特至河口

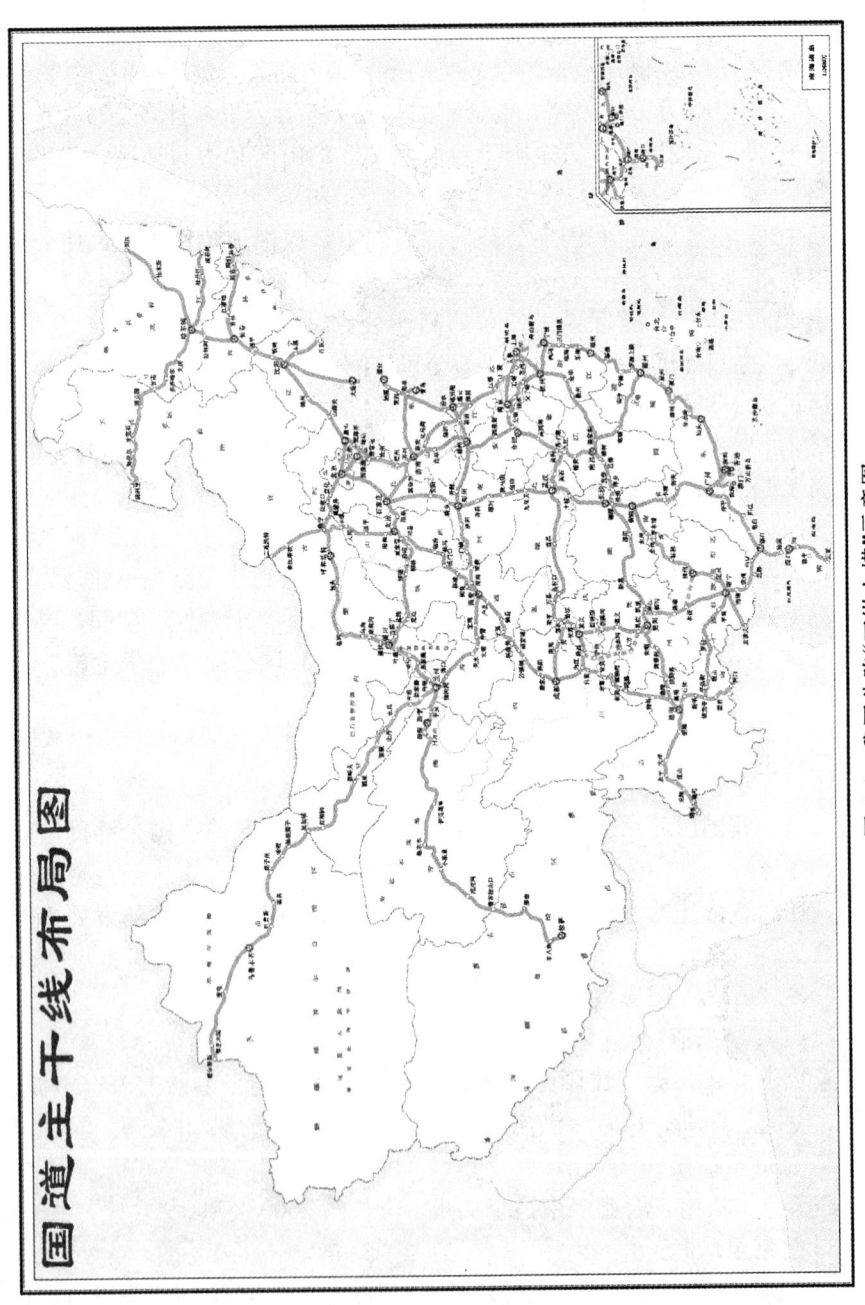

图 6-6 我国公路"五纵七横"示意图

经太原、西安、成都、昆明至河口，全长约3600公里。

5. 重庆至湛江

经贵阳、南宁、北海至湛江，全长约1314公里。

(二) "七横"国道主干线

1. 绥芬河至满洲里

经哈尔滨至满洲里，全长约1300公里。

2. 丹东至拉萨

经沈阳、北京、呼和浩特、银川、兰州、西宁、格尔木至拉萨，全长约4600公里。

3. 青岛至银川

经济南、石家庄、太原至银川，全长约2300公里。

4. 连云港至霍尔果斯

经徐州、郑州、西安、兰州、乌鲁木齐至霍尔果斯，全长约4400公里。

5. 上海至成都

经南京、合肥、武汉、重庆至成都，全长约2500公里。

6. 上海至瑞丽

经杭州、南昌、长沙、贵阳、昆明至瑞丽，全长约2500公里。

7. 衡阳至昆明

经桂林、南宁至昆明，全长约1600公里。

(三) 进藏公路

1. 川藏公路

由成都向西，经雅安、康定、甘孜、昌都、邦达、波密、林芝、工布江达、墨竹工卡等城镇抵达拉萨，全长2413公里。1950年动工，1954年12月25与青藏公路同时通车，沿途跨越大渡河、金沙江、澜沧江、怒江等12条谷深流急的大河，翻越二郎山、大雪山、雀儿山等14座横断大山，途经泥石流、永久冻土带及冰川融水洪暴区，时而悬崖绝壁，时而万丈深渊，险峻艰难，经常塌方。西运货物主要是粮食、茶叶、副食品、布匹、日用工业品等，东运出藏的主要是畜产品、矿石、药材、木材等。

2. 青藏公路

由西宁西行至格尔木，转南行翻越昆仑山、唐古拉山，经那曲、羊八井到拉萨，全长2112公里。这是在海拔最高的"世界屋脊"上建成的我国工程规模最大、里程最长的二级公路。1950年动工，1954年底和川藏公路同时通车。全线平均海拔 4000 米以上，空气稀薄、气候寒冷。青藏公路经过改建，全部为沥青路面，从西宁去拉萨时间由半个月缩短为五天，承担 80% 以上的进藏物质，是进出西藏的主要运输干线。青藏铁路建成后，对青藏公路运输压力有了一定的缓解。

3. 新藏公路

由新疆南部的叶城，翻越昆仑山，经噶尔、日喀则到拉萨，全长 1455 公里。沿线地势高峻，平均海拔在 4200 米以上，是世界上海拔最高的公路。沿线多积雪冰川，工程艰巨，被称为公路灾害的"博物馆"，为修建这条"天路"，上千名解放军战士献出了宝贵的生命，于 1975 年建成通车。新藏公路对巩固边防和加强新疆和西藏的经济联系起了重大作用。

4. 滇藏公路

由云南大理市，经中甸到西藏芒康，全长 800 公里，北接川藏公路，总里程为 2300 公里，该线对加强云南和西藏的联系，发展民族经济，巩固国防等，都有十分重要的意义。

（四）沙漠公路

我国第一条，也是世界上第一条的长距离上等级沙漠公路——塔里木沙漠公路，于 1995 年 10 月在"死亡之海"——塔克拉玛干大沙漠建成通车。

这条北起轮台，南至民丰，全程 446 公里塔里木沙漠石油公路，历时四年，解决了在流动沙漠里修筑坚固的永久性路基和固沙草方格防沙工程等一系列世界性难题。这条公路不仅给塔里木盆地石油开发带来勃勃生机，而且也给西部地区乃至全国带来巨大的经济效益和社会效益。

（五）高速公路

高速公路具有通过能力大、行车速度快、交通事故少、服务水平高、物资周转快等优点，它已成为交通运输现代化标志之一。

世界第一条高速公路（波恩——科隆），建于 1932 年，迄今已在 60 多个国家建成 20 多万公里。改革开放以来，我国高速公路建设发展迅速。1958 年第一条高速公路——上海至嘉定高速公路 18.5 公里建成通车，拉开了我国建设高速公路的序幕。至 2005 年，我国已建数十条高速公路，总长 4.1 万公里，仅次于美国，居世界第二位。

2007 年 6 月 26 日，世界最长的跨海大桥——杭州湾跨海大桥全线贯通。大桥全长36公里，按双向6车道高速公路设计，设计时速100公里，设计使用年限100年，总投资约118亿元。大桥已于2008年5月1日建成通车，将宁波至上海的陆路距离缩短120公里，节省1个半小时。

杭州湾跨海大桥建设创造了多项世界第一：

1. 大桥全长36公里，在目前世界上在建和已建的跨海大桥中位居第一。

2. 架设运输重量从900吨提高到1430吨，到目前为止居世界第一。

3. 在滩涂区的钻孔灌注桩施工中，第一次采用由控制放气的安全施工工艺，这在世界同类地理条件中尚属首创。

4. 在国内第一次明确提出了设计使用寿命大于等于100年的耐久性要求。

5. 采用整桩螺旋钢管桩，最大直径1.6米，单桩最大长度89米，其钢管桩长度居世界第一。

北京六环路总长187.6公里，设计行车速度80—100公里/小时。是目前国内最长环状高速公路，于2009年9月12日全线贯通。

我国高速公路建设规模大，速度快，质量好，主要集中在主干线上，如京津塘、沈大、沪杭甬、京珠、西南公路出海大通道等。高速公路布局已覆盖29个省市区，辽东半岛、山东半岛、京津地区、长江三角洲、珠江三角洲和东南沿海地区等已初步形成网络化，并成为人流物流的主动脉。但从我经济发展的势头看，高速公路发展空间很大，今后仍处于高速公路发展期。

第四节　水运网布局

水运包括内河、海上运输两大部分，其运输线路受水道分布条件的限制，一般速度较慢，但具有投资省、成本低、运量大、占地少、耗能低等优点。在临近江河湖海的地方，应尽量利用水运的有利条件，发展交通运输业。

我国在历史上就是一个水运发达的国家，具有很多发展水运的有利条件。我国拥有众多的江河湖泊，流域面积在100平方公里以上的河流有5万多条，总长度达43万多公里。河流中有2/3以上属外流河，把广大的内地和海洋直接连通起来。我国海岸线曲折绵长，拥有1.8万多公里大陆海岸线和1.4万公里岛屿海岸线，有许多优良港湾和优越的建港条件。这些对我国水路运输都奠定了有力的基础。

一、我国水路运输的发展

新中国成立后，水运业发展很快，取得显著成果。

在 20 世纪 50—60 年代前期，河运发展较快，至 1962 年，全国内河航道由 1949 年的 7.36 万公里增至 16.19 万公里；70 年代内河航道里程有所下降。80 年代以后，内河航道又有较快发展，至 2005 年，全国内河航道里程达 12.33 万公里，货运量达 21.96 亿吨，占全国货运量 11.8%；货物周转量达 8693.2 亿吨公里，占全国货物周转量的 61.9%，远洋货运量和货物周转量，也由 1978 年 3659 万吨和 2487 亿吨公里，上升到 48549 万吨和 38552 亿吨公里，分别增长了 12 倍和 14.5 倍。沿海港口货物吞吐量亿吨级大港增至 8 个；内河货物吞吐量超过 1000 万吨的港口达 17 个。

到目前为止，我国已与世界 100 多个国家和地区的 1000 多个港口建立了广泛的航运业务往来。由内地港口开出的国际集装箱班轮可直达欧洲、北美、南美、澳大利亚、南非、地中海、波斯湾等地港口；近洋班轮可直达我国香港、日本、韩国、东南亚、新加坡等地港口。

水路运输按水域特点可分为内河运输和海洋运输两大部分。

二、内河运输网

内河运输是我国水路运输的主体，以长江、珠江、黑龙江、淮河四大水系为主，并与京杭大运河纵横交汇，使我国 1/2 以上的土地面积有了水道运输网。

（一）长江航线

长江是我国第一大河，源于唐古拉山主峰各拉丹冬，流经青海、西藏、四川、云南、重庆、湖北、湖南、江西、安徽、江苏、上海 11 个省、市、自治区，注入东海，全长 6300 多公里，仅次于尼罗河、亚马孙河，居世界第三位。

长江和长江三角洲水网是交通部规划重点建设的内河航道"一纵两横两网"中的"一横"和"一网"。

长江支流、湖泊广泛分布，沿途汇集了岷江、嘉陵江、乌江、湘江、汉江、赣江等 700 多条支流，与洪湖、洞庭湖、鄱阳湖、巢湖、太湖相通，并与青藏、成昆、成渝、渝黔、焦柳、京广、京九、京沪、淮南、皖赣、宁铜、新长等铁路相交，是我国最大、最主要的内河航道和水陆联运干线。

长江干流自古以来就是我国东西航运的大动脉，干支流通航里程达8万多公里，约占全国内河运输总里程的2/3，长江口至武汉的航道可通5000吨级的船舶，洪水期可通万吨级巨轮；武汉至重庆可通3000吨级船舶，重庆至宜宾可通1000吨级船舶。2003年起三峡蓄水，改善干线航道650公里，昔日狭窄难行的三峡航道和川江通航能力大为提高。

2008年1月，武汉长江隧道东线贯通。隧道位于武汉长江大桥和武汉长江二桥之间。建筑总长3630米，隧道部分长3295米，隧道底部离长江水面达57米，设计车速为每小时50公里，日均车流量可达9万辆。武汉将实现"江上有桥、江面有船、江底有隧道"的"三维"梦想。

2009年8月22日南京长江隧道工程全线贯通。隧道位于南京长江大桥和长江三桥之间，总长度6042米，质构直径14.93米，为双向6车道，行车时速80公里。建成后，开车过江只要4分半钟，能够分担长江大桥三分之一的过江流量，是名副其实的"万里长江第一隧"。

长江水量丰富，流域面积超过180万平方公里，流域内有4亿亩耕地，5亿多人口，是粮、棉、油的主要产区。矿产资源非常丰富，水力蕴藏量为全国之冠，轻、重工业都很发达，货运量约占全国内河货运量的70%以上，这里是全国最发达的经济区域，历来就有"黄金水道"之称。

长江沿岸港口众多，重庆、武汉、南京、分别为上、中、下游最大港口，上海既是海港又是河港。为适应长江经济带的发展，长江干线上的南京、镇江、芜湖、九江、武汉等很多港口已对外轮开放。长江已形成世界内河开放距离最长的港口群。外轮进江，国轮出海，极大地促进了沿江外向型经济的发展。长江沿岸港口现已开辟了至香港、日本、东南亚和欧洲的30多条远洋航线，大大提升了我国外贸地位。

（二）珠江航线

珠江水系由西江、东江和北江组成，干支流长达3万公里，通航里程可达1.4万公里，在航运上是我国第二条重要河流，也是华南地区水运大动脉。

珠江流域面积为45万多平方公里，这里支流众多，雨量丰沛，人口稠密，经济发达，森林、矿产资源丰富，特别是珠江三角洲，是我国重要的粮食、甘蔗、果品、桑蚕和水产基地，也是全国轻纺、手工业基地。珠江水系货运量约占全国的20%，大大促进西南、华南地区的经济发展和对港澳的联系。

西江是珠江的干流，全长2197公里，2000吨级船舶可达肇庆，1000

吨级船舶可达梧州，是大西南通往广东的"黄金水道"。在交通部规划重点建设的内河航道"一纵两横两网"中，西江航道主干线和珠三角航道网位列其中的"一横"和"一网"，西江干流和珠江三角洲水网通达全省各地，沟通了国际国内两个市场。东江、北江全长约500多公里，流经山地、丘陵，仅部分航道可通航。

广州和梧州是珠江水系的重要港口和集散地，此外，惠阳、英德、桂平、柳州、南宁等也是重要港口。

（三）黑龙江航线

黑龙江是中俄界河，干流全长4350公里，在我国境内有3400公里，其中通航里程有1890公里。黑龙江流域面积广大，境内森林、矿产资源丰富，但地广人稀，有待进一步开发。这里气温较低，河流冰封期约5~6个月，故航运量不大。但冬季冰上运输活跃，汽车、雪橇都可在冰上行驶，也起到一定的运输作用。黑河市是主要港口，为粮食、煤炭、金、木材及鱼类的集散地。随着黑龙江省边境贸易的迅速发展，黑龙江已成为东北亚贸易往来的重要通道。

黑龙江的最大支流松花江，源于白头山天池，通航里程达2600公里，流域面积为54.6万平方公里，境内木材、煤炭资源丰富，又是重要的商品粮生产基地和甜菜、亚麻、大豆主要产区。沿江有哈尔滨、吉林、佳木斯、牡丹江等重要港口。

（四）淮河航线

淮河发源于河南省桐柏山，流经河南、安徽、江苏三省，全长1050公里，其中通航里程为696公里，流域面积达26万平方公里，这里腹地宽广，地势平坦，人口稠密，煤炭资源丰富，农业发达。水运物资以煤炭、粮食、食盐和日用工业品为主，是上海和浙江等省煤炭主要供应通道。

上世纪50年代，我国就开始对淮河进行了根本性改造、治理，修建了一系列水库和苏北灌溉总渠等水利工程，对促进淮河流域的经济发展起到巨大的作用。

蚌埠是淮河航线重要的交通中心和货物集散地。

（五）京杭大运河

京杭大运河在中国历史上是和长城并称的伟大工程，它北起北京，南至杭州，流经天津、河北、山东、江苏、浙江四省二市，沟通海河、黄河、淮河、长江、钱塘江五大水系，全长1794公里，是世界最长的人工运河，也是南北的内河航运的纽带。

京杭大运河始凿于公元前5世纪，至今已有2500多年，在历史上曾是我国南粮北运的漕运河道。后因泥沙淤塞和津浦铁路通车等原因，致使运河航运地位一落千丈。新中国成立后，结合航运规划，对大运河进行了大力整治，目前，大运河通航里程已达1000多公里，在山东济宁以南的河段，航运能力最大。

京杭大运河地处我国物产丰富、地势平坦、人口稠密、工农业发达的东部沿海地区，北上货物主要是粮食、日用工业品等；南下货物主要是煤。重要港口有杭州、苏州、无锡、镇江、扬州、淮阴、邳州、徐州等。

京杭大运河是交通部规划重点建设的内河航道"一纵两横两网"中的"一纵"。目前，南水北调东线工程正在紧张进行，当全部工程完成后，1000吨级船舶可从杭州直到北京，届时京杭大运河将在我国南北交通运输中成为一道亮丽的彩带。

三、海洋运输网

新中国成立以来，海洋运输突飞猛进，目前已拥有一支庞大的海洋运输船队，成为世界上海运大国之一，改建、扩建、新建了一批港口，沿海主要港口货物吞吐量逐年上升，2005年达292777万吨，为1978年的14.8倍。目前，我国年吞吐量超过亿吨的大港有大连、秦皇岛、天津、青岛、上海、宁波、广州、深圳。

我国海洋运输可分为沿海航线和远洋航线。

（一）沿海航线

沿海航线依靠优越的水域条件，联系我国南北各大港口，把我国沿海各省、市、自治区和陆上东西向的交通干线相沟通，担负着繁重的运输任务。北运的货物主要有金属、矿石、机械设备、纺织品、茶叶、日用工业品、糖、水果等；南运的货物主要有煤炭、石油、钢材、木材、盐等。

沿海航线诸多港口中，以大连、上海和广州为中心。

（二）远洋航线

我国远洋船队发展迅速，已初具规模，船队中，既有集装箱船，滚装船，多用途船等现代化的新型船舶，也有大型油轮和杂货船。我国已开辟数十条远洋航线，通达世界170多个国家和地区的600多个港口，在国际航运市场中占有重要地位。

我国的远洋航线按航行的方向可分为东、西、南、北四条航线。

1. 东行航线

由我国北方对外开放港口直达日本，横渡太平洋可抵达美洲各国。进口以钢材、机械设备、化肥、汽车、计算机、通讯器材、粮食为主；出口以煤、石油、纺织、服装和农副产品等。

2. 西行航线

由我国各外贸港口南行，至新加坡，经马六甲海峡入印度洋、红海、苏伊士运河、地中海、直布罗陀海峡进入大西洋，到达亚洲、非洲和欧洲各国，或绕南非好望角进大西洋。这是我国主要的远洋航线，运输十分繁忙。出口产品是纺织、机械、服装、茶叶、农副产品和手工业品等；进口产品是机械设备、电信器材、钢铁、化肥等。

3. 南行航线

由我国各外贸港口南行至东南亚、大洋洲等国。出口主要有日用工业品、纺织品、服装和钢材等；进口主要有矿石、橡胶、畜产品和土特产等。

4. 北行航线

由我国各外贸港口北行直达朝鲜、韩国和俄罗斯的远东沿海。目前主要是对韩国通航。出口主要是煤炭、石油、钢材、服装、农副产品等；进口主要是汽车、计算机、家用电器等。

四、主要港口

我国面临世界上最辽阔的大洋——太平洋，拥有 1.8 万多公里的大陆海岸线和 1.4 万多公里的岛屿海岸线，港口星罗齐布，功能不断增强，目前基本形成北方以大连、青岛和天津为中心的环渤海港口群，中部以上海为中心的长江三角洲港口群，南部以香港、广州、深圳为中心的珠江三角洲港口群。自东部沿海 14 个港口对外开放以来，我国港口的发展又上了一个新台阶。

（一）大连港

位于辽东半岛南端大连湾内，是一个港阔水深、不淤不冻的天然良港。港口通过哈大铁路，沈大高速公路和输油管连接东北腹地，承担东北和内蒙古东北地区出海物资运输任务。是东北和内蒙古东部地区的门户和最大的港口。出口以石油、煤、木材、钢材、机械、小麦、大豆为主；进口以矿石、百货、轻纺为主。2005 年货物吞吐量达 1.71 亿吨。

（二）秦皇岛港

位于河北省东北部的渤海湾西岸，是联系关内外的必经之路。该港背山面水，港阔水深，是一个不冻的天然良港。港口辐射华北、东北、西北地区，与世界上80多个国家和地区的港口保持着经常性的贸易运输往来。目前是以煤、石油输出为主的专业性港口，有输油管直通大庆和北京，这里已建成我国最大的煤炭专用码头，随着山西煤炭外运，大秦铁路的建成，秦皇岛已成为世界上最大的能源输出港之一。2005年货物吞吐量达1.69亿吨。

（三）天津港

位于渤海湾西部，海河入海口，是北京出海门户，由天津港、塘沽港和天津新港三部分组成，前两个港为河港，后者为人工海港，为天津港的主体，可通船和停泊万吨级的远洋轮。1980年，天津港建成我国最大集装箱码头，目前，已同世界上170多个国家和地区的400多个港口建立贸易往来。天津港背靠华北平原，人口稠密，农业发达，资源丰富，进出口的主要物资有煤炭、石油、铁矿石、粮食、盐、化肥等。2005年货物吞吐量达2.41亿吨。

亚洲跨度最大的海河开启桥于2009年11月22日顺利合龙并成功开启。该桥全长868.6米，跨径76米，净距68米，桥梁转动半径为38米，桥梁开启最大角度85度，开启时间为315秒，闭合时间为265秒。该桥将大大提高天津港的经济和社会效益。

（四）烟台港

位于山东半岛北岸，三面临海，烟大铁路和蓝烟铁路在此相交，水陆交通都很发达。这里资源丰富，对虾产量占全国首位，特产烟台苹果、葡萄酒驰名中外。出口物资以药酒、罐头、五金、花边、海产为主，目前已与英、法、朝鲜、韩国、日本等几十个国家和地区的100多个港口直接通航。2005年货物吞吐量达0.45亿吨。

（五）青岛港

位于山东半岛南岸的胶州湾内，北依崂山，濒临黄海，万吨级巨轮可自由进出，是最优良海港之一。腹地资源丰富，经济发达，是胜利油田所产原油的主要输出港，是全国最大的矿石进口基地、原油进口基地和重要的煤炭出口基地，是国内唯一可以同时接卸大宗集装箱、石油、矿石、煤炭等货物的现代化大港。主要出口物资有煤、石油、水产等；进口物资有建材、粮食、化肥、日用品等。2005年货物吞吐量达1.87亿吨。

（六）连云港

位于江苏省东北端，东临黄海，陇海铁路终点，是欧亚大陆桥的东桥头堡，连云港港阔水深，终年不冻，是天然良港。港内腹地广阔，资源丰富，运输繁忙。沿海盛产鱼、盐，是我国海洋捕捞与沿海养殖业基地之一。邻近的苏北、淮北、鲁南地区又是我国重要的煤炭基地。出口物资主要有煤、盐、磷矿、棉花、土特产等；进口物资主要有钢材、木材、食糖、化肥、日用品等。2005年货物吞吐量达0.6亿吨。

（七）南通港

位于江苏省南部、长江北岸，是一个新兴的沿海港口城市。该港无封冻期，又不受台风正面袭击，是一个得天独厚的良港，也是出海、入江、通河的咽喉。这里腹地广阔，资源丰富，又处于南北向铁路和东西向长江的交汇处，运输任务十分繁忙。

（八）上海港

位于我国南北航线中枢，扼长江入海咽喉，是我国最大的河港和海港，也是世界十大港口之一。港口腹地广阔，人口稠密，物产丰富，经济高度发达，目前已同世界上170多个国家和地区发展了贸易经济关系。运送供应上海的原料、材料和燃料，以及外运成品和半成品、轻工业产品都要经过这里，此外，它还是重要的中转港，长江沿线各省区的原料输入和产品输出几乎都在这里中转。2005年货物吞吐量达4.43亿吨，占全国货物吞吐量的15.14%，居全国之冠。

世界上规模最大的隧桥结合工程——上海长江隧桥于2009年10月31日正式建成通车，其中上海长江隧道也成为世界上最大直径隧道。隧桥通车后，驱车从上海浦东抵达中国第三大岛崇明岛，仅需20多分钟，结束了崇明岛成岛1000多年以来，没有通往大陆的陆上通道的历史。长江隧桥工程的贯通，将成为实现江海联运的交通大动脉，对加快长三角经济一体化起到巨大作用。

（九）宁波港

位于我国海岸线中部，杭州湾南，杭甬铁路终点，自古就是对外贸易的主要港口和海运中转枢纽。宁波港口由宁波、镇海、北仑等港区组成，是一个集内河港、河口港和海港于一体的多功能、综合性的现代化深水大港。其中北仑港区与上海宝钢配套，是我国目前最大的10万吨级矿石转驳码头，它拥有世界上先进水平的全套装卸机械设备。进出口主要物资有煤、铁、矿砂、粮食、化肥、杂货等。2005年货物吞吐量达2.69亿吨，位居全国第二。

（十）温州港

地处浙江东南沿海,瓯江下游南岸,是一个传统的贸易港,为浙东南木材、茶叶、麻、柑橘、生猪等物资集散地。该港离海仅20余公里,5000吨级海轮候潮可直达市区码头,是东南诸省通往国外的门户之一,又是国际贸易中转港口。出口物资有炼乳、瓷砖、花岗岩石、草编、小商品等远销海外,久负盛名。

(十一) 福州港

位于闽江下游,南福铁路的终点。马尾港是福州唯一的港口和对外通道,自古就是重要的对外贸易港口。万吨级轮船可趁潮入港,已同60多个国家和地区进行贸易往来。这里的水果、罐头、茶叶、陶瓷等畅销世界许多国家和地区。

(十二) 广州港

位于珠江三角洲,珠江水系汇合处,京广、京深、广梅汕、广三等铁路的交点,是我国华南最大贸易港口。黄埔港位于珠江口内,是广州的外港,距市中心只有31公里。广州港腹地广阔,人口稠密,经济发达,对外贸易频繁,一年两次的我国出口商品交易会,吸引着世界很多国家的客商。这里距离香港、澳门很近,通过它们转口的商品大多经这里进出,进出口货物主要有煤炭、石油、钢材、矿石、粮食、化肥、集装箱等。2005年货物吞吐量达2.50亿吨,居全国第三位。

(十三) 湛江港

位于雷州半岛东北部雷州湾内,粤海、黎湛铁路的交点,是新中国成立后我国自行设计和建造的第一个现代化大型海港,是两广和西南地区外贸物资输出的重要港口,也是欧洲、非洲和东南亚等物资输入我国航程最短的港口,可停靠万吨级货轮。目前,湛江港已发展为初具规模的商港、油港和渔港,特别是石油方面,已成为开发南海石油的重要基地。2005年货物吞吐量达0.46亿吨。

(十四) 北海港

位于广西南部,北部湾沿岸,三面环海,自古就是我国同东南亚各国和地区贸易的重要港口,也是广西和西南地区物资出海的理想港口。这里资源丰富,北部湾有丰富的石油资源,还有驰名中外的"南珠"以及水果、海产等,有着广阔的发展前途。

第五节 航空网和管道网布局

一、航空网布局

航空运输是高度现代化的交通运输部门，它具有运输速度快、效率高、灵活性强、建设周期短等优点，但运量小、耗能多、运费高，在长距离和国际客运方面的作用愈来愈重要，同时也成为促进地区经济开发、发展外贸、外向型经济、旅游业、国际交往与合作的重要条件。

（一）我国航空运输的发展

从1929年创办"中航"到1950年，全国民航仅有12条航线，载运旅客1万人次，货物周转量0.02亿吨公里。新中国成立后，航空运输迅速发展，1978年发展到162条航线，载运旅客231万人次，货物周转量1亿吨公里。2005年发展到约1400条航线，其中国际、地区航线有200多条，载运旅客1.38亿人次，货物周转量78.9亿吨公里，在世界名列前茅。

（二）航空运输网

航空运输网可分为国内航空运输网和国际航空运输网。

1. 国内航空运输网

目前，我国有三大航空集团公司，即"国航"、"东航"和"南航"。该三大航空集团控制80%以上的市场份额，并分别以北京、上海、广州为主建立三大枢纽基地。其中，"南航"航线最多，飞行基地最多。

我国20条黄金航线是：

北京—上海、北京—广州、北京—深圳、北京—西安、北京—成都、北京—杭州、北京—大连、上海—深圳、上海—广州、上海—厦门、广州—海口、广州—重庆、广州—杭州、广州—武汉、香港—上海、成都—昆明、昆明—景洪、深圳—海口、西安—重庆，其中北京—上海航线每周有200多次往返航班，频率最高。

我国著名的10大机场是：

北京的首都机场、广州的白云机场、上海的虹桥机场、深圳的黄田机场、成都的双流机场、西安的咸阳机场、厦门的高崎机场、昆明的巫家坝机场、重庆的江北机场、杭州的笕桥机场。其中北京首都国际机场是最大的机场，目前拥有3座航站楼、13条跑道。航站楼的面积达141万平方米，年设计起降架次达到60万架次，2007年底首都国际机场旅客吞吐量已位居世界前10名。作为奥运重点工程之一的3号航站楼于2008年3月26日全面启用，设计年旅客吞吐量4300万人次，可停靠当今世界民用航空包括空客A380在内所有机型。从空中俯视犹如一条巨龙昂首卧于首都的东北方。

2. 国际航空运输网

在国内民航蓬勃发展的同时，国际航班也迅速增加。解放初，我国有3条国际航线，到上世纪60年代开始远洋飞行，陆续开辟西亚、北非和美洲的国际航线，80—90年代得到进一步发展。至2005年国际航线增至160多条，可通达五大洲近100多个城市。

我国主要国际航线是：

北京—东京、北京—首尔、北京—新德里、北京—纽约、北京—洛杉矶、北京—伦敦、北京—巴黎、北京—莫斯科、北京—法兰克福、北京—卡拉奇、北京—旧金山、北京—苏黎世、上海—大阪、上海—洛杉矶、上海—巴黎、广州—曼谷、广州—新加坡、广州—吉隆坡等。

我国国际机场是：

北京是最大国际航空港。上海、广州也是重要的国际航空口岸，此外，乌鲁木齐、伊宁、西安、拉萨、大连、南京、厦门、汕头、海口、昆明、天津、杭州、福州、成都、重庆、桂林等也有飞往国外的国际航线或飞往香港的地区性航线。

二、管道网布局

管道运输是世界新兴的运输方式，是从人类大规模开发利用石油、天然气以后才迅速地发展起来。它具有运量大、运价低、管理方便、安全可靠、占地少、受自然条件影响小、自动化水平高等优点。管道运输只适宜输送液体和气体物质，如石油、天然气等。此外，目前国外已开始使用管道来运送煤炭、矿石等固体物质。

（一）我国管道运输的发展

世界第一条管道运输线始建于1872年，至1997年，全球建成166万公里管线网络，其中美国占47%。在世界管道总里程中，输气、输油管道分别占54%和40%。

我国是世界上最早使用管道运输的国家，早在2000多年前，我们的祖先曾在四川创造了用竹管输送天然气和卤水。到19世纪末，自贡市一带的主要管道就有10多条，总长度约300公里。

新中国成立后，我国最早的输油管道是在甘肃玉门内部铺设，后来延伸到兰州。1958年，在克拉玛依—独山子建成了我国第一条钢管输油管道。1970年，大庆油田原油产量突破2000万吨，为了解决原油运输问题，国务院于1970年8月3日决定展开东北"八三工程"会战，掀起了中国第一次建设油气管道的高潮。经过五年奋战，于1975年建成8条管线，总长2471公里，率先在东北地区建成了输油管网。至2005年已建成200多条输油气管道，总长度达4.4万公里，其中输油管道长度达2.1万公里，输气管道长度达2.3万公里，货运量达3.1亿吨，货物周转量达1088亿吨公里。目前，随着我国油气田的不断发现和开发，管道运输已迅速发展，初步形成"北油南运"、"西油东运"、"西气东输"、"海气登陆"的运输格局。我国海底油气管道建设还不到20年，管道数量不多，但技术上都达到了国际先进水平。此外，我国还自行设计建成了山西省尖山矿石—太原钢铁厂铁精粉矿浆管道，全长102公里。管道运输的发展，大大减轻了铁路运输压力，实现了对大宗液态物料既安全又经济合理的运输，对逐步改变我国运输业结构和布局有重要意义。

（二）管道运输网

我国管道运输主要以原油和天然气为主，也有少量成品油和固体货物运输。运输管道可分为输油管道、输气管道和固体输送管道。

1. 输油管道

我国原油输送管道集中分布在东北、华北和华东北部地区，管道长1.55万公里。分别把大庆、辽河、华北、中原、胜利等几个大油田和大连、秦皇岛、青岛、南京等几个大输油港及各主要炼油基地连接起来。主要有：大庆—铁岭—大连港、大庆—铁岭—秦皇岛港、大庆—抚顺、任丘—北京—秦皇岛港、东营—青岛黄岛油港、任丘—沧州—临邑、东营—临邑—济南—仪征、濮阳—临邑、塔中—轮南、轮南—库尔勒、库尔勒—鄯善、克拉玛依—乌鲁木齐、格尔木—拉萨、湛江—茂名等。众多的输油管道，已初步形成了我国原油输送网络。

2. 主要输油管道：

（1）大庆—铁岭—秦皇岛—北京

这是我国最大的管道运输干管，全长1507公里，年运力4500万吨以上，是东北地区原油输送到国内外的大动脉。

（2）库尔勒—鄯善

这是塔里木油田第一条原油输出管道，全长470公里，年运力500万吨以上，通过兰新铁路，大大改善新疆原油外运条件。塔中—轮南、轮南—库尔勒输油管道也建成使用。

(3) 格尔木—拉萨

这是我国海拔最高的输油管道，全长1080公里，其中有900多公里处在海拔4000米以上，有560公里经过常年冻土带，这是我国自行设计，自己建设的第一条长距离成品油输送线。

(4) 兰州—成都—重庆

这是成品油输送管道，全长1254公里，年输送能力580万吨，可解决四川、重庆成品油紧张问题。

(5) 乌鲁木齐—兰州

这是原油、成品油管道，全长1800多公里，设计成品油和原油年输送能力各为1000万吨，主要供应东部石油市场，提高了原油和成品油运输的安全性和经济效益。

(6) 湛江—惠州

这是珠三角成品油管道。以湛江为起点，以茂名为枢纽，以惠州大亚湾为终点，全长1143公里，设计能力为每年输油1200万吨，有利于缓解珠三角地区油品供应的紧张局面。

2. 输气管道

我国有2.3万公里的输气管道，主要分布于西北、西南、华北、华东等地区。特别是塔里木、柴达木、陕甘宁和川渝已成为国家级的天然气田，探明的地质储量占全国的70%以上，其中塔里木盆地是我国天然气最丰富的地区。近十多年来我国陆续建成多条输气管道，对实现能源多元化、减轻城市污染、改善城市环境、提高人民生活质量具有重要意义。

主要输气管道：

(1) 轮南—靖边—上海

这是21世纪我国仅次于三峡工程的第二大工程，是"西气东输"第一主管线。西起轮南，途经新疆、甘肃、宁夏、陕西、山西、河南、安徽、江苏、上海九省区市，全长4200公里，管径1016毫米，初期年供气量为120亿立方米，稳定供气30年，是我国目前运距最长、输气量最多、施工条件最复杂、管径最大的管运干线。

(2) 靖边—北京、榆林—北京

由长庆气田的陕北靖边至北京的输气管道，途经陕西、山西、河北、北京四省市，全长860公里，管径660毫米；另外，陕京二线榆林—北京输气管道也已建成，输气量将达到50亿立方米。

(3) 涩北—西宁—兰州

由柴达木盆地的涩北至兰州，途经青海、甘肃两省，全长953公里，年输气量可达50亿立方米，沿线海拔多在3000米以上，部分地区缺氧，故管道运输是最适合的运输方式。

（4）忠县—武汉

以川渝气田重庆市忠县为起点，经湖北利川、长阳、荆州、潜江至武汉。全长1347公里，设计年输气量约40亿立方米。

（5）安平—济南

由河北安平，经衡水、山东德州至济南，全长244.96公里，年设计输气量30亿立方米，该管道主要用于接收鄂尔多斯的天然气。这是山东在实现气源多元化方面取得的又一新进展。

（6）广东LNG管道

广东LNG站线和输气管工程是中国第一个引进LNG的工程。LNG接收站设于深圳大鹏湾东岸秤头角。出站端到广州番禺。全长385公里，设计规模730万吨/年。对于改善广东的能源供应结构。提高居民的生活质量和改善大气环境都十分有利。

（7）中国—中亚

中国—中亚天然气管道于2008年7月正式开工，起始于土库曼斯坦—乌兹别克斯坦边境，途经乌兹别克斯坦、哈萨克斯坦最终抵中国新疆霍尔果斯，与西气东输二线相连，将天然气运至上海、广州以及其他十多个省市和地区。管道单线长1833公里，2009年12月14日该管道正式通气，设计年输气300亿立方米，这是中国第一条引进境外天然气的管线，具有深远意义。另一条管线还在建设中。

3. 固体输送管道

我国固体输送管道的建设还处于初级阶段，目前只有几条短距离的管道，如云南东川铜矿的精矿自流管道等。长距离输煤管道已在建设中。由山西孟县经潍坊至青岛的管道，跨越三省，全长720公里，将在我国开创一种全新的大规模运输形式。

第六节 中国交通运输业发展规划

跨进21世纪，我国国民经济建设更加迅猛发展，交通运输建设也发生了巨大的变化，尤其是西部地区成果更加明显。但就全国而言，我国交通运输能力严重不足的矛盾并未解决，长期困扰社会和国民经济健康发展的运输瓶颈也未全部解除。以铁路为例，当前我国铁路发展还有很多问题：路网密度低，每万人拥有铁路 0.57 公里，在世界上排 100 多名；主要干线长期处于饱和甚至超饱和状态；部分地区进出通道不畅，煤炭、石油等运输紧张。因此，铁路作为绿色交通工具，迫切需要大发展和跨越式发展，在我国综合交通运输体系中发挥更重要的作用。

一、铁路交通发展规划

"加快发展铁路、城市轨道交通"，打开通达东西南北的大通道，扩大路网覆盖面，完善全国路网结构。国务院已批复 22 个城市的地铁建设规划，至 2016 年我国将新建轨道交通线路 89 条，总建设里程为 2500 公里，投资规模达 9937.3 亿元。中国已成为世界上最大的城市轨道交通建设市场。到 2020 年全国铁路营业里程达 10 万公里，主要繁忙干线实现客货分线，复线率和电气化率均达到 50%，运输能力满足国民经济和社会发展需要，主要技术装备达到或接近国际先进水平，我国铁路发展将迎来重要的战略机遇期。

（一）客运专线

规划建设客运专线 1.2 万公里以上，客车速度达到每小时 200 公里以上。

1. "四纵"客运专线

北京—上海，北京—武汉—广州—深圳，北京—沈阳—哈尔滨（大连），杭州—宁波—福州—深圳。

2. "四横"客运专线

徐州—郑州—兰州，杭州—南昌—长沙，青岛—石家庄—太原，南京—武汉—重庆—成都。

3. 三个城际客运系统：环渤海、长三角和珠三角地区城际客运系统，覆盖区内主要城镇。

（二）新线建设

规划建设新线约 1.6 万公里

1. 新建中吉乌铁路喀什—吐尔尕特段，中老通道昆明—景洪—磨憨段，中缅通道大理—瑞丽段，改建中越通道昆明—河口段，形成西北、西南进出境国际通道。

2. 新建太原—中卫（银川）线，巴彦淖尔—哈密线，形成西北至华北新通道。

3. 新建兰州—重庆线，形成西北至西南新通道。

4. 新建库尔勒—格尔木、龙岗—敦煌——格尔木线，形成新疆至青海，西藏的便捷通道。

5. 新建喀什—和田、库尔勒—罗布泊、精河—伊宁、奎屯—阿勒泰、林芝—拉萨—日喀则、大理—香格里拉、西安—平凉、柳州—肇庆、准格尔—呼和浩特、巴彦淖尔—准扎哈音乌苏等西部区内铁路，完善西部地区铁路网络。

6. 新建铜陵—九江、九江—景德镇—衢州、龙岩—厦门、湖州—嘉兴—乍浦、金华—台州及东北等铁路，完善东中部铁路网络。

7. 新建海南东环铁路，实现海南环岛铁路交通运输。

8. 新建川藏铁路。东起成都，经蒲江、雅安、康定、理塘、左贡、波密、林芝到拉萨，全长1629公里。该线建成后，能提升沿线的交通条件，改善投资环境，有利沿线经济发展，尽快使"老少边穷"地区人民脱贫致富。预计2009年9月从川藏铁路成都西至朝阳湖段将动工开建。全线贯通后，从成都到拉萨只需8个多小时。

（二）路网既有线

规划既有线增建二线1.3万公里，既有线电气化1.6万公里。

1. 对大同、神府、太原、晋东南、陕西、贵州、河南、兖州、两淮、黑龙江东部等10个煤炭外运基地进行扩能改造，形成大能力煤运通道。要优先考虑大秦线扩能，北同蒲改造和石太线扩能。

2. 对既有京哈、京沪、京九、京广、陆桥、京汉蓉和沪昆等七条主要干线进行复线建设和电气改造。

3. 以北京、上海、广州、武汉、成都、西安枢纽为重点，完善枢纽结构，使铁路点线能力协调发展。

（三）科技支撑计划

国家科技支撑计划将提升铁路交通的科研水平，我国将研发时速500公里高速磁悬浮列车，北京首条磁悬浮线路2015年前建成。时速300公里动车组在2005年年底已经下线，2007年4月已在多条铁路线上投入使用。

二、公路交通发展规划

目前，我国公路数量少、密度低，公路等级低、路况差，公路站场设施不配套，功能单一等问题依然存在，极大地影响了我国经济的发展。因此要加快公路建设，尤其是高速公路网建设，加快推进"油路到乡"和"公路到村"建设工程。

(一)"十一五"发展目标

2010年，全国公路总里程将达到230万公里，其中高速公路6.5万公里，二级以上公路45万公里，县乡公路180万公里。具备通达条件的乡镇和建制村100%通公路，95%的乡镇、80%的建制村通沥青路。公路年客运量240亿人次，公路年货运量达160亿吨。

(二)高速公路网建设

"十一五"期间重点建设国家高速公路网中的"五射两纵七横"

"五射"：北京—上海，北京—福州，北京—港澳，北京—昆明，北京—哈尔滨；

"两纵"：沈阳—海口，包头—茂名；

"七横"：青岛—银川，南京—洛阳，上海—西安，上海—重庆，上海—昆明，福州—银川，广州—昆明。

东部地区基本形成高速公路网，长三角、珠三角、京津冀地区形成较完善的城际高速公路网络。

到2035年，我国将形成8.5万公里高速公路网，将连接所有目前城镇人口在20万以上的城市，覆盖全国10多亿人口。

(三)西部省际公路建设

"十一五"期间，基本建成西部开发8条省际公路通道：

兰州—云南磨憨，阿荣旗—北海，阿勒泰—红其拉甫，银川—武汉，西安—合肥，长沙—重庆，西宁—库尔勒，成都—西藏樟木。

(四)农村公路建设

"十一五"期间，新建和改造农村公路120万公里。2010年，现有汽车渡口基本完成渡改桥，建设乡镇客运站15000多个。

(五)加快运输站场建设

2010年，基本实现400公里至500公里内当日往返，800至1000公里内当日到达。营运货车达到700万辆，营运客车达到220万辆。

三、水路交通发展规划

国民经济持续快速增长将使水路交通需要更加旺盛，人民生活水平普遍提高促进交通消费结构进一步升级，努力在"十一五"期间使水路运输紧张状况得到缓解。

(一)"十一五"发展目标

2010年，水路年客运量将达2.5亿人次，货运量将达29亿吨；沿海港口年货物吞吐量将达到45~50亿吨。沿海港口分层次布局进一步完善，煤炭、原油、液化天然气、铁矿石、集装箱等运输体系大型专业化码头布局基本形成。

（二）内河水运建设重点

系统治理长江干线上中下游航道；西江航运干线扩展航道；明显改善京杭运河堵航问题；建设珠三角、长三角高等级航道网；嘉陵江、湘江航道改造。

内河主要港口码头建设工程：重庆、岳阳、长沙、宜昌、武汉、九江、南昌、杭州、嘉兴、湖州、常州、苏州等。

（三）沿海港口建设重点

重点建设三个国际航运中心：上海、天津、大连。

集装箱干线港大型集装箱码头：上海、大连、天津、青岛、厦门、深圳、广州。

煤炭装船码头：秦皇岛港、唐山港、天津港、黄骅港等。

20万吨级以上原油接卸码头：大连、津冀沿海、青岛、宁波—舟山、泉州、湛江、钦州等。

四、民航和管道交通发展规划

（一）民航交通发展规划

按照统筹规划、合理布局、干支衔接、突出重点、完善配套的原则，"十一五"期间，我国投入约1400亿元人民币用于机场建设，集中力量建设大型枢纽机场和省会机场，重点建设旅游城市的机场和中小城市支线机场，逐步形成以枢纽机场为中心覆盖全国的放射性航空网络。要优化民用机场布局，提高机场密度。本世纪前20年，我国支线航空将出现高潮，并围绕沿海地区、西部交通不便地区和中部的旅游城市进行网络布局。在西部地区，改建和扩建成都、西安、乌鲁木齐、西宁、重庆、贵阳、兰州等机场，迁建昆明机场，新建康定，玉树等小型机场。

"十一五"期间，我国航空运输总周转量、旅客运输量和货邮运输量均将比2005年翻一番以上。2008年北京奥运会和2010年上海世界博览会都是我国航空业的黄金收获季节，未来几年将是我国航空运输业的加速发展时期。

（二）管道交通发展规划

为了适应油气产量的迅速发展和人民生活水平的提高，"十一五"期间，我国将加快油气干线管网和配套设施的规划建设，逐步完善全国油气管线网络，建成西油东送、北油南运成品油管道。为满足"十一五"期间国民经济快速发展的需要，油气管道作为连接资源和市场的纽带将得到长足的发展。

"十一五"期间天然气管道建设的重点是：川气东送、西气东输二线、东北天然气管网、进口输气管线、沿海管线及完善区域管网。规划新建天然气长输管道约1万公里，预计到2010年全国天然气管道总长将达4万公里。同时，为保障天然气供应的平稳和安全，在天然气消费市场附近和管道沿线配套兴建大型地下储气库、LNG接收站等调峰设施，并与管道连接，形成点线互联的天然气供配气管网，实现资源多元化、供应网络化、调配自动化的多气源、多用户的供应格局。

全长9102公里的西气东输二线工程已于2008年2月22日在新疆、甘肃、宁夏和陕西同时开工建设。这是我国第一条引进境外天然气的大型管道工程，将把来自中亚和新疆的天然气送到长江三角洲、珠江三角洲和中南地区。

这条途经14个省区市的能源大动脉，西起新疆霍尔果斯、南至广州、东达上海，境外与横跨三国、同步建设的中亚天然气管道相连，年输气量300亿立方米，稳定供气30年以上。

西气东输二线沿途翻越天山、秦岭和江南丘陵等山区，穿越新疆内陆湖、长江、黄河、珠江流域。计划2009年底西段建成投产，2011年全线贯通。管线长度、输送气量、设计压力、投资规模和建设时间都创我国管道建设之最。

"十一五"期间原油管道建设主要围绕进口俄罗斯原油、哈萨克斯坦原油、海上进口油和国内原油生产情况改扩建和新建相应的管道。其中建设的重点项目有：中俄原油管道、大庆—锦州、独山子—鄯善、兰州—成都、河间—石家庄、日照—仪征等管道工程。"十一五"期间新建的原油管道约4000公里。

"十一五"期间成品油管道也将得到极大的发展，主要将建设兰州—郑州—长沙、锦州—石家庄—长沙成品油干线管道以及华北、长三角、东南沿海和沿江地区等区域成品油管道工程，其间新建的成品油管道约1万米，新增输油能力约8400万吨/年。

在不久的将来，中国几个区域性油气管网经过进一步的完善，将会对环境保护和人民生活质量的改善产生更多积极的影响。届时，中国的能源结构将更加合理，更加有利于经济的可持续发展。

未来10年是我国管道工业发展的黄金期，除得益于我国经济的持续快速发展和能源结构的改变，而建设的中俄输气管线，吐库曼和西伯利亚至中国的输气管线，哈萨克斯坦至中国的输油管线，中俄石油管线，吉尔吉斯斯坦至中国的石油管线等，不仅为中国，也为世界管道业提供了发展机遇。

五、"综合运输体系"发展规划

（一）什么叫"综合运输体系"

"综合运输体系"是指社会化的运输范围内和统一的运输过程中，按照各种运输方式的技术经济特点，形成分工协作、有机结合、布局合理、联结贯通的交通运输综合体。交通运输业是五种运输方式的简单总和，体现运输业的"全"；综合运输体系则体现各种运输方式的"协"——运输过程的协作，运输发展的协调和运输管理的协同，它立足于各种运输方式的有机联系，是五种运输方式联合起来，协作配合，有机结合，联结贯通；从交通运输建设来看，为了提高交通运输总体效率和效益，各种运输方式要统筹规划，协调发展，合理布局；从交通运输的组织管理来看，在统一的运输市场中运输组织结构联合，动作协同。

（二）综合运输体系的组成

综合运输体系大致由三个系统组成：

1. 具有一定技术装备的综合运输网及其结合部系统。
2. 综合运输生产系统。
3. 综合运输组织管理和协调系统。

（三）我国综合运输体系发展规划

我国交通运输发展的长期战略目标是：以市场经济为导向，以可持续发展为前提，建立客运快速化、货运物流化的智能型综合交通运输体系。

1. 2001—2010年发展规划

21世纪的前十年我国交通运输将以可持续发展为原则进入数量和质量并重、以提高主干线能力和加强西部交通基础设施建设为重点的发展阶段，交通运输管理体制将进行重大改革，市场化进程加快，交通运输的发展将从以往各种运输方式自成体系和自我扩张的发展方式，转向更加注重合理分工和综合协调发展的轨道上，智能交通系统步入建设并部分投入使用，综合运输体系基本建成。

2. 2010—2020 年发展规划

在这十年中我国交通运输将进入提高质量和优化结构为主、大力开展智能化交通系统建设、提高交通运输效率的阶段，交通能源环境和可持续发展将作为交通运输发展更为重要的评价因素，交通运输管理体制和运行机制的改革适应市场化要求，建设较为完善的综合运输体系。

复习思考题

1. 各种交通运输方式的特点及评价。
2. 绘出我国主要铁路干线图。
3. 为什么说长江是一条"黄金水道"。
4. 分析我国交通运输业的发展规划。

第七章 中国商业发展与布局

商业是专门从事商品流通的经济部门,是第三产业的重要组成部分,也是联系生产和消费、工业和农业、城市和乡村的桥梁和纽带。

第一节 中国商业发展和布局概述

一、合理发展布局中国商业的意义

所谓商业布局,是指商品流通网络的地域分布与地域组合。作为经济地理学分支学科之一,是从地域的、综合的观点研究商品流通网络地域分布和地域组合的形成、发展条件、特点与规模的科学。

合理发展布局中国商业,有助于提高商品流通的经济效益,使商业发展更多地依靠集约化、规模化经营走向持续发展之路;有助于加强地区经济联系,促进商业经济区的形成和发展;也有助于促进经济地理学朝着社会化方向发展,促进全民思想观念大解放和社会生活方式大变革。因此,合理发展布局中国商业具有极其重要的意义。

二、商业发展布局的特点

(一)商业的一般特点

1. 服务性

这主要是指商业在社会再生产中起着特殊的服务作用。社会再生产的整个过程包括生产、分配、交换和消费四个环节。其中,生产是起点,又是根本,它不仅为分配、交换、消费提供对象,而且决定着它们的性质、形式和发展变化;分配是联系生产和消费的中介,交换是联系生产和消费的纽带;而消费则是终点,它完成生产、实现生产的目的,同时又再生产出生产的要素——劳动力、生产目的和生产积极性。

2. 遍在性

商业在社会再生产过程、乃至整个社会经济生活中起着特殊的桥梁和纽带作用,它既与工农业等社会物质生产部门有着不可分割的联系,又同交通运输不可须臾分离,故而哪里有社会物质生产活动,哪里便有相应发展规模、水平与设施的商业活动。

3. 综合性

这是指商业具有多环节的综合性。如上所述,商业的基本职能乃是媒介成商品交换。而要发挥好这一基本职能,则须依赖商业经济活动所包括的四个环节——购、销、存、调的有机结合。

4. 网络性

这是指商业都必须综合地形成一定的商品流通网络。由于商品购销活动的需要,商业部门须建立各种商业批发和零售企业网点,每个企业在空间形式上都表现为大小各异的点。凭借各种交通运输工具、线路和相应数量的仓库来实现的商品调运和存储,在空间形式上除表现一定数量的点以外,更多地表现为联结各个点的线。所有这些商业机构设施和凭借它们所组织的商品货流,在空间上表现为星罗棋布的点和线。众多的点和线之间的衔接,在购、销、存、调各环节的运动循环中既互相联系与制约,也相互交错联结,于是综合地形成了各地区和全国范围内的商业经济活动——商品流通网络。构成一个多环节、多层次、经纬交错的系统。

(二) 我国商业布局的变化

1. 商业规模不断发展壮大

商业组织商品流通,是靠设置在各地的各类商业企业机构和广大商业从业人员完成的。到 2005 年底,全国商业企业机构总计达 47698 个,商业从业人员达到 519.5 万人,社会消费品零售总额达 67176.6 亿元,比 1978 年 (1264.9 亿元) 增加了 65911.7 亿元。

2. 商业结构明显改善

50 年代之初,国家曾建立了以国营商业为主导、集体商业为辅助、私营商业为补充的商业结构,全国城乡市场比较活跃。后来由于受"极左"思想的支配,单一的全民所有制商业长期占统治地位。十一届三中全会以后,国家实行多种经济形式、多种经营方式和多条流通渠道的流通体制,私营和个体商业均得到了较快的发展。到 2005 年底,我国私营批发商业网点已达到 13620 家,占整个商业批发网点总数的 24%;私营商业零售网点有 16029 个,占整个商品零售网点的 20%左右,显示出蓬勃的生命力。

3. 商业网点布局有了新变化

商业流通是由众多的商业网点组成商业网络，并在商业网络中进行的。商业网点的结构和布局决定着商品流通的深度和广度，它与商品经济的发展和市场的繁荣息息相关。现已逐渐形成了以各种生产比较集中、交通便利的经济中心城市和乡镇为依托，以专业性和综合性批发市场为主体，具有开放式、多渠道、少环节、网络型等特色的新的批发商业体系。

我国零售商业的发展和布局也发生了很大的变化。突出表现在：（1）城市主要商业街增多，商业网点密度加大；（2）城市大型商场增多，分布更趋集中，竞争越发激烈；（3）城乡集市增多，集市贸易活跃；（4）夜市在各地城市普遍盛行；（5）连锁经营逐渐兴起；（6）个体、私营商业网点数量大，分布广，规模小，呈高度零散化。

4. 商业发展存在明显的地区不平衡

由于我国地区经济发展水平和商业基础条件不同，中、西部地区与沿海地区在商业发展水平上存在一定的差距，并在短时期内很难消除。

反映商业发展水平的主要标志是社会商品零售总额。2006年我国社会商品零售总额居前十位的省、市依次是：广东、江苏、山东、浙江、四川、辽宁、上海、湖北、河南、河北。他们的社会零售总额占到全国的60%以上。相反，社会商品零售总额最少的十个省、区是：西藏、青海、宁夏、海南、贵州、甘肃、新疆、内蒙古、云南、陕西。据统计，2005年我国东、中、西三大地带社会商品零售额之比为60.87：26.12：13.01。由此可见，我国商业东部相对发达，西部比较落后，东西部商业发展存在明显的地区不平衡。

5. 城乡商业发展差距较大

我国农村人口占总人口的70%多，但2006年农村商业仅占社会消费品零售总额的43.5%，农村人均消费品零售额只相当于城市人均消费品零售额的32%左右。随着国家对农业的投入的增多和农村经济的发展，农民收入逐渐增长，城乡商业发展的差距有望逐步缩小。

三、中国商业发展布局的基本战略

（一）深化流通体制改革，建设全国统一的大市场

流通体制改革的目的就是要建立和不断完善社会主义市场经济体制，使市场在国家的宏观调控下对资源配置起基础性作用。为此，必须全方位地对市场功能进行相应的调整，尤其要加强粮、棉、油、糖、肉、菜等重要商品的市场供应，搞好总量平衡，保证市场供应，尽快形成全国统一的

大市场。

（二）加强政府对商业发展布局的宏观调控

在宏观政策上，国家已确立了以公有制为主体、多种经济成分共存的流通方式，有效地控制了通货膨胀，顺利实现了经济"软着陆"；国家鼓励全民所有制商业企业转化经营机制，建立现代企业制度，提高商业科技含量，努力推行商业标准化、信息化和计算机化；引导外资投向高精技术、高附加值、高档产品的项目，提高流通部门的装备水平，搞好流通基础建设。与此同时，加强流通领域的法制建设，促进公平有序的市场竞争。

（三）发挥国有商业的主渠道作用，建立一批有竞争实力的大型流通企业集团

国有商业企业具有优越的物质基础条件、众多的人才和完整的销售渠道，是先进的流通力量和商业发展的主力军。但是在目前，我国国有大中型商业企业普遍面临"治小、治散、治差"的问题，缺乏竞争观念，更缺乏实力和活力。为此，要切实转变经营机制，综合考虑商业地区布局、规模结构、辐射范围、市场容量等因素，通过投资、参股建立资产联系的实业化企业集团；利用沿海、沿江、沿边等区位优势，建立以大型流通企业为龙头的区域化流通组织；打破国家、部门、行业的界限，大力发展企业集团、连锁经营和销售代理制，不断壮大国有大中型商业企业的实力，保证其在国际、国内竞争中发挥主渠道作用。

（四）扩大农村市场，发展农村商业

中国9亿庞大的农村人口蕴藏着巨大的市场潜力。随着科教兴农战略的逐步实施，农业综合实力不断增强；加之农村乡镇企业迅猛发展，集市贸易更加活跃，农民的货币收入和支出将逐步增长，购买力和消费水平也将不断提高，大力发展农村商业已是大势所趋。要通过积极发展贸—工—商一体化，提高农产品商品率和农民的商业观念，鼓励城乡商业"联姻"，推动城市商业进军农村，发展"商贸带动型"的新农业、新农村，切实繁荣农村商业经济，使更多的农民走向"商业致富之路"。

（五）东部与中西部商业共同发展

商业的"投资门槛"相对较低，回报较快，最容易形成新的经济增长点，特别适合于作为中西部的新兴产业乃至支柱产业。国家已确定把兰州建成西北地区最大的商贸中心，这一工程的启动，对于兰州市甚至整个甘肃的经济可持续发展都有重要意义。我国沿海商业的快速发展，不仅积累

了经验，锻炼了队伍，壮大了实力，而且为积极参与国际和内地的工业发展创造了机会。所以沿海不光要大力发展外向型经济，扩大商品的对外贸易，而且要加大与中、西部地区联合与合作，走共同发展之路，从而切实改善我国商业的地区结构，缩小地区经济差距，推动全国商业的现代化。

第二节　中国的商业区和商业中心

一、中国商业区化的依据和体系

（一）中国商业区化的依据

所谓商业区化，就是在扬长避短，发挥地区优势的前提下，根据商品流通发展的客观需要，遵循商品流通的客观规律，按照一定原则对客观存在于中国国土之上的商业地域综合体所进行的科学的划分。商业区化是以商品流通的地域差异和区际联系为前提，以科学地界定核心商业中心的吸引辐射范围及其与周围地区的合理经济联系为其中心环节，通过对商业区发展条件、今后发展方向的分析、评价，揭示各商业区的内部结构和主要特点，指出其商品流通网络发展的主要问题和措施，为商业的尽快发展提供依据。

划分中国商业区的依据主要有：

1. 依托中心城市，充分考虑商业中心城市的规模及其吸引辐射范围的合理性。

2. 充分考虑商业中心城市与周围地区的经济协作状况，使商业区划符合区际商品流通的特点与要求。

3. 确保商业区整体功能的优化，使各个商业区内各组成要素相互联系，形成具有最佳功能的整体。

4. 力求商业区化与经济区划相一致，同时尽可能保证行政单元的完整性。

5. 力求商业区现状特点与远景发展相一致。

只有充分体现这几条依据的要求，才能保证形成符合市场经济规律的科学的商业区划。

（二）中国商业区化的体系

遵循上述依据，中国的商业区化体系大体可分为三级。

1. 一级商业区

以特大城市为核心，以比较完整的交通运输网为渠道形成的生产、流通、消费等相互独立的地域单元。一般由若干省、市、自治区组成，其范围大小与该区域内全国性商业中心吸引范围相吻合。我国目前有华东、华北、东北、华中、华南、西南、西北七个一级商业区。中国主要商业中心分布与商业区化见图7-1。

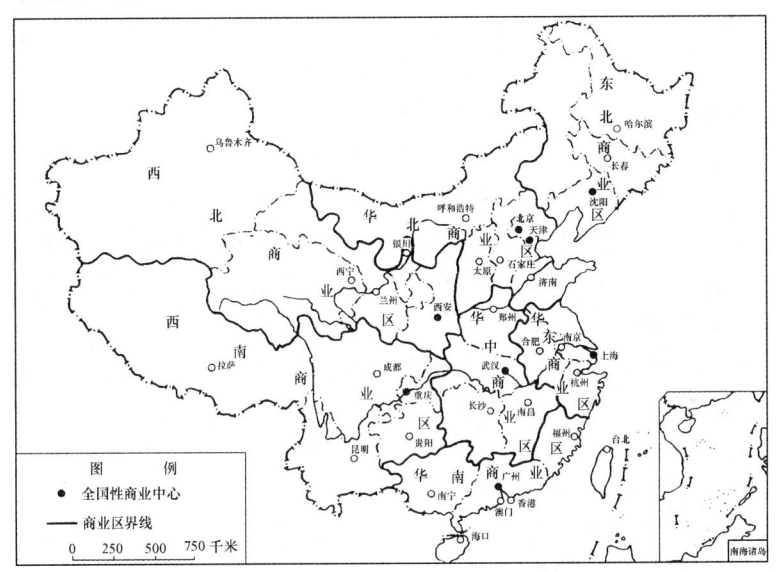

图 7-1 中国主要商业中心分布与商业区划示意图

2. 二级商业区

一般是以省、自治区的政治、经济、文化和交通中心为核心形成的。它既是该区域的商品生产基地，又是商品流通与交换的基地，同时还承担着劳动地域分工的专门化生产任务。

3. 三级商业区

主要是以地方性商业中心为核心形成的低级商业经济区。其辐射范围较小，常常是地区的商品集散中心和自给性消费品的生产基地，承担联系城乡经济、工业和农业、生产和消费的重要任务。

二、中国的商业区及其主要商业中心

（一）华东商业区

包括苏、浙、皖、沪三省一市，以上海为核心。地处长江下游，濒临黄海与东海，不仅拥有我国著名的粮食、桑蚕、棉花、淡水鱼生产基地，也拥有我国最大的轻纺工业乃至综合性工业基地。水陆空交通便利，是我国对外开放的前沿阵地，商品资源极为丰富。区内三省一市商品、物资、科学技术及信息等方面优势互补、紧密联系。历史上形成了以上海为中心，从沪宁杭商业区逐步向外辐射的地域流通综合体。

上海：是本区乃至全国最大的商业中心，也是世界著名的大都市。优越的地理位置，发达的水、陆、空交通，极强的商品生产能力和广阔的腹地是使上海发展成为我国最大的商业中心的基本条件。2005年末，上海拥有批零贸易和餐饮业法人企业2296个，社会消费品零售总额达2973.0亿元，居全国大商业中心的首位。外贸方面，已与170多个国家和地区建立了经济贸易关系。上海商业中心在商品的生产能力、供应市场的商品量、内外贸易俄、社会消费品零售总额、商品周转速度、商业情报灵敏度、商情预报水平及证券市场和金融服务等方面均居全国主要商业中心之首。

（二）华北商业区

包括京、津、冀、晋、鲁五省和内蒙古中西部。位于黄河中下游及海河流域，东濒黄海、渤海。本区拥有我国最大的能源工业基地，重要的钢铁基地和商品粮棉基地，商品资源丰富，商业活动历来相当发达。北京、天津是本区最大的两个商业中心。

1. 北京

是我国的首都，全国的政治、科技、文化中心。它凭借东北与华北联系的枢纽和我国铁路、航空运输总枢纽的区位优势，经济联系遍及全国各省市区和世界许多国家和地区。现已发展成为一个门类齐全的工业基地，是我国北方最大的商业中心，商业服务较为发达，2006年拥有批零贸易和餐饮业法人企业5406个，社会消费品零售总额达2902.8亿元，在全国各大商业中心中仅次于上海，居第二位。

2. 天津

是我国有名的商业中心之一，也是一个综合性工业基地。天津商业设施齐全，商品集散面广，大商业、大流通的格局基本形成。2006年拥有批零贸易和餐饮业法人企业1638个，社会消费品零售总额达1190.06亿元。

（三）东北商业区

范围包括辽、吉、黑三省和内蒙古东部兴安、呼伦贝尔、哲里木和赤峰三盟一市。本区发展工农业生产的条件优越，已建立了规模较大的钢铁、机械、石油化工、木材、粮食、大豆等专业化生产部门，拥有我国重要的重工业、农林牧业基地和著名的商品粮基地。本区以沈阳为核心。

沈阳：位于辽河平原中部，是我国的重工业基地，工业基础雄厚，技术条件好。它是东北和全国的交通枢纽，东北最大的商品集散中心，商业发达。2005年拥有批零贸易和餐饮业法人企业730个，社会消费品零售总额达915.09亿元。

（四）华中商业区

包括豫、鄂、湘、赣四省。位于黄河中下游地区和长江中游地区，具有全国东西、南北四境过渡和水陆交通枢纽的区位优势，起承东启西、沟通南北的重要作用。自然条件优越，发展历史悠久，形成了钢铁、有色金属、电力、纺织和食品为主的工业体系，是我国粮、棉、油、茶、麻等作物的集中产区，商品货源充足。武汉是本区的核心商业中心。

武汉：素有"九省通衢"之誉，是全国水陆空重要交通枢纽，是我国中部最大的商品集散中心，全国较大的商品集散和转运中心。已建成轻重工业门类比较齐全的综合性工业基地，商品流通发展迅速，2005年拥有批零贸易和餐饮业法人企业541个，社会消费品零售总额达1128.64亿元。2005进出口贸易总额达618786万美元，目前与港澳、东南亚、日本、美国等国家和地区有密切的贸易往来。

（五）华南商业区

包括粤、桂、闽、琼四省区，背靠我国内陆广大腹地，面向东南亚，毗邻港澳台，具有沿边、沿海开放的区位优势，是我国对外开放的门户。广州是本区的核心商业中心，铁路、内河航运和海运都相当发达，因此它对全区有极强的吸引辐射力。

广州：位于珠江三角洲，近港澳，拥有优越的地理位置和交通条件，是华南重要的工业基地，不少产品以独具特色而享誉海内外。2006年拥有批零贸易和餐饮业法人企业2287个，社会消费品零售总额达1898.74亿元。由于对外开放历史早，又借地利之便，因此对外科技文化和经贸联系异常紧密，每年春秋定期举办的"广交会"是我国各地商品打入国际市场的一个重要"窗口"。

（六）西南商业区

包括川、滇、黔、藏四省区和重庆市，位于我国西南部，与老挝、缅甸、越南等国接壤，具有向南亚诸国开放，发展对外陆上贸易的优越条件。本区自然条件复杂，资源丰富，政治、经济、文化、科技发展很不平衡。重庆市是本区的核心商业中心，四川盆地则是本区人口最稠密，经济最发达的地区，滇、黔、藏三省经济相对落后，但由于地理毗邻，历史上就与川渝地区存在着商品流通联系，因此也成为以重庆为中心的商业区的一部分。

重庆：是第四个直辖市。是西南水陆交通枢纽及最大的政治、经济、文化和商业中心，已建成轻重工业门类齐全的综合性工业基地。2005年拥有批零贸易和餐饮业法人企业887个，社会消费品零售总额达1215.76亿元。

（七）西北商业区

包括陕、甘、宁、青、新五省区，是我国最为特殊的一个商业区。地域面积辽阔，以西安为核心商业中心，兰州和乌鲁木齐为次要商业中心，沿陇海、兰新铁路干线呈三点一线格局，又借助包兰、兰青线向两翼展开，把全区商品经济活动连成一个整体；其中西安辐射陕西和陇东地区，兰州辐射甘、宁、青三省，乌鲁木齐市辐射新疆。本区自然条件复杂，区位不佳，故经济较为落后；但资源丰富，是我国畜产品和工业原燃料的重要供应地，其他商品，尤其是轻工业产品数量不多，有赖于区外支援。

西安：位于关中平原中部，我国东西运输大动脉——陇海线上，是西北最大的经济中心。西安所依附的关中平原生产发达，农产品丰富。西安又是一个机械、纺织、电子等工业为主，门类齐全的工业基地，棉纺织品、手表、缝纫机、自行车等产品的生产在全国占有一定地位。西安城历史悠久，曾为六朝古都和历史上著名的商业中心之一。

第三节　中国商业网点的发展和布局

一、商业网点的分布

各类商业经营企业、商品货流和商业信息流及商业经济区域的相互联系，在空间上集中表现为点、线、面相结合的多层次的动态网络系统，该网络的合理布局和运行就是商品或商业信息在一定的地域空间内自由流动，即完成了商品在不同地域上的购、销、调、存。其中各类商业经营企业就叫商业网点。商业网点是商品流通的落脚点，其结构和布局决定着商品流通的广度和深度。它与商品经济的发展及市场的繁荣息息相关。因此，合理布局商业网点是加速商品流通，减少流通费用，促进生产发展，方便人民群众的基本环节。

改革开放以来，随着市场体系的发育和市场机制作用范围的扩大，我国市场配置资源的基础性作用逐渐加强，商品流通渠道的发育和发展也十分迅速，其中商业网点尤其在数量、质量和类型上都获得了极大的发展。

按照在商品流通中的地位和作用可以把商业网点划分为批发商业网点和零售商业网点。批发商业网点处于商品流通的起点或中间环节，有联系生产和指导消费的职能；零售商业网点处于商品流通的最后环节，是消费者购买商品的场所。按照网点的空间布局，可以划分为城市商业网点和农村商业网点：城市商业网点数量少，规模大，业态构成复杂，布局集中；农村商业网点数量多，规模小，分布零散。按网点的经济类型，可以分为国有经济、集体经济、私有经济、个体经济、联营经济、股份制经济、外商投资经济、港澳台投资经济等商业网点。2005年底，全国批发零售业网点数为156254个（内资企业127830个），这些经济类型不同，经营手段各异的商业网点构成了商品流通网络主体的多元化格局。按照商品经营范围划分，有专业性和综合性商业网点：前者经营的商品种类单一，但品种、款式齐全；后者经营种类多种多样，但可供选择的规格、款式单一。其他分类形式还有：按照经营规模可分为大、中、小型商业网点；按经营组织机构的组合情况可分为连锁经营和独立经营的商业网点；按经营方式可分为固定、流动和邮寄商业网点，现在还有网上商城等。

类型、规模、经营品种不同的网点在特定空间上自然联系就形成了商业网点群，其在空间上的聚集程度则因交通状况、区域经济发展水平、人口密集程度等因素的不同而变化。

二、批发商业网点的发展和布局

改革开放以来，特别是1983年实行商业体制改革以后，我国商业逐步实现了多种经济形式、多种经营方式、多种流通渠道和减少流通环节的"三多一少"流通体制。

从1984年起，国营商业改变了过去计划经济体制下的方法，将上海、天津、广州等一级批发站全部下放到所在市，采取联营的过渡形式实行双重领导，以市为主；原省、市、自治区所属二级站陆续下放到市，实行站、司合并，专业细划，批零兼营；县属的三级专业积极改革，一是保留专业批发商店，二是改为综合性批发公司，三是将原有的专业批发公司分别并入较大的零售商场，批零兼营；大中城市则增设了专业批发商店。总之，商业改革使批发企业成为自主经营的经济实体，相互之间由从属关系变为平等的业务关系，变单一经营为联合经营，各批发企业之间、批发与零售企业之间都可以建立直接的供货关系，横向经济联合和多种批发形式不断涌现；另一方面取消了农副产品统购、派购和日用工业品的统购包销制度，普遍推行了合同定购、选购、议购和自销、代销、议销等购销形式。计划管理的商品品种不断减少，市场调节范围不断扩大。

目前，在全国范围内，一个工业品以城市为中心，农副产品以集散地为中心的批发体系已逐步形成，其地域分布也已日趋合理。

三、中国零售商业网点的发展和布局

零售是商品流通过程中的最后一道环节，它直接与消费者接触，因而具有涉及面广、数量庞大、种类繁多、类型复杂等特点。零售网点利用各种经营业态和营销方法将商品输送到城乡各个角落的居民手中，缩短了消费者与商品的时空距离，既方便了广大人民群众的生活，又实现了商品的价值和使用价值。所以零售商业网点一般要求布局在交通便利的地方，以适应商品的购销与运输的频繁性和及时性，还要求做到集中与分散相结合、专业与综合相结合、大中小相结合、固定和流动相结合，从而使零售网点的布局最优化。

近年来，我国零售商业网点发展迅速，2005 年零售商业网点总数达到 7.38 万个，零售从业人员达 295.05 万人，其中内资企业售商业网点总数达到 7.17 万个。从商业网点的经济类型看，内资企业国有、集体经济的网点占售商业网点总数比重在逐年下降，而非国有商业发展较为活跃。2005 在全国零售贸易业网点数中国有经济商业网点数是 1.13 万个，占内资企业的 15.6%，集体经济经济商业网点数是 7411 个，占 10.4%，私营企业网点数是 16029 个，占 22.3%。这说明，以国有商业为主渠道，个体、私营商业、中外合资合作商业为必要成分的多种流通渠道、多种经济成分、多种经营形式的开放式零售格局已经形成。

从零售贸易业网点密度来看，沪、京、津、苏、鲁、浙、粤等省市网点数量多、分布密度大，新、青、藏三省区分布密度小，这体现了沿海经济发达、人口稠密的地区网点相对较多、较密；内陆、边疆经济欠发达、地广人稀的地区网点分布较分散。目前，零售商业网点发展有两种大的趋势：

在经营规模上，两极分化现象明显。在规模经济效益的吸引下，一方面，城市大中型商业网点的建设速度加快，规模增大，布局日趋集中。另一方面，在零售网点数迅速扩张的同时，网点规模的小型化、分散化、组织程度低的现象也日益明显。

在经营业态上,我国零售业正处于百货商店的鼎盛时期,连锁经营、超级市场、购物中心、各类专卖店、便民店、仓储式商场等各种组织经营形式正在进入流通网络。

在我国各种类型的城市中,零售商业网点的分布一般都以群式集中分布为主,零散分布为辅,相互协调,成龙配套,一般有3~4级设置。

(一)一级商业网点群

又称大型商业网点群,是全市商业的中心,主要为全市居民和外地流动人员服务。通常以市内著名的大型综合商店为核心,有几十家甚至几百家规模不等、经营形式多种多样的专业商店和综合商店组成,一般设置在市区位置适中、交通便利的主要街道上,如北京的王府井、西单、前门;上海的南京路、淮海路、金陵路、四川北路、豫园;兰州的西关什字、铁路局、南关什字等。经营商品以高中档商品为主,其商品种类齐全,挑选性强;商店规模以大中型为主,也有小型零售商业网点;商店多为老字号、购物环境优雅的专卖店等。该类商业网点群反映了一个城市经济、文化和社区生活风貌,是全市乃至观光商业的窗口,也形成了所在城市独具特色的游览风景线。

(二)二级商业网点群

又称中型商业网点群,是城市中的区域性商业中心,主要为城市内各区居民和部分流动人口服务,对一级商业网点群起一定的分流作用,对更次一级商业网点商品可挑选性不强的缺点起补充作用。网点构成以中型百货商店、各类专业商店为主,小型商业网点和个别大型商店为辅。一般均设置在区内交通便利的地方,如北京的东四、西四、新街口、火车站,兰州的盘旋路、东方红广场、西站等。经营商品种类齐全,高中低档商品齐备,并以中档和低档商品为主要经营对象,网点规模大中小结合,但以中小为主。

(三)三级商业网点群

又称小型商业网点群,是居民区的商业中心,主要为附近居民服务。网点规模较小,混合经营,服务项目多种多样,经营品种以居民日常需要、购买次数多、数量零星的生活必需品为主,款式规格单一,挑选性不强;商店类型有小型综合商店、副食杂货商店、方便店、小型超市以及流动摊点。一般多设置在小街道的交叉道口和居民居住小区的中心。由于该类网点对方便城市居民就近购买日用必需品有重要作用,所以在各类居民区的设施配套都给予了适当考虑和布局。

(四) 四级商业网点群

即方便店，是城市居民区附近的小网点，是三级商业网点群的必要补充。网点规模小、数量多、靠近消费者、经营时间长，利于群众随时购买，经营类型有一般方便店和各种流动摊点。经营品种是居民日常生活必需且零星购买的商品。

在我国，只有少数特大城市才有四级网点布局，如北京、上海等。大多数大中城市均以三级设置为主。一部分小城市零售商业网点的布局只分二级设置，即在市中心位置优越、交通便利的地段设置一个全市性商业中心，在各居民区内设若干个小型商业中心。

我国农村地区零售商业网点的分布格局与城市显著不同。首先，农村地区人口密度低于城市地区；其次，居民点分布远比城市分散；第三，农民人均收入水平和购买了普遍低于城市居民。基于这三个特点，零售商业网点在类型上多是一些综合性的，经营商品种类较多，规模较小的网点，其空间布局一般是在人口相对集中的地方形成固定的网点，在网点和居民点之间有流动供应网点来补充。其组成多为以县城网点为中心，集镇网点为骨干，联系乡村零散网点的三级商业网。

今后，随着我国农村经济的不断发展和农民生活水平的日益提高，以及城市化进程的明显加快和城市范围的稳步扩大，在城乡结合带将会出现一系列新的商业网点。他们主要以中型百货商店、超级市场和方便店的形式出现。其所经营的商品种类齐全，物美价廉，以充分满足城乡居民就近购买的需要。

四、我国零售商业网点发展趋势

全球零售及消费品行业权威人士日前公布的其对亚太地区14个国家和地区零售及消费品行业的调查报告指出：中国已经成为亚洲零售消费业最具增长潜力的国家。

综合来看，中国商业零售业呈如下发展趋势：

(一) 商业零售业态间的竞争更加激烈

在零售企业的规模扩张过程中，连锁超市、连锁百货、连锁专卖的发展速度非常快，尤其是大型连锁超市的发展速度最快，业态创新成为零售企业提高企业竞争力的重要手段。除了对现有的百货资产进行连锁改造之外，有实力的商业企业都加大了对购物中心以及连锁超市的投资力度。大型综合超市和仓储式商店迎合人们"一站式"购物需求，且又以产品丰富、价格低廉的优势拥有相当的竞争力,将成为内、外资企业竞争的焦点。百货店将向细分化、个性化发展,传统百货店市场份额将逐渐萎缩,购物中心将在未来几年内有较大发展。但是目前的购物中心一般都是在商业中心区,随着人们购物习惯的变化,将使"边缘化"及标准型超市成为投资热点,在新建大型居民小区、城乡结合部乃至郊区,社区型购物中心、生鲜超市以及便利店具有较大的发展空间。在上海,如华联、农工商、正章洗涤、华氏药房等品牌连锁企业都进入了社区,甚至联华OK网、富尔网络、梅林正广和等也把电话订购、网上购物的终端延伸到了社区。另外,主题超市正悄然兴起,如以消费对象为主题的老年人超市、女性超市、儿童超市、学生超市,以商品内容为主题的食品超市、旅游超市、体育超市、家电超市、家居超市等。它可以从专与精的角度锁定目标消费群,进行零售业态的再细分。凡此种种,加剧了整个商业零售业态间的竞争度。

(二) 连锁钟情各种零售业态,重点锁定部分业态

"十五"期末,连锁企业的销售额达到7000亿元,年递增约35%,占社会批发零售贸易和餐饮业零售额的比重达到20%左右。

我国的连锁业比重极小,只不过刚刚起步,存在着极大的发展空间。在企业的组织形式上,今后我国连锁业将发展到各种零售业态上,连锁经营的百货商店、方便店、专业商店、仓储商场会成为连锁业中的强大力量。随着连锁经营的扩张,今后在城市零售业的发展中除了增加网点外,各种传统商店将不断改变业态、变更所有者、重新组合。连锁经营对零售业进行重组改造,提高其组织化程度势在必行。零售商业企业必将逐步摆脱地域概念、规模扩大、集中程度提高,出现一批跨省市的大型连锁商业企业集团。

(三) 业态发展逐步"规范化",创新成就业态竞争优势

百货店、超级市场、方便店、专卖店等零售业态开始重新定位,逐步走向"规范化"。

第一,我国传统百货店将会在两个方面发生变化。一方面百货店原有的中低档商品和五金家电等商品会分流出去,让位给超市和专业店,自身专注做精品化、品牌化、高毛利、低周转的百货,其他商品只作为点缀,使百货部分突出特色,体现百货公司的层次感、时尚感,引领时尚变化的潮流;另一方面是一部分百货店仍然以大众消费需求为目标市场,但将自身改变业态,向大型综合超市转化。从我国现阶段百货店整体发展来看,

百货店业稳定中将有所下降，逐渐地达到数量上的平衡。

第二，超级市场是我国零售业中的生力军。随着我国生产力水平的不断提高，生鲜食品从生产到消费之间的链条逐步形成，食品超市中生鲜食品的比重将会逐步增加，并达到规范化的水平。随着我国城市化进程的加快，城市人口迅速增加，大型综合超市会有更为广阔的发展空间。一部分食品超市也将会发展成大型综合超市。这一业态将会成为中国零售业中的主导业态。

第三，由于我国目前尚缺乏方便店所需要的强大的消费层的支持，以及生产力发展水平的限制，国内本土化的方便店的大规模发展还需要一定的时日。但是，随着我国经济的不断发展，人们生活节奏加快，以及国外大型配送企业进入，会促进方便店这一业态的发展。

第四，专业店尤其是专卖店在我国会有长足发展。它们会在商品的品牌、经营方式、规范服务等方面形成自身的风格。其中一部分精品店、名品店会进入到大型百货店中设址；专卖店将进一步向个性化、民族化方向发展。以连锁制形式开设的专业店和专卖店，在商业街、商业中心地区，以及在大型商业设施和百货店中也都会有很大的发展机会。

任何零售业态的产生和发展都取决于社会经济的发展水平和技术条件。尽管我国各种零售业态在发展过程中存在很多问题，但是，随着经济的不断发展，社会的物质条件和技术条件等不断完善，以及我们对各种零售业态内涵的逐步理解，使这些业态完成本土化的过程，再加之国外规范化的零售业态的示范效应，我国的各种零售业态必将逐步走向规范化。有一点可以肯定：越具有技术创新优势的业态，越有可能成长为主导业态。

（四）兼并重组方兴未艾，全行业集中度加剧

由于零售行业进入门槛低，企业竞争白热化的局面这几年一直没有改变，导致行业利润率持续下降，亏损企业增多，整个行业面临着结构性调整。而调整的结果就是行业集中度加大，而兼并收购则是行业整合的主要手段。在企业市场化运作以及地方政府的推动下，未来不管是超市还是百货业都将出现几个行业巨头；同时，为尽快具备与外资企业竞争的规模优势，连锁零售龙头企业尤其是连锁类上市公司，纷纷实施资本运作，进行跨地区兼并重组，逐步由原来的区域性公司转变为全国性公司。因此，商业企业的数量将逐渐减少，行业的效率将得以普遍提高。

（五）商业资本延伸食物链，联袂相关资本实现共赢

商业资本与产业资本的结合并不是刚开始的，有些上市公司实际上早

已渗入到产业当中去。如今，随着连锁超市以及连锁专卖店的发展，这些商业企业具备了一定的议价能力后，逐渐显示出向上游产业渗透的趋势，具体表现为"自有品牌"商品的比例大大提高，这样不仅可以提高销售利润，也提高了公司竞争力。另外，商业资本还开始与地产资本结合，共同开发物业卖场、写字楼，参与物业管理，实现优势互补。

（六）外资进入速度加快，行业竞争日益国际化

受现行政策的限制，目前外商与港澳台商投资企业在中国市场所占份额不到5%，未来几年，随着外资进入我国零售业在企业设立形式、数量、地域、股权比例等方面的限制陆续取消，零售业将会形成外商独资、中外合资以及各种经济成分共同竞争的格局，内资零售业将在更广的范围、更深的层次上参与全球市场的竞争。

1. 外资商业在连锁经营中的地位日益增强

据不完全统计，目前，世界50家最大的零售企业，已经有70%在中国抢滩登陆，知名的如美国的沃尔玛、法国的家乐福和欧尚、德国的麦德龙、日本的伊藤洋华堂等零售业巨头，已经逐步在我国形成了一定的网络规模，而且全都拟定了进一步拓展中国市场的计划。资本的逐利性以及"八国联军"的灵敏嗅觉使得中国商业零售业这块诱人的"蛋糕"不得不被分食。

2. 短期内并购仍是外资占领中国市场的重要方式之一

国家有关部门于近期公布了连锁经营发展规划，对现代大型综合超市的发展表现出认可的态度，同时还表示将有计划地控制大卖场和仓储式商店的盲目发展，这对外资以直接开设门店方式进入中国市场将产生一定影响。对于外资来说，介入资本市场，借助低成本收购的壳资源，注入其在中国的业务、技术和产品，将能在较短的时间内占领中国市场，这有望成为外资直接进行门店建设的主要替代方式。从外资介入的动向来看，经济发达的地区尤其是东部地区的商业企业将受到青睐。

思考题：

1. 影响商业布局的因素有哪些？
2. 概述我国商业区及其中心的分布？

第八章 中国旅游业发展与布局

第一节 概 述

　　旅游业是以旅游资源为依托，以旅游设施为条件，以出售劳务为特征，为旅游者提供综合性服务的行业。它是社会生产力发展到一定阶段的必然产物。上世纪50年代以来，世界经济的迅猛发展为旅游业的产生和发展提供了充足和必要的条件。首先，运输工具的现代化密切了旅游资源和旅游者之间的联系；其次，社会物质财富，为旅游提供多种多样的服务设施，奠定了旅游业发展的物质基础；第三，消费结构的变化和工作时间的缩短，为人类与旅游资源的结合提供了更多的机会。所以，旅游业作为一个特殊的经济部门在世界很多国家得到迅速发展。

　　旅游业已成为世界最大的产业部门，在很多地区已经成为经济发展的支柱产业，在国民经济和社会发展中起着重要的作用。第一，旅游业可以扩大对外交流，增加外汇收入。发展旅游业可以增进各国人民之间的友谊，通过旅游、考察等活动促进各国之间的经济、科技、文化的交流。接待大批外国游客可以赚取外汇，平衡外汇收支，增强外汇支付能力。第二，旅游业可以拉动内需，回笼货币。旅游业通过提供服务和商品供应，可获得很好的经济收入，有力地拉动了内需。就以2007年北京市"五一"黄金周为例，旅游总收入达41.67亿元，比2006年同期增长6.2%，创黄金周历史新高，大大促进了北京市的经济发展。第三，旅游业可以带动其他行业的发展，获得共赢。旅游业是一个综合性的行业，它的发展要以建筑业、交通运输业、农业、商业、邮电、医疗文化等部门为前提；同时，旅游业的发展又促进了这些部门的进一步发展，这样，也就更好地推动了整个国民经济的发展。第四，旅游业可以打通就业渠道，提供大量就业机会。旅游业是劳动密集型行业，需要大量的劳动力。随着旅游业的发展，相关部门也要发展，为劳动力就业提供了多种就业渠道，且就业成本低，技术水平相对较低。据统计，一个旅游从业人员，可带动四个多就业岗位。第五，旅游业发展有利于提升城市化水平。旅游业的发展，必将带动城市功能的发挥，有力地推动城市经济、文化等的发展，吸引更多的劳动力流入城市；相反，封闭的地区，必然是经济落后，文化落后的地区，阻碍了城市化水平的提高。

一、旅游业的基本特征

旅游业是一个特殊的经济部门，它具有如下一些基本特征：

（一）地域性

由于自然条件的差异和人文因素的影响，旅游资源的形成、开发和利用，有着显著的地域性，形成了各具特色的旅游区、点。而旅游者总的旅游动机是短时期内改换环境和求取新异的欣赏或感受。因此，发展旅游业，就要掌握旅游资源地域性的特点，因地制宜，合理布局，发挥地区优势，注重特色旅游资源的开发利用。

（二）季节性

如果说地域性反映了旅游的空间分布的差异性，那么季节性就是反映旅游的时间分布的不平衡性。旅游的季节性是由旅游地所处的纬度位置和地理环境决定的。尤其是自然景观具有明显的季节变化，不同的地区总有旺、淡季时期。因此，掌握旅游季节性的规律和特点，对于合理安排客流，调节旅游旺、淡季的客流量，有着重要意义。

（三）综合性

旅游业是一项高度综合性的事业，必须和各行各业密切协作，互相配合。同旅游业有关的交通、城建、园林、商业、出版、农业、轻工、手工业、金融、医疗卫生、环境保护、服务等许多部门和行业，都要积极支持旅游业的发展。发展现代旅游业，实际上是实施一项内容广泛的社会的系统工程，对旅游区和旅游点的规划与布局，一定要综合考虑，切忌片面性。

（四）经济性

旅游业是一个新兴的经济部门，它的本质是出售劳务和风景为特征的服务行业，是第三产业的重要支柱，被誉为"无烟工业"、"无形贸易"、"风景出口业"。它通过"风景出口"和其他服务设施来为国家创造财富，积累资金，增加外汇收入，具有明显的经济性特点。因而，一个旅游区和点的开发利用，首先要考虑到它的经济效益。

（五）大众性

当一个国家的经济发展水平达到某种程度时，旅游活动已不再是少数人的孤单的无目的行为，而成为广大人民群众的一种普遍现象，一种生活享受。我国 2007 年"五一"黄金周，全国出游 1.79 亿人次，同比增长 22.7%，旅游收入 736 亿元，同比增长 25.8%，均创历史新高。这充分说明，旅游业正在出现群众性热潮，大众化的特征越来越明显。

（六）多样性

旅游业的多样性，主要表现在复杂繁多的旅游项目上。它包括观光、文化、疗养、体育、宗教、度假、避暑、登山、滑雪、探亲访友和民俗等几十种旅游项目。这些丰富多彩的旅游类型和项目，都可以引起旅游者的广泛兴趣，因此，旅游资源的多样性给旅游活动组织者和旅游开发者提供了广阔的思路和有利条件。

二、我国旅游业的发展

我国幅员辽阔，历史悠久，自然和人文旅游资源都十分丰富，旅游活动也有着久远的历史。历史上许多文学家、地理学家、旅行家、军事家和政治家都曾出于不同的目的，跋山涉水，寻访古迹，考察民情，从事各种性质的旅游活动，留下了丰富的科学遗产和文学巨著。但在旧中国，处于半封建、半殖民地下的广大人民，生活于水深火热之中，无经济实力进行旅游活动，加之战争频繁，社会动荡，旅游业极其落后。

新中国成立以后，尤其是改革开放 30 年来，我国实行了"对外开放，对内搞活"的方针政策，国民经济得到迅速恢复和发展，旅游业在国民经济中的地位和作用也得到了应有的重视，在一系列旅游方针的正确指导下，旅游业进入了生机勃勃的发展新阶段。进入 20 世纪 90 年代，我国旅游业进入三大市场——入境旅游市场、国内旅游市场和出境旅游市场共同发展的新的历史阶段，并确定了"大力发展入境旅游、积极发展国内旅游、适度发展出境旅游"的总体方针。这标志着我国旅游业发展总体模式的调整，使我国旅游市场结构更加合理、完善。

改革开放 30 年来，尤其是于 1999 年"十一"推行黄金周以来，我国的旅游业在接待能力、外汇收入、旅游设施建设、旅游资源的开发、旅游交通发展、旅游人才的培养和科学技术的应用等方面都取得了巨大的成就，我国旅游业已基本实现了从"事业型"到"产业型"的转变，成为具有相当规模的经济产业。

国内旅游蓬勃兴起,以"十五"期间为例:2001 年国内旅游人数为 7.84 亿人次,国内旅游收入为 3522.36 亿元,2005 年,国内旅游人数为 12.12 亿人次,国内旅游收入为 5285.86 亿元,五年中分别增加了 4.86 亿人次和 1763.5 亿元,增长 63% 和 50%;国内居民出境人数在这五年中,也由 1213.44 万人次增加到 3102.63 万人次,增加了 1889.19 万人次,增长 1.56 倍。2007 年"五一"黄金周期间,全国出游 1.79 亿人次,同比增长 22.7%,旅游收入 736 亿元,同比增长 25.8%。2009 年国庆、中秋长假期间,北京以国庆、阅兵、奥运三大主题吸引众多游客。北京市共接待京内外旅游者共 1497 万人次,同比增长 58.9%;旅游总收入 53.9 亿元,比历史最高水平的 2008 年同比增长 3.1%。北京赢得"人气最旺"城市头衔。旅游业发展情况见表 8-1:

表 8-1　旅游业发展情况

指　标	2000	2001	2002	2003	2004	2005
旅行社数(个)	8993	10532	11552	13361	14927	
国际旅行社	1268	1310	1349	1364	1460	
国内旅行社	7725	9222	10203	11997	13467	
旅行社职工人数(人)	164336	192408	229147	249802	246219	
国际旅行社	68093	72801	89128	100742	89342	
国内旅行社	96243	119607	140019	149060	156877	
星级饭店总数(个)	10481	7358	8880	9751	10888	
入境旅游人数(万人次)	8344.39	8001.29	9790.80	9166.21	10903.82	12029.23
外国人	1016.04	1122.64	1343.95	1140.29	1693.25	2025.51
华侨						
港澳同胞	7009.93	7434.45	8080.82	7752.73	8842.05	9592.79
台湾同胞	310.86	344.20	366.06	273.19	368.53	410.92
国内居民出境人数(万人次)	1047.26	1213.44	1660.23	2022.19	2885.00	3102.63
国内旅游人数(万人次)	74400	78400	87800	87000	110200	121200
旅游收入						
国际旅游外汇收入(亿美元)	162.24	177.92	203.85	174.06	257.39	292.96
国内旅游收(亿元)	3175.54	3522.36	3878.36	3442.27	4710.71	5285.86

资料来源:2006 年《中国统计年鉴》

入境旅游也迅速发展,2001 年为 8901.29 万人次,2005 年为 12029.23 万人次,增长 35%,国际旅游外汇收入也由 177.92 亿美元增加到 292.96 亿美元,增长 65%,2006 年入境人数达 12494 万人次,国际旅游外汇收入达339.5亿美元，又有较大提高。2009年北京"十一"黄金周接待入境旅游同比增长70%。在入境游客中，除港澳同胞占了绝大多数外，日本、韩国、美国、俄罗斯、新加坡、英国、泰国、澳大利亚、法国、印度尼西亚等主要客源国来华人数也显著增长。

我国出境旅游人数也与日俱增，2005年比2001年增长1.56倍，2009年"十一"黄金周期间，大陆居民赴港澳台旅游持续走高，出游人数比上年同期大约增加五成以上。成为亚洲最大的客源输出国，其中80%以上是自费出境旅游。

进入21世纪以来，我国国内政治和社会稳定，和谐社会正在形成，经济迅速发展，人民生活水平有了很大提高，生活质量发生很大变化，国内旅游业也方兴未艾。2006年，国内旅游总花费6229.74亿元，人均花费406.9元，出游率达106.1%。可见，作为人口最多的中国，旅游业已从亚洲旅游大国向世界旅游强国跨越。

第二节 中国的旅游资源

旅游资源是指在客观自然界和人类社会存在的，能对旅游者产生吸引力，可以被旅游业开发利用并产生经济、社会、环境效益的各种事物和因素的总和。

旅游资源按其属性及其成因分类，可分为自然旅游资源和人文旅游资源。

一、自然旅游资源

自然旅游资源是自然赋予的，它是形成自然地理环境中各构成因素相互作用的结果，可形成各种各样的自然旅游资源。它包括：地质、地貌、水体、气候、生物等自然要素。中国主要自然旅游资源分布详见图8-1。

（一）地貌旅游资源

由地球内外力作用形成的各种奇特的地貌类型，是我国重要的旅游资源，主要包括山地景观、山峰景观、峡谷景观、火山景观以及高原、盆地、平原、戈壁、沙漠、岩溶风光等旅游资源。

1. 山地旅游资源

山地以其雄、奇、险、秀等各种姿态刺激人们的视觉，激发人们的情趣，是最能吸引游客的旅游资源之一。我国是一个多山的国家，有许多山岳均以其不同的山色闻名于世。如泰山之雄、峨眉之秀、庐山之美，雁荡之

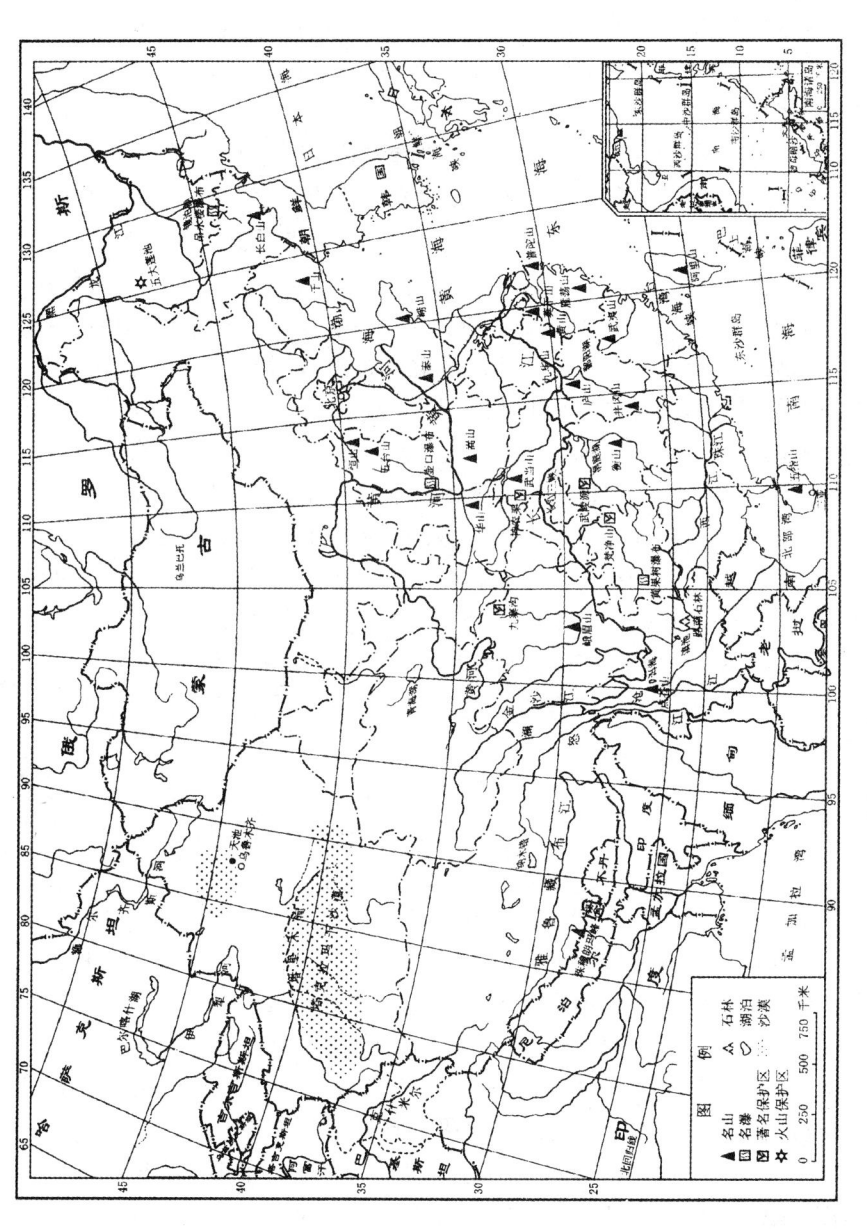

第八章 中国旅游业发展与布局 | 265

图 8-1 中国主要自然旅游资源分布图

奇、黄山之雅、天山之丽、华山之险、青城之幽，都是举世闻名的。此外重要的旅游胜地还有衡山、恒山、五指山、武当山、九华山、武夷山、井冈山、太行山、长白山等，都是千姿百态，妩媚诱人的旅游胜地，这些山或供避暑休养，或供观赏览胜，或供寻幽访古，或供瞻仰教育，具有多种多样的旅游职能。

山地旅游资源自古就是一种重要的旅游资源。唐代大诗人李白曾以"昔在九江上，遥望九华峰，天河挂绿水，秀山九芙蓉"的诗句赞美九华山的妩媚秀丽。古代我国有"三山五岳"之说，"三山"为蓬莱、方丈、瀛洲，是人们向往的仙境，实际上并不存在。但以北岳恒山、西岳华山、南岳衡山、东岳泰山、中岳嵩山构成的"五岳"，自古就是游览胜地。清代名人魏源在比较五岳名山形态后，形象地指出："恒山如行，岱山如坐，华山如立，嵩山如卧，唯有南岳独如飞"。明代地理学家徐霞客赞美五岳和黄山的名言是"五岳归来不看山，黄山归来不看岳"。我国除风景名山外，还有高峻挺拔的山峰以其神奇的魅力吸引着立志征服它的英雄，登山是旅游与体育融为一体的一项极为有益的活动。我国西部高峰林立，风光景物奇异，雪峰冰川、冰塔林和动植物非常诱人，吸引游客攀登。目前开放的山峰有珠穆朗玛峰、希夏邦马峰、乔戈里峰、博格达峰、慕士塔格峰等，其中位于中尼边境的珠穆朗玛峰为世界第一高峰，海拔8844.43米，攀登珠峰，是很多登山爱好者的愿望和理想。我国登山健儿于1960年5月25日首次从北坡登上峰顶。

2. 特殊地貌旅游资源

我国幅员辽阔，地表形成了形态各异的地貌类型。如岩溶地貌、火山地貌、风沙地貌等。

岩溶地貌是地表石灰岩受水溶解和伴随的机械作用共同形成的地貌。在广西、贵州和云南东部等地区发育较好，成为我国著名的旅游胜地。因气候和岩性条件不同，各地岩溶地貌发育程度差异很大，有的是以地面奇峰为主，有的是以地下溶洞著称。广西的桂林、阳朔山水如诗如画，云南的路南石林、四川黄龙寺的"石灰华"早已成为旅游胜地，贵州的织金洞、龙宫，广东肇庆的七星岩等，也吸引越来越多的游客。

火山地貌是因火山活动而形成的地貌。我国是一个多火山的国家，有800多座火山，主要集中在东北、西南和台湾等地区。黑龙江德都县的五大连池，已于1980年建成我国第一个火山自然保护区，区内因火山岩浆将河道截成5段，成5个串珠状排列且相互贯通的堰塞湖而得名。我国最大的火山堰塞湖——镜泊湖，面积约95平方公里，有吊水楼瀑布、火山口原始森林、熔岩隧道等都很著名。位于广西北海南北部湾海面上的涠洲岛，是中国最大、最年轻的火山岛，总面积25平方公里，岛上火山口景观、老人石崖、法国教堂都为旅游胜景。

我国沙漠广布，自然环境条件恶劣，但浩瀚的沙漠及沙漠中的风蚀地貌、肥沃绿洲、古城堡、坎儿井都具有神秘色彩。具有强烈的吸引力，是特殊的旅游资源。甘肃鸣沙山——月牙泉、宁夏中卫沙坡头、内蒙古达拉特旗银肯沙丘三大鸣沙最为有名。位于敦煌市的鸣沙山，山峰陡峭，人从山顶下滑，细沙与人体齐泻，伴随鸣声不绝，游人颇感兴趣，故名鸣沙山，而莫高窟、月牙泉紧紧相伴，是国家重点风景名胜区。新疆的楼兰古城、交河古城、葡萄沟等也以神秘新奇著称。

3. 峡谷旅游资源

由地球内力和外方作用造成的V字或U字形峡谷，常以其雄伟险秀和寂静深幽的特色为人们所向往。在黄河干流上有龙羊峡、刘家峡、盐锅峡、青铜峡、三门峡；在长江干流上有虎跳峡、长江三峡；在珠江干支流有北江小三峡、西江小三峡等。峡谷风景资源的价值，主要取决于本身的险峻程度、交通便捷状况以及与人口稠密区的远近。从旅游价值来看，我国众多的峡谷风景中，以长江三峡和壶口龙门最著名。

长江三峡由瞿塘峡、巫峡、西陵峡组成，西起重庆奉节白帝城，东至湖北宜昌南津关，全长193公里。其中瞿塘峡长8公里，巫峡长40公里，西陵峡长42公里，其余103公里为宽谷。长江三峡系地壳断裂抬升，河水常年深切而成。三峡山势险峻，两岸悬崖峭壁，江面狭窄，江流湍急，是世界上最著名的大峡谷之一。三个峡谷各有千秋，瞿塘峡雄伟险峻，巫峡幽深秀丽，西陵峡滩多水险。三个峡谷中景点不胜枚举，引人入胜，吸引国内外广大游客。长江三峡水利工程全部完工后。"高峡出平湖"的壮观情景更会让游人流连忘返。

壶口龙门是晋陕黄河峡谷中最险要一段河谷，长60多公里，岸高150米，河底宽200—300米，是黄河穿石灰岩山地断层而成。在长期流水作用下，坚硬的河底出现一条30~50米的深槽。此峡谷分壶口和龙门两部分。黄河自较宽的峡谷流到壶口附近突然收缩，由于河面变窄，流速加快，急流飞泻，形成一个宽15—20米的状如大壶倒水的壶口大瀑布。滚滚黄水倒悬倾注，若奔马直入河沟，波浪翻滚，惊涛怒吼，声似雷鸣，数公里以外可闻，实为壮观。

（二）水体旅游资源

水体也是重要的旅游资源，它不仅能够满足人们审美并激发人们的情趣，而且可以满足人们某种愿望与享受。就旅游资源价值而言，水体旅游资源中最重要的是江河、瀑布、湖泊、泉点等风景旅游资源。

1. 江河旅游资源

我国纵横交错的河流，不仅孕育了古代文明，提供灌溉和舟楫之利，而且也是极其丰富的旅游资源。其中著名的风景河段有长江三峡、桂林漓江、富春江、钱塘江、京杭大运河等。

长江三峡是中国四大自然奇观之一。由瞿塘峡、巫峡、西陵峡组成。瞿塘峡雄奇壮丽，有夔门天下雄之说；巫峡多秀峰云雾，以绮丽闻名；西陵峡滩多流急，以险著称。三峡沿岸有古悬棺、古栈道、白帝城、神女峰、屈原祠、昭君故里、三峡大坝等景观。

桂林漓江也是中国四大自然奇观之一。漓江水清澈碧透，"群峰倒影山浮水"、"曲水长流花月妍"。漓江整体风貌素以"山青、水秀、洞奇、石美"四奇蜚名天下，自古有"桂林山水甲天下"之誉。

富春江位于钱塘江中上游，"天下佳山水，古今推富春"是古人对富春江的赞誉，以"山青、水清、史悠、境幽"四绝为特色，历代文人墨客在此留下千首传世佳作。钱塘江的"八月十八潮，壮观天下无"的"钱江秋涛"，自古以来被称为天下奇观。

举世闻名的人工河流——京杭大运河，北起北京通州，南到杭州，经天津、河北、山东、江苏浙江等省市，全长 1794 公里，沟通了海河、黄河、淮河、长江和钱塘江五大水系。历来与万里长城并列为中国古代伟大工程。昔日的大运河曾发挥过巨大的作用，是南北贸易、物资、文化、经济交流的重要通道。大运河鼎盛时期，每天往来船只多达 1 万多只，船工有 12 万人之多。宋"清明上河图"中真实地表现了大运河的繁荣景象。今天人们正在为恢复大运河全线通航而努力。

2. 湖泊旅游资源

湖泊是陆地上洼地积水形成的水域宽阔、水量交换较慢的水体。我国是多湖泊的国家，全国天然湖泊面积在 1 平方公里以上的有 2800 多个，总面积达 8 万多平方公里。湖泊素有"大地明珠"之称。我国的湖泊星罗棋布、妩媚诱人。从观赏的角度看，湖泊类型可分为浩大平远型，娇小秀美型和多岛璀璨型三种。

浩大平远型，是指面积较大，湖光潋滟的湖泊。著名的洞庭湖、太湖、纳木错、青海湖等。青海湖是我国最大的湖泊,面积为4200多平方公里。既有烟波浩渺开阔的湖面,又有世界著名的候鸟栖息地——鸟岛。纳木错是高原圣湖,既有蓝天白云旷美的湖面,又有圣洁远山、近草肥美的牧场。

娇小秀美型,是指面积较小,景色秀美的湖泊。著名的有杭州西湖、扬州瘦西湖、嘉兴南湖、昆明滇池、台湾日月潭、北京的昆明湖、什刹海等。这些湖泊风景,有的是自然形成的,有的是人工建造的。自然形成的以西湖最著名,人工建造的以昆明湖最诱人。

位于杭州西郊的西湖是由杭州湾经泥沙堰塞而成。山水掩映,风光绮丽,尤其以三潭印月、平湖秋月、花港观鱼、雷峰夕照、断桥残雪等胜景更迷人。苏轼诗中"欲把西湖比西子,淡妆浓抹总相宜,"是对西湖美的高度概括,已成为脍炙人口的千古绝唱,所以美丽的西湖又称西子湖。

昆明湖位于北京颐和园内,为清代行宫花园,有长廊、排云殿、佛香阁、十七孔桥、铜牛等名胜,为世界著名的人工湖光风景。

多岛璀璨型,是指湖面岛屿众多,宛若繁星。千岛湖位于浙江淳安县境内,是新安江水电站建成蓄水后形成的一个人工湖,湖中大小岛屿1078个,故称千岛湖。千岛湖的风景以"山青、水秀、洞奇、石怪"著称,它兼有太湖之浩瀚和西湖之秀丽。游客到此普遍称道"新安风景天上有,千岛湖水人间稀"。

3. 瀑布旅游资源

瀑布指从河床纵断面的陡坎或悬崖上倾泻而下的水流。瀑布飞流直下,气势磅礴,咆哮如雷,洁白如雪。它以动、形、声、色的独特风采,激发人们的意志和豪情。我国重要的瀑布有黄果树瀑布,壶口瀑布,庐山瀑布,黄山三瀑更富有诗意。

黄果树瀑布位于贵州省镇宁打帮河上游白水河上。洪水期瀑布宽约81米,落差约70米,是中国最大的瀑布,瀑布飞泻,烟迷雾漫,声如巨雷。瀑布崖壁上的"水帘洞"更是瀑布中之奇观。

庐山瀑布闻名天下,成为庐山风景中最重要的亮点。李白著名诗篇《望庐山瀑布》描写的就是庐山瀑布的雄姿:"日照香炉生紫烟,遥看瀑布挂前川,飞流直下三千尺,疑是银河落九天。"

4. 泉点旅游资源

泉是指地下水的天然露头,具有观赏、医疗、饮用等多种享用价值。我国名泉很多,按功能分为观赏泉、品茗泉和沐浴泉。

观赏泉,是指作为景观而成名的泉,大理蝴蝶泉、敦煌月牙泉、济南趵突泉、镇江中泠泉、杭州龙井泉、虎跑泉、无锡惠山泉等。

品茗泉，指与茶、酒文化相关联的泉，世界茶文化之源在中国，伴随茶文化出现许多品茗泉，并成为以茶酒为中心的旅游热点。中国五大名泉是镇江中泠泉、无锡惠山泉、苏州观音泉、杭州虎跑泉、济南趵突泉。

沐浴泉，矿泉和温泉的一个功能是沐浴，有着很好的医疗作用。著名的沐浴泉有西安的华清池、广东从化温泉、青岛崂山矿泉、北京小汤山温泉等。

位于西安临潼县的华清池，泉水温度43℃，无色透明，内含钠、钾、氯离子和硫酸根，有很好的医疗效果。周、秦、汉、隋、唐等历代的封建帝王都将这块风水宝地作为他们的行宫别苑，使这里自古以来就是旅游沐浴胜地。白居易《长恨歌》中"春寒赐浴华清池，温泉水滑洗凝脂"即指此池。

（三）气候旅游资源

我国复杂多样的气候也是一种丰富的旅游资源。首先，四季分明，四时景色不同，便于因时制宜安排旅游活动，如"春戏桃柳，夏尝风荷，秋临丹桂，冬咏寒梅"。很多风景名胜地区冬无严寒，夏无酷暑，气候宜人，是良好的避寒、避暑胜地。如云贵高原、东北大地、山区和海滨地带，夏季是避暑胜地；而华南地区和云贵高原冬季气候温和，无严寒，是良好的避寒场所。

同时，我国幅员辽阔，各地气候差异显著，使开展与气候条件相应的地方性旅游活动成为可能，如东北的冰雪活动，华南的海滨浴场和山区的避暑旅游等。全国上下季节推移先后有序，使全国很多地区旅游季节相对较长，满足了不同旅游爱好者需要，这都有利于我国旅游业的发展。

（四）生物旅游资源

我国植物资源非常丰富，具有美、特、稀、韵的特征，使之成为自然界最有吸引力旅游资源之一。珙桐、香果树、鹅掌楸、金钱松等都是我国特有的珍稀树种，银杏、银杉有"活化石"之称。我国有多种世界名贵花卉，牡丹为我国国花，兰花、荷花、菊花、梅花为我国四季名花。黄山的奇松、北京的香山红叶、昆明的茶花、洛阳的牡丹都强烈地吸引中外游客。

森林被誉为"地球之肺"，不仅能减弱噪音，绿化大地，而且有保健和疗养之功效。人们进入"森林浴"，可以调节精神，解除疲劳，抗病强身，有"回归大自然"的感觉。

我国动物资源也十分丰富。国家一级保护动物主要有熊猫、金丝猴、白鳍豚、白唇鹿、扬子鳄、丹顶鹤、东北虎、华南虎、藏羚羊、麋鹿等，其中大熊猫、金丝猴、白鳍豚、白唇鹿被称为四国宝。有些动物往往形成某些地区的特色而吸引中外游客。如青海湖中的鸟岛，峨眉山的猴子，大理的蝴蝶泉，新会的"小鸟天堂"；"沙漠之舟"的骆驼，"高原之车"的牦牛，也是旅游风光的一大特色。

认识大自然，享受大自然，保护大自然，是生物景观旅游的核心，是在享受的同时还要对自然环境进行保护的一种旅游形式。

二、人文旅游资源

人文旅游资源是在古今人文因素作用下形成的旅游资源，是人类社会活动的产物。人文旅游资源主要包括历史古迹、著名工程、陵墓、名城和都市风光、革命纪念地、民族风情等。中国主要人文旅游资源分布详见图8-2。

（一）古人类遗址旅游资源

我国是世界文明古国，有五千多年的光辉历史，大约170万年以前，我国已有了远古人类劳动生息，目前已发现的古人类遗址有：云南元谋县的元谋人，陕西蓝田县的蓝田人，北京周口店的北京人，山西襄汾县的丁村人，内蒙古的河套人。古人类遗址中著名的有西安半坡遗址、安阳殷墟等。

北京人遗址位于房山区周口店镇龙骨山北部，是旧石器时代早期人类遗址。几十年来已发掘出多处化石遗址和文化遗址，已成为驰名中外的研究人类起源和进化的科学基地，建有北京人博物馆，已被列入《世界遗产名录》。

（二）陵墓旅游资源

我国古代很多陵墓建筑庄严恢宏，在众多的帝王陵园中最著名的是陕西黄陵县的黄帝陵，西安临潼的秦始皇陵，南京明孝陵，北京明十三陵，河北的清东陵和西陵，银川的西夏王陵等都是至今保存完好的帝王陵园。其中秦始皇陵兵马俑博物馆，被誉为"世界第八大奇迹"，北京的明十三陵是我国最大的古墓园，吸引中外游客前往游览。

明十三陵位于北京西北的昌平区境内，是明朝十三位皇帝的陵墓群，占地约40平方公里。明成祖朱棣的长陵建造最早、规模最大。定陵是明万历皇帝和两位后妃的合葬墓，也是唯一被发掘并对外开放的地下宫殿。已被列入《世界遗产名录》。

此外，山东曲阜的孔陵也很著名。近代一些纪念性陵园是人们凭吊和瞻仰伟人和先烈的场所，如南京的中山陵，雨花台烈士纪念碑，北京毛主席

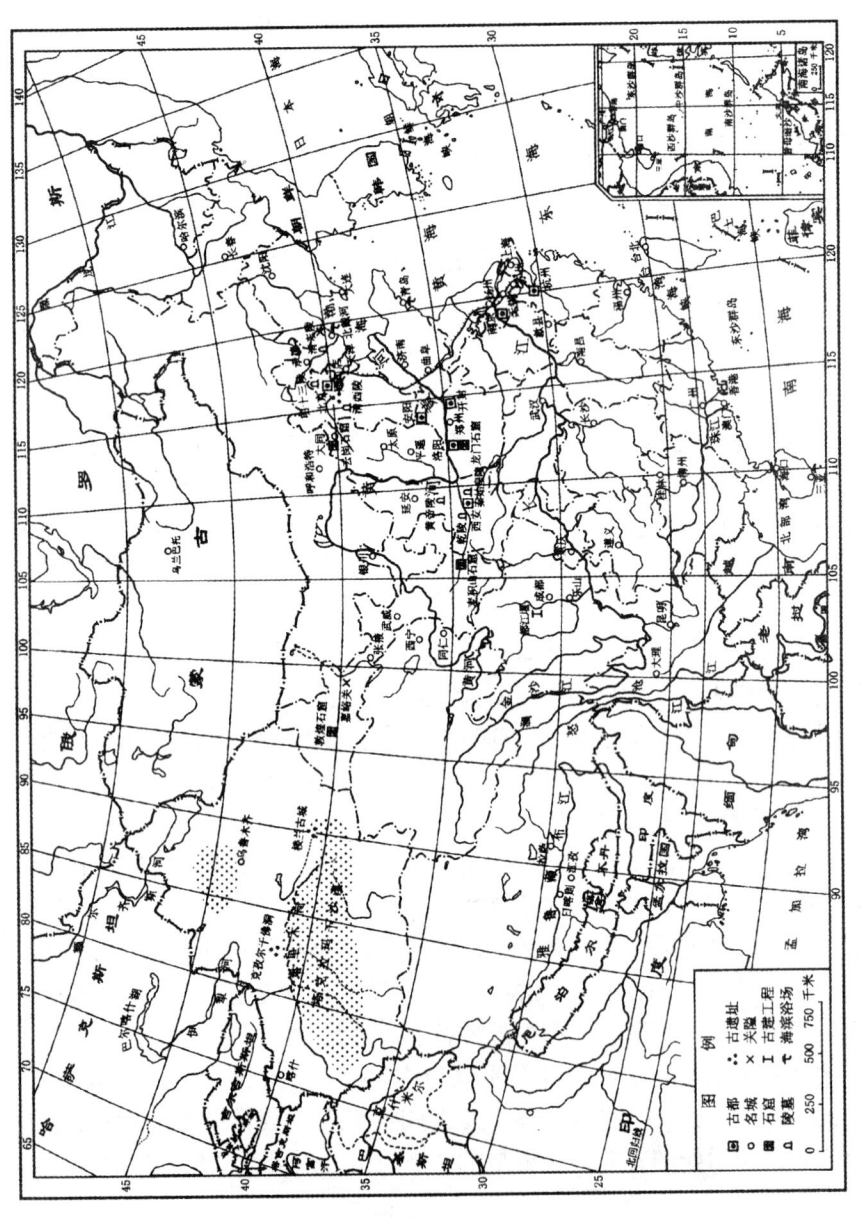

图 8-2 中国主要人文旅游资源分布图

纪念堂及各地烈士陵园等，都有一定的旅游价值。

（三）著名工程旅游资源

著名工程包括古代和现代两部分。尤其是古代的伟大工程，是发展现代旅游业的重要物质基础。

古代现存的防御工程，以万里长城闻名于世。其规模之宏大，工程之艰巨，属世界罕见。它东起河北山海关，西达甘肃嘉峪关，绵延于崇山峻岭之中，随山势蜿蜒6300多公里，游人络绎不绝。古代宏伟的水利工程中，有横贯南北的京杭大运河，有引水灌田分洪的都江堰，有沟通长江和珠江水系的灵渠，有地下"长城"坎儿井。另外，北京的故宫，曲阜的孔府、孔庙，承德的避暑山庄，拉萨的布达拉宫都是世界闻名、保存完整的古建筑群。岳阳楼、黄鹤楼、滕王阁为江南三大名楼。北京、苏州、扬州的古园林工程以及作为防御用的古城墙。凡此种种，这些不仅具有观赏价值，而且对研究历史地理有其重要意义。

闻名中外的都江堰，位于四川都江堰市的岷江上，是战国时期蜀郡太守李冰父子主持修建，距今已有2200多年，对分洪、灌溉起到重要作用，是四川省著名的旅游景区。已被列入《世界遗产名录》。

现代著名的大型建筑，形状各异，科技含量较高，如北京的人民大会堂，武汉长江大桥，上海东方明珠，中华世纪坛，三峡水利枢纽工程，还有为了迎接2008年奥运会建设的比赛场馆等，都是宝贵的旅游资源。

（四）革命纪念地旅游资源

中国共产党在领导中国人民夺取革命胜利的伟大斗争中，留下了丰富遗址和遗物，参观和凭吊它们，可以激发人们对革命前辈的敬仰和怀念，把旅游活动与精神文明建设有机地结合起来。

中共"一大"会址位于上海兴业路76号和浙江嘉兴南湖。1921年7月23日至月底，中国共产党在此召开第一次全国代表大会，庄严宣告中国共产党的成立。参加会议的有陈独秀，毛泽东等13名代表。1996年6月，对上海中共"一大"原址实施了扩建工程。设立《中国共产党创建历史文物陈列》展览厅和中共"一大"会议场景蜡像馆。嘉兴南湖有中共"一大"会议纪念船和纪念馆。

井冈山位于江西罗霄山脉中段，群峰叠翠、形势险要，1927年毛泽东领导秋收起义后，在此创建了第一个农村革命根据地，1928年由朱德、陈毅等同志领导的八一南昌起义部队在此与毛泽东同志领导的部队会师。

遵义会议会址位于贵州遵义老城内。1935年1月中国工农红军长征途中在此召开了具有伟大历史意义的政治局扩大会议，结束了王明推行的机会主义路线，确立了毛泽东在全党的领导地位。

延安位于陕西北部，是举世闻名的高原山城。1936年1月至1947年3月中共中央设在这里，是中国共产党指挥抗日战争和解放战争的中心。有枣园、杨家岭、王家坪、凤凰山、宝塔山等革命遗址。

西柏坡村位于河北平山县，是1948年5月至1949年3月中共中央所在地。毛泽东等中央领导在此部署和指挥了震惊世界的辽沈、淮海、平津三大战役，奠定了夺取全国胜利的基础，1949年3月中国共产党七届二中全会在此召开。

（五）民族风情旅游资源

我国是多民族的国家，共有56个民族，汉族人口最多，其余55个为少数民族。各民族人民的传统民间活动和风土人情，构成了幅幅瑰丽多姿的民族文化画卷。如汉族的元宵灯会、端午龙舟、中秋赏月，藏族的浴佛节、旺果节，侗族的花炮节，彝族的火把节，傣族的泼水节，信仰伊斯兰教民族的开斋节、古尔邦节以及信仰基督教、东正教民族的圣诞节等，都具有浓郁的民族气息。各地历史上形成的各种集市、庙会、竞技表演，如大理的三月街、内蒙古蒙古族的"那达幕"大会、广西壮族的三月三、贵州苗族的四月八、云南丽江的龙王庙会和农具会、山西五台山的骡马大会、广州和成都的花会、山东潍坊的风筝会以及各民族的歌舞和地方戏曲等，都表现了不同地区的民族风情，使慕名而来的国内外旅游者耳目一新，倍感新奇。

全国各地、各民族的众多的风物特产，也是一项特有的雄厚的旅游资源。中国是美酒之乡，有贵州"茅台酒"，山西"汾酒"，四川"五粮液"，江苏"洋河大曲"，烟台"红葡萄酒"，绍兴"加饭酒"等。中国是茶的故乡，有杭州西湖龙井、太湖碧螺春、黄山毛峰、安溪铁观音、苏州茉莉花茶等。这些美酒名茶都受到旅游者的青睐。

总之，我国旅游资源是丰富多彩的，无论自然旅游资源还是人文旅游资源，都在世界上占有重要地位。

第三节　中国的旅游区划

旅游业的地理分布受旅游资源的制约。为了充分认识各区域旅游资源的特点，合理开发利用旅游资源，制定各地区的发展方向和远景规划，需要进行旅游区划。

一个科学的、有实用价值的旅游区划，一定要遵循如下原则：一是自然旅游资源与人文旅游资源的有机结合；二是旅游业的发展现状与发展远景相结合；三是要有本旅游区主要特征的旅游资源作为自身的特色；四是便捷的交通和配套设施。根据以上原则，可将我国划分为九个旅游区：东北旅游区，京、津、冀旅游区，黄河中下游旅游区，西北旅游区，长江中下游旅游区，华南旅游区，西南旅游区，青藏旅游区，港澳台旅游区。

一、东北旅游区

包括辽宁、吉林、黑龙江三省。本区地势山环水绕，沃野千里，旅游资源主要有林海雪原，火山盛景，冰上娱乐场所。

本区纬度偏北，又靠近海洋，气候湿润，冬寒夏凉，由红松、落叶松以及其他针阔叶树组成的茫茫林海，是我国最大的林区。广大平原，长冬覆雪，形成一派奇异的北国风光。

本区有200多座火山，是我国重要的火山带之一。著名的火山胜景有白头山天池、五大连池、长白瀑布、长白温泉，镜泊湖的火山口原始森林更加诱人。

东北是我国典型的冰雪世界，滑雪、冰橇、冰雕、雪塑等具有地方特色的游乐和工艺美术活动丰富多彩。哈尔滨的冰灯在世界享有盛名。

东北交通便捷，民族特色浓郁，很多城市具有旅游价值，如沈阳故宫、北陵和东陵、海滨城市大连、钢都鞍山、煤都抚顺、汽车城长春、江城吉林、冰城哈尔滨等都各具特色。

主要风景名胜：

1. 松花江游览区

位于哈尔滨市区北部。沿江长堤公园总长有5公里多，是我国最长的沿江公园。北岸是著名的太阳岛风景区，三座大桥横跨大江南北，松花江两岸和江心岸沙滩是天然的游览区和日光浴场。

碧水环抱，树木茂密的太阳岛，总面积38平方公里，是中国有名的避暑游览胜地。严冬季节，松花江封冰，是冰雪活动的黄金季节，周围有冰雕，雪雕，别具魅力，吸引众多游客。

2. 五大连池

位于五大连池市境内。1719—1721年，这里因火山喷发，熔岩堵塞河道形成五个相连的火山堰塞湖，统称五大连池。弯弯曲曲的五池碧水围绕在 14 座火山锥之间，形成一幅独特的壮丽画卷。

素有"火山公园"之称的五大连池，已形成为风景独特的疗养胜地，吸引着越来越多的中外旅游者。

3. 长白山风景区

长白山位于吉林省东南部，中朝两国交界处。该景区由长白山自然保护区、天池、长白山温泉、长白山瀑布等景点组成。

天池是长白山风景最优美的地方，海拔 2194 米，面积 9.82 平方公里，是我国罕见的火山湖。长白山瀑布从天池北口 68 米高的悬崖上飞流直下，溅起的水雾高达数丈，景色十分壮观，这就是松花江的源头。距长白山瀑布不足 1 公里的地方，分布着约 1000 多平方米的温泉带，水温都在 60℃以上，泉水富含多种矿物质，是治病和疗养的最佳去处。长白山有丰富的自然资源，这里不仅是东北"三宝"的产地，而且是"药材之山"和天然动物园。

4. 大连海水浴场

大连海水浴场有星海公园、老虎滩公园、棒槌岛等。老虎滩公园位于大连市东南角，一座高 30 多米的山冈伸入海湾，好似猛虎卧滩，故而得名。棒槌岛远望像一支静卧大海上的巨大人参，因东北人俗称人参为棒槌而得名。海天一色的海水浴场，风光如画，令中外游客心旷神怡。

5. 沈阳故宫

位于沈阳市中心，是清太祖努尔哈赤，清太宗皇太极建造的，占地 6 万多平方米，房屋 300 多间，迄今已有 370 多年历史。1644 年，清政府移都北京后，这里便作为"陪都宫殿"。故宫以崇政殿（俗称"金銮殿"）为核心，以大清门到清宁宫为中轴线，将故宫辟为东路、中路、西路三个部分。

沈阳故宫楼阁耸立，殿宇巍然，雕梁画栋，富丽堂皇，旅游者络绎不绝。

二、京、津、冀旅游区

包括北京、天津和河北省三省市。本区山地、草原、海岸兼备，地貌类型齐全。气候为暖温带大陆性季风气候，春、夏、秋三季自然景观丰富多彩，而冬季景观单调，旅游业淡旺季明显。本区经济基础雄厚，文化发达，高等院校、科研院所高度集中，北京中关村科技园已是中国的硅谷。本区交通十分发达，连接国内各主要城市和世界各国。这里的自然和人文旅游资源相得益彰，而人文景观占突出地位，旅游设施较为完善，旅游业方兴未艾。

首都北京是举世闻名的古都和现代化的大城市，是境内外游客的首要集中地。市中心的紫禁城是世界上最大、最完善的皇家宫殿建筑，天坛是规模最大、最有特色的皇家庙坛，颐和园气势雄伟、建筑精致，是皇家园林的典范，明十三陵、周口店北京猿人遗址等早已闻名遐迩，被誉为世界宏伟建筑的万里长城已成为中华民族的象征。新中国成立六十年来，新建的旅游景点不胜枚举，如世界公园、中华民族园、中华世纪坛，还有博物馆、公园、立交桥、娱乐场、CBD商务区等应有尽有，2008年奥运会新建的体育场馆也吸引了大批中外游客。

本区重点风景名胜还有河北承德的避暑山庄、野三坡、清东陵、清西陵、山海关、白洋淀、北戴河海滨等，天津的盘山、大沽口炮台以及狗不理包子、天津大麻花等风味食品。

主要风景名胜

1. 北京故宫

北京故宫又称紫禁城，位于市中心天安门广场北侧。明清两代的皇宫，是我国和世界现存最大、最完整的古代宫殿建筑群。始建于明永乐四年（公元1406年），明永乐十八年（公元1420年）建成。历明清两代二十四朝，占地72万平方米，殿宇9000余间，宫墙高10米，周长3428米，四角矗立精巧玲珑的角楼，城墙外有52米宽的护城河环绕，形成森严壁垒的城堡。

故宫宫殿按"外朝"、"内廷"布局。外朝是朝廷举行大典，召集群臣的场所，内廷是朝廷处理日常政务及皇帝和后妃居住、游玩之地。故宫现存大量珍贵文物。每年来故宫旅游的海内外游客不计其数。已被列入《世界遗产名录》。

2. 颐和园

颐和园是中国和世界上造景最全、建筑最集中、保存最完整的皇家园林。总面积为290万平方米，水面约占3/4，宫殿建筑有3000余间。主要由昆明湖和万寿山组成。主要景点有佛香阁、德和园大戏楼、排云殿、玉澜堂、乐寿堂、石舫、十七孔桥、谐趣园、西堤、苏州街、耕织图等。以万寿山上佛香阁为中心的游览区，是颐和园的精华所在。已被列入《世界遗产名录》。

3. 卢沟桥

卢沟桥位于北京西南丰台区，因横跨卢沟河（今永定河）而得名。该桥始建于金代，迄今已有 800 多年历史。卢沟桥桥长 266.5 米，宽 7.5 米，共有 11 个涵孔。桥身两侧石雕护栏上，各建有 140 根望柱，柱头上雕有卧伏的大小石狮 485 个，这些石狮神态各异，栩栩如生。桥东的碑亭内有清乾隆皇帝所题"卢沟晓月"的汉白玉石碑，为"燕京八景"之一。

日本帝国主义于 1937 年 7 月 7 日在此发动全面侵华战争，成为历史上著名的"卢沟桥事变"（又称"七七事变"）。新建的抗日战争纪念馆已于 1987 年 7 月 7 日抗日战争 50 周年纪念日对外开放，这里成为我国进行爱国主义教育的重要基地。

4. 承德避暑山庄

避暑山庄又称承德离宫和热河行宫，是清朝皇帝避暑和处理政务的地方。山庄始建于康熙四十二年（1703），乾隆五十五年（1790 年）竣工，占地 564 万平方米，是我国现有最大的皇家园林。整个山庄分宫殿、湖泊区、平原区和山丘区四部分，为我国古代三大建筑群之一。宫殿区正宫门上额是康熙的亲笔题字"避暑山庄"。名胜有"水心榭"、"园中之园"、"金莲映日"、"文津园"等，具有康熙以四字题名的 36 景和乾隆以三字题名的 36 景。在山庄的东、北两面是具有浓厚宗教色彩的外八庙，庙中普陀宗乘庙有"小布达拉宫"之称。已被列入《世界遗产名录》。

5. 盘山

位于天津市蓟县西北 12 公里处，有"京东第一山"美誉。有寺庙 72 座、宝塔 13 座、行宫楼台等处。景区面积 106 平方公里，海拔 864 米。历代名人题刻众多，步步为景，景景有名，吸引着国内外游客。传说清乾隆赞叹"早知有盘山，何必下江南"，高度赞美盘山的绚丽景色。

6. "鸟巢"

"鸟巢"是 2008 年北京奥运会主体育场，位于北京奥林匹克公园。在众多的具有世界先进水平的设计方案中，最终由瑞士赫尔佐格和德海隆设计公司与中国建筑设计研究院组成的联合体设计完成的"鸟巢"方案，以绝对优势中选。2003 年 12 月 24 破土动工，2007 年年底整个工程全部完工。

"鸟巢"长 340 米，宽 300 米，建筑面积 25.8 万平方米。在这巨大的"鸟巢"内没有一根立柱，而是一系列辐射式门式钢桁架围绕成的。"鸟巢"永久坐席 80000 个，临时性坐席 11000 个。除能够承担开幕，闭幕和体育比赛外，还将满足健身、商务、展览、演出等多种需求，为成功实施

"后奥运开发"奠定坚实基础。

"鸟巢"不仅为2008年奥运会树立一座独特的历史性的标志性建筑,而且在世界建筑发展史上也将具有开创性意义,见证着中国这个东方文明古国不断走向开放的历史进程。

三、黄河中下游旅游区

包括内蒙古、山西、陕西、河南、山东五省区。

黄河流域是中华民族的发祥地和文化摇篮。这里自然条件优越,适宜人类生存繁衍。古人类遗址甚多,有蓝田人、大荔人、丁村人、河套人等。从周、秦、汉、唐等数千年间,我国封建都城集中在长安、洛阳、开封等地区,名人古迹荟萃。这里有黄陵、黄庙、秦始皇陵、曲阜的孔府、孔庙、孔林,洛阳龙门石窟和大同云冈石窟,洛阳的白马寺是我国第一座佛教寺院,陕西的法门寺、河南的少林寺、山西的悬空寺等久负盛名,中国的五岳除南岳衡山外,均在本区。

本区爱国主义教育基地闻名遐迩。有中国革命"圣地"延安,西安事变旧址,山西平型关战役遗址,铁道游击队遗址等。

本区传统工艺品很有特色,如著名的唐三彩、河南的汝瓷、山东的抽纱、花边和风筝,工艺精湛,畅销国内外。

本区自然环境良好,经济基础雄厚,交通四通八达,旅游资源丰富,发展极有潜力,应加大开发力度,充分发挥旅游资源的吸引力,推动旅游业更进一步发展。

主要风景名胜

1. 秦始皇陵兵马俑坑

秦始皇陵位于陕西省西安市临潼区,为世界陵墓之最。陵园东门外是象征着皇城戍卫军的兵马俑。1974年因当地农民打井而发现三个兵马俑坑,共有6000余件陶俑、100余乘战车、400余匹陶马和数十万件兵器。秦陵兵马俑的发现,被国际上誉为"世界第八大奇迹",现辟为博物馆。已被列入《世界遗产名录》。

2. 大雁塔

位于西安市南郊大慈恩寺内,为妥善安置唐代玄奘法师从印度带来的大量佛经和舍利,于唐永徽三年(652年)所建。塔为七层楼阁式砖塔,高64米,呈方形角锥状。由唐太宗撰写的"大唐三藏圣教序"和唐高宗撰写的"大唐三藏圣教序记"碑被镶嵌于塔之南面两则,由唐代著名书法家褚遂良书写，其字秀丽挺拔，为唐代遗留于后世的名碑。

3. 延安革命圣地

位于陕北高原，是一座具有革命传统和光荣历史的古城。延河水绕山而过，宝塔山是革命圣地延安的象征。宝塔建于明代，高44米，八角形，登上塔顶可鸟瞰延安全城风光。

1935年10月，毛泽东、周恩来和朱德率领中央工农红军，经过二万五千里长征，到达陕北。在延安十余年里，党中央胜利地领导了举世闻名的抗日战争和解放战争。延安的杨家岭、王家坪、凤凰山、枣园、中央大礼堂等处是国家级保护文物。黄土风情文化、延安窑洞均吸引国内外游人参观。

4. 平遥古城

位于山西省中部，是我国境内现存最为完整的明清县城。原为夯土城垣，始建于西周宣王时期，明洪武三年（1370年），在旧城基础上扩建为今天的砖石城墙。城内以鼓楼为中心，由城墙和各大街小巷组成一个庞大的八卦图案，一如龟背上的寿纹，因而又有"龟城"之称。古城内诞生全国第一家票号"日升昌"。迄今为止，古城的建筑与布局，仍保持历史的原貌。此外，平遥牛肉是驰名神州的风味小吃。已被列入《世界遗产名录》。

5. 悬空寺

悬空寺位于恒山脚下的浑源县城以南5公里的一条深谷峭壁间，始建于公元6世纪北魏后期，至今有1500多年历史。在30米高、与地面垂直的悬崖峭壁处，凿成石洞后插入木头，悬梁为基，就岩建寺，造型惊险奇特。抬头望上去，只见层层叠叠的殿阁，只靠木柱子支撑在半空。当地民谣说："悬空寺，半天高，三根马尾空中吊。"悬空寺令人感叹古代能工巧运的智慧和高超的建筑工艺。

6. 少林寺

少林寺坐落在河南省登封市中岳嵩山的腹地，始建于北魏太和十九年（495年），孝文帝为安顿印度僧人跋陀传教而建的。后因少林十三武僧助唐有功，少林寺得到唐太宗厚赐，从此名扬天下，被誉为"天下第一名刹"。寺内有1000多间殿宇楼阁，山门、方丈室、达摩亭、千佛殿以及塔林、站桩坑都保存完好。此外，历代帝王、名人碑刻连同那些神奇的传说都吸引着无数海内外游客。

7. 泰山

位于泰安市，古称岱山、岱宗，号称五岳之首。主峰玉皇顶海拔1532.7米，有"登泰山而小天下"之感，被称为"五岳独尊"。

封建帝王视泰山为神的化身，来泰山封禅祭祀、建庙塑神、刻石题字等遍布山间。自岱宗坊至南大门，依次可见关帝庙、万仙楼、步天桥、中天门、五松亭、朝阳洞、南天门等名胜，高差400米，有石阶1594级的"十八盘"，是登山路上较艰难的一段。"旭日东升"、"晚霞夕照"、"黄河金带"、"云海玉盘"是登泰山赏景的四大奇观。因泰山历史古迹众多，被誉为"中国历史的立体画卷"。已被列入《世界遗产名录》。

8. 曲阜"三孔"

位于济南市南120公里，为山东著名的古城，是儒家学派创始人孔子的故乡，迄今已有5000多年的历史。孔府、孔庙、孔林闻名全国。

孔庙是由孔子的三间房舍改建而成，现存殿、堂、庑、阁达460多间，45座门坊。建筑规模宏大，金碧辉煌，是我国三大古建筑群之一。庙内立有13座历代帝王为孔子竖立的"御碑"亭，正殿为大成殿，可与北京故宫的太和殿媲美。历代帝王所赐墨迹和孔氏藏书均收藏古奎文阁内。东西两庑，陈列有2000余块历代碑刻、石刻、石像等。孔府位于孔庙东侧，是孔子嫡系子孙居住的地方，又称衍圣公府，拥有463间楼、轩、厅、堂、前后共分九进院落，分中、西、东三路布局，主要部分为中路，其前区为官衙，后区为内宅及花园。孔林是孔子及其家族的墓地，占地达3000余亩，陵内墓葬星罗棋布，碑碣如林，古树参天，四季苍翠。已被列入《世界遗产名录》。

9. 昭君墓

位于呼和浩特市南9公里大黑河南岸，是汉代王昭君的墓地。王昭君名嫱，湖北省兴山县人，为中国古代四大美女之一。汉时匈奴呼韩邪单于入朝请求和亲，昭君自愿远嫁匈奴，后被封为宁胡阏氏，这就是历史上有名的"昭君出塞"。墓身是人工夯筑的封土堆，高33米，据说每年"凉秋九月、塞外草衰"之际，昭君墓上草色依然青青，故称为"青冢"。"青冢拥黛"为呼和浩特市著名景点。

四、西北旅游区

包括甘肃省，新疆维吾尔自治区和宁夏回族自治区。本区自古就是少数民族的聚居地，多姿多彩的民族风情，构成本区重要的旅游资源。甘肃和新疆又是古丝绸之路的必经之路，在一些地区不同程度的保留下来了历史的遗迹和一些富于民族特色的建筑、艺术，构成了另一类重要的旅游资源。

丝绸之路是从古代长安出发，经河西走廊至敦煌，在此分两条道路西行进入新疆，在莎车以西出中国，然后经土库曼斯坦、伊朗、伊拉克，直达欧洲，全长 7000 多公里，该路大约于公元前 4 世纪开拓，到汉朝张骞出使西域时达到极盛时期，这是中国与西方国家间的一条贸易通道，也是一条政治、经济、文化交往的友谊之路，留下了丰富的历史古迹，如玉门关、嘉峪关、敦煌莫高窟、麦积山石窟、炳灵寺石窟、拜城克孜尔千佛洞和夏河县拉卜楞寺等。

新疆是我国最大省区，是维吾尔、哈萨克等少数民族聚居区，在这里可以品尝吐鲁番的葡萄、哈密瓜，欣赏和考察哈萨克风情、坎儿井、火焰山、罗布泊和塔克拉玛干沙漠以及楼兰古国、交河古城的遗址等。

本区气候干燥，沙漠广布，光照充足，宗教色彩鲜明，经济属于大开发时期，旅游业正在兴起，有很大的发展空间。

主要风景名胜

1. 莫高窟

位于敦煌市东南鸣沙山东麓断崖上，又称千佛洞，于十六国的前秦建元二年（366 年）创建。窟南北长 1600 多米，现存洞窟有 492 个，壁画总面积达 45 平方公里，彩塑 2400 多尊，从数千米到 0.1 米不等。彩塑和壁画内容丰富，形象逼真，栩栩如生，是世界上规模最大、保存最完整的一个石窟艺术宝库。

清光绪年间发现的第 16 号洞窟，是一个满贮经卷、织绣、画像的窟室，文物达 5 万多件，被誉为"藏经洞"。其中许多珍贵文物遭到帝国主义掠夺和破坏。国内外学者掀起研究窟内历史文物和艺术作品的高潮，从而形成了著名的"敦煌学"。已被列入《世界遗产名录》。

2. 西夏王陵

位于银川市西约 30 公里的贺兰山东麓，是西夏（1038—1227 年）历代帝王陵墓所在地。

陵区南北长 10 公里，东西宽 4 公里，错落着 9 座西夏帝王陵园和 70 多座陪葬墓。各陵都是独立、完整的建筑群体，陵园四角建有角楼作为陵园界限。上个世纪 70 年代发掘了一座地下墓室，整个墓室深 25 米，虽有被盗痕迹，但仍有各种金饰、鎏金银饰、竹雕、铜甲片、珠宝、瓷器碎片出土，在陪葬墓中还发掘出铜牛、石马等文物，这些都显示了古代高超的工艺水平。

3. 葡萄沟

位于吐鲁番市东北约 15 公里，为火焰山西段一个沟谷，葡萄园连绵 10 余里，是一条花果长廊。这里依山傍水，林木茂密，一到夏季，果实累累，晶莹欲滴，为全国著名葡萄产地，以盛产无核葡萄和无核葡萄干誉满国内外。旅游旺季时，民族歌舞表演吸引中外宾客。旅游区内设有葡萄博物馆和新疆维吾尔族民俗展览馆。

4. 天山天池

天池又名瑶池，位于天山博格达峰山腰，高山上的冰雪融化后注入天池。海拔 1980 米，面积约 5 平方公里，池水清澈，碧绿如玉，四周雪峰入云，绿草如茵，牛羊成群，还有很多名胜古迹，是新疆著名的旅游胜地。

五、长江中下游旅游区

包括湖北、湖南、江西、安徽、江苏、浙江和上海七省市。这里气候湿润，水源丰富，人口、城市密度大，地区经济繁荣，旅游资源主要优势是河流景观、湖泊景观、历史文物古迹，江南园林为全国之冠。

本区旅游名山有黄山、九华山、庐山、普陀山、龙虎山、井冈山，是具有观光、度假、疗养、避暑等多种功能的旅游胜地。境内河湖密布，呈现一派江南水乡风光。湖泊星罗棋布，五大淡水湖鄱阳湖、洞庭湖、太湖、洪泽湖、巢湖均在本区；另外，西湖、玄武湖、瘦西湖、千岛湖、南湖等，均是著名风景名胜区。著名泉点有镇江金山的"天下第一泉"，无锡惠山的"天下第二泉"，杭州虎跑的"天下第三泉"等。

本区的江南园林，成为"中国文化四绝"之一，仅苏州就有明清园林 400 多个。本区土特名产极为丰富，名茶、名酒、亚热带水果种类繁多。特种工艺品如苏州的刺绣、杭州的织锦、惠山泥人、上海玉雕、扬州漆器等，都久负盛名。另外，这里还有"文房四宝"，"瓷都"景德镇、"陶都"宜兴也蜚声海内外。九省通衢武汉，古都南京，水城苏州，秀丽杭州和繁华的大上海，都各具多姿多彩的都市风貌。本区是全国旅游资源较集中，旅游业较发达的地区。

主要风景名胜

1. 黄鹤楼

江南三大名楼之一，位于武昌蛇山之巅。始建于三国，该楼屡毁屡建。现在的黄鹤楼建于 1985 年，分五层，高 51.4 米，红柱黄瓦，叠阁重檐，画栋雕梁，金碧辉煌，恰似一只腾飞的黄鹤。登上黄鹤楼，武汉三镇和万里长江尽收眼底。历代名士如崔颢、李白、白居易、陆游等，都曾到此吟诗作赋。唐代诗人崔颢的《黄鹤楼》诗，更是闻名千古。

2. 张家界国家森林公园

位于湖南西北张家界、桑植、慈利三县市交界处，最高峰海拔1300多米。这里怪石嶙峋，林木奇秀，鸟兽遍布，花草齐全，还有古道斜阳，溪水深潭，构成一幅优美宁静的山水画。兼有险、奇、秀、野、幽五大特色。著名景点黄狮寨、腰子寨、金鞭溪更为罕见。1982年确定为我国第一个国家森林公园。已被列入《世界遗产名录》。

3. 庐山

地处江西省九江市之南，古称"匡山"、"匡庐"，雄踞长江边，紧依鄱阳湖。最高处大江阳峰，海拔1474米。大自然的鬼斧神工，使庐山形成了峰峦叠嶂、万壑争流、丛林莽莽、云海滔滔的雄伟气势。著名景点众多，庐山瀑布"飞流直下三千尺"，仙人洞的"无限风光在险峰"，还有花径、御碑亭、五老峰、三叠泉及寺庙、碑刻等。这里还有美、英、德、法等18个国家建筑特点的600余栋别墅，风格各异。夏季庐山凉爽宜人，是我国著名的避暑胜地。

4. 中山陵

中山陵坐落于南京紫金山南麓，依山而建，周围约8万平方米，始建于1926年，1929年春建成，墓室位于海拔158米的高处，从入口到祭堂共392级台阶，主建筑牌坊、陵门、碑亭、祭堂和墓室都位于中轴线上。堂内正中是中山先生的石雕坐像，墓室位于祭堂之后，正中的圆形大理石上安放着中山先生的大理石卧像，中央是安放遗体的长方形墓穴，陵墓四周还建有许多纪念性建筑，整个陵墓气势磅礴、雄伟庄严。

5. 云台山

位于江苏省连云港市东北，主峰玉女峰，海拔625米，为江苏最高峰。中国古典名著《西游记》中描绘的"花果山水帘洞"即源于此。

云台山果树丛生，怪石如林，清泉四泻，石洞罗列。山中的团圆宫、三元宫、海照亭、九龙桥、南天门等都是著名景点。在花果山上，有一块形状和书中所描写的孙悟空从中崩出的"仙石"几乎相同的"娲遗石"。水帘洞有一个尺余见方常年不竭的石泉，洞中泉水纷绕，洞外壁泉潺潺，洞外石壁上，"水帘洞"三个大字吸引游客拍照游览。

6. 黄山

位于安徽省黄山市，有72座名峰，其中莲花峰、光明顶、天都峰为黄山三大主峰，莲花峰海拔1864.8米，为黄山最高峰。"奇松、怪石、云海、温泉"为黄山四绝，黄山松是黄山一大奇观，列黄山"四绝"之首，其中迎客松最为盛名，已成为黄山的象征。黄山的西海、清凉台、玉屏楼、北海等都是黄山著名风景名胜。已被列入《世界遗产名录》。

7. 外滩

位于上海市区，原是黄浦江西岸市区的一条带状滩地。自1846年上海辟为商埠以后，经过约一个世纪的营建，在这仅三里的一条弧线上，鳞次栉比地矗立起52栋各种风格的大厦。建筑格调各异，成为名副其实的"万国建筑博览。"1992年，改造以后的外滩，有喷水池、陈毅铜像、上海人民英雄纪念塔等。东眺浦东风光，有东方明珠广播电视塔、金茂大厦等现代化的标志性建筑，近现代建筑文明辉映，构成一幅历史长卷。

8. 西湖

西湖因位于杭州城西而得名，又称西子湖。湖区面积约6平方公里，整个景区由"一山"、"两堤"、"三岛"、"五湖"、"十景"构成。"一山"为孤山；"两堤"为苏堤、白堤；"三岛"为阮公墩、湖心亭、小瀛洲；"五湖"为外西湖、北西湖、西里湖、岳湖和南湖；"十景"是曲院风荷、平湖秋月、断桥残雪、柳浪闻莺、雷峰夕照、南屏晚钟、花港观鱼、苏堤春晓、双峰插云、三潭印月。虎跑泉、玉泉、龙井泉是西湖名泉，龙井茶叶虎跑水被称为西湖双绝。秀美的西湖风景，是旅游度假的绝佳去处。

9. 鲁迅故居

故居位于浙江省绍兴市鲁迅路208号，1881年鲁迅先生在此诞生，直到18岁外出求学前一直生活在这里。

整个建筑占地400平方米，砖木结构，除对故居的部分建筑进行改建外，主要部分保存完好，这里已辟为鲁迅纪念馆。故居的后面是百草园，面积约2000平方米，是他童年时的乐园。东面不远处的三味书屋是他少年求学的地方，书房内陈列着当时的原物。鲁迅先生的散文《从百草园到三味书屋》即是这里。

六、华南旅游区

包括福建、广东、海南和广西四省区，本区纬度较低，高温多雨，冬暖夏长，属热带和亚热带，旅游资源优势主要为热带风光和风土民情。

本区具有丰富的热带、亚热带自然景观，四季常春，繁花似锦，有种类繁多的植物和动物。如苏铁、银杏、罗汉松、鹅掌楸等古老植物，有长臂猿、猕猴、海南坡鹿等珍稀动物。武夷山、五指山、鼎湖山等为自然保护区。广西的桂林山水、广东肇庆的七星岩、海南三亚的"天涯海角"和大东海，都是举世闻名的旅游胜地。

本区地热资源丰富，闽、粤、琼温泉众多，其中以广东从化、福建福州、海南七星岭温泉最为著名。这里是我国最大的侨乡，尤以广东和福建华侨最多，也是稳定的入境旅游客源之一。福州的漆器，寿山石雕，龙岩蜜橘，乌龙茶，漳州水仙，海南椰雕等都中外驰名。

民族风情是本区另一个具有优势的旅游资源。例如壮族喜傍水而居和对歌，长于种植水稻和壮绵；黎族男耕女织，能歌善舞，瑶、苗、畲、毛南、仡佬等民族也都有浓厚的民族风情。

主要风景名胜

1. 鼓浪屿

位于福建省厦门西面海中的一个美丽的小岛，面积约 2 平方公里，因岛内有一岩洞，涨潮时浪涛撞击发出如鼓的声音而得名。

鼓浪屿繁花似锦，绿树成荫，山海相拥，景色迷人。日光岩、菽庄花园、郑成功纪念馆等均为岛中胜景。其中日光岩为鼓浪屿的最高峰，高 90 米，是厦门的象征。鼓浪屿素有海上花园、万国建筑博览和音乐之乡、钢琴之岛之誉，历来为游览和疗养胜地。

2. 七星岩

位于广东省肇庆市东北，离市区约 4 公里，整个景区面积约 7.6 平方公里。七星岩有七座奇峰，因这七座奇峰排列得形如北斗七星而得名。峰岩间长堤、小桥相连。围绕七岩的浩瀚水面，称为星湖，被称为"桂林之山，杭州之水，"景色瑰丽迷人。七星岩是天然洞穴，自古以"峰险、石异、洞奇、庙古"著称，是我国著名的旅游胜地。

3. 天涯海角

位于海南省三亚市西南约 26 公里处，滩上无数的崔嵬巨石在千万年海潮拍打和风雨侵蚀下，因棱角消失而显得浑圆。在这些巨石上，有一块高约 10 米、周长约 60 米的立石上刻有"天涯"二字，这是清雍正十一年（1733 年）崖州知州程哲手迹；石柱右侧的卧石上刻有"海角"二字，不远处还有一块突兀石柱，上刻"南天一柱"四字。这里依山傍海，景物奇异，椰林散布，海滩宽阔，可以尽情领略南国风光，来此旅游和疗养的游客长盛不衰。

4. 漓江

漓江风景区坐落在广西东北部，由桂林阳朔及灵州、兴安等县构成，景区面积约 2000 平方公里。尤其是桂林至阳朔的 83 公里水程，犹如"舟在水上行，人在画中游"，不但可以饱览"山青、水秀、洞奇、石美"桂林山水的特色，而且还可以领略"深潭、险滩、流泉、飞瀑"之美景。"分明看见青山顶，船在青山顶上行"，这是清代诗人袁牧游漓江时的抒怀佳作。

七、西南旅游区

包括四川、云南、贵州、重庆四省市。本区自然和人文旅游资源都十分丰富。高山大川，峡谷瀑布，火山温泉，热带风光，珍稀动物，自然名胜，历史古迹等遍布全区。民族风情也是本区丰富多彩的旅游资源。

本区有壮丽的高山峡谷风光。著名的有长江第一峡之称的虎跳峡，长 16 公里，谷深 3000 米，最窄处只有 30 米，河水落差达 196 米，形势奇特险要。长江三峡有"西控巴渝收万壑，东连荆楚压群山"的宏伟气势。我国第一大瀑布黄果树瀑布，烟波浩渺的五百里滇池，气象万千的苍山洱海，奇绝的云南岩溶石林，贵阳的地下公园，构成一幅幅山青、水秀、洞奇、石美的胜景。

四季如春的气候，多民族的风情，便捷的交通运输，吸引着中外游客。云南的制烟，贵州的酿酒，广西的制糖以及多种传统工艺品也为本区旅游业增光添彩。

西部大开发，使边境贸易逐渐繁荣，与邻国山水环绕，地势相连，交通互通，这不仅使国内旅游业快速增长，而且也大大推动了边境旅游、跨国旅游的发展。

主要风景名胜

1. 九寨沟

位于四川省九寨沟县境内，因沟内有盘信寨、彭布寨、尖盘寨、故洼寨、盘亚那寨、荷叶寨、树正寨、黑果坝寨、则查洼寨这九个藏族寨子而得名。景区面积 620 平方公里，这里的叠瀑、彩林、翠海、雪峰和藏情"五绝"风光，被誉为"人间仙境"。

九寨沟的多数景点分布在三条主沟内，总长约 52 公里，主要景区有宝境岩、长海、卧龙海、树正群海等。其中长海是景区的最高点，海拔 3100

米。九寨沟是中国大熊猫自然保护区，有"童话世界"之誉，已被列入《世界遗产名录》。

2. 石林

石林位于云南省石林彝族自治县境内，是发育典型的熔岩地貌，块块平地而起的石头，形成无数拔地而起的石峰、石柱、石笋、石芽，犹如一望无际的莽莽森林，故名"石林"。主要景区有大石林、小石林、石林湖等，大石林景区的望峰亭为欣赏"林海"的最佳去处；小石林景区清雅疏朗，绿草茵茵，最令人神往的是阿诗玛石峰。石林以其岩柱"高、奇、美、多"闻名于世，堪称"天下第一奇观"。

每年农历6月24日"火把节"这天，石林丛中举行富有民族传统的摔跤、斗牛、夜幕下的篝火、彩灯等活动，许多青年男女手持火把奔逐求爱，热闹非凡，吸引成千上万的游客。

3. 遵义会议会址

遵义会议会址位于贵州省遵义市红旗路80号，1935年1月中国工农红军第一方面军长征路过这里，中共中央在此召开政治局扩大会议，通过了关于反对敌人五次围剿的决议，确立了毛泽东在全党、全军的领导地位，结束了王明"左"倾路线在中央的统治，为红军胜利完成二万五千里长征奠定了基础。新中国成立后，在这里建立了遵义会议纪念馆，陈列许多革命文物，成为全国进行革命爱国主义教育的基地。

4. 歌乐山烈士陵园

位于重庆市沙坪坝歌乐山山麓，为国民党时期的"中美合作所"旧址，1942年美蒋签订秘密协定，在此建立国际性特务机构，残忍的监禁、审讯和屠杀大批中国共产党人和革命志士，杨虎城将军、叶挺将军、罗世文、东耀先等革命志士先后在此被囚禁和杀害。被非法逮捕的革命志士有很多在新中国成立以后惨遭枪杀和活埋。原址有渣滓洞、白公馆等，这是两大监狱，号称两口"活棺材"。旧址东西长约7公里，纵横约10公里，周围用碉堡、岗亭和铁丝网封锁着。

1984年7月改名为歌乐山烈士陵园，园内安葬着300多位烈士忠骸。纪念碑用红色花岗石修筑，为一组高11.5米烈士群雕像，还有40块形状各异的诗碑林，让人们永远缅怀烈士的英灵。

八、青藏旅游区

包括青海省和西藏自治区。这是我国一个特殊的自然地理单元，主要的旅游资源是高原湖泊、山峰风景、民族风情和与宗教活动有关的历史文物古迹。

青藏高原有"世界屋脊"之称，是我国河流、湖泊最多的地区之一。长江、黄河、澜沧江等河流都发源于此。雅鲁藏布江大峡谷是世界上最大的峡谷，最深处达 5382 米。湖泊中纳木错，海拔 4718 米，是世界最高的咸水湖，青海湖是我国第一大咸水湖，湖中的鸟岛是鸟类栖息、繁殖的理想环境。中尼边境的珠穆朗玛峰为世界第一高峰，柴达木盆地有"聚宝盆"之称，羊八井的地热资源，种类齐全，分布广泛。

古建筑工程有布达拉宫和塔尔寺。布达拉宫是"佛教圣地"之意，是松赞干布为迎娶文成公主所建；塔尔寺是"十万佛像"之意，是黄教创始人宗喀巴诞生地，寺中的酥油花、壁画、堆绣，称为寺中宗教艺术"三绝"。

藏族的节日很多，主要的有藏历年、雪顿节、望果节、沐浴节等，藏族的艺术和手工艺品也闻名遐迩。

青藏高原这块圣洁的土地，自从"天路"—青藏铁路开通以后，旅游业将迎来跨越式的发展。

主要风景名胜

1. 青海湖

青海湖坐落在青海省东北部大通山、日月山、青海南山之间，蒙语叫"库库诺尔"，意为"青蓝色的海"。湖面海拔 3196 米，面积约 4600 平方公里，湖水含盐量为 6% 左右，是我国最大的内陆咸水湖。青海湖浩瀚无际，碧绿如镜，周围群山叠嶂，水天一色，千里草原，牛羊成群，使人们无限向往和留恋。

鸟岛是青海湖的一大自然景观。它位于湖的西北部，周长约 500 米，宽约 150 米，每年 4 到 7 月，遮天蔽日的候鸟从我国南方和东南亚等地来这里栖息，产卵育雏，繁衍后代。岛上鸟巢遍地，鸣声鼎沸，使鸟岛完全成为鸟和蛋的世界。现在，这里是全国自然保护区，也是亚洲地区密度最大的鸟禽繁殖场所，吸引无数的海内外游客。

2. 布达拉宫

地处西藏拉萨市西北的玛布日山上，藏语"布达拉"是"佛教圣地"的意思。

布达拉宫始建于公元 7 世纪吐蕃王松赞干布（619—650）时期，至今已有 1300 多年。唐朝初年，唐太宗和松赞干布和亲，为迎娶文成公主，筑王宫于红山之上，称为布达拉宫。1652年，到北京朝见清朝顺治皇帝的五世达赖受到册封后，才开始重建布达拉宫。宫体主楼共13层，高达110米，南北宽500米，东西长360米，整个建筑依山修筑，群楼重叠，金碧辉煌，为世界著名建筑，也是西藏的象征。宫内有8座祭堂，各有金塔一座，塔上金叶包裹，镶满了珠玉宝石，里面保存着从五世到十三世达赖喇嘛的法体。宫内的文物珍宝不计其数，有雕塑、壁画和明清两代皇帝封赠的敕书、文诰、印鉴、礼品和工艺珍玩。布达拉宫是藏族人民建筑艺术的精化，是我国珍贵的宗教、艺术、文化宝库。不久前，国家拨巨款对布达拉宫进行了全面维修，使其更加光彩照人。已被列入《世界遗产名录》。

九、港澳台旅游区

（一）香港特别行政区

香港位于我国东南端，滨珠江口东侧，北连深圳，西与澳门隔海相望，包括香港岛、九龙半岛、新界以及所属183个岛屿和附近海峡。陆地总面积1101平方公里。1997年7月1日香港回归祖国后，经济和旅游业都得到迅速发展，形成以贸易为基础的包括加工工业、金融、房地产业、旅游业等多元化经济结构的城市。香港有一个高度外向型的经济体系，是国际著名的工商金融城市和自由港。

香港著名景点有太平山，香港会议展览中心，前港督府，浅水湾，维多利亚公园，海洋公园和宋城等。其中于1977年1月建城开放的海洋公园，占地87平方公里，是亚洲最大的海洋公园，也是世界著名的海洋动物博物馆。

（二）澳门特别行政区

澳门地处珠江口的西岸，与广东珠海市相邻，东与香港隔海相望，陆地面积因填海造田而扩展到约28平方公里。1999年12月20日，澳门正式回归祖国。澳门经济以建筑业、旅游业、博彩业和外贸业为支柱产业。其中博彩业与美国的拉斯维加斯、摩纳哥的蒙特卡洛并称世界著名三大赌城。

澳门著名景点有大三巴牌坊，妈阁庙，大炮台城堡，东望洋山，澳氹大桥和葡京大酒店等。其中葡京大酒店内的葡京娱乐场更是闻名海内外的澳门最大赌场。该酒店外观为圆柱形，远望形同鸟笼，是澳门标志性建筑之一。

（三）台湾省

台湾位于我国东南海面上，隔台湾海峡与福建省相望。台湾是我国第一大岛，全省除台湾本岛外，还包括澎湖列岛等几十个岛屿，陆地面积约3.6万平方公里，台湾岛多纵向山脉，主要有中央山脉、玉山山脉、阿里雪山等，其中玉山海拔3997米，为我国东南沿海最高峰。台湾素有"粮仓"、"水果之王"、"甜岛"之称，台湾经济较为发达，交通便利，旅游资源极为丰富，为旅游业的发展提供了有利条件。

台湾著名景点有阿里山、日月潭、阳明山公园、安平古堡、赤嵌楼和台北故宫博物院等。其中日月潭是台湾最大的天然湖泊，潭心小岛把湖面分为"日"、"月"两部分，1985年被评为"全国十大风景名胜"之一。阿里山是台湾旅游名山，森林、云海、日出被称为阿里山"三大奇观"。

台湾是我国美丽宝岛，去台湾旅游已如火如荼，截至2009年7月27日，大陆居民赴台旅游累计达到143万个团组，39.79万人次，日均1058人次，为台带去8.22亿美元的直接收益。

主要风景名胜

1. 海洋公园

位于香港岛南部香港仔海洋公园道，面积为87平方公里，是亚洲最大的海洋公园。园内分为8个区，即海洋天地、集古林、雀鸟天堂、山上机动城、急流天地、水上乐园、绿野花园和儿童王国。海洋天地内的海洋馆饲养了约5000尾、400种不同类别的鱼类，海洋剧场里有精彩的海狮、海豚表演，吸引大批游客观光。公园内的户外登山电梯长225米，依山势以30度倾斜角沿山坡攀升，每小时载客4000人，是目前世界上最长的户外登山电梯系统。

2. 大三巴牌坊

位于澳门半岛中央大炮台山西侧，原为圣保罗教堂的前壁遗址。圣保罗教堂为葡萄牙所建，1853年遭大火焚毁，仅存大三巴牌坊。牌坊雕刻得非常精美，为优质花石四层叠柱式建筑，由30多条古希腊式圆石柱组成，石柱及壁龛上雕刻着栩栩如生的人物雕像及花卉、青铜镶嵌、动物浮雕。68级宽大的石阶顺山坡而下，连接着前壁广场。造型典雅清秀，富有西方宗教艺术色彩。这一孤立的前壁虽经150多年的风雨沧桑，因其内部结构极其稳固而巍然屹立于岗顶上，为澳门标志性建筑。

3. 日月潭

位于台湾省南投县，被誉为台湾胜景之冠。水面海拔760米，面积7.7平方公里，水深27米，为全省最大的天然湖。湖中有小岛名珠仔山，后改名叫光华岛，将全湖一分为二，北半部叫前潭，水色丹，形如日轮，故名日潭；南半部称为后潭，水色碧，形似舷月，故名月潭，"日月潭"

由此而来。

日月潭四周被翠峰环抱，湖水碧蓝，优美如画的景色令人陶醉。潭的四周群山中，还有多处寺庙古迹，主要有文武庙、玄光寺、玄奘寺、孔雀园等。其中玄奘寺的小塔里，供奉有唐代高僧玄奘的遗骨。日月潭以其天生绝色，被称为台湾仙境，也是台湾省的标志。

4. 阿里山

阿里山位于台湾嘉义县，主峰海拔 2676 米，有森林铁路登山，长为 82.6 公里。

阿里山是台湾著名的天然林区，其中一株老红桧树龄 3000 多年，高 53 米，被称为"神木"。阿里山的云海、森林和日出被称为三大奇观。

第四节 中国旅游资源的利用保护和旅游业发展方向

一、旅游资源利用保护

旅游业是国民经济重要产业，旅游资源的利用主要是观赏，它的产品是使旅游者的旅游欲望得到满足。旅游资源在不被破坏的情况下，可以反复利用，而且利用率愈高，经济效益越好。所以旅游资源的开发利用要遵循量力而行，统筹兼顾和综合规划的原则。但是，旅游业在不断发展的同时，也留下了严重的后遗症。

（一）旅游水体水荒和污染

"水作青罗带，山如碧玉簪"的桂林漓江，季节性的枯水现象日趋严重，长江、黄河严重污染，太湖因大量污水排入引发蓝藻疯长，导致旅游名城无锡市几万人饮水困难等。

（二）旅游开发污染

目前，各种大型人工景点已遍布全国各地，不少人造景点带来严重负面效果。如电影《无极》剧组破坏云南香格里拉的自然环境；《大旗英雄传》剧组随意喷涂风景区内明代摩崖石刻古迹等，已引起公众强烈批评。传统景点不适当再开发问题也很严重，如名山滥建索道，太湖边违规建超级水上餐厅，曲阜孔庙的神道上店铺林立等。

（三）旅游接待污染

许多旅游"热点"在旅游旺季都在"超负荷运转"。桂林漓江，游船几乎是首尾相接，长城八达岭城砖上刻字到处可见，杭州西湖景区的垃圾日产量则数以吨计。

为此，保护旅游资源，合理利用旅游资源是非常重要的，应积极采取措施。

1. 加强文物古迹保护维修。一是要保护文物、古迹本身，使其不失原貌。二是在保护维修文物、古迹同时，要保护维修文物、古迹存放环境。

2. 防止环境污染，维护生态平衡。既要防止工业污染，又要防止旅游过程的污染，要研究景点的最佳"环境承载力"，追求经济效益和环境效益的统一。

二、旅游业的发展方向

本世纪头二十年是我国发展的重要战略机遇期，"十一五"时期尤为关键。为实现旅游业的发展目标，我们必须做到以下几点。

（一）全面贯彻落实科学发展观，旅游产业发展指导思想更加明确

在"十一五"旅游业发展规划中，确立了把旅游业培育成为国民经济重要产业的目标，确立了加快完善旅游产业体系，全面提升旅游产业素质，综合发挥旅游产业功能三大主要任务，强调要转变增长方式，提高发展质量。

（二）因地制宜，加快发展旅游产业

加快旅游基础设施和信息化建设，加强国内外旅游市场开发，推进跨区域旅游资源整合，积极发展红色旅游，鼓励发展休闲度假旅游、生态旅游、边境旅游、探险旅游、科普旅游和工、农业旅游。

（三）公共服务不断加强，从业人员素质亟待提高

各级旅游部门要进一步增强服务意识，责任意识，加强公共服务职能建设。认真贯彻"人才强国"战略，努力建设一支高素质旅游人才队伍，加强旅游管理干部培训。

（四）积极配合国家外交活动，拓展国际旅游市场

我国国际地位不断提高，外事活动日益频繁，这是拓展国际旅游市场的途径。如利用中俄互办"国家年"活动、中美商贸联委会、中非合作论坛等为平台，促进了旅游对外交流与合作，2007年4月，以温总理访日为契机，在日本五大主流报纸首次刊登整版广告，对中国旅游进行整体促销，这对日本——中国第一大旅游客源市场来说，意义更加深远。

2009年11月25日国务院通过的《关于加快发展旅游业的意见》中指出，旅游业兼具经济和社会功能，资源消耗低，带动系数大，就业机会

多，综合效益好。我国幅员辽阔，旅游资源丰富，人民群众日益增长的多样化消费需求为旅游业发展提供了新的机遇。近年来，我国旅游业快速发展但仍面临发展方式粗放，基础设施建设滞后，服务质量水平不高等问题，必须加强统筹规划，从改革、开放、服务、管理入手，着力提升发展质量，把旅游业培育成国民经济的战略性支柱产业和人民群众更加满意的现代化服务业。旅游业的又一个春天即将到来！

复习思考题
1. 概述旅游业在国民经济中的地位和作用。
2. 列出我国重要的自然旅游资源和人文旅游资源。
3. 试述各旅游区旅游资源的特色。
4. 分析我国旅游资源的利用、保护和发展问题。

第九章 中国城市发展与布局

城市地理是研究城市（镇）的形成、发展、空间结构和分布规律的学科。由于城市形成和发展的经济基础、职能、内部结构与乡村聚落不同，而且随着城市化程度的提高，城市在社会生活中的地位越来越重要，近几十年来，尤其是第二次世界大战以后城市地理研究发展迅速，成为一门十分重要的研究学科。

把城市当作一种地理现象记载，已有悠久的历史，但对城市进行地理学研究始于19世纪。F. 拉采尔和A. 赫特纳曾进行了城市聚落的分布和区位研究。1899年O. 施吕特尔研究了城市的内部结构和类型及其与其他景观要素的联系。城市地理形成一门学科则是在20世纪。1907年德国的K. 哈塞尔特发表《城市地理观察》一书，接着1911年英国的P. 格迪斯和法国的R. 布朗夏尔分别对单个城市进行了研究。美国城市化过程迅速，因此城市地理学研究开始较早，发展很快。H. P. 塔潘1855年已对美国城市的增长进行研究，19世纪末和20世纪初也有一些地理学家对美国个别城市的地理进行了研究。初期的城市地理学思想，往往受环境决定论的支配，把地理位置和自然环境看作城市形成的决定因素。20世纪20年代起，美国芝加哥学派倡导从人类生态学角度考察经济和社会因素对城市土地利用的影响，在城市内部用地功能结构模式上先后出现了美国社会学家E. W. 伯吉斯的同心圆学说、H. 霍伊特的扇形学说以及C. D. 哈里斯和E. L. 厄尔曼的多核心学说。1933年W. 克里斯塔勒创立的中心地学说，则阐述了城市的相互作用和城市体系，成为城市体系理论的先导。

第二次世界大战以后，许多国家的城市需要重建，世界范围内的城市化进程加速，这些都要求对城市进行全面的研究和规划，促使大批地理学家投入城市研究或城市规划工作。城市地理学也开始列入大学地理系的课程。在理论研究方面，很长一段时间内主要是对20~30年代以来所积累的学说做进一步检验。其中最突出的是对中心地学说的广泛验证，成为60—70年代城市地理理论研究的主题之一，在地理数量方法的推动下，形成了城市地理学中的区位学派。战后城市地理学广泛吸取其他学科的理论和方法，除数量方法的应用在人文地理学各学科中居于领先地位外，还引进了心理学和行为学的理论和方法，从人们对环境作出空间选择的感应、行为过程的角度，研究城市的空间组织问题，产生了城市地理学的行为学派。如美国地理学家R.G.戈利奇1978年提出关于城市空间行为模型的锚点理论。

城市地理学内容的核心是从区域的空间组织和城市内部的空间组织两种地域系统考察城镇的空间组织。围绕这两种地域系统，具体研究下列内容：①城市化研究。包括城市化的衡量尺度，城市化过程，世界各国城市化的比较，城镇人口集聚的规律，大城市的优势，以及城市化的效果和问题等。②城市职能研究。把城市产业分解为以满足市外需要为主和以满足市内需要为主两类，从而确立基本职能与非基本职能的概念，研究城市的性质及其对所在区域的作用。③城市分类研究。可根据不同目的采取不同的分类方法，其中最重要的是以职能为依据的分类。④城市体系研究。旨在掌握地域城镇综合体的分布特征和功能、规模结构。⑤城市群和大城市集群区研究。⑥城市形态研究。包括城市聚合特征、城市总平面布置格局以及城市景观的研究。⑦城市地域结构研究。⑧城市土地利用研究。⑨城市生态系统研究。⑩城市综合地理研究。此外，在城市地理研究内容中，还包含从国土规划和城市规划角度提出的课题。如城镇最优布局，新城合理规模，城市再开发以及未来城市形态结构，等等。

当代世界城市化方兴未艾，并出现郊区化现象，城市人口比重和城市数目不断增大，人口向大城市集中的程度进一步加剧，城市机体也越来越复杂，使得各国政府在城市再开发和人口再分布的决策上面临许多难题。城市地理学从空间方面探索城市发展的规律，对城市建设的决策具有实际意义。因为城市地理研究成果是城市规划的必要基础，城市规划中有关城市的性质、规模、发展方向、用地功能组织以及卫星城镇的建设等问题的论证，需采用城市地理学的理论和方法。

城市是现代社会生活的重心，是它所在地区经济活动的中心。城市的影响范围，在很大程度上显示了不同等级的经济区的轮廓。一国一地区城镇体系的功能结构，体现了国家和地区经济地域组织的若干特征。因此，区域城市地理研究也是区域规划的重要资料来源。

第一节 概　述

一、城市

我国《城市规划法》第三条规定："本法所称城市，是指国家按行政建制设立的直辖市、市、镇。"城市的法律涵义，是指直辖市、建制市和建制镇。一般而言，人口较稠密的地区称为城市，一般包括了住宅区、工业区和商业区并且具备行政管辖功能。城市的行政管辖功能可能涉及较其本身更广泛的区域。城市中有楼房、街道和公园等公共设施。中国的城市为行政建制，不能完全反映城市化与一个地区的工业化发展水平；中国内地的城市作为行政建制分为直辖市、省辖市（地级市与副省级城市）和县级市，反映一个城市的工业化水平的主要指数有非农业人口占总人口的比例、人均 GDP 水平和非农业 GDP 占 GDP 总量的比例。

（一）城市的形成

城市是人类文明的主要组成部分，城市也是伴随人类文明与进步发展起来的。农耕时代，人类开始定居；伴随工商业的发展，城市崛起和城市文明开始传播。其实农耕时代，城市就出现了，但作用是军事防御和举行祭祀仪式，并不具有生产功能，只是个消费中心。那时城市的规模很小，因为周围的农村提供的余粮不多。每个城市和它控制的农村，构成一个小单位，相对封闭，自给自足。学者们普遍认为，真正意义上的城市是工商业发展的产物。如 13 世纪的地中海岸，米兰、威尼斯、巴黎等，都是重要的商业和贸易中心；其中威尼斯在繁盛时期，人口超过 20 万。工业革命之后，城市化进程大大加快了，由于农民不断涌向新的工业中心，城市获得了前所未有的发展。到第一次世界大战前夕，英国、美国、德国与法国等西方国家，绝大多数人口，都已生活在城市里。这不仅是富足的标志，而且是文明的象征。

（二）城市类型

"城市"的提法本身就包含了两方面的含义："城"为行政地域的概念，即人口的集聚地；"市"为商业的概念，即商品交换的场所。而最早的"城市"（实际应为我们现在"城镇"）就是因商品交换集聚人群后而形成的。城市的出现，也同商业的变革有着直接的渊源关系。最初城市中的工业集聚，也是为了使商品交换变得更为容易（可就地加工、就地销售）而形成的。在城市中直接加工销售相对于将已加工好的商品拿到城市中来交换而言，是一种随着工业城市的出现而产生的商业变革。城市中的城市规模、城市功能、城市布局和城市交通，这几方面所发生的变化，都必然地会对城市的商业活动带来影响，促使其发生相应的变革。

城市经济学对城市作了不同等级的分类，如小城市、中等城市、大城市、国际化大都市、世界城市等，对城市等级分类的一个标准是人口的规模，中国根据市区非农业人口的数量把城市分为四等：人口少于20万的为小城市，20万至50万人口的为中等城市，50万人口以上的为大城市，其中又把人口达100万以上的大城市称为特大型城市。

按城市综合经济实力和世界城市发展的历史来看，城市分为集市型、功能型、综合型、城市群等类别，这些类别也是城市发展的各个阶段。任何城市都必须经过集市型阶段。

集市型城市，属于周边农民或手工业者商品交换的集聚地，商业主要由交易市场、商店和旅馆、饭店等配套服务设施所构成。处于集市型阶段的城市在中国主要有集镇。功能型城市，通过自然资源的开发和优势产业的集中，开始发展其特有的工业产业，从而使城市具有特定的功能。不仅是商品的交换地，同时也是商品的生产地。但城市因产业分工而形成的功能单调，对其他地区和城市经济交流的依赖增强，商业开始由封闭型的城内交易为主转为开放性的城际交易为主，批发贸易业有了很大的发展。这类型城市主要有工业重镇、旅游城市等。综合型城市，一些地理位置优越和产业优势明显的城市经济功能趋于综合型，金融、贸易、服务、文化、娱乐等功能得到发展，城市的集聚力日益增强，从而使城市的经济能级大大提高，成为区域性、全国性甚至国际性的经济中心和贸易中心（"大都市"）。商业由单纯的商品交易向综合服务发展，商业活动也扩展延伸为促进商品流通和满足交易需求的一切活动。这类城市在中国比较典型的有直辖市、省会城市。

城市群（或都市圈）。城市的经济功能已不再是由一个孤立的城市体现，而是由以一个中心城市为核心，同与其保持着密切经济联系的一系列中小城市共同组成的城市群来体现了。如美国大西洋沿岸的波士华城市带，日本的东京、大阪、名古屋三大城市圈，英国的伦敦-利物浦城市带等。上海所在的长江三角洲地区实际上也正在形成一个经济关系密切的长江三角洲城市群，其整体的经济功能已在日益凸现。

二、城市化

（一）城市化的定义

城市化是城市发展进程的概述。城市化是社会发展的历史过程，是工业革命的伴生现象，一般是指工业化过程中社会生产力的发展引起的地域空间上城镇数量的增加和城镇规模的扩大；农村人口向城镇的转移流动和集聚；城镇经济在国民经济中居主导地位以及城市的经济关系和生活方式广泛地渗透到农村的一种持续发展的过程。随着城市化程度的提高，城市在社会经济发展中的作用会不断增大。城市化程度也是一个国家经济发达程度，特别是工业化水平高低的一个重要标志。

按照《中华人民共和国国家标准城市规划术语》对城市化的定义，城市化是"人类生产与生活方式由农村型向城市型转化的历史过程，主要表现为农村人口转化为城市人口及城市不断发展完善的过程。"一般认为城市化是一个国家或地区实现人口集聚、财富集聚、技术集聚和服务集聚的过程，同时也是一个生活方式转变、生产方式转变、组织方式转变和传统方式转变的过程。城市化过程还包括诸如城市影响、城市传播和城市带动的外向式的扩散过程。城市化实质上就是以内向式集聚为主和外向式推延为辅的综合作用的过程。要注意城市化不单纯是农民进城，它意味着国民经济增长模式、国民生活形态和国民意识的重大转变。缺乏城市化，工业化就难以加快步伐，信息革命也难以深入发展。城市化进程虽然很需要政府的规划、指导和推动，但它更多的是通过人们趋利、求新的生产方式、交换方式和生活方式，由"看不见的手"自然推动的一个过程。

城市化是社会生产力发展的必然产物。随着 18 世纪中叶英国的产业革命的兴起和发展，城市化进程迅速加快。但是，由于城市化研究的多学科性和城市化过程本身的复杂性，对城市化概念的界定，一直是众说纷纭，莫衷一是。马克思认为：现代的历史是乡村城市化。美国新版的《世界城市》称：都市化是一个过程，包括两个方面的变化。一是人口从乡村向城市运动，并在都市中从事非农工作；二是乡村生活方式向城市生活方式的转变，包括价值观、态度和行为等方面。第一方面强调人口的密度和经济职能，第二方面强调社会、心理和行为因素。实质上这两方面是互动的。我们认为，城市化是随着生产力的发展而导致人们的生产方式、生活方式和行为方式变化的过程。其内涵在于，它不仅是简单的城乡人口结构的转化，更重要的，它是一种产业结构及其空间分布结构的转化，是传统生产方式、生活方式和行为方式向现代生产方式、生活方式和行为方式的转化。

人口集中到城市或城市地区的过程通过城市地区数量增加和每个城市地区人口的增加而实现和发展。其特点为：（1）城市人口不断增长：1920

年时，世界城市人口占总人口 19.4%，到 1980 年，上升到 41.3%。（2）世界人口不断地向城市集中，百万人口以上的城市不断增加。城市化进程促进了工业化，增强了人类改造自然的能力，提高了对物质和能量的利用效率，节约了空间和时间，给人类带来了巨大的效益。但同时又带来住房困难、交通拥挤、环境污染等问题。也包括许多生态问题，如对城市气候、对动植物、对人类健康的影响问题，流行病问题，城市质量问题。城市生态学是新兴的、正在蓬勃发展的科学，参与城市生态研究有偏重自然生态、经济生态和社会生态等不同方面的人员。城市是人类文明的标志，是人们经济、政治和社会生活的中心。城市化的程度是衡量一个国家和地区经济、社会、文化、科技水平的重要标志，也是衡量国家和地区社会组织程度和管理水平的重要标志。城市化是人类进步必然要经过的过程，是人类社会结构变革中的一个重要线索，经过了城市化，标志着现代化目标的实现。只有经过城市化的洗礼之后，人类才能迈向更为辉煌的时代。然而，仅仅看到城市化所带来的丰硕成果而赞叹不已、振臂高呼是远远不够的，城市化过程并不一定是一曲美妙的乐章，像很多进步一样，城市化过程中也夹杂着许多不和谐之音。正确认识城市化所带来的影响，并采取必要的措施认真的予以解决，对我国城市的发展有着重要的意义。

（二）世界城市化的几种模式

城市化模式是社会、经济结构转变过程中的城市化发展状况及动力机制特征的总和。城市化可以从不同的角度分成各种不同的类型，按其所处的经济体制，可分为市场型城市化和计划型城市化，按城市化发展水平，可分为发达型城市化和发展型城市化。从城市化与工业化发展水平关系来考察，世界城市化可分成四种模式。

1. 同步城市化（Synchro urbanization）

是指城市化的进程与工业化和经济发展的水平趋于一致的城市化模式。这里的一致主要指城市化与经济发展呈显著的正相关关系。发达国家在城市化加速时期，这种相关性表现得相当明显。据测算，发达国家在整个工业化中期，工业化与城市化的相关系数极高。1841—1931 年间英国为 0.985，1866—1946 年间法国为 0.970，1870—1940 年间瑞典为 0.967，整个发达国家为 0.997。工业化率与城市化率曲线几乎是两条平行上升的曲线，应该指出的是，由于农村人口只有迁居到城市后，才能在城市就业，因此在城市化进程中，农村劳动力的地域迁移先于职业转换是一种较普遍的现象。大部分发达国家城市化进程中农村劳动力转移方式如英国的圈地运动方式、美国自由迁移方式和德国容克买办方式等，都具有地域迁移先于职业转换的特征，但基本上属于同步城市化模式。

2. 过度城市化（Over urbanization）

又称超前城市化，是指城市化水平明显超过工业化和经济发展水平的城市化模式。城市化的速度大大超过工业化的速度，城市化主要是依靠传统的第三产业来推动，甚至是无工业化的城市化，大量农村人口涌入少数大中城市，城市人口过度增长，城市建设的步伐赶不上人口城市化速度，城市不能为居民提供就业机会和必要的生活条件，农村人口迁移之后没有实现相应的职业转换，造成严重的"城市病"。过度城市化形成的主要原因是二元经济结构下形成的农村推力和城市拉力的不平衡（主要是推力作用大于拉力作用），而政府又没有采取必要的宏观调控措施。相当数量的发展中国家基本上是这种城市化模式。如墨西哥的工业化化与经济发展水平远远不如发达国家，但1993年其城市化水平已74%，明显高于同期瑞士的60%、奥地利的55%、芬兰的62%和意大利的67%。

3. 滞后城市化（under urbanization）

是指城市化水平落后于工业化和经济发展水平的城市化模式。滞后的原因主要是政府为了避免城乡对立和"城市病"的发生，采取种种措施来限制城市化的发展，结果不仅使城市的集聚效益和规模效益得不到很好的发挥，而且还引发了诸如工业乡土化、农业副业化，离农人口"两栖化"和城镇发展无序化等"农村病"现象。这是一种违背工业化和现代化发展规律的城市化模式。改革开放前的中国城市化就是这种城市化的突出代表。1980年世界城市化水平为42.2%，发达国家为70.2%，发展中国家为29.2%，而中国城市化水平仅为19.4%。从城市化与产业结构的关系看，我国城市化明显滞后于工业化，与第三产业呈低水平上的相适应。1996年我国城市化率与工业化率（指工业增加值占GDP的比重）之比仅为0.69，远低于该比值1.4－2.5的合理范围。这一方面说明了我国城市化的滞后，另一方面也表明我国工业化过度地孤军深入。

4. 逆城市化（Counter urbanization）

是指城市市区人口尤其是大城市市区人口郊区化、大城市外围卫星城镇布局分散化的城市化模式，所谓"逆"并不是指城市人口的农村化，更不是指城市文明和生活方式的农村化，而是指城市市区人口向郊区迁移，大城市人口向卫星城迁移的倾向。造成逆城市化的原因主要有大城市城区人口过于密集、就业困难、环境恶化、地价房租昂贵、生活质量下降，引起人口向环境优美、地价房租便宜的郊区或卫星城迁移；城市产业结构的调整和新兴产业的发展，带动了城区人口的外迁交通，通讯的现代化大大缩短了城市与郊区的时空距离等。逆城市化的倾向主要发生在20世纪50—70年代城市化水平很高的发达国家。如美国除洛杉矶以外的12个最大城市的市区人口，在1950—1971年间，城市市区人口从2625.3万下降到2552.4万，郊区及卫星城人口则从1463.5万增加到1714.7万。实际上，逆城市化不是城市化的反向运动，而是城市化发展的一个新阶段，是更高层次的城市化。

（三）我国城市化战略

对于我国城市（镇）化发展战略的选择，学术上和实践中都提出了许多观点。由于认识和分析问题的角度、出发点不同，相互之间存在着一些分歧。

大都市圈论。大都市圈论源于对美国、日本等发达国家城市化经验的借鉴。他们认为，当今世界经济领域的竞争异常激烈，随着经济全球化，区域间竞争尤其是城市间的竞争表现得更为突出。经济实力强的大都市和由城市链结合起来而形成的大都市圈在竞争中有着明显优势。

1. 大城市重点论

有关模型分析证明，人口规模在100万—400万的城市，其成本收益最高。他们认为，城市规模越大，效益越高。大城市有很强的扩散效应，能够带动周围地区的迅速发展，应该重点发展大城市。但反对者认为，大城市会产生诸如交通拥挤、贫富差距扩大、社会治安混乱等一系列"大城市病"，必须限制大城市的发展。

2. 中小城市论

中小城市有着巨大的发展潜力，对城市基础设施的投入产出比较合理。中小城市一方面可承接大城市的扩散、有效防止"大城市病"，另一方面也可以吸引生产要素的集中，是承上启下的重要关节点。发展中小城市是最佳的选择。

3. 小城镇论

在过去的二十年中，由于改革开放和体制改革的推动，县以下的小城镇发展迅速，极大地带动了农村经济的发展。因此有了"小城镇、大战略"的城市化模式。他们认为，发展小城镇有利于农村剩余劳动力的转移，可以有效防止"大城市病"，促进城乡融合协调发展。但反对者认为，小城镇不具有规模效益。遍地开花的小城镇造成土地等资源浪费严重，环境遭到严重的破坏。小城镇的基础设施利用率低、环境问题难以解决。

"离土不离乡"的城镇化是不完全的城市化。小城镇限制了经济结构尤其是产业结构的调整，吸纳农村人口有限，城市化的作用明显不足。

4. 齐头并进论

认为我国城市化水平远远落后于工业化，主张大力发展各类城市。他们主张，"重点论"对城市化是一种限制，是不可取的，应该大、中、小城市和小城镇同时发展，齐头并进。协调发展论。这种观点认为，要坚持大中小城市和小城镇协调发展，发展小城镇要以现有的县城和有条件的建制镇为主。

以上观点代表了城市化理论研究的基本看法，注意到了各种规模城市的功能，都极力主张加快城市化进程，但这些观点都是从全国的角度提出来的，没有考虑我国巨大的地域差异性和我国各地区经济发展的不平衡性。事实上，我国地域辽阔，东部、中部、西部存在着明显的地域差异。从城市化水平来看，2000年东部地区已达45%，而中部地区为32%、西部地区为28%。从生产力发展水平来看，2006年东部地区人均GDP已达27589多元，中部、西部分别为11345元和10051元。因此，全国的城市化不可能采取单一的战略模式，而应该与各区域的实际相结合，因地制宜。三大地带都应根据本区域城市化现状和存在的主要矛盾，选择适合本区域实际的城市化发展战略。

第二节 影响城市形成和发展的因素

城市是社会发展到一定阶段的产物，是人类聚集的一种社会经济的地理形式与实体。它的产生和发展取决于社会经济的发展程度和实际需要。同时，作为一个地域实体，存在于一定的地域上，地域的自然条件对城市的形成与发展也起着巨大的作用。

一、社会经济条件

（一）取决于生产力发展水平及与之相适应的生产关系。

在人类社会开始时，并没有形成城市，城市是社会生产力发展到一定的阶段的产物，是由于农业、畜牧业和手工业的分工与发展，由于剩余农产品的出现，才为城市的形成提供了可能，同时由于阶级和国家的产生也使城市的出现成为必要。但在开始时，无论是城市的数量或城市的规模都是比较小的，只是到了工业革命以后，随着社会生产力大为提高，城市人口剧增，结果是许多村镇变成小城市，小城市变成大城市。近年来，科学技术突飞猛进，生产力水平日新月异，城市的发展也就异常迅速。

（二）工业是城市形成和发展的最主要因素

这类工业是指"基本工业"，其产品主要是供应本城市以外的地区需求。在一般情况下，它对城市的性质与规模起着直接的决定性的作用。至于为本城市居民服务的食品厂、缝纫厂等，都是服务工业，其发展规模由城市的性质和规模决定。新中国成立以来，我国原有城市都逐渐从消费城市发展为工业城市。如渡口、克拉玛依、三门峡、茂名等许多城市也都由于工业的建设而兴起。

（三）对外交通也是城市形成与发展的基本因素

城市与对外交通是不可分割地联系在一起的。城市必须依靠对外交通而存在，因为有了对外交通，才能将城市与其腹地农村和其他城市联系起来，输入原料、半成品和粮食，输出工业品。

（四）非本市性的行政、文化教育及科研机构，也是城市形成与发展的基本因素之一

这些机构分别属于中央、省、自治区、地区、县，其服务范围不限于本市本镇，也为城镇以外的地区服务。这些机构的人口和用地面积，都影响到城市人口和用地规模。非本市性的行政机构设在一个城镇，许多同级的非本市性的经济管理、文教卫生和科研机构往往也设在这个城镇，因而这个城镇便成为一个行政区域的政治、经济、文化中心，成为人口聚居的人口中心。

总之，城市形成与发展的因素是多种多样的，在大多数情况下，它们往往共同促进一个城市的形成与发展。因为它们主要是为城市以外的地区服务的，所以它们都是城市的基本部门，有了城市形成与发展的基本部门，才能有为城市居民服务的服务部门。基本部门决定城市的性质和大小，并决定服务部门的大小。

二、自然资源与自然条件

（一）地理位置

从自然地理位置来说，我国沿海的大城市大多位于河口附近，我国南方的城市大部分位于支流与主流汇合点上。唐山与抚顺市分别位于开滦煤田附近；新疆南部的城市都分布在沙漠边缘的绿洲上。从交通位置来说，在铁路未出现以前，城市多建立在水路要道、方便的海港或河流附近；铁

路出现之后，大多数的较大城市往往分布在铁路附近。城市还是区域的焦点，因此，城市与其腹地的位置是很重要的。

（二）工程地质条件

包括建筑地基、滑坡与崩塌、冲沟、地震和矿藏等，这些都直接影响着城市的形成与发展。

（三）水文及水文地质条件

江湖河流等地面水，可作为城市水源，同时还可在水运交通、改善气候、稀释污水、排除雨水以及美化环境等方面发挥作用。但某些水文条件也可能带来不利影响，如洪水、年降水量的不均匀性、流速变化、水流对岸的冲刷以及河床泥沙等。而城市建设的结果也可能对原有水系造成破坏，如过量取水、排水、改造水道和断面等导致水文条件的变化。所以在建设之前，以及在建设实施过程中，应不断地对水体的流量、流速、水位等水情要素资料进行调查分析。

为了合理利用水利资源，应综合勘察地下、地表水源，按工农业生产与城市生活对水量、水质、用水时间的不同要求，进行全面分析，合理分配水源，使城市用水与水源供水的可能相适应。

（四）气候条件

影响城市气候条件的气象要素主要有：日辐射、风向、温度、湿度、降水等方面。如风向对城市规划布局影响很大，通常按全年各风向频率定出主导风向，并以此来确定高原用地与生活居住区的相对位置。温度对城市建设的影响主要在对建筑工程的设计和施工以及城市或工厂的选址上的影响。另外垂直方向的"逆温层"对城市大气污染影响也很大。由于城市建筑密集，生产与生活活动散发大量热量，也会产生市区气温高于郊外的"热岛效应"。

（五）地形条件

山地、丘陵和平原的大地形条件很不相同。山谷、山沟、冲沟、盆地、河漫滩、阶地和不同高度或坡度的小地形条件，对于城市平面结构和空间的布局，对于道路系统的走向和线型选择，对于各种建筑工程设施的组织，城市的轮廓形象等均有影响。

第三节 城市设置与分类

一、城市设置标准

不同时期、不同国家常有不同的城市设置标准。近50年来，随着城乡经济社会的发展，我国城市设置标准经历了多次调整变化。1978年以后，城市化逐步走上正轨，市、镇设置标准也为适应市场经济发展而作了较大的修改。1984年经国务院批准的设镇标准是：总人口在2万以下的乡，乡政府驻地非农业人口超过2000人；或总人口在2万以上的乡，乡政府驻地非农业人口占全乡总人口10%以上。

1993年经国务院批准试行的设市标准，地级市有7个指标，其中：市区非农业人口25万人；市政府驻地有非农业户口人口20万人；工农业总产值30亿元；工业总产值占工农业总产值比重80%；国内生产总值25亿元；第三产业产值占国内生产总值比重35%以上并大于第一产业产值；地方预算内财政收入2亿元。县级市的设置标准及其指标体系复杂，包括人口密度指标、县政府驻地镇指标、全县指标等三大方面共计14项。

从以上可见，我国的城市设置标准基本上综合了人口规模、人口密度、城市功能及非农产业发达程度等多方面因素，但也应看到，设市标准长期以来主要集中于考虑少数几个指标，对于城市本身自身的和人工的物质载体考虑不足，而且按照行政级别设市的传统行政管理模式与观念仍然被沿用，并非按经济规模、产业发展及特色经济与文化等规划和设置城市。我国主要经济中心城市分布图，如图9-1：

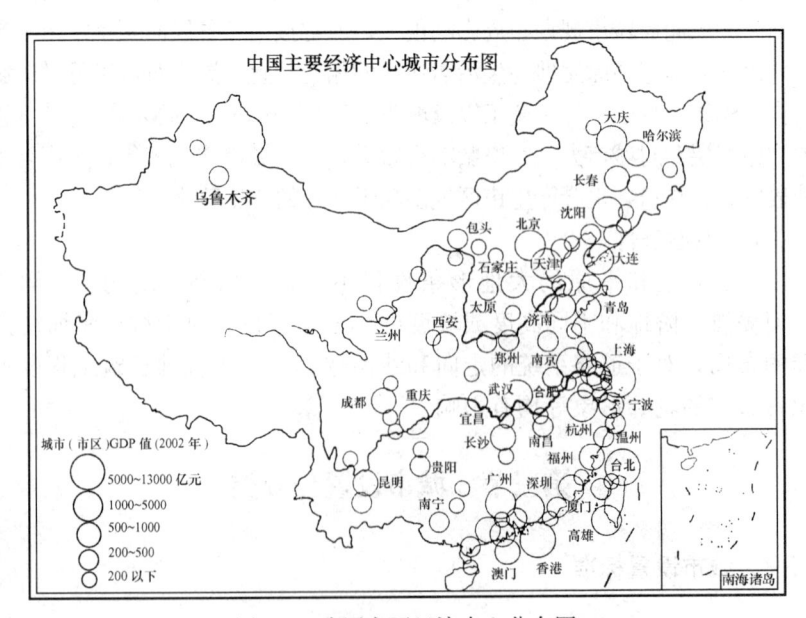

图9-1 我国主要经济中心分布图

二、城市分类

我国城市分类方法和分类标准现有如下三种：按城市的行政级别划分；按市辖区总人口划分；按市辖区非农业人口划分。

（一）按城市的行政级别划分

2005年，全国设市总数为661个，可分为直辖市，如北京、上海、天津和重庆；副省级市，包括沈阳、大连、长春、哈尔滨、南京、杭州、宁波、厦门、济南、青岛、武汉、广州、深圳、成都、西安等15个，均为全国经济中具有重要地位的大城市；地级市，一般为省辖市，直接由省管理，1986年—2005年，地级市数量由150个增至287个；县级市，包括省直辖县级市和地区（自治区）辖县级市，1986—1999年，县级市数由171个增至427个，到2005年减至374个。

（二）按城市市辖区总人口划分

这种分类方法及其统计数据通常为国家有关部门及省、地两级政府较多采用，各地城市当局在研究并制定城市发展战略时，通常以此作为主要数据之一，亦为规划、建设部门参考。全部地级及以上市中（287个），设市城市按市市辖区人口分组，如表9-1所示

表9-1　设市城市按市辖区人口分组（2005年）

市辖区总人口（万人）	城市数（个）	站设市城市总数（%）
1000—2000	3	0.1
400—1000	10	3.4
200—400	25	8.7
100—200	76	26.5
50—100	109	38.0
20—50	60	20.9
20以下	4	1.4

资料来源：《中国城市年鉴》2006年。

1. 1000万—2000万人

2005年底上海、北京和重庆3个直辖市区人口分别为1290.14万、1110.6万和1029.77万人。据2000年全国第5次人口普查数据，沪、京常住人口分别为1674万、1382万，还有约300万居住半年以上的外来人口。据此计算，沪、京实有总人口规模分别达1900万、1600万人上下，均为世界级城市。

2. 400万—1000万人

2005年底我国内地有400万—1000万人的城市10个,依次是:武汉、天津、广州、东莞、西安、南京、沈阳、汕头、成都、杭州。以上两组13个城市,共同特征是城市发展历史久远,城市经济结构多已调整到较好状态,各自在地理上的布局也已充分展开,并凭借自身地理区位价值、人文资源、行政地位等有利条件进行城市扩张。

3. 200万—400万人

2005年底有25个,依次是:哈尔滨、佛山、济南、长春、唐山、大连、淄博、淮安、青岛、太原、郑州、南宁、昆明、无锡、苏州、石家庄、常州、襄樊、南昌、宁波、枣庄、长沙、贵阳、莆田、兰州。本组三分之一为特色城市、品牌城市,近十余年扩张力强,经济实力大增。但也有城市主要依靠急速扩大市辖区范围,提升城市规模,实际城市化水平不高。

4. 其他

2005年100—200万人口的城市有邯郸等76个,地理分布以粤鲁苏鄂川等省居多。50—100万人口的城市有109个,地理分布以鲁辽豫冀苏浙等省居多。20万—50万人口的城市有60个;20万人口以下的有4座,多分布在黑龙江、甘肃、江西、云南等境内。

(三) 按市辖区非农业人口划分

这种分类法及其统计数据通常为规划、建设、设计、科研、教学等部门较多采用。城市市区非农人口规模,也是我国法定划分大中小城市的主要指标。2006年全国287个地级及以上城市按市辖区非农业人口分组,如表9-2所示。

表9-2 设市城市按市辖区非农业人口分组

市辖区非农业人口(万人)	城市数(个)	站设市城市总数(%)
1000万以上	1	0.15
400—1000	9	1.06
200—400	13	1.36
100—200	29	4.7
50—100	71	9.8
20—50	123	33.6
20以下	41	49.2

资料来源:《中国城市年鉴2006年》。

据建设部统计,1978年至2005年,全国城市总数从193个增加到661个的同时,城市等级规模也发生了巨大变化,特大城市(市区非农业人口

100万人以上的城市）从 13 个增加到 54 个，大城市（市区非农业人口 50万—100 万人）从 27 个增加到 85 个，中等城市（市区非农业人口 20 万—50 万人）从 59 个增加到 226 个，小城市（市区非农业人口 20 万人以下）从 115 个增加到 296 个。

2005 年末，全国设市城市的建成面积为 3.25 万平方公里，城市范围内人口密度 870 人/平方公里。

但是，迄今我国小城市的城市化水平（数量的、质量的）大多数都较低，许多小城市处于农村与大城市之间，却难以将两端剩余的要素加以吸纳和整合，对人才、设备与资金缺少足够的吸引力。长期以来，出于对发展大城市的顾忌，曾强调发展小城镇，不少地区小城镇建设与布局遍地开花，效果不佳，聚集效益差。为此，应选择有条件的地方，有重点发展小城市和小城镇。

我国内地城市的建制与发展，如表 9-3 所示。

表 9-3 我国内地城市的建制与发展

城市 年份			1949	1980	1990	2002	2005	增长率（%） 2005 年为 1949 年	增长率（%） 2005 年为 1980 年
设市城市		合计	135	223	467	660	661	489.6	296.4
	其中	1. 大城市	15	45	59	113	139	926.7	308.9
		(1) 超大城市	2	6	9	17	23	1150	283.3
		(2) 特大城市	4	12	22	31	31	775.0	258.3
		(3) 大城市	9	27	28	65	85	944.4	314.8
		2. 中等城市	20	70	119	222	226	1130.0	317.1
		3. 小城市	100	108	289	325	296	325.0	322.9
	大中小城市结构比		1：1.3：6.7	1：1.6：2.4	1：2.0：4.9	1：2.0：2.9	1：1.6：2.1	—	—
建制镇			2000	2870	11733	20600	20600	1030	717.8

（四）国外城市划分对比

国外关于城市分类未见统一的规定和划分标准。美国、俄罗斯与东欧国家多将城市人口 10 万以上者视为大城市，但对中小城市却标准不同。其中美国城市人口 2.5 万—10 万视为中等城市，2.5 万人以下为小城市；俄罗斯规定 5 万—10 万人规模为中等城市，5 万人以下为小城市；东欧国家视 2 万—10 万规模为中等城市，2 万人以下为小城市。这些不同的标准与各自具体国情以及历史传统有密切关系。

第四节 中国的城市化

一、中国城市化进程

从表中可见，我国城市化进程与世界比较，在 19 世纪中叶时的城市化水平十分接近，到 20 世纪初相差一倍，60 年代后期差距达到 2 倍，20 世纪末差距显著缩小，预计到 21 世纪 30 年代，中国与世界城市化平均水平再次回复到十分接近。表 9-4 世界城市化进程及发展预测，表 9-5 中国城市化进程及发展预测。

表 9-4 世界城市化进程及发展预测

年份 指标	1800	1850	1900	1950	1980	2000	预测 2030	预测 2050
城市化水平（%）	3.0	6.4	13.4	28.4	39.7	48.0	60.0	67.0

表 9-5 中国城市化进程及发展预测

年份 指标	1843	1893	1949	1969	1978	1990	2002	预测 2030	预测 2050
城市化水平（%）	5.1	6.0	10.6	19.7	17.9	26.4	39.1	62.0	70.0

在近 20 多年城市化的进程中（1980—2002 年）中，虽然按行政建制设立的市、镇与城市的确切含义并非完全符合。如县级市，几乎都是整县改市、或整县整市改区（市辖区），而且由于市区所辖地域过大，出现了某些设市城市（或市辖区）的非农业人口比重不高（甚至很低）的怪现象；在地级市中，则出现某些新升格的地级市经济，它们社会发展的带动能力不强，市管县有些勉强，只能做些行署式的管理，主要发挥行政方面的职能，而作为经济中心的职能较弱。严格地讲，建制城市化并非真正的城市化。

尽管如此，我们仍然只能以按行政建制设立的市、镇为准。因为只有它们才拥有城市建设和发展以及关于城市化的各种统计资料。如果没有这些资料，有关城市化的研究与论述便无从谈起。

至2006年底，全国城镇人口数为57706万，城镇化水平43.9%，比2005年提高0.9%，2006年，全国城镇全社会固定资产投资93472亿元，占全社会固定资产投资的85%；城镇人均全社会固定资产投资16198元，是改革开放初期（1980年）的40倍。

二、城市化的拉动作用和存在的问题

（一）城市化是我国经济社会发展的一个重要拉动力

我国的城市化是改革开放以来，我国经济社会发展中最重大的变迁之一。城市化率从1978年的17.9%上升到1998年的33.35%，在20年间，平均每年提高0.77个百分点。1998年到2004年，全国的总人口从12.47亿增加到了13亿，在此期间，城市的人口增加了1.2675亿，城市化率从33.35%提高到41.8%。

1998年以后，我国的城市化进入到了加速化的时期。在此期间，城市人口年均增加2112万人，这在人类历史上，在世界范围内都是了不起的巨大成就。城市化水平的迅速提高，重要原因有：第一，与工业化相互促进，工业化带动城市化，城市化又促进了工业化。经济高速增长，吸引了要素流入城市，吸引了劳动力和人口向城市集中，低成本要素保证了工业化的快速推进，工业化又为城市居民提供了就业机会，增加了收入来源，创造了广阔的市场需求。第二，改革不断深化，使得城乡居民增加了选择的机会和流动的自由。这就为劳动力从乡村流入到城市，从落后地区向发达地区流动提供了体制保证。第三，1998年以来，我们实施积极的财政政策，扩大基础建设投资，加快了城市建设的步伐，也增强了城市吸纳农村劳动力的能力。应该说城市化的快速推进成为中国经济社会发展的重要拉动力。改革开放以来的实践表明，哪里的经济活力强，哪里的城市化进程就比较快。从80年代以来的珠三角城市化的发展，到90年代以来的长三角工业化和城市化的发展以及从胶东半岛、辽东半岛到环渤海地区，凡是经济增长快的地方，它的城市化进程也比较快。城市化对中国经济发展产生了巨大的影响。

1. 城市化拉动了社会需求

在全社会的固定资产投资当中，发生在城镇的固定资产投资占到全社会固定资产投资总额的80%左右。近年来，这个比重还在逐步提高，

2004年达到了83.6%。在全社会消费品零售总额中,县或县以上的占到75%以上,可以说城市化是克服我们内需不足,促进经济发展的重要拉动力。

2. 城市化是促进消费结构升级和产业结构升级的重要力量

1998年以来,在我们的生活当中,结构变化最为明显的就是住房市场化、住房商品化。1998年时,全国商品房的销售面积是1.21583亿平方米,到2004年,商品房销售面积是3.823165亿平方米,增长了3倍。汽车进入家庭也是在这六年当中所发生的非常大的变化。由于城市化加快,使得我们的消费结构快速升级。

3. 城市化加快了社会转型

由于城市化步伐的加快,大量的农村人口从农业转入第二产业或者第三产业,从乡村进入到城市,使得整个社会的结构也在发生比较大的变化。首先是改变了人们的观念。很多从乡村走向城市的农民,他们的思想观念从过去的封闭走向开放,从传统走向现代。同时在城市化的进程当中,就业机构、社会保障体制、教育、文化、城市的管理等等,都在发生重大的变化。这些变化有力地促进了中国经济和社会的快速发展。

(二) 今后中国城市化要重视的几个问题

应该说未来的15年仍然是中国城市化快速发展的很重要的阶段。如果按照平均一年提高城市化率1个百分点,从现在到2020年,城市化的水平要达到58%左右。如果按照2020年总人口14.7亿来计算,届时城市人口就是8.4亿,农村人口6.3亿。在人口从农村向城市的转变,从农业向第二产业、第三产业转移的过程中,对整个城市的管理和整个经济发展战略的制定都提出若干新的要求。

1. 城市化过程与农业用地的矛盾

在城市化过程当中征地所带来的一系列社会问题。根据统计,1998年在城市化过程当中通过批地所得到的土地收入是507亿,2000年是625亿,2001年是1318亿,2002年是2452亿,2003年是5705亿。所以,在未来的城市化进程当中,我们必须一方面推进城市化的发展,同时也要在城市化的过程中依法保护农民的利益和合法的权益。对农民的征地要给予足够的补充,而且要探索一些新的模式。另外,在城市化进程当中还要保护基本的农田。对于中国这个13亿人口的大国,粮食问题、吃饭问题是非常重要的问题,要保证能够维持粮食安全和食品安全的基本农业用地。所以在这个过程中一定要有计划，不能够为了城市化而牺牲农业，牺牲农民的利益。

2. 城市化的进程当中，要缓解城市扩大和就业的矛盾

我国的城市化中一个创举就是鼓励人口流动，鼓励农民进入城市的过程中，还保持了农村土地自留的问题，这就为农民进城提供了一个保护伞，一旦在城市失业以后，回到农村还有一碗饭吃。在拉美国家，跟我们走了一条截然不同的路，他们有大的农庄主，农民失业失地，沦落成为城市的贫民。当然我们要避免农民无序的流动，盲目的进城，造成失业以后出现的城市贫民问题。

随着工业化的加快，在城市化进程当中，确实存在着大批农民进入城市以后，对于城市就业所增加的压力。过去 GDP 每增长一个百分点，大体能吸纳 120 万左右的城镇新生就业。近年来，GDP 增长一个百分点，大体上能吸纳 100 万人的城镇就业。随着经济技术水平的提高，吸纳城市就业的能力在下降。在这种情况下，解决农民进城以后的就业问题，扩大城市的就业，是我们在城市化进程当中可能长期面对的一个非常重要的问题。在"十六大"报告当中，政府也提出了要开创多种就业模式，从就业模式上增加它灵活性，要更多地发挥中小企业在吸纳就业当中的作用，要更多地扩大服务业占整个 GDP 的比重，增加服务业吸纳就业的能力，要发展非公经济来吸纳就业。所以在城市化进程当中，在就业模式、就业的战略方面要有创新，增强整个社会、整个城市经济吸纳就业的能力，缓解就业的压力。

3. 要缓解加快城市化与社会稳定的矛盾

城市化的过程就是经济的集聚或者人口集聚的过程，经济和人口向城市集聚的过程。在这个过程当中，由于大规模的人口流动，对社会管理提出了一些新的要求。如对流动人口的管理，对农民进入城市以后的教育，还有就是住房问题，这些问题都需要探索，以保证在城市进程当中社会的稳定、经济的发展。

三、中国城市化的发展战略

"十一五"期间，第一，要坚定不移地推进有中国特色的城市化进程。在城市化进程当中，我们会遇到这样那样的问题，会出现这样那样的矛盾，但是要在探索的过程当中，不断地解决这些问题，缓解这些矛盾，有序的推进城市化的进程。

第二，要循序渐进的推进城市化。城市化的过程中，一方面要切实加快城市化的进程；另一方面，城市化的步伐必须要和经济发展的总体水平相适应，不能够拔苗助长。要根据经济发展的水平、发展的速度、城市的承载能力，有序的、循序渐进的推进中国的城市化。

第三，因地制宜的推进城市化。中国的城市化很难是一个模式，要因地制宜地推进城市化的进程。对于有条件的地方，一方面要继续重视发展城市带，比如珠三角、长三角、环渤海、胶东、辽东这些地方，包括长江上游的城市带、长江中游的城市带等等，要加快这些城市带的发展，发挥特大城市、大城市对周边城市和农村的辐射带动作用；另一方面还要重视发展有特色的中小城市。在很多发达国家，一些中小城市非常有特色，中国有很多地方，比如曲阜，它是一个文化底蕴非常丰厚的城市，如果在那里搞一些非常现代化的东西，就跟城市的整体风格非常不相适应。所以我们要根据城市的传统、文化积淀和现有的基础，发展有特色的中小城市。还有就是要因地制宜的发展小城镇，尤其是西部地区，那些地广人稀的地方，重点是发展县城。所以，各个地方要根据各地的实际情况，因地制宜地推进城市化的进程。

总之，"十一五"期间，是城市化进程发展非常快的时期，要通过因地制宜的发展，通过体制改革来完善城市化进程，促进城市化的健康发展。

第五节　三大地带城市化发展目标和发展战略

针对我国近期城市化进程加速的趋势，从国民经济和社会发展全局出发，应对全国的城市化战略及城市布局进行调整。包括制定不同地区的城市化发展目标，修订设施标准，制定新的设施规划，提高城市建设和城市化的质量，促进城市化的健全发展。重点调整城市布局将形成如下框架：到2010年，我国内地的城市化水平将达48%以上，设市城市占市县总数的比重将由1994年的26.3%上升到42.6%，特大城市和中等城市的比重将有所下降；西部城市极少的状况将有所改善；同时注重城市化质量，使城市的公共交通和水、电等基础设施达到中等发达国家城市的水平。详见表9-6中国内地经济实力强城市地域分布，表9-7东中西部城市密度比较。

表 9-6 中国内地经济实力强城市地域分布

城市(市区) GDP,亿元	东部沿海地带	中部地带	西部地带
1000—6000	上海、北京、广州、深圳、天津、杭州、沈阳	武汉、大庆	
500—1000	南京、大连、济南、无锡、青岛、苏州、宁波、淄博、东莞、厦门、福州	长春、哈尔滨	重庆、成都、西安、昆明
300—500	石家庄、东营、南海、顺德、温州、鞍山、珠海、江阴、中山、烟台、唐山、徐州、常熟、张家港、晋江	长沙、郑州、南昌、太原	乌鲁木齐、兰州

表 9-7 东中西部城市密度比较

项目 地区	2002年城市数		土地面积		城市密度
	城市(个)	占全国比重(%)	面积(万平方公里)	占全国比重(%)	(个/万平方公里)
全国合计	660	100.00	960	100.00	0.7
其中 东部地带	266	40.30	106	11.04	2.5
中部地带	227	34.39	168	17.50	1.4
西部地带	167	25.31	686	71.46	0.2

在2010年规划期内，国家重要工矿业基地、大型港口、交通枢纽及重要旅游区，经济腹地较广、发展潜力较大的城镇，有利于对外开放，区位条件优越、交通方便的城镇，都将是设市的重点。近期设市重点仍在东部沿海经济发达地带，中西部地带主要在交通方便、经济发展水平较高地区、大型工矿基地和重要边贸城镇；近期东部沿海大部分地区将基本上实现城市化。不同地域城市化发展目标预测如表9-8。

表 9-8 不同地域城市化发展目标预测

项目 地区	城市密度(2000年,个/万平方公里)	各类城市在全国所占比例(2000年,%)			城市化水平预测(2010年)%
		大城市	中等城市	小城市	
东部	2.27	50.0	47.5	41.2	58.0
中部	0.87	40.4	35.9	37.2	48.0
西部	0.23	9.6	16.6	21.6	43.0

在我国城市化的具体进程中，应根据三大地带不同的情况，分别拟定各自的城市化发展目标。

一、东部沿海地带

东部沿海地带指包括北京、天津、上海、辽宁、河北、山东、江苏、浙江、福建、广东、广西、和海南等12个省区。至20世纪90年代末，农村非农产业的发展业已到达相当高的水平。但不利之处是乡镇企业布局过于分散，使城镇聚集能力有限，影响了城市功能的发挥和城市化水平进一步提高。为此，东部沿海地带在21世纪的城市发展应同产业结构升级及其布局的变化相结合，从调整城镇体系的空间结构入手，以提高城市化的质量为主要目标，在此基础上，形成长三角、珠三角、环渤海等大城市群。预计在2020—2030年期间，长三角和珠三角将形成总数达3亿人口规模的巨大城市群。

（一）东部地区城市现状

东部地区城市化水平约为39%，西部地区约为28%。东部地区是我国经济最发达、人口最稠密、工业化人口最多的地区，已经产生了一批特色明显的新兴城市。初步形成以特大城市为中心、多层次、功能互补的城市体系。然而，与其经济发展水平相比，东部地区城市化水平的相对滞后表现得也更为突出。迅速推进东部沿海地区的城市化水平，不仅是保持东部地区经济稳步发展的需要，也是更好地实现"以东带西"和"全国一盘棋"的战略要求的需要。东部沿海地区具备比较好的城市化发展基础条件，应因地制宜，采取适当的发展战略，加快推进人口城市化进程。

（二）东部地区城市发展战略

1. 大城市为主导的发展战略

从国际城市化发展"集中——分散"的历史经验看，与我国经济发展水平相适应的城市化道路应采取以大城市为主导的发展战略。大城市一般处于交通运输的集散地，基础设施比较齐全，社会化服务体系比较完善，大城市土地、人才集中，信息发达，技术创新能力强，文化娱乐高度发展，是现代大工业和现代生活方式的载体，其人口吸纳能力和空间辐射扩散效应更强。

东部地区沿海城市中心城区人口过于密集和郊县小城镇零落分散、发展缓慢，构成两极不平衡的城市体系结构，制约了城市化进程和经济社会结构调整的进一步深入。东部沿海地区在当前城市化发展过程中，应该把中心城区和各郊县通盘考虑，以中心城区为核心建设地域性城市体系。促进中心城区作为增长核心的产业升级，大力推动在城市周边地区建设若干人口规模在 30 万人左右的卫星新城，同时发展 4—5 万人规模的中心镇。促进农村人口向新城和中心镇集中，吸纳外来智力性和投资性移民落户，形成以中心城为核心的，多层次、功能互补的城市体系。

2. 建设卫星新城是构筑合理的区域性城市体系的关键

对于东部特大城市而言，建设卫星新城是构筑合理的区域性城市体系的关键，例如上海已经出台了"一城九镇"的城镇体系发展方案，促进人口向新城聚集。在另外一些中等城市，建设区域性城市体系还要积极扩展中心城市，酝酿撤县并市，提高中心城区的辐射能力。东部地区需要在中心城、新城、中心镇和一般集镇的四级城市体系框架下扩展人口城市化的容纳能力，使人口在重新分布的过程中实现经济结构优化调整和整体生产力水平的提高。

3. 推进国际都市和城市群建设

从宏观角度看，人口城市化不是孤立地发展个别城市，应该在全球化和区域发展的整体框架中进一步加以理解。东部地区已经形成了北京、上海、广州等特大城市，形成了若干连片的城市密集区，未来的城市化过程应在此基础上，以中心城市建设为核心，推进全球性的国际都市和区域性的城市群建设。

世界城市体系随着国际产业分工、国际贸易全球化、世界经济一体化和经济区域集团化的过程重新构造，使若干具有全球信息节点的城市发展成为国际都市。国际都市是国际经济大循环的空间依托、区域经济集团的支撑点、各类经济圈的核心，是全球性经济组织和金融活动中心、新兴产业的生产和创新基地，也是一个国家实现同世界经济联系的桥梁和纽带。中国要参与国际经济大循环，并在国际经济中占有相对重要的作用，也需要建立若干世界级的国际都市。目前香港已初步具备国际中心城市的规模，我国要在二十一世纪初把上海建设成为新兴的国际中心城市，二十一世纪中叶把北京建设成为国际中心城市，参与国际经济竞争，并以此为枢纽将我国城市体系尽快纳入世界城市体系中去，带动东、中、西部整体联动发展。城市化发展还要重视城市效应的空间扩散，东部地区要促进在区域经济的基础上建设若干个人口规模超巨型的城市群，如以上海、南京、杭州、宁波为核心的长江三角洲城市群，以广州、深圳为中心的珠江三角洲城市群，以京、津、沈阳、大连、青岛为中心的环渤海城市群和以沈阳、大连、辽宁为核心的东北城市群。在城市群内部完善基础设施、完善高速公路和轨道交通体系、加强城市间的产业分工和职能分工、使这些地方成为经济能量巨大的空间地域，极大地增强城市的人口容纳力，以实现区域经济一体化，对区域经济乃至全国经济发展发挥积极的推动作用。

（三）城市化发展的制度建设

跨入新世纪的东部地区面临城市化快速发展的机遇和挑战。根据东部地区城市化水平和经济发展基础，目前应把区域性城市体系建设作为推进城市化的主要方面，首先要扩展中心城市功能，加速基础设施建设，加强城市管理，将大城市发展和产业创新、产业升级结合起来，以中心城市为核心、为增长极带动整体经济的提高。同时，应重组小城镇体系，建设卫星新城，发挥地域性城市体系的功能，并在全球化和区域发展的背景下逐步培育我国的国际性都市和城市群，使各级城市职能合理分工、功能互补，经济产业合理布局，共同构成一种和谐的力量，实现城乡人口合理、有序、快速的流动，促进中国城市化的迅速发展，推动我国城市和区域经济的整体健康进步。

城市化并不简单意味着"农民进城"和"外地人进城"，其涉及的根本制度是城乡的经济管理体制。城市发展是少数受传统体制影响较深的领域之一，在有关的政策方面，如户籍制度、土地制度、住房体制、社会保障制度等方面都不同程度地限制着城市化的进程。当前应突出重视以下几方面的制度建设：

1. 推进城乡土地制度改革。促进土地产权的市场化运作，是促进农村城市化的重要杠杆。应探索建立健全农村集体土地使用权的有偿使用机制和合理流转机制。积极鼓励离乡进城农民将原承包的土地使用权有偿转让，既可作为进城定居或创业的启动资金，又有利于推进农业规模经营。维护、协调、处理好各方经济利益关系，通过租赁、股份合作、招标承包等多种形式，引导农田向种田能手和合作农场集中，使兼农劳动力彻底离农离土进入城镇。对于城镇的土地使用权政策可以探索灵活的措施，吸引农民和外来投资者进入城镇。

2. 制定鼓励新城和中心镇发展的优惠政策和经济产业政策。解决东部沿海地区中心城区过密化和农村城镇分散性的两极失衡的关键步骤是，建设壮大城市化体系的中间层面，实施以新城、中心镇为聚核的组团式集中城市化发展策略。在这些城镇的建设中给以政策倾斜，使它们能以较多的就业机会、较高的生活水平、较好的社会环境吸引农村人口向城镇集中。

需要通过政策手段引导放宽对卫星城市和城镇的进入政策，鼓励农民离开土地进入城镇，根据不同规模、类型城市的不同需要制定相适应的人口引入政策。更重要的是，要促进新城和中心镇经济产业的发展，鼓励乡镇企业向中心城镇集中，引导新的项目和投资机会，创造就业机会，经济产业的发展是吸纳人口聚集的根本保证。

3. 推进城市管理制度改革。特别是要积极推动城市户籍制度改革，探索实行以居住证为载体的城市人口管理制度。要积极探索城乡社会保障和跨省市的社会保障账户的衔接政策，为人口流动和人口合理布局创造良好的制度环境。目前，东部地区大中城市存在不同程度的交通拥堵、住房不足、环境污染严重、社区服务和管理（特别是大城市边缘地区的管理）不完善等问题，基础设施和城市建设水平较低，与人口和经济向大中城市集中的要求严重不适应，要推进城市基础设施建设和城市综合管理制度的研究和调整，提高城市功能，促进城乡社区逐步实现一体化。

二、中部地带

中部地带包括黑龙江、吉林、内蒙古、山西、河南、安徽、江西、湖北、湖南九个省区。中部地带农村人口数量巨大，外流人口多，农村剩余劳动力更多，而城市的吸纳能力明显不足，加之境内的老工业基地衰退，也限制了城市对农村人口的吸纳。对此，应加强规划和建设城镇基础设施，扩大各类城镇吸纳农村人口的容量。在政策法规方面，则应鼓励和引导大、中城市的规模适当扩大，并大力发展小城镇。

（一）中部地带城市化现状

据统计，中部地区晋、吉、黑、内蒙古、皖、赣、豫、鄂、湘九省共有城市227个，其中非农人口在200万以上的大城市仅有哈尔滨、长春和武汉3个，100—200万的大城市8个，50—100万的城市22个，20—50万的74个，20万以下的小城市120个，而全国共有城市667个，其中非农人口200万以上的有13个，20万以下的小城市为365个。从各类城市的数量上看，中部地区非农人口200万以上的大城市与西部相同，比东部少4个；20万人口以下的小城市比西部多19个，比东部少24个。而中部地区总人口占全国的34%，西部仅占22%。中部地区的城市不仅在数量上与东部地区有很大的差距，在质量上差距更大。根据中国社会科学院编制的《中国城市竞争力报告NO.1蓝皮书》对全国（包括港、澳）200个城市做出的综合评核，2006年城市竞争力排在前二十五位的中部城市仅有长沙一个，且排名第 24 位。在城镇人口方面，中部地区城镇人口为 1.32 亿占总人口 4.16 亿的比不到 32%，而全国的这一比例为 36%。

（二）中部地区城市化存在的主要问题有：

1. 城市经济实力弱

中部城市的 GDP 和财政收入远远低于东部地区的城市，经济实力弱，城市功能难以发挥。城市是一个地区的经济中心，对周围地区的经济发展产生辐射作用，其辐射力大小取决于城市的经济实力和聚集能量的能力。但是中部地区城市经济实力普遍较弱，因而中部地区的城市缺乏对周围地区的影响力。比如中部的省会城市与东部相比差距大。安徽的合肥市，2002 年 GDP 为 421 亿元，财政收入仅 61 亿元，而同属省会的广州市 GDP 为 3001.69 亿元，一般性财政收入 245.87 亿元。东部的一些县级市财政收入远大于中部的地级市，中部的一些小城市勉强达到城市标准。

2. 城市规模结构体系不合理

城市间缺乏分工与合作。中部地区没有国际化的大都市，没有区域经济中心，特大城市少，近期内不可能形成类似于"长江三角洲"、"珠江三角洲"、"环渤海"的城市群。各省的首位城市规模偏小，不能在区域经济中产生向心力，造成中部地区城市发展处于群龙无首的状态。而由地改市形成的一些中等城市，规模相差不大、功能相似，相互之间缺乏协调，争夺资源异常激烈。与此同时，小城市数量太少，一方面农村经济发展缺少核心，另一方面大城市发展缺少有力的支撑。

3. 城市基础设施投入不足，城市规划不科学

基础设施状况是一个城市质量提高的标志，是城市发展的重要方面。基础设施落后已成为中部一些城市发展的"瓶颈"。城市建设需要大量的资金，中部地区的一些大中城市都面临着老城区改造和新城区建设的双重任务，而经济实力不强，建设资金不足又限制了城市发展规划的思路和城市建设的速度。一些城市规划缺乏科学性和长远性，朝令夕改，造成城市资源的巨大浪费。

4. 城市产业结构不合理

城市发展要有产业支撑，产业结构不合理使中部地区城市化缺少拉力。第一产业比重大，基础薄弱；第二产业发展停滞，产品附加值低；第三产业缺乏竞争意识、服务质量亟待提高。中部地区的工业化程度远低于东部地区。由于思想观念等方面原因，中部地区的个体、私营企业发展曾

受到严格限制，而国有企业机制不灵活，中部地区的经济外向度低，中部的一些老工业基地正面临困难。加入 WTO 后，东部地区适应力强，而中部的一些制度、体制、管理还不能适应这一变化。技术落后，尤其是研究开发能力不强，制约着企业产品的更新换代和性能的提高。在一些城市第二产业所占 GDP 比重近年来有下降趋势。对于城市的发展，第三产业非常重要。而中部地区城市的第三产业，竞争意识不强，缺乏开拓进取精神。如一些服务领域仍处于垄断状态，服务质量极差。

（三）中部地区城市化的战略目标、重点和措施

面对东西夹击和自身的弱点，中部地区发展的压力很大，城市化的任务非常艰巨和繁重。今后二十年全面建设小康社会，城镇人口的比重必须大幅度提高，中部地区可以使城市化率达到 50%，城镇人口达到 2.3 亿，增加 1 亿。中部各省要实现这一目标也并非易事。城市人口每年增加 500 万，尤其是大量的农业劳动力需要转移，单靠发展某一类型的城市是不够的，必须选择多元化、有重点的城市化发展战略。

1. 发展战略

城市是一个体系，不同规模的城市构成一个有机的整体。在城市化过程中，大、中、小城市都要得到全面发展。但是，各类城市的全面发展并不等同于均匀分布，没有重点。根据所处的区位、经济发展阶段和城市发展环境，目前中部地区主攻方向应该选择突出大城市、发展小城市、整合中等城市大发展战略。

第一，突出大城市。就是集中资源发展武汉、郑州、长沙、太原、合肥、南昌、长春、哈尔滨等城市，增强它们的城市竞争力，发挥区域经济中心功能，使之逐步成为在国际上具有一定知名度的大城市。发展大城市是提高区域竞争力的需要。随着东部的发展，中部的部分地区逐渐地被纳入东部城市的经济圈。中部的大城市规模如果不能尽快扩大，其经济腹地必将被东部压缩，这样会大大影响中部经济发展。大城市是区域性社会、经济、文化中心，在城市化进程中发挥着主导作用。这些省会城市，有一定的经济基础，交通便捷，城市基础设施相对比较完善，也拥有一大批高素质的人才，可以通过对外更加开放，对内聚集能量，加快建设步伐。从当今城市的发展来看，要增强它们的城市竞争力，首先要选择合理的城市主导产业，建立区域产业集群，通过各种园区建设打造区域发展的产业价值链条。各种园区作为城市经济的重要载体，是形成城市资金、技术、人才聚集的重要平台。从实际的效果来看，园区经济近几年发展迅猛，园区

经济在区域经济中已占有举足轻重的地位。如浦东新区 2002 年 GDP 已达 1251 亿元。中部地区要抓住东部产业结构调整的机会，接受东部和国外的产业转移，结合新的科学技术，创造新的生产力，保持可持续的竞争优势。

第二，发展小城市。每个县都应当整合城镇资源，重点加强县城的基础设施建设，创造良好的地方投资环境和生活环境，满足大量农村人口进城需要。中部地区的县域经济发展在新的时期将有一个飞跃，这个时期是发展小城市的良好机遇。小城市作为大城市的经济腹地，其经济密度的大小决定了区域经济中心发展的快慢。小城市依附于广大农村，与中心城市有广泛的联系，物流、信息流通畅，具有一定的集聚效应和辐射效应。中部地区在过去 20 年里，发展了一大批小城镇。但中部地区的小城镇规模太小，土地、资金浪费严重，基础设施简陋，不能体现城市的生活方式。中部地区数千万打工农民，在积累了一定的资本和经营管理经验后，渴望举家迁入城市，发展县域经济将为他们提供了合适的舞台。中部地区可以通过集中资源发展县城，使一批具有区位优势和较强经济实力的县城脱颖而出，发展成为小城市。目前，中部大部分县的县城有一定的经济实力和县级财政的支持，有一定的基础设施，县城的周边一般有一些经济发展较快的小城镇，县城完全可以发挥县域经济中心作用，吸引周边的发展要素，促进县城的快速发展。一些县还通过可以联结旅游景点、历史名镇发展特色经济，以壮大城镇的经济实力，吸纳广大的农村人口，从而使县城迅速成长为小城市。

第三，中等城市的发展要有科学规划，突出特色，城市之间要加强横向、纵向经济联系，做到协调发展。一些城市可以走联合发展的道路，形成自己的"城市群"，以增强影响力和竞争力。城市化不是简单的地名的更改，人口户籍的变更，而是要使城市功能得到提升，人们的生活方式发生根本转变。中等城市要注重充实内部，加强城市经营和城市管理，提高城市品位，走内涵式发展道路。

2. 中部地区城市发展的政策、措施

中部地区要抓住有利时机，积极发挥政府和市场两方面的作用，采取有力的政策、措施，不断创造城市化的推力和拉力。

第一，促进农村生产力发展，增加农民收入，创造城市化推力。农村劳动生产率提高、农民收入不断增长是推动城市化的根本动力。只有农业生产力发展，农业劳动力才能摆脱土地的束缚转向城市。只有农民收入大幅度提高，农村人口才会产生对城市的有效需求。要进一步下放权力，支持县域经济发展。加快农村税费改革，改革农业税为土地税和产品交易税，取消各种不合理负担和行政收费。

第二，放开城市户口，鼓励和吸引农民进城。要彻底改革传统的城乡分割的二元户籍制度，放开城市户口，由农民自己决定是否进城居住。打破"农业人口"和"非农业人口"的户口界限，取消对农业人口进城后就业、子女上学等种种歧视待遇，剥离、剔除黏附在户籍关系上的种种社会经济差别功能，真正做到城乡居民在发展机会面前地位平等，充分体现公民有居住和迁移的自由权利。建立面向进城农民工的技术培训机构，对农民进城创业给予指导和税收优惠。建立、健全社会保障制度，使进城农民免除后顾之忧。

第三，大力发展制造业和高新技术产业，夯实城市化基础。工业化能够产生和提供更多的就业岗位，产生对劳动力的巨大需求，从而形成城市化的拉力。没有发达的工业，城市化就没有支柱。要加大对企业的支持，优化投资环境。要促进中部地区资本市场的发展，为工业化和城市化提供资金支持。要大力培育一批有发展潜力和带动力强的公司上市，利用各种融资渠道，增强企业实力。加大技术创新和新产品的开发、研制，只有不断更新技术，企业才能长久不衰。

第四，加大城镇基础设施建设投资力度，增加城市的供给。城市化对城市基础设施建设提出更高要求，只有不断完善基础设施才能提高城市的承受力。城镇基础设施要与农业劳动力转移、产业结构调整、经济发展水平提高及市场发育程度相适应。必须多方筹集资金，加强住宅设施、能源设施、资源设施、交通设施、信息设施、教育文化卫生设施、环境设施、防灾设施等建设，健全城市居住、公共服务、社区服务功能。

第五，充分发挥政府和市场在各自领域的作用。政府的重要职能是提供公共产品和服务。城市政府作用主要体现在以城市经济发展、社会发展、自然地理条件为依据，制定和组织实施城市发展规划。政府可以视城市资源、城市基础设施和城市环境为产品，进行市场化运作，把建设项目等交给民间力量去实施，政府监督其遵守城市规划和计划，提高城市建设的经济效益。我国的地方政府同时兼有发展地方经济的重任。政府可以通过各种税收优惠政策、产业政策、优化环境吸引外部投资。城市政府要重点加强对城市的管理，提高城市综合发展的能力，提高环境质量，改善居民生活。

第六，实行开放，打破行政区划的疆界，以中心城市为核心，建立多层次经济圈。在各级城市的发展过程中，行政区域与经济区域有时是不一致的。经济区域的边界是开放的，城市经济发展要避免本位主义、画地为牢。城市之间要加强沟通与合作，避免恶性竞争。中心城市要通过市场增强核心作用，带动周围地区发展。中小城市要认识中心城市的辐射效应，主动创造条件接受辐射，这样既促进中心城市的发展，又为自身的发展带来机遇。

三、西部地带

西部地带包括陕西、宁夏、甘肃、青海、新疆、四川、重庆、贵州、云南、西藏等省区。长期以来，国家在此建立的以资源开发、重化工业及军工等为主的城镇，同农村的非农产业之间缺少密切联系，而且后者也还远没有得到充分的发展，加之西部地带就其整体而言开发与开放滞后，故形成城乡产业双重落后的不利状况。

（一）西部地带的城市化发展现状

1. 西部城市化现状已影响到生产力布局

在城市化现状方面，西部城市化进程缓慢主要表现在：大城市少，且经济活力不足、功能不全；中等城市亦较少，且地理分布集中于局部区域；小城市与小城镇也不多。以上问题已在长时间内影响到西部产业结构调整和人口结构调整，还影响到西部生产力的合理布局。

2. 西部需要具有经济活力、功能完善的大城市

我国的西部大开发迫切需要大城市的支撑，近期内至少应有若干个具有较强经济活力、功能完善的大城市，他们既能够有效联系东部、中部或来自境外的投资、贸易和其他经济活动，亦可广泛地接纳各种外来的商业机会，经过城市化的转化，向中小城市及乡镇腹地渗透。

（二）西部地区城市发展策略

1. 选择逆向外推型城市化发展道路

目前，城市化的过程一般是与工业化过程同步发展的。在工业化过程中，工厂总是要适当聚集在一些条件比较有利的地点，如重要的原料产地、消费市场、交通枢纽、人才聚集的地点等，以便利用区位优势，实现聚集效应的最大化。工厂的聚集又会促进商业、银行业、交通和通讯业的集中，从而为工业的进一步集中创造条件。这样，大量农村人口流入城市，人口与财富迅速向城市集中，进而使一个一个的城市经济系统得以发

展起来。一般来说，城市形成的过程是村落——集镇——城镇——城市的过程，而我国西部地区很多城市的发展主要是"三线建设"时期国家工业布局调整的结果，是硬性嵌入移植上去的。这样，城市的发展犹如孤岛，城市与乡村、牧区的联系较差，城市与城市之间相互封闭，城市中现代化机器大工业部门与传统落后的手工业部门并存并相互脱离。西部地区一些主要城市的发展起因于国家的投资拉动，国家为这些城市输入了发达的技术与文化，外部迁入人口占城市总人口相当大的比重。因此，西部地区城乡二元经济结构和城市产业二重经济结构十分突出。西部地区要在这样的格局下加快城市化进程，一个重要途径就是走逆向外推型城市化发展道路。

2. 具体战略

所谓逆向，指的是与其腹地产业关联度小的城市应该通过产业结构调整、功能多元化发展以及建立合理的大中小城市结构体系，推动腹地社会经济文化的发展进步，起到应有的中心城市的作用。西部地区多数省区除作为首位城市的省会城市外，二位、三位城市太小、太弱。因此，西部地区城市化应逆向发展。

一是进一步发展大城市，强化其在区域经济中的龙头作用。国际经验表明，规模较大的城市会产生聚集效应，从而带来较高的规模效益、较多的就业机会和较大的经济扩散效应，同时还可以节约土地。西部地区可以进一步扩大有条件的大城市的规模，以提升整个西部的城市化水平，带动西部地区的发展。

二是大力发展中等城市。西部地区缺少与大城市相匹配的有特色的中等城市，大中小城市结构极不协调。这样，大城市难以充分发挥扩散效应，形不成对其腹地的强有力经济辐射。因此，发展 50 万－100 万人口的中等城市，是西部城市化进程中密切大城市与周边地区经济相关度、发挥城市带动效应的关键。

三是合理推进小城市的发展和提升小城镇的素质。西部地区有条件的小城市应加快发展和升级，一般小城市则注重其城市功能的发挥和城市基本建设的发展。发展小城镇不能盲目追求数量，而应注意提高其整体素质。

这种发展道路的选择，可能会遇到西部地区自我积累能力低、发展资金短缺以及改革滞后等障碍，所以，西部地区城市化发展道路必然是外力推动下的逆向外推型城市化道路。首先，吸引区外资金。可以通过适当的筹资政策倾斜，特别是优化投资环境，吸引外资和民间资本投资于城市基础设施；积极吸引银行信贷资金和东部地区的过剩资金。通过吸引区域外资金流入，解决城市化发展资金短缺问题，形成推动西部地区城市化发展的物质力量。其次，改革户籍制度。要推进西部地区城市化进程，必须逐步改革落后的户籍管理制度，确立按照居住地登记户口的原则。第三，发展乡镇企业。城市的发展必须有产业作支撑，城市化必须与工业化相结合。乡镇企业的迅速发展及其向城镇集聚，不仅能推动西部二、三产业的发展，而且能有效吸纳农村剩余劳动力，把越来越多的农民变成城市居民，从而推动城市化的进程。

思考题：
1. 简述城市形成的条件。
2. 简述我国现行的设市标准。
3. 城市化和我国城市化进程的发展。
4. 综述我城市化发展战略。

第十章　中国经济区划、三个经济地带和西部大开发

　　经济区划问题总是和特定的国家联系在一起的。由于各国国情的不同，经济区划也具有区域性的特点。我国的国情和社会劳动地域分工的历史演变过程与其他国家相比，具有明显的特色。研究我国各地区经济联系的形式和内容、彼此分工协作演变的过程，总结其历史经验，加深对我国社会劳动地域分工的特点及其规律的认识，这对开展我国经济区划工作，了解经济区划的进程有着重要的现实意义。

　　经济区是社会物质生产的重要地域组织形式，是既有内部结构（包括部门结构、区域结构、经济核心）也有外部联系的生产地域综合体。它只有在商品交换发展、劳动地域分工达到一定程度时才会出现。因此，也可以说，经济区是现代化大生产的产物。

　　经济区划是人们对于客观存在的经济区的主观认识的结果。通常是根据劳动地域分工的规律，考虑到各地区的地理环境、资源条件、经济发展的历史和现有基础、经济联系和建立不同等级的经济综合体的要求，将一个国家或一个地区划分为若干个各具特色的综合经济区或其他类型的经济区。人们在逐渐认识经济区发展变化规律的基础上，通过划分和不断调整经济区，确定较为合理的劳动地域分工，明确各经济区内生产发展的方向，以利于适度开发国土资源，合理布置生产力，促进国民经济的协调发展。

中国经济区划的原则

　　一个国家内部的经济区划是人们对于客观存在的经济区的主观认识的结果。通常是根据劳动地域分工的规律，考虑到各地区的地理环境、资源条件、及国内经济发展的历史和现有基础、经济联系和建立不同等级的经济综合体的要求，将一个国家或一个地区划分为若干个各具特色的综合经

济区或其他类型的经济区。人们在逐渐认识经济区发展变化规律的基础上，通过划分和不断调整经济区，确定较为合理的劳动地域分工，明确各经济区生产发展的方向，以利于适度开发国土资源，合理布局生产力，促进国民经济的协调发展。在经济区划的过程中应遵循如下原则：

经济原则：在确定区域经济中心的基础上，以其所影响和联系区域范围为划区依据。这就是说，经济区划应与经济中心所辐射和吸引范围相一致，经济中心所辐射和吸引的范围，通常是经济区的范围。如沈阳是中国东北地区最大经济中心，它与长春、哈尔滨、大连等大城市一起，其辐射和吸引范围所至，除辽、吉、黑三省外，还包括内蒙古东部的四盟市（呼伦贝尔、兴安、通辽、赤峰），这是划分东北经济区主要依据。

但这一原则不易绝对化。因为经济中心辐射和吸引范围，有时互相交错。在具体划分时，还须兼顾别的原则，加以综合考虑，最终确定其适宜的范围。如上海是我国最大经济中心，其辐射和吸引范围很广，而华东区或上海经济区的地域范围，则是在这个很广的地域内选择辐射、吸引作用最强地区并考虑别的因素而组成的。也有的地区同时受一个或几个经济中心辐射、吸引、划归哪一个经济区都有道理。在种种情况下，应优先考虑主要经济部门的经济效益或者本地区长远利益，最终确定加盟哪一个经济区。

专业化与综合发展相结合的原则：在确立专业化生产部门的基础上，根据建立不同等级和各具特色区域经济综合体的要求划分。每个经济区都是由多种生产部门所组成。由于各地区的自然、技术、经济、劳动力、历史条件的不同，因而分别拥有自己的优势。利用这些优势而发展起来的一个或几个生产部门，往往成为具有区际意义的专门化生产部门，并可在全国的劳动地域分工中承担特定的任务。

兼顾近期与长远经济发展的原则：经济区划通常从经济发展现状着手，兼顾本区经济发展的远景方向。这是因为经济区划的主要目的，不仅是认识经济区的现状，还应通过现状分析来确定本区域战略开发远景方向，通过对区内自然环境、社会经济诸条件综合考察和分析，为拟定本区经济开发适度规模、合理布局方案提供科学依据。如云南"澜沧江流域经济区"，从现状看经济落后，难以区划，但该区水能资源奇富，加之水资源、矿产资源、生物资源的有机结合，潜藏着巨大经济效益，自20世纪90年代以来，随着漫湾、大朝山、小湾等大型水电站兴建和澜沧江—湄公河国际航道开通，大规模经济开发揭开序幕。因此，兼顾近期与长期经济发展的原则是可行的。

经济区划不应受行政区划界限束缚的原则：长期以来，我国奉行经济区划与行政区划保持一致的原则，各级综合经济区划通常要以相应的行政区划为基础。如国家一级经济区划以省区为单位；省内经济区划以县为单位。并尽可能保持行政区的完整性。

但到20世纪90年代，由于受市场经济蓬勃发展影响，经济区域划分思路有新的拓展，在制定经济发展和战略布局长远计划时，考虑到现实和未来市场经济发展规律、经济发展内在联系和地理特征，势必突破行政区划界限，在已有经济发展布局基础上，以中心城市和交通要道为依托，形成新的经济区。

然而，更多的情况仍然是行政区划干扰了经济区划的正常进程，要素的空间布局受到了行政区划的限制。我国区域经济发展碰到的最大问题仍然是行政界限。即使是在东部沿海地带亦表现很明显，如常见三角洲经济圈以长江为主轴的经济协作、产业整合规划迟迟难以出台，主要原因就是体制障碍。至于其他地方，类似情况更明显。

我国经济区划的发展历程

我国建国初相继成立、又于1954年撤销了东北、华北、西北、华东、中南、西南等六大行政区，同时也具有经济区的功能，其职能之一是促进各行政区内省区市的分工与协作。1958年成立了七大经济协作区，各协作区都成立了协作区委员会及经济计划办公厅。1961年，又恢复成立了华北、东北、华东、中南、西南和西北等六个区党的中央局，以加强对建立比较完整的区域性经济体系工作的领导，从而把1958年成立的七大经济协作区调整为华北、东北、华东、中南、西南和西北等六大经济协作区，后因文化大革命，经济协作区被撤销。在1970年编制的"四五"计划中，决定以大军区为依托，将全国划分为西南区、西北区、中原区、华南区、华北区、东北区、华东区、闽赣区、山东区、新疆区等十个经济协作区。

1978年全国五届人大一次会议通过的《1976年到1985年发展国民经济十年规划纲要（草案）》中，提出了在全国建立独立的、比较完整的工业体系和国民经济体系的基础上，基本建成西南、西北、中南、华东、华北和东北六个大区的经济体系，并把内地建成强大的战略后方基地。要求每个经济协作区应建立"不同水平、各有特点、各自为战、大力协作，农轻重比较协调发展的经济体系"。1981年通过的"六五"计划，将全国划分为沿海地区和内陆地区，并分别提出了主要任务。1986年通过的"七五"计划，将全国划分为东部、中部和西部等三大地带，并对每个带的发展方向提出了要求。"八五"计划又采用了沿海与内地的划分，也分别提出了发展要求。"九五"计划在划分东部与中西部地区的同时，又划分了长江三角洲及长江沿江地区、环渤海地区、东南沿海地区、西南和华南部分省区、东北地区、中部五省、西北地区等七大经济区。"十五"计划又将全国分成东部、中部和西部地区，并分别提出了发展重点。

1986年六届人大四次会议审议批准的《中共中央关于制定国民经济和社会发展第七个五年计划的建议》中提出，要"正确处理我国东部、中部、西部三个经济地带的关系，充分发挥它们各自的优势和发展它们相互间的横向经济联系，逐步建立以大城市为中心的、不同层次、规模不等、各有特色的经济网络"。这是实现党的第十二次代表大会提出的我国经济发展战略目标的重大战略部署，也是对毛泽东同志1956年在《论十大关系》中提出的正确处理沿海和内地关系的战略思想的丰富和发展。

必须指出，这三大经济地带还不是综合经济区，而只是一种典型的类型经济区，它仅仅是按某些相似的特征划在一起，既没有统一的经济中心，同一地带内也缺少紧密的内在联系。因而，从严格的科学意义上说，它还不能真正地起到作为综合经济区的作用，还必须根据对全国经济发展实施宏观调控的需要，按照地区经济协调发展方针的要求，依据划分综合经济区的原则，进一步研究、制定我国新的经济区划方案。

上述关于三大经济地带的划分结果如下：东部沿海地带由东北部和东南部的沿海各省区组成，包括北京、天津、上海、辽宁、河北、山东、江苏、浙江、福建、广东、广西和海南等12个省区。台湾和港澳地区也包括在内。中部地带由东、西两地带间的平原丘陵地区省区组成，包括黑龙江、吉林、内蒙古、山西、河南、安徽、江西、湖北、湖南9个省区。西部地带由大西北与大西南的山区、高原地区省区组成，包括：陕西、宁夏、甘肃、青海、新疆、四川、重庆、贵州、云南、西藏10个省区（此时重庆还未单列为市）。这样的划分从客观上轮廓地表现出现阶段我国经济发展客观布局状况，反映出当前中国经济发展的地理环境、地区经济实力、经济结构、经济技术水平的宏观地域差异。上述三大经济地带的形成，同我国所处的地理环境、近百余年来的历史和经济发展历程有着密切的关系。是我国社会经济在一个较长时期内发展的结果。我国经济的发展和布局，逐步由东向西推进。三大经济地带主要指标比较，如下表10-1所示。

表 10-1　三大经济地带的主要指标比较（2005 年）

指标单位	经济地带	东部沿海地带	中部地带	西部地带
土地面积	万平方公里	106	168	685
	占全国（%）	11.04	17.50	71.40
人口	亿人	5.52	4.41	2.89
	占全国（%）	42.27	33.75	22.18
	人口密度（人/平方公里）	521	262	42
GDP	GDP 占全国（%）	61.6	25.4	13.0
	人均 GDP（元/人）	21926	11340	8824

资料来源：《中国统计年鉴 2006 年》。

从以上数据可以看出：东中西三大地带经济发展不平衡是我国国情的基本特征之一，东部沿海地区经济与中西部地区存在着明显的距离，而这个距离有拉大的趋势。以工业产值为例，在 1949—1985 年期间，全国工业总产值增长近 60 倍。其中，东部沿海地带增长 44 倍，中部地带增长 73 倍，西部地带增长 65 倍；中部地带由 1949 年的 20% 上升至 1986 年的 27%，西部地带由 1949 年的 10% 上升至 1986 年的接近 13%。但是，从 20 世纪 80 年代中期以后，由于多种原因，东、中、西三大经济地带的距离又拉大了。人均 GDP 值在 1978 年时东部比中部、西部分别只高出 243 元、360 元，到 1994 年则分别高出 1482 元、1756 元，为原差额的 6 倍和 5 倍。2000 年则高出 5352 元、6647；2000 年—2002 年，中部 GDP 占全国的比重下降，西部略微上升，东部继续上升。2005 年，东、中、西三大地带地区生产总值分别达到 122009.4 亿元、49994.18 亿元和 25504.24 亿元，按可比价格计算，三大地带地区生产总值比 2004 年分别增长了 13%、13% 和 11.5%；与 2004 年相比，东、西部地带地区生产总值的增长速度分别降低了 1 和 0.6 个百分点，中部地带地区生产总值增长速度提高了 0.1 个百分点；西部与东部地带经济增速差距有所缩小，由 2004 年相差 1.9 个百分点减小到 2005 年相差 1.5 个百分点。2005 年东部地带经济总量比重为 61.59%，比 2004 年提高了 1.17 个百分点，提高幅度较大；中部地带经济总量比重为 25.43%，比 2004 年下降了 0.23 个百分点。三大地带经济总量分布呈现出东部地带比重提高，而中部和西部比重下降的态势。

第一节 东部地带

东部地带是指位于中国东部沿海的12个省、自治区、直辖市，这些地区是目前中国内地经济相对发达的地区，包括（按由北到南的顺序）：辽宁、河北、天津、北京、山东、江苏、上海、浙江、福建、广东、广西和海南（另有位于东部的香港、澳门、台湾，但一般不计入中国大陆东部的统计之中），这是我国经济实力雄厚、商品经济发达的地区。东部的人口密度和经济密度皆居三大地带之首，是我国社会主义现代化建设的重点地区。

一、临海的地理位置和优越的自然环境

东部地带东临大海，北部与吉林省相接，西、南两面分别与华南、中南、西南接壤，拥有漫长的海岸线，几乎集中了全国所有的大海港，而且位于长江、黄河、辽河、珠江等大河的下游。这种江、海相交的有利地理位置，使得它有可能凭借天然的海上和内陆运输，既可以和世界其他国家取得广泛联系，也可以深入广阔的内陆腹地，在三大地带中具有水运上的优势。东部地带土地面积仅有130多万平方公里，约占全国的14%，在三大地带中属面积最小的一个，然而却具有许多有利的自然条件：

（一）气候温和、湿润，生长期长

东部地带南北纵长，北到北纬43度以北，南可延伸到赤道附近，兼有暖温带、亚热带、热带多种多样的气候条件。热量条件自北而南可以满足农作物二年三熟、一年二熟到一年多熟；水分条件受季风气候的影响，绝大部分地区处在湿润、半湿润地带，年降水量为600～2000毫米以上，且雨热同季；从水热条件看，东部地带的所有土地都适宜于生物的生存和繁衍，为建立本地带稳固的农业基础提供了极有利的自然条件。南北不同的气候条件，又是多种作物、林木和牲畜发展的良好场所。

（二）江河如网，湖泊密布，陆地水面较大

东部地带拥有长江、黄河、辽河、海河、淮河、钱塘江、闽江、珠江等大江河，及其支流和众多的小河，密如蛛网。更有南北向的、举世闻名的京杭大运河沟通了海河、黄河、淮河、长江、钱塘江五大水系，这些河流的绝大部分富于航运、灌溉和供水之利。江河沿岸有太湖、洪泽湖、微山湖等湖泊群，在陆地上构成了广大的水面，有利于农田灌溉和发展淡水

渔业。南部山地丘陵区多数的河流还蕴藏有丰富的水利资源。

（三）地势低缓，土地肥沃

整个地带处于各大河下游，地势低缓。各河流冲击而成的广大平原和河口三角洲，一般土层深厚、土壤肥沃，适宜耕作。其中，辽河平原及黄、淮、海平原（华北大平原的一部分）是北方农业生产集约化较高的地区；淮河以北的里下河平原、长江三角洲、珠江三角洲及潮汕平原等，不仅土质肥沃，更以精耕细作著称，是我国重要的粮食和经济作物基地。丘陵山地占本带土地的一半以上，由于久经侵蚀，地势低缓，大部分海拔在500—1000米，仅有少数高峰在1000米以上。其中，辽东半岛、辽西走廊和山东半岛的低山丘陵，气候温和、沙质土壤较多，利于发展温带水果和花生等经济作物。浙闽丘陵山地和南岭丘陵山地，水热资源丰富，土质多酸性，对各种亚热带林木和茶、桔、竹、油茶等经济林木的生长极为有利。丘陵山地之间的河谷与盆地都适于农耕，大部分已垦殖。

（四）铁矿资源丰富，能源资源不足

从整体来看，本带矿产资源不算丰富，矿种不够齐全，尤其是煤矿资源严重短缺。但是，铁矿资源为全国之冠，辽宁省的鞍山、本溪和河北省的冀东铁矿，储量均在数十亿吨以上，是我国最大的铁矿藏。其他金属矿产有辽宁的锰矿和钼矿、广东的铅锌矿、广西的铝土矿、锑矿和钨矿等，在全国均享有一定的地位。在化工原料和非金属矿方面有广东的硫铁矿、浙江的萤石、辽东半岛的菱镁矿、山东的石墨、辽宁及山东的金刚石等都是全国著名的矿种。东部地带也有一定数量的能源资源：煤炭资源主要分布在北部的辽宁、山东及苏北地区，而闽浙、两广储量小，多为分散的小煤窑；冀中平原及近海大陆架拥有储量丰富的石油资源，胜利、辽河、冀中等油区的保有储量分别占全国5％以上。渤海、南黄海、东海、台湾浅滩、珠江口、莺歌海和北部湾等七个含油（气）盆地中，渤海湾、北部湾、及南黄海、东海均已先后打出高产油（气）。本地带东南部丘陵山地因受构造与地形的影响，水系多呈格子状，大多单独入海，河源距海较短，河床比降大，水量充沛，水利资源较丰富，在一定程度上弥补了煤炭资源的不足。东部地带虽然有一定数量的煤炭、石油及水等能源资源，但对于本地带发达的经济、巨大的能源消费来说，能源的短缺已成为经济进一步发展的制约因素。

二、经济最发达的地带

由于东部地带自然条件优越、开发历史悠久、商品经济发达、劳动力的素质较高，长期以来成为我国经济最发达的地带，表现在以下几个方面：

（一）经济实力雄厚，经济效益高

东部地带经济发展水平高，实力雄厚，在全国占有举足轻重的地位。2005年地区生产总值为122009.4亿元，总产值占全国的60%以上，人均地区生产值为中部的1.93倍，为西部地带的2.48倍。许多重要的工农业产品产量均占全国很大的比重。

东部地带2004年工业总产值163112.64亿元，占全国的73.37%。主要工业品产量占全国总的比重在50～60%的有布、纱、麻袋、纸、灯泡、合成洗涤剂、饮料酒、中成药、矿山设备、发电设备、发电量、生铁、钢、钢材、水泥、硫酸、平板玻璃、轮胎外胎、小型拖拉机、交流电动机等；占全国60—70%的有糖、毛线、丝、原盐、日用铝制品、金属切削机床、拖拉机、烧碱、内燃机等；占70—80%以上的有缝纫机、收音机、家用电冰箱、电风扇、电熨斗、照相机、纯碱等。

东部地带2005年农业总产值18547.8亿元，约占全国农业总产值的一半。在主要农产品中，粮食产量占全国33.05%，棉花占32.6%，油料占32.7%，甘蔗占78.1%，水果占51.83%，猪存栏头数占39.65%，猪牛羊肉产量占37.49%，禽蛋产量占51.98%，奶类占32.17%，水产品占77.14%。

（二）加工工业发达

东部地带是我国近代工业兴起最早的地区，原有工业基础较好。50多年来，经过恢复、改造以及扩建、新建，不仅上海、江苏、辽宁、天津等原有工业基础较强的省、市得到了充分的利用和合理的发展，就是原来基础较弱的广西、福建等省份，也获得了较快的发展。现在已成为我国加工工业最发达，工业门类最齐全的地带。如果按30个大类划分，在全带工业结构中，以纺织、机械、食品三大加工行业为主，其产值约占工业总产值的37%；煤炭采选、石油采选及采矿等全部自然资源的开采业只占全带工业总产值的很少部分。机械制造、电子、电器设备、纺织、轻工、黑色冶金、化工等产品的生产在全国具有专业化的意义，它们的产值分别占全国同行业总产值的60—70%左右。

（三）农业生产集约化程度最高

东部地带不仅是我国工业最发达的地区,也是我国农业最发达、最集约的地方。由于农耕历史悠久、人口密集、水热条件良好,故垦殖指数、机耕比重、亩施化肥量均超过全国平均水平。农作物单位面积产量亦居全国较高水平。长江三角洲、珠江三角洲粮食平均亩产已多年超过千斤。

农业经济多种多样,许多部门在全国占有重要地位。耕作业是本带农业生产的主体,其中粮食生产又是耕作业的基础。粮食生产南北地区差异明显,淮河以北地区以种小麦、杂粮为主;以南以稻谷生产居多。

东部地带的农业生产水平,虽在全国位居上乘,但因人口密集,城镇人口比重高,轻纺工业发达,农业生产尚不能满足人民生活和工业发展的需求。辽宁省、上海市、天津市、北京市历年都是缺粮最多的省市,每年需国家调入大量商品粮食以及轻纺工业所需的棉花、羊毛等。

三、人口密集、城市化水平最高的地区

东部地带土地总面积130多万平方公里,约占全国国土总面积的14%,而人口近4.89亿,占全国总人口的41%。也就是说,在14%的国土上,居住了占全国2/5的人口,人口密度大于每平方公里365人,为全国平均人口密度125的近3倍。其中上海市人口密度最大,市区达到每平方公里近2万人。

城市规模、城市密度和城镇化水平也远高于中部、西部地带。按城市规模分,全国城市市区人口在50万以上的大城市、特大城市74个,本地带占38个。也就是说,全国大城市一半以上集中在本地带。这里还集中了全国最大的沪宁杭、京津冀、辽中和珠三角四大城市群。

(一) 沪宁杭城市群

以我国最大的城市上海为中心,西起南京、镇江,经丹阳、常州、苏州,东到上海市。向南延伸至杭州,有大城市13座,建制镇和农村集镇上千座,总面积5.5万平方公里,容3000多万人。这里依山傍海,地势低平,气候温和,经济发达,是我国重要的经济中心区。其中上海市的人口超过1000万人,是世界上五大超级城市之一,十大港口之二。上海和其周围的城市长期以来经济上就是相互依存、相互支持,有着密切的协作关系。其面积仅占全国的1%,人口占全国的6%,但国内生产总值占全国的15%,在全国占有举足轻重的地位。一方面,本区自然条件丰腴,农业基础好,是全国闻名的高产稳产农业区,总体农业生产水平比全国平均水平高出30%~50%;另一方面,本地区是我国最大的综合

性工业基地，有纺织、化纤、电气、电子、机械、化学、黑色冶炼及压延加工、交通运输设备制造、金属制品、食品、服装加工等多种行业，很多行业在全国总产量中占很大比重，此外微电子与电子信息、精细化工、新材料、生物工程、机电一体化等高新技术产业已经具有一定基础。但是目前本区的发展也存在着不少亟待解决的问题：土地资源紧缺；区域环境质量下降；能源和原材料不足等。因此，今后的主要发展方向是：加强农业发展，巩固农业在国民经济中的基础地位；大力进行对太湖的治理，保护环境；促进技术进步与技术创新，改造传统产业，加快发展高新技术产业；加快发展金融、保险、外贸、商业等第三产业；以浦东新区的开发开放为契机，进一步明确上海作为长江三角洲的经济核心地位和龙头地位，调整上海的产业结构，带动长江三角洲的产业结构调整与经济发展。

（二）京津冀城市群

京、津、冀城市群是我国政治和文化中心的所在，又是重要的经济核心地带。包括北京、天津、河北的石家庄、唐山、保定、秦皇岛、廊坊、沧州、承德、张家口八地区及其所属区域，面积18.34万平方公里，人口8500万人，2004年区域内生产总值为14095.8亿元。2004年京、津、冀城市群的经济总量仅次于以上海为中心的长三角，位居全国各大城市群的前列。京、津、冀城市群具备完整的产业体系，拥有包括信息传媒、文化体育、科技创新、金融服务等高端产业，通信设备制造、汽车制造等现代制造业和铁矿开采、黑色冶金、石油开采、基础化工、综合运输、粮食生产等基础产业的全系列产业系统。北京是我国的首都，它不仅是全国的政治、文化中心和交通枢纽，在经济上也占有重要地位。北京的第三产业发展迅速，尤其是旅游业迅速兴起，成为第三产业的重要支柱。京、津、冀地区的水资源条件与辽中相似，水源供应不足已成为该地区长远发展的主要限制因素之一。

（三）辽中城市群

包括沈阳、抚顺、鞍山、本溪、辽阳及铁岭等六市及周围城镇。这是我国城镇最密集的地区之一，也是我国的重工业基地。土地面积约占东北区总面积的5%，但却集中了东北三省区人口的15%，工业产值的30%，机床产量的42%，钢产量的85%，发电量的25%，以及石油加工和有色金属冶炼的大部分，是东北工业基地的核心。

沈阳市是东北区的第一大城市，是辽宁省的政治、经济、文化中心和东北区最大的经济中心，为我国第四大城市，是一个以机械工业为主，门类较齐全的综合性工业城市。机械工业产值占辽宁省一半以上，占全国的9%，其他有色金属冶炼、化工、建材、轻工等部门在全国也占有一定的地位。沈阳市还是东北最大的交通枢纽，有沈山、哈大、沈丹、沈吉5条铁路干线，17条航线及5条国道和6条省道，向四面八方延伸。

抚顺、鞍山、本溪等市是在煤、铁资源基础上发展起来的。现在抚顺已成为我国石油加工和煤炭工业的重要基地；鞍山市是全国著名的钢都，拥有目前全国最大的、体系比较完整的钢铁联合企业，钢产量占全国1/4；本溪是以钢铁、煤炭、建材为主的"炼铁之城"；辽阳市是一个新兴的石油化纤工业城市。

（四）珠三角地区

位于广东省中南部，具有平原广阔、气候温和、河流纵横等优越的自然条件，是我国人口、城镇密集，经济发达的地区之一，也是我国对外开放的前缘地带。本区位于我国东南沿海，同香港、澳门毗邻，靠近东南亚，地理位置相当优越。这样的区位条件使本区得以发挥劳力丰富、地价低廉的优势，就近接受港澳产业的扩散，利用港澳贸易渠道转口大量出口商品，参加广泛的国际分工，是外商投资的热点地区。珠江三角洲是著名的侨乡，与港澳同胞、海外华侨有着共同的文化背景和密切的血缘关系。改革开放的优惠政策，吸引了大量的外资，促进了本区的发展，是我国重要的轻工业基地。现在，这里已经形成了以轻工业为主、重化工业较发达、工业门类较多、产品竞争能力较强的工业体系。家用电器、消费类电子、纺织服装、食品饮料、医药、玩具、手表、自行车、多种日用小商品等轻工业均居全国前列。尤其是电子工业的产值占全国20%，已成为全国重要的新兴电子工业基地。

但是，珠江三角洲在经济迅速发展的同时，出现了盲目征地的现象，使耕地大量减少，造成了水土资源的紧张；同时也出现不重视农业的倾向，使基础农业受到明显削弱；此外，生态环境问题也不容忽视。

四、我国对外开放的便捷地区——经济特区和开放城市

在我国社会主义条件下，为了发展国际经济合作，促进技术交流，扩大出口，利用国际上的有利条件，吸收国际上出口加工区、自由贸易区的有益经验，特开辟经济特区。我国利用广东、福建两省地处沿海，交通便利，毗邻港澳等特点，采取了与内地不同的体制和更加开放的政策，在广东省的深圳、珠海、汕头、福建省的厦门，以及海南省等地设置了经济特区。鼓励客商在特区独资或中外合资发展工业、农业、旅游、建筑等多种行业，以获得多方面的经济效益。我国经济特区的实质就是在社会主义制度下的以国家资本主义为主体的经济区。为适应四化建设的需求，党中央和国务院于1984年4月决定进一步开放14个港口城市。它们是大连、秦皇岛、天津、烟台、青岛、连云港、南通、上海、宁波、温州、福州、广州、湛江、北海。

这五个经济特区和浦东以及14个港口开放城市，在沿海从北到南连接成我国对外开放的前沿地带，成为我国"技术的窗口"、"知识的窗口"和"对外开放政策的窗口"。

（一）经济特区

1. 深圳特区

位于我国广东省南部沿海地区，是深圳市（原为宝安县）的一部分。东临大鹏湾，西接珠江口，北靠梧桐山、羊台山脉，南与香港新界接壤，特区面积396平方公里，比广州市面积大一倍，比香港、九龙市大一倍半。深圳原只是一个边远落后的小渔村，改革开放20多年后，当历史老人的目光再次回眸，却惊讶地发现，呈现在眼前的已经是一个初具规模的现代化国际性城市。

2005年，深圳全年实现地区生产总值4926.9亿元，比2004年增长15%。其中第一产业增加值9.87亿元，比2004年下降20.4%；第二产业增加值2580.82亿元，增长21.3%；第三产业增加值2336.21亿元，增加11.6%。形成了高新技术、物流、金融、文化四大支柱产业的经济结构。深圳努力优化金融投资环境，吸引海内外金融机构前来"落户"。目前，已有48家来自日、美、英、法、德、荷等国的外国银行在这里设立了分行或代办处，50多家香港和海外证券商成为深圳B股的承销商和经纪人，一个开放型金融中心在这里奠基。深圳有日吞吐量达3000多万吨的8大商业港区，全国最大的陆路交通口岸——深圳皇岗口岸，连接内地的全国第一条准高速铁路和广深高速公路，构成了深圳特区四通八达的海陆空交通运输网络，一个区域性港运枢纽在这里兴建。国内各省市县纷纷到这里办展览、搞统销、招商引资，国外商人和财团纷纷在这里设立办事机构，参与国内市场的竞争，一个辐射性国际商贸中心在这里形成。

2. 珠海经济特区

位于广东省东南部珠江出海口的右侧，南与澳门陆海相连，北距广州 156 公里，位置优越、交通便利，面积 1516 平方公里。珠海市背山面海，有优越的天然港湾和海滩，风景秀丽，气候宜人，极利于旅游业的发展。珠海经济特区在 1980 年成立时的前身是一个以农、渔业为主的边陲小镇，在发展中，他们把基础设施建设称为"命运工程"，作为改善投资环境、振兴珠海经济特区的突破口，狠抓以港口为龙头的交通、能源、通讯等大型基础设施的建设。

短短几年，这一战略已使珠海实现了发展史上的重大转移，开始展示出令人振奋的发展前景。珠海港两个万吨级码头已投入使用，5 万吨级和 10 万吨级等各类专用码头正动工和筹建，这一大港建成后，年吞吐量将达到 1 亿吨以上；规划占地 400 平方公里的临港工业区已列为广东省"九五"重点项目之一；按国际标准建设的珠海机场已开始运营；372 万千瓦的火力发电厂已经进入首期工程；新增高等级公路相当于过去 10 年的总和；珠海大桥、供水、供电等大中型基础建设项目相继落成。这些基础设施项目使珠海投资环境提高到一个新高度，为珠海未来建设开拓了广阔的发展空间，极大增强了珠海发展经济的竞争力和吸引力。2005 年珠海市完成地区生产总值 634.95 亿元，比上年增长 13.4%。其中第一产业增加值 19.33 亿元，增长 4.9%；第二产业增加值 339.18 亿元，增长 16.7%；第三产业增加值 276.44，增长 10%。珠海被评为"中国城市综合实力 50 强"之一，跻身于全国 24 个基本实现小康城市前四名。

3. 汕头经济特区

汕头市位于广东的东部，面积 2064 平方公里，人口 491 万。其中汕头经济特区位于汕头市的东北部，面积 14.14 平方公里。汕头历来是我国对外贸易通商的重要口岸，也是著名的华侨之乡。汕头特区在国外的侨胞和港澳同胞有 300 多万人，分布于 40 多个国家和地区，其中在香港的约有 100 余万人。在经济特区发展初期就制定了汕头基本实现现代化的发展新战略，即发挥沿海、特区、侨乡、对台、商贸五大优势，实现海洋活市、工贸富市、科教兴市、法制治市四项方针，建设好保税区、高新技术产业开发区和南澳海岛开发实验区三个重点区域，推进汕头特区和潮阳、澄海东西两翼的协调发展，努力把汕头建成现代化国际港口城市。围绕中心战略，汕头市大力发展生产力，促进国民经济持续、快速、健康发展。2005 年，全市国内生产总值 651.4 亿元，比 2004 年增长 11.3%；其中第一、二、三产业分别增长 2.6%、14.3% 和 9.2%；地方财政一般预算收入 29.4 亿元，增长 19.4%。汕头产业基础不断增强，工业主导地位日益显现，形成纺织服装、化工塑料、玩具工业等8个支柱产业。"十一五"及今后更长一段时间，是汕头全面落实科学发展观、推进和谐社会建设的重要时期。汕头市围绕建设现代化港口城市、区域性中心城市和生态型海滨城市的发展目标的建设，着力提高自主创新能力，着力调整优化经济结构，努力把汕头打造成为新型制造业基地、临港工业基地、综合服务业基地和现代效益农业基地，实现经济社会又快又好的发展。

4. 厦门经济特区

包括厦门岛、鼓浪屿和集美及属于厦门市管辖的岛屿和海域。陆地总面积131平方公里，是我国东南沿海的海滨城市。厦门港是福建最大的深水良港，距长崎816海里，距马尼拉677海里，距台湾高雄156海里，距上海560海里，距香港287海里。港内主航道水深在12米以上，5万吨级轮船可以自由进出。现在以发展现代化的出口加工工业为主，兴办了电子、仪表、轻工、食品、纺织成衣、饮料、建材、皮革制品、家具、工艺等企业；形成了视听通讯、钨材料、半导体照明等一批国家级产业基地。

以开放促改革，以改革求发展的战略，使厦门经济特区社会经济建设发生了历史性的变化，综合经济实力明显增强：2005年，全市地区生产总值1029.55亿元，比2004年增加16.0%，第一产业增加值20.57亿元，下降0.7%，第二产业增加值572.11亿元，增长16.9%；第三产业增加值436.87亿元，增长15.6%。

城市建设与管理水平明显提高。2005年，完成固定资产投资401.62亿元，全年完成基础设施投资172.50亿元，比上年增长73.9%。厦门港进入全国一类港行列，空港客运量达628.57万人次。

5. 海南特区

1988年4月13日，海南建省办特区。历史在一瞬间将海南推到了中国改革开放的最前沿，作为中国最大的经济特区和最年轻的省份，海南面临着新的机遇和挑战。2005全省国内生产总值达903.60亿元，比上年增长了10.1%，"十五"期间平均每年递增10.0%。人均国内生产总值在1992赶上全国平均水平，1994达5264元，2005年达10980元。旅游业近年来迅猛发展，2005年接待国内外游客1516万多人次，比上年增长8.10%。海南把握在创新中加快海南发展这一主题，打造环境、体制、产业特色，以"大公司进入，大项目带动"战略的全面实施加快推进产业结构的调整升级，使社会经济发生了巨大的变化。

6. 浦东经济特区

1990年4月，党中央、国务院作出开发上海浦东的重大战略决策。经过15年的努力，浦东的开发取得了明显的进展。综合经济实力迅速增强。新区国内生产总值已由1990年60.24亿元增至2005年的2108.79亿元，其中第三产业增加值1031.74亿元，比上年增长14%，第二产业增加值1070.96亿元，比上年增长10.5%。新区的第二产业以高新技术产业和先进的出口加工为主导，正在加速重整和创新的进程，2005年高新技术产业产值率达39.4%。2005年浦东新区完成城市基础设施投资125.95亿元，用于完成市政建设。在完成了杨浦大桥、内环线、杨高桥新港区、煤气二期工程、通信工程以及河流污水排放等十大骨干工程的基础上，浦东国际机场二期、轨道交通6号线、市政骨干道路等重大工程全年完成投资177.9亿元。为中外资项目的开工建设和投产运营提供了良好的硬环境。

(二) 沿海开放城市

东部沿海的14个开放港口城市，在我国经济、文化建设方面占有重要地位。这14个城市的人口约占全国的7.3%，而工业产值却占全国工业总产值的20%左右；工业实现利税的1/4以上。资金利税率高于全国平均水平一倍多；科教事业发达，科技人员、高等院校和中专占全国15%左右；水陆货运量占全国1/5，沿海港口吞吐量占全国97%。

1. 大连市

位于辽东半岛南端，东濒黄海，西接渤海，与山东半岛的烟台和威海市共扼渤海的咽喉，2005底，人口565.3万人。大连港是我国北方的天然良港，东北地区的海上门户，现在已建成比较完善的港口基础设施，成为我国第三大港和重要的国际贸易港口，2005年吞吐量已达1.7亿吨，集装箱吞吐量268.6万标箱。大连市是我国经济基础雄厚的城市之一，2005年实现地区生产总值2290亿元，比上年增长14.2%。大连工业基础雄厚，拥有一批全国重点企业，大连造船厂拥有10吨级的船台和15万吨级的船坞；大连机车车辆厂是我国唯一生产4000马力内燃机的企业；瓦房店轴承厂是全国三大轴承厂之一；大连高速工具钢的产量占全国1/3，不锈钢、轴承钢居全国首位；化工产品在全国也占重要地位。

2. 秦皇岛市

位于河北省最东部，北倚燕山，南临渤海，是衔接东北、华北地区的咽喉。包括秦皇岛、山海关、北戴河三个组成部分，面积363平方公里。2005年完成地区生产总值501亿元，比上年增长12%。秦皇岛港建港条件极好，具有不冻、不淤、浪小、水深等自然优势，吞吐量2005年为1.71亿吨，仅次于上海港，居全国第二位。京哈复线铁路和京秦电气化复线铁路贯穿本市，大秦线的建成，将会大大增加煤炭的装卸能力。港口还有完善的输油管线，连接东北、华北和石油基地。秦皇岛市名胜古迹很多，是驰名中外的旅游胜地和避暑胜地。山海关为万里长城的起点，气势雄伟、古朴典雅，北戴河海滨沙软潮平，环境幽静。秦皇岛还有丰富的资源，既有沙石、黄金、煤、铁、石英等矿产资源，又有沿海水产、山区干鲜果品、畜产品等农业资源，工业基础比较薄弱。

3. 天津市

位于华北平原的东北部，东临渤海、北靠燕山，由南运河、北运河、子牙河、大清河、永定河五大河流汇合而成的海河流经市区，天津即坐落于海河的入海口。天津市是我国四大直辖市之一。2005年底，常住人口1043.00万人，是我国北方的经济中心和重要的对外贸易口岸，水陆交通的重要枢纽，又是首都北京的门户。天津市是我国沿海经济基础雄厚，门类比较齐全的综合性工业基地。2005年全市生产总值3697.62亿元，人均生产总值达到35457元，约合4328美元。2005年全市工业完成增加值1884.8亿元，在全部工业总产值中超过10亿元的工业部门有六个，它们是机械电子工业、纺织工业、化学工业、冶金工业、食品工业和石油工业。天津港是我国北方最大的以散件杂货为主的外贸港口，并建有我国第一流水平的集装箱码头。

4. 烟台市

位于山东半岛北岸，与大连市隔海相望，是渤海的重要门户，华北区历史上对外开放最早的港口城市。现在是一座以商港为主兼具军港、工业港、渔港的综合性港口城市。烟台市及其周围地区自然资源丰富，生产潜力大。矿产资源有金、铜、煤、滑石等10种。其中黄金储量占全国1/2，产量占全国1/4左右；滑石储量占全国1/5。农副土特产品资源也比较多。其中花生、烟台苹果、莱阳梨、烟台大樱桃等在国内外都有一定的声誉。水产资源更是一大优势，渔产品占全国的1/10，其中对虾产量占全国1/3，居全国的第一位。烟台市依山傍海，气候温和，风景秀丽，有闻名于世的"仙境"蓬莱阁和掖县文峰山的魏碑石刻等。山海风光，温泉浴场一应俱全，旅游资源独具一格。

5. 青岛市

位于山东半岛南部胶州湾东南岸的崂山脚下，濒临黄海，地理位置优越,交通方便,地处我国北方航线的中心,是世界各国海船抵达我国北方最近的大口岸。青岛市2005年底人口有740.9万人,全市实现生产总值(GDP)2695.5亿元,比上年增长16.9%。工业完成增加值1266.79亿元,是我国沿海重要工业基地之一,"四大工业基地"(家电电子、石油化工、汽车机车造船、新材料)和"六大产业集群"(石化、汽车、造船、家电、电子、港口)集群效益明显。青岛一面靠山,三面环海,山清水秀,素有"东方消暑胜地"之称,为我国旅游业发达的城市之一。现在旅游业强劲增长,2005年旅游总收入达256.58亿元。

6. 连云港市

位于我国黄海之滨,江苏省东北隅,是一个新兴的海港城市,中原和西北地区路径最短的出海口。连云港市交通方便,腹地资源丰富,通过我国东西大动脉——陇海铁路,连接苏北、鲁南、皖北、河南、山西、陕西以至四川、甘肃、青海、新疆、宁夏11个省、区,腹地面积达360万平方公里,占全国土地面积的1/3,2005年全市总人口472.18万人。在此范围内,拥有全国1/2以上的煤炭资源、丰富的石油资源、水力资源和多种多样的农、牧业资源。连云港市是我国沿海新兴的工业城市。有全国四大海盐产区之一的淮北盐场;全国六大磷矿之一的锦屏磷矿;还有盐碱化工及各种驰名中外的土特产和工艺品。这里还是我国重要的旅游胜地。

7. 南通市

位于长江下游北岸,东临黄海,地处通扬和通吕二运河的交汇点,是江苏沿海南北交通要冲和苏北地区重要的经济中心。总面积8001平方公里,2005年底总人口770.86万人。2005年,全市实现地区生产总值1472.08亿元。目前已建成以轻纺工业为主体的机械、电子、化工、医药、建材、食品多部门的工业体系。轻纺工业产值占全市工业总产值的70%以上,纺织工业人数占全部工业人数的1/4左右。南通港是长江出海必经之地,江面最宽处达8公里,可停泊11—20万吨级海轮,航道不淤、不冻。经济腹地辽阔,境内通过通扬、通吕等内河航运干线联系苏北地区,并可与陇海铁路相连。

8. 上海市

位于东海之滨,长江入海口南岸,背海枕江的优越地理位置,使上海既有渔盐之利,又有通航之便。周围地区农业资源富饶。面积630平方公里,2005年底人口1360.26万人。2005年全市生产总值(GDP)9143.95

亿元。上海是我国最大的综合性工业基地，2005年工业总产值4155.23亿。产品结构、产业结构逐步趋向合理，已形成一个有15个工业部门、157个门类比较齐全的工业体系。冶金、机械、化工、轻纺等传统工业得到迅速发展和改造，还开拓了微电子、计算机、光纤通讯、激光、生物工程、新兴材料等一批新兴科学建设，形成了若干新兴工业。不仅纺织工业、钢铁工业、冶金和机械工业的许多产品达到或接近世界先进水平，而且建立了核物理、核辐射加工、加速器、核子仪器等核电工业的研究生产基地。拥有研制和生产中、大规模集成电路的技术和生产能力，已制成300多个品种的产品系列，产量约占全国一半。上海是我国最大的商业中心和重要的对外经济联系的门户。内贸商业部门调往全国各地的工业品总额占全市工业品收购总额的3/4；外贸出口总额占全国的1/8；上海港承担的全国各地货物的中转量占港口吞吐量的一半。上海几乎与国内每一个省、市、区都有商业联系，同时与世界160多个国家和地区有贸易往来。上海交通、邮电发达，已建成了由铁路、沿海、内河、远洋和公路、民航等多种运输工具组成的全国最大的运输枢纽、电讯通讯枢纽和现代化的国际贸易港口。总之，上海是全国最大的经济中心，在我国经济建设中有特殊的地位和影响。今后经济发展的战略目标是：力争在本世纪末把上海建设成为开放型、多功能、产业结构合理、科学技术先进、具有高度文明的社会主义现代化城市。

9. 宁波市

位于东海之滨，浙东平原东部，甬江两大源流余姚江和奉化江的汇合处，简称甬。宁波市工农业生产在浙江省居重要地位。2005年底人口556.70万人，全市实现生产总值2449.3亿元。工业生产以机械、轻纺为主体。经济管理技术水平较高，十分注重提高经济效益。宁波港由宁波、镇海及北仑三个港区组成。其中以新建的北仑港条件最好，建有国内第一座现代化10万吨级的矿石中转码头。2005年吞吐量为2.7亿吨。宁波旅游资源丰富，不仅有美丽的海滨，还有许多历史文物古迹，吸引了国内外众多的游客。宁波市有不少华侨、港胞，与港、澳、台关系密切。充分利用宁波港及华侨众多等有利条件，引进技术，利用外资，将会进一步促进宁波市经济的发展。

10. 温州市

位于瓯江下游南岸，西倚旗云山，东濒东海，是浙南政治、经济、文化中心和港口城市，也是瓯江流域的货物集散地。温州手工业发达，商业贸易活跃。瓯类瓷器自古有名，雕刻、刺绣等不少手工业产品，至今仍是外贸出口的重要产品。皮革、乳制品等是温州的传统行业，温州的能工巧匠遍布全国各地。温州人民善于经商，城乡市场十分活跃。全市有几十个商品交易中心和市场。

11. 福州市

位于闽江下游福州平原北端，与台湾省隔海相望。历史上是闽江流域土特产及外贸物资的集散地。总面积1.2万平方公里，2005年底人口666万人。2005年全市地区生产总值1482.06亿元。工业以小型、轻型的加工制造业为主，重工业基础薄弱。主要工业部门有机械、化工、纺织、塑料、建材、造船、特艺、食品及新兴的电子工业。其中电子以家用电器工业、塑料加工和民用化工为福州市的优势部门。福州市发展海、河运输的条件较好。福州港是一个河口港，建港条件优越，闽江径流量大、含沙量小，主航道水深而稳定，全港有八个泊位。福州自然条件优越，气候温和，土壤肥沃，并兼有山、海之利，有利于耕作业及果、林、茶、牧、渔等多种经营的发展，素有"香花、水果之乡"的美誉。为进一步加快开放的步伐，福州将继续大力发展外引内连，开发电子、塑料、食品、机械、玩具服装等行业为重点的新项目，同时把马尾地区辟为经济开发区。

12. 广州市

位于珠江三角洲北端，濒临南海，是我国南方最大的面向国际市场的对外口岸，华南地区经济、文化的中心，也是世界名城之一。广州工业以轻纺为主，2005年底，人口750.53万人，全市地区生产总值达5154.23亿元。工业实现增加值1843.96亿元。除汽车制造业、电子产品制造业和石油化工制造业三大支柱产业外，主要工业行业有造船、机械、纺织、制糖、家用电器、日用轻工、橡胶制品等。产品具有独特的民族特色和艺术风格，享有"广货"的美誉。进出口贸易发达，贸易额仅次于上海、天津，居第三位。广州交通四通八达，是华南地区陆、海、空交通枢纽。内河、沿海、远洋运输，兼而有之。黄埔港是我国天然良港之一。利用毗邻港澳的有利位置和秀丽的风景、名胜，旅游业是广州市近年来发展最快的产业，并将有广大的发展前景。

13. 湛江市

位于雷州半岛东侧，濒临南海，为粤西经济中心，面积1.3万平方公里，人口710多万人，我国南方新兴的海港城市。湛江港是我国南海的天然良港，海岸线长467公里，外有岛屿屏障，内有深水港湾，风平浪静，万吨轮可以昼夜自由进出。当前湛江的经济发展水平还较低，尤其是工业基础薄弱，以轻工业占绝对优势。2005全市地区生产总值657.81亿元，其中工业完成增加值216.18亿元。湛江市周围资源丰富，有各种热带、亚热带经济作物和经济果木；沿海渔场盛产鱿鱼、对虾、鲍鱼、海参等海洋珍品；湛江市东有南海东部油田，西有南海西部油田。今后应充分发挥湛江交通及资源的优势，建立起港口型和海上油田城市基地型的产业。

14. 北海市

位于广西壮族自治区南部，因地处北部湾北部，城镇北面临海而得名。全市由大陆半岛和两个小岛组成，行政区域面积3337平方公里，市区面积957平方公里，2005年末人口149.24万人。北海港既是北部湾最优良的港口，又是很有发展前途的工商港口。它邻近港澳，距东南亚很近，交通便利，是大西南的重要门户，又是四川、云南、贵州、广西等省区货物进出的距离最短、运价最低的通道。北部湾区有丰富的石油资源，1984年已开始采油。北海是广西的著名侨乡，开放北海市，不仅对发展北海市经济是个很大的促进，而且对人口众多的广西壮族自治区来说，也将有很大的影响。

综上所述，东部地带是我国工业基础最雄厚，科学技术、文化水平较高，商品经济比较发达，与国外有广泛联系的地区。50多年来经济有很大发展，为国家做出了很大的贡献。建立经济特区和沿海开放城市，更加充分发挥了东部地区经济技术和对外经济技术合作的优势，对带动中部和西部地区经济的开发，加速我国四化进程起着关键性的作用。今后重点是加强传统工业和现有企业的技术改造，大力开拓新兴产业，发展知识技术密集型产业和高档消费品工业，使产品向高、精、尖、新方向发展。加快经济特区、沿海开放城市和经济开放区的建设，使这一地带逐步成为我国对外贸易的基地，培养和向全国输送高技术和管理人才的基地，向全国传送新技术、提供咨询和信息的基地。

第二节 中部地带

中部地带是一个南北狭长的地带，北自我国最北部的黑龙江省，南到我国的江西省，包括黑、吉、内蒙古、晋、豫、皖、鄂、湘、赣九个省区。土地面积约280多万平方公里，约占全国国土面积的30%，大于东部地带，小于西部地带。2005年人口总数4.41亿，占全国总人口的33.7%；

人口密度每平方公里约262人,高于全国的平均密度;区内生产总值占全国的25.4%,人均GDP为11340元。中部地带无论从地势、气候等自然环境,还是从经济技术发展水平、人口密度等,都处于中间地带,具有明显的过渡性。在我国现代化战略目标的进程中,处于承东启西的重要战略地位。

一、我国东西间的过渡地带

(一)一级阶梯与三级阶梯地势的过渡地带

我国地势西高东低,大致呈三级阶梯状分布。本地带的大部分地区恰处于最高的一级阶梯与最低的三级阶梯之间,多为海拔1000—2000米的高原和盆地。北部有大小兴安岭山地、松嫩平原和内蒙古高原;中间是黄土高原;南部属长江中下游平原。兴安岭山地多为海拔1000米以下的低山,山顶浑圆,近似丘陵,宽阔的谷地到处可见,这里有我国最大的原始森林区,也是最大的木材生产基地。松嫩平原是我国最大的平原——东北平原的一部分,平原土层深厚,耕地辽阔,而且还有大片的沃地可供开垦,适宜于大规模机械化耕作。它和东北角的三江平原同为我国重要的商品粮基地。内蒙古自治区大部位于内蒙古高原,这是我国的第二大高原,海拔多在1000米左右,高原上没有明显的山脉和谷地,起伏平缓、视野广阔、河流不多、流水侵蚀作用微弱、地面切割很轻,由于气候干燥,风力作用强盛,不少地方呈现戈壁状态。西部许多地方在风力作用下,形成流动沙丘。内蒙古高原东部是我国重要的畜牧区,呼伦贝尔盟、锡林郭勒盟等都是我国典型的温带草原区,为我国的优质牧场。本带中部的山西省的大部及豫西北属黄土高原的东缘,黄土层深厚,一般在50—80米间,晋西最厚处可超过100米。黄土含有氮、磷、钾等养分,土壤肥沃,便于耕作;但由于土质疏松,在缺乏植被、多暴雨的情况下,极易造成严重的水土流失,地面沟壑纵横,生态环境恶化,直接影响农牧业生产的发展。为改变黄土高原的生态环境,必须走农、林、牧综合发展的道路。本带南部的湖北、湖南、江西、安徽四省属于长江中下游平原,为我国著名的鱼米之乡,商品粮、棉的重要基地,包括有江汉平原、洞庭湖平原和鄱阳湖平原、巢湖平原等。沿江两岸平原地势低平、河流纵横交错,是我国内陆水域最广的地区,拥有我国著名的淡水湖:鄱阳湖、洞庭湖和巢湖等,均是发展水产的良好场所。

总的看来,中部地带的地势低于第一阶梯,高于第三阶梯,带内地形类型复杂多样，适于发展农、林、牧多种经营，但地势多起伏，部分地区水土流失严重。

（二）季风区与非季风区的过渡地带

大致说来，我国大兴安岭—阴山—贺兰山—冈底斯山一线以东、以南地区，因能明显地受到夏季风的影响，习惯上称为季风区。本带除内蒙古的少部分地区外，绝大部分位于季风区界线以内，但又都距海有一定的距离，不少地方处在季风区与非季风区的过渡地带。受季风气候的影响，本带大部分地区年降水量在400毫米以上，且主要集中在夏季。北部大部分在200—500毫米之间，南部因东南季风深入较广，年降水量多在800—1600毫米之间。从干湿状况来看，黑龙江、吉林两省降水量大多在800毫米以上，加上气温低、蒸发量小等原因，为湿润、半湿润地区；内蒙古高原和晋北黄土高原地区，降水量大多在400毫米以下，多大风，蒸发量大于降水量，为半干旱地区；晋南、豫北、皖北地区，年降水量大多在500—800毫米之间，春旱严重，为半湿润地区；南部长江中下游一带，年降水量多在800毫米以上，降水量多于蒸发量为湿润地区。从整体看，受季风与非季风气候过渡地带气候特色的影响，本带大部分地区属于半湿润、半干旱地区，对农牧业生产来说，气候条件优于西部地带，但不如东部沿海地带。

（三）承东启西的经济地理位置

从经济发展水平看，中部地带地处东部经济发达地带与边疆、少数民族待开发地带的结合部。在全国生产力总体布局中，处于承东启西的重要战略地位。它比较容易接受东部沿海发达地带转移过来的先进技术、管理经验以及资金、项目，并可以将本地带的优势产品比较近便地输往沿海消费市场，甚至国际市场；它又可以利用背靠西部边疆、少数民族地带的便利条件，一方面把从东部吸收消化了的先进技术，比较近便地向西转移，提高西部的经济素质；另一方面，边疆地带某些优势产品的就近输入，可以补充中部某些资源和产品的不足，促进本地带经济的发展。

二、能源与矿产资源密集区

中部地带是全国能源与矿产资源最富集的地带。在全国主要矿种中，本带占全国探明保有总储量60%以上的资源有：煤、铝土矿、钨、稀土、钛、铋、铌、钽、耐火粘土、铁钒土、自然硫、芒硝等；占50—60%的资源有：铜、金、伴生硫铁矿；占40—50%的有石油、锑、磷、石膏等。此外还有丰富的风能资源，水能资源等，长江中游三峡一带是我国开发条件最好的水力资源"富矿"。山西、内蒙是我国能源及多种矿产资源最丰富的两个省区，两省区的煤炭蕴藏量占全国的55％以上。山西省的铝土、耐火粘土居全国首位。湘赣是我国著名的"有色金属之乡"，湖南的钨、锑、铋居全国的首位，锰、钒占第二位。江西的铜、银、钽居第一，钨、锂居第二。湖北的磷矿、河南的天然碱也占全国首位。安徽的硫铁矿、明矾石占全国第二位。可以看出，本带既有煤、石油、水力等丰富的能源资源，又有铝土、锑、铜、金、钨、稀土、钛、铋、铌、钽等多种有色金属和稀有金属资源，更有大量的耐火粘土、磷、自然硫、石膏等非金属资源，资源丰度超过西部地带，更超过东部沿海地带。见表10-2 三大地带主要矿产资源分布情况。

表10-2　三大地带主要矿产资源分布情况表

	占全国探明保存总储量的比重		
	＞60％	50—60％	40—50％
东部沿海地带	萤石、高铝矿物原料、硼、金刚石、高岭土、滑石	玻璃用灰岩、膨润土	钼、锡、石油水泥用灰岩
中部地带	煤、铝土矿、钨、铋、稀土、钛、铌、钽、耐火粘土、铁矾土、自然硫、芒硝、石墨	铜、金、伴生硫铁矿	锑、石油、磷、石膏
西部地带	铬铁矿、钒、镍、汞、铂属、石棉、天然气、镁盐、芒硝、云母	钴	铜、铅、锌、锡、磷、重晶石、硅石

三、新兴的工业基地

新中国成立前，中部地带工业基础薄弱，仅太原、武汉、哈尔滨等市有为数不多的工业企业，设备陈旧、技术落后。新中国成立后，为了改变我国工业偏集沿海的极不合理的布局状况，还在"一五"、"二五"期间，晋、豫、鄂、黑、内蒙古部分地区，就已经是内地工业重点建设地区。当时，在中部地带扩建了太钢，新建了包钢、武钢等大型钢铁企业，富拉尔基、大冶等特殊钢厂；新建、扩建了哈尔滨电机厂、锅炉厂、量具刃具厂、太原重型机械厂、长春汽车厂；在鄂、豫等棉花产区新建了郑州、武汉等棉纺中心，此外还有吉林化肥厂，染料厂，佳木斯造纸厂，包头糖厂，太原、吉林、洛阳等热电厂。60年代以后，相继开始了大庆油田、吉林油田、江汉油田、河南油田的建设，以及大庆、岳阳、安庆等大型石油化工基地的建设。"三五"开始后，豫西、鄂西、湘西均是三线建设的重点地区。80年代后，更加强了以山西为中心的能源重化工基地的建设，煤炭、电力等工业有了明显的增长，新建了一批大、中、型水、电新机组，新增了高压输电线路，如长江葛洲坝水电站、湖北荆门火电厂、富拉尔基电厂、山西朔县神头电厂、安徽淮北电厂等。

经过几个五年计划的建设，中部地带的经济实力已有很大的发展，形成了一批新的工业基地，主要是：黑龙江、吉林的机械、石油、化工、轻工和森林工业基地；山西、内蒙古的煤炭、冶金、机械和电力工业基地；安徽的煤炭、冶金、化工基地。

（一）黑龙江、吉林的机械、石油、化工、轻工和森林工业基地

黑、吉两省土地辽阔，资源丰富，石油、森林资源居全国之首，煤炭资源及农副产品资源也很丰富。新中国成立后，充分发挥了黑、吉两省的资源优势，恢复和发展了煤炭、森林工业，新建了我国目前规模最大的石油基地、汽车制造基地等，其他机械和化工、食品、造纸等在全国也占有相当的比重。2005年两省区原油产量占全国的27.94%，天然气5.86%，纸2.05%，糖2.19%，原煤5.53%。在工业发展的基础上，形成了一批蓬勃发展的工业中心。其中哈尔滨、长春和吉林市最为重要。

哈尔滨市是东北区第二大城市，东北北部的经济中心和重要的交通枢纽，黑龙江省的省会。哈尔滨市周围粮食、石油、煤炭、木材等资源十分丰富。地理位置优越，水陆交通发达，是连接欧洲和东北亚、太平洋最短的大陆桥枢纽。它利用丁字形铁路干线交汇点的位置，以及松花江航道畅通的有利条件，几乎使黑、吉两省的绝大部分地区成为其经济腹地，商品自然辐射面积达80万平方公里，约占全国总面积的1/12。工业门类比较齐全，机电工业、石油化工、食品工业、纺织工业是哈尔滨工业的四大支柱。哈尔滨市已建成以机电工业为主，包括动力设备、轴承、石油化工、亚麻纺织、制糖等多部门的综合加工工业中心。

长春市和吉林市是东北部新兴的工业中心。长春市是以生产汽车、客车、拖拉机等产品而闻名全国，并占有极其重要的地位。汽车产量约占全国的1/3，铁路客车产量占1/2，拖拉机产量占1/10。吉林市是我国新兴的化工城市。吉林化学工业公司是"一五"期间建成的一个大型化工联合企业，包括染料厂、化肥厂、电石厂等。是全国重要的有机化工原料和合成橡胶的生产基地之一。

（二）山西、内蒙古的煤炭、冶金、机械和电力工业基地

山西、内蒙古是我国煤炭资源最富集的地区，拥有大批特大型、大型

煤田。其中：保有储量在 300 亿吨以上的特大型煤田有山西的大同、宁武、沁水，内蒙古的东胜；保有储量在 100—300 亿吨的大煤田有山西的西山、霍西、河东，内蒙古的准格尔、胜利、白音花等。这些特大型、大型煤田，一般地质构造简单，埋藏浅，大部分适于露天开采，开发条件优越。晋蒙煤炭基地距工业发达、耗煤量大的、缺煤严重的东北、华北、中南等消费地都不远，地理位置优越，被列为我国"七五"重点建设地区。2005 年山西和内蒙古两省区年产原煤分别是 5.54 亿吨和 2.56 亿吨，共占全国原煤总产量（22.05 亿吨）的 36.8%。其中年产 1000 万吨以上的大矿有大同、阳泉、西山等，以及建设中的内蒙古霍林河、元宝山、伊敏河、山西的平朔等大型露天矿的生产规模都将达到 1000 万吨以上。根据资源条件，晋、内蒙古、陕地区今后将成为全国最大的煤炭补给基地。其中本带的晋北，包括大同、平朔等矿区，将成为全国最大的动力用煤基地，供华北、华东以及出口；晋中、河东地区，包括西山（古交）、汾孝、霍县、乡宁、离石等矿区将建成全国最大的炼焦煤基地；晋东、晋东南地区，包括阳泉、晋城、潞安等矿区，将成为我国最大的以无烟煤为主的供应基地；内蒙古南部东胜地区（与陕北神府相连）将成为我国优质动力煤基地。

在丰富的煤炭资源基础上，晋蒙都已建立起具有相当规模的冶金工业，包钢、太钢均是全国重要的钢铁基地之一。包头铝厂是全国八大铝厂之一，现正在水力资源、煤炭资源丰富的河津地区新建我国又一个大型铝基地。在冶金工业的基础上，太原、包头、大同等地的重型机械和矿山机械在全国均占重要地位。

（三）河南的煤炭、有色金属、机械工业基地

河南地处中原，位于经济发达的东半部的中心位置。"一五"以来就是国家煤炭、有色金属、机械工业的重点建设地区。

河南省矿产资源品种多，储量丰富。其中煤、铝、钼、金、银的储量居全国重要地位。煤炭探明保有储量近 200 亿吨，居全国第七位。煤炭储量的绝对数虽然不十分突出，但因品种齐全、位置适中、交通方便，在我国能源开发和向缺能省份逐级输送能源方面具有重大的经济价值。因此，建国后一直处在优先开发的地位，产量居全国前列。在"一五""二五"计划期间已形成平顶山（年产 1000 万吨以上）、鹤壁、焦作等大中型煤矿。2005 年产原煤 1.88 亿吨，在全国各省区中，仅次于山西、内蒙古而居第三位。铝土矿的探明保有储量居全国各省第二位，绝大多数矿床分布在郑州以西的陇海铁路两侧和焦枝铁路沿线的宝丰县内。由于矿藏开采条件

好，运输方便，资源的开发利用程度高。郑州是我国最大的铝基地之一，氧化铝产量居全国之冠。

河南地处中原，相邻各省区都是国内重要的农业区，大部分地区也是重要的建设地区，发展机械工业所需的燃料、原料可以就近供应，产品可以就近消费，所以在"一五"期间就建立了当时全国最大的洛阳拖拉机厂，以后又相继建设了矿山机械、轴承、柴油机、纺织机械等大型企业。现已拥有各种机床10多万台，占全国第八位，2005年生产大中型拖拉机3.04万台，占全国16.33万台的18.6%。以郑州、洛阳、三门峡为中心的地区，已成为我国重要的拖拉机、矿山机械、轴承等机械工业的制造中心。

（四）湖北、湖南的冶金、机械、化工和电力工业基地

湖北、湖南两省位于我国中部、长江中游，地处华北、华东、东南、华南与西北的陕西、西南的四川、贵州之间，具有全国东、西、南、北四境过渡的要冲位置。这里又是我国东西交通大动脉——长江，与南北交通主干线——京广、焦枝、枝柳铁路的交汇点。因而它本身既具备对外开放的有利位置条件，又是沿海开放地带的重要腹地，以及经济西移的重要基地。两湖地区冶金资源和水力资源丰富。鄂东大冶、鄂西南长阳一带的铁矿储量大、品位高、矿体集中，适于建立大型钢铁联合企业；湘中涟源、湘潭的锰矿资源也很丰富，其产品供应着全国各大钢铁厂；有色金属资源更为丰富，湖南省的锑、钨、铋储量全国第一，铝、锌、锡、钼居全国前列。冷水江市锡矿山锑矿的储量占全国的1/3以上，是世界上最大的锑矿；常宁水口山的铅锌矿也是全国著名的大矿。本地区是全国水能资源丰富而集中的地区，湖北省水能蕴藏量居全区九省的第一位，可能开发的水能资源居全国各省的第四位，尤其是宜昌以上长江干流，其可开发的水能资源潜力巨大。湖南省河流上中游地区水能蕴藏量也相当可观。这对发展本区冶金工业，尤其是耗电量大的有色冶金工业是一个极其有利的条件。

两湖地区的工业发展很快，经过40多年的建设已形成了以冶金、机械、化工和电力工业为主的工业基地。包括长江中游的武汉工业区、鄂西工业区和湘中工业区。武汉工业区包括武汉、黄石的大冶一带，拥有钢铁、重型机器制造、造船等比较完整的重工业，也有纺织等生产能力较大的轻工业；鄂西工业区的十堰市是我国新建的第二汽车制造厂的所在地。鄂西地区，由于汉丹（武汉—丹江口）、焦枝、襄渝（襄樊—重庆）等铁路的陆续建成，以及葛洲坝、丹江口水电站的修建，为工业的进一步发

展，创造了良好的交通动力条件，发展潜力很大。以长沙和株洲、湘潭为中心的湘中工业区，以有色金属工业著称，在株洲拥有规模巨大的以炼铅锌为主的冶炼厂，年产量占全国的1/4，享有有色金属的"鞍钢"之誉。

两湖地区的化学工业和石油化工也相当发达，有武汉、岳阳（长岭）、株洲、荆门、枝江等重要的生产中心。

（五）安徽的煤炭、冶金，化工基地

安徽省紧临经济发达、耗能量大的华东地区，为了平衡华东地区的煤炭需求，煤炭丰富又具有有利位置的安徽两淮煤炭基地，早就被列为全国重点开发基地之一。2005年全省原煤产量8500多万吨，居全国第九位。利用两淮煤矿及当地的铁矿建立的马鞍山钢铁公司，是全国大型钢铁基地之一。

此外，合肥、安庆、两淮是全国重要的石油化工和煤化工的中心。

四、南北各异的商品农业基地

中部地带南北跨纬度30多度，包括寒温带、中温带、南温带、北亚热带和中亚热带五个气候带，气候条件和自然环境的南北差异较大，为农林牧的合理布局提供了多种适宜条件；为建立多种农业基地提供了物质基础，从而有可能为国家提供丰沛的粮食和各种轻工业原料。

（一）黑、吉及内蒙古东部大兴安岭地区

这里是本带的最北部地区，也是全国的最北部。农业自然条件的主要特点是土地、水、森林资源比较丰富，而热量资源不足。本区中部有辽阔而平坦的松嫩平原，东北部有松花江下游的三江平原，平原上土层深厚，广阔分布着自然肥力较高的黑土、黑钙土、草甸土。主要农作物有玉米、大豆、小麦、谷子、高粱、甜菜等，这些作物在全国都占有重要地位，2005年仅黑、吉两省的豆类产量为680.0万吨和152.8万吨，两省之和就占全国（2157.7万吨）的38.6%，玉米占20.4%，甜菜占20.8%。平原西部草原广阔，养猪、养牛均有较好的基础。平原周围山地，气候寒凉，适宜耐寒树木的生长。大小兴安岭是我国最大的原始林区，现有森林面积占全国森林的16%，总蓄积量占全国的20%以上。仅黑吉两省的木材产量就占全国的27.14%。在林区还出产皮毛兽、药材等珍贵产品，素称东北"三宝"的貂皮、鹿茸、人参的主要产区在本区东部的长白山区。

本区拥有大面积的，质量较好的宜农荒地，仅黑龙江省就有中等以上宜农荒地8000余万亩，占全国荒地总数的53%。新中国成立后，成为我国开荒扩种的重点地区，先后在松嫩平原和三江平原上的一些盐碱、沼泽地，建立了一批又一批的机械化的国有农场，使"北大荒"变成了我国最重要的商品粮仓之一。

由于纬度高，冬季严寒而寒冷期长、生长期短，无霜期只有100天左右，≥10℃的积温只有1300—2500℃左右，大部分地区作物只能一年一熟，低温、冷害对农业生产影响严重。

（二）内蒙古西部及晋北地区

这里自然条件总的特点是水热条件不够充足，而草原辽阔，牧业条件优于种植业。≥10℃的积温约2000—3000℃，无霜期100—150天，农作物只能一年一熟。本区从大兴安岭东南麓向西北，直至大青山以北地区，都是一望无际的大草原，是我国著名的牧场。其中，东部呼伦贝尔和锡林郭勒盟东部是草甸草原，亩产鲜草可达200—300公斤，是我国最好的草原，向西逐步过渡到干旱草原和荒漠草原。内蒙古西部的阿拉善盟、巴彦淖尔及鄂尔多斯一带大部分是荒漠、戈壁草原，植被稀疏，生产力低，水源缺乏，利用条件差，仅可供骆驼放牧。内蒙古赤峰及呼包地区、晋北地区是内蒙古向华北农业区的过渡地区，农牧业交错分布，山地水土流失严重。内蒙古沿黄河两岸的河套平原，水源较丰富，又便于灌溉，适于农耕，是内蒙古的余粮地区。本区农作物以耐旱、耐寒的春小麦、谷子、糜子、马铃薯等杂粮以及胡麻、向日葵、甜菜等经济作物为主。

（三）山西、豫西黄土高原地区

本区最突出的自然条件特点是黄土覆盖面积广，黄土层深厚，植被缺乏，在长期流水侵蚀下，地面破碎，形成塬、梁、峁和沟谷交错分布的地形。这是一个以旱杂粮为主，产量不高不稳，水土流失严重，亟待综合治理的地区。晋南和豫西地区是我国古文化的摇篮，农垦历史悠久，人口稠密，盛产小麦和棉花。

（四）豫南、皖、湘、赣等长江中下游区

这里属北亚热带和中亚热带，气候温暖湿润，活动积温4500—6500℃，无霜期长达210—300天，除少数山地外，农作物可以一年两熟，大部分地区可种植双季稻和茶树、柑橘、油茶、油桐、杉木、毛竹等多年生亚热带植物，年降雨量在800—2000毫米之间。地形以丘陵山地和河流冲积平原为主，水网密布，湖泊众多，是我国重要的农业区和淡水水产区。稻谷、棉花、油菜籽、芝麻、茶叶、桑蚕、油茶、生猪、淡水水产品产量及商品量均占全国重要地位。其中鄂、豫、皖边界地区的低山、平原、盛产芝麻、烤烟、茶叶、棉花、花生等经济作物和板栗、油桐、油茶、乌桕、漆树等经济林；湖北的江汉平原、湖南的洞庭湖平原和江西的鄱阳湖平原是具有全国意义的稳产高产的商品粮基地、棉花和淡水水产品的水产基地。这里粮食耕地亩产在400公斤以上，农业人口人均粮食在450公斤以上，历年都能向国家提供较多的商品粮。棉花总产量约占全国的20%左右，商品率达90%以上，平均亩产超过50公斤。淡水水产品总量约占全国1/4多；皖南、湘中、湘东、鄂东南及江西的大部分丘陵山地，是我国亚热带作物中经济价值最高的丘陵山区，茶叶、柑橘、油茶等经济林的主产区，也是我国南方林业生产基地之一。

中部地带由于自然、社会经济等多种因素的影响，农业生产的地区差异明显，农业生产水平也各异。但总的看，中部地带除个别地区外，是我国农业生产条件较好的，重要的粮、豆、油料、棉花和糖料等多种作物的商品生产基地，重要的林业、畜牧、淡水水产生产基地。良好的农业生产基地，将对于中部地带经济的发展，以至推动全国经济的发展起到十分重要的作用。

五、全国交通的枢纽和通道

中部地带几乎集中了全国全部东西运输通道和运输枢纽。其中南、中、北部自成系统。

（一）北部

以哈尔滨为枢纽，通过滨州、滨绥干线及松花江航线，联系各干支线，向东吸引了东北的东北部、中部丰富的煤炭、木材、大豆、纸张、食糖等农林产品及重要的原材料、燃料动力等物资；向西吸引了东北西部及内蒙古东部的木材、煤炭、石油、机械、畜产品、大豆、粮食、甜菜、食糖等产品，并通过哈大线大量南运。

（二）中部

以包头、太原和郑州为纽带，通过京包、包兰、京原、石太、太焦、陇海铁路干线，连接华北和西北广大地区，组织大量的煤炭、矿产等原燃料东运和各种机械、轻工产品的西运。

（三）南部

充分利用长江水系，以武汉为枢纽，一头挑起以上海为中心的长江三角洲经济发达地区；一头挑起西北部经济最发达的成渝地区。沿线连接着大大小小几十个城镇，对地区经济开发和全国物资交流及我国生产力战略布局的西移具有承东启西的重要意义。

根据中部地带的自然资源，经济基础及其战略位置，今后主要的任务是：加快电力、煤炭、石油等能源以及有色金属、钢材、磷矿、建筑材料等原材料工业的开发和建设。加强对现有机械工业的技术改造，提高技术水平和生产能力。在经济发展水平较高的城市和地区，积极发展知识密集型产业和新型产业。大力发展农业，促进粮食和其他经济作物的稳定增长，建立几个粮、豆、油料和糖料的生产基地。大力造林、育林，积极发展畜牧业和畜牧产品的加工工业，加快长江中游沿岸地区的开发，使之成为推动我国经济布局由东向西逐步转移的重要纽带。

第三节　西部地带

西部地带包括西北各省区（陕、甘、宁、青、新）和西南各省区（云、贵、川、渝、藏），共十个省区。地处祖国西半壁，幅员辽阔，土地总面积约占全国国土面积的55%。地形复杂，自然条件多样，积聚着煤、石油、水力、有色金属、稀有金属等丰富的资源。2005年人口2.89亿，约占全国总人口的22.10%，人口平均密度是42人/平方公里左右，远低于全国人口密度的平均数，相对其他两个地带来说，是一个地广人稀的地带。由于自然条件和社会历史等多方面的原因，目前这个地区是一个少数民族集中，经济发展水平较低的地区。但从长远来看，西部地带地域广阔、资源丰富，战略地位极为重要，经济发展潜力巨大。

一、地处边远、少数民族集中地区

西部地带的大部分地区深居内陆，地处我国西北、西南边陲。西北同蒙古、原苏联、阿富汗、巴基斯坦相邻；西南与印度、缅甸、不丹、锡金、尼泊尔、老挝、越南毗连，在全国陆疆线22800公里中，西部地带占了一半以上。各省区距东部经济发达的地区及沿海港口的距离都很远，最西部的新疆距沿海远达4000公里以上。西部地带是我国少数民族集中分布的地方，全国五大民族自治区，有三个分布在本带。除陕西省外，各省区都有一个或几个相当大的少数民族聚居区，在全国31个自治州中，本带有27个，占87%；在全国124个自治县、旗中，本带有68个，占一半以上。各民族既有相对集中的聚居地区，又有广泛分布，相互交错、杂居的情况。本带的云南省有20多个民族交错聚居在一起，新疆也是一个有13个民族共聚的自治区。

二、自然资源丰富多样，发展前景无量

西部地带自然条件复杂多样，自然资源异常丰富，是我国经济重心西移的重要物质基础。

（一）草地资源丰富

草地是发展畜牧业的基础，西部地带草地资源十分丰富。草地总面积200多万平方公里，占全带土地总面积的1/3以上，占全国草地总面积的2/3左右。其中以新疆为最多，达80多万平方公里，其次是西藏和青海，分别是60多万平方公里和38万多平方公里。草地类型多样，宁夏、甘肃、新疆等西北地区以原生植被为主，饲用植物多为富含盐分的灌木、半灌木，生产力较低，宜养羊和骆驼；新疆和甘肃西部的山地草地类型呈现出垂直变化，从下而上为山地荒漠、山地草原、山地草甸，是我国西部优良的山地牧场；青藏高原地区，包括青海、西藏和四川西部海拔在4000米以上的山地，分布有高寒荒漠、高寒草原和高寒草甸，多低草型草场，产草量低，但含粗蛋白较高，适宜于地毯用毛羊和牦牛生长；云贵高原草山草坡地区，大多是森林破坏后形成的次生草灌植被，这里水热条件较好，牧草生长旺盛，产草量高，但草质较差，目前尚未充分开发，今后可以发展以肉牛为主的畜牧生产。

西部地带不仅草原广阔，而且牧业发展历史悠久，各民族在长期发展牧业生产过程中，积累了丰富的生产经验。合理利用，保护和改良这些草场仍然存在着巨大的潜力。

（二）巨大的水能"富矿区"

西部地带是全国水能资源最丰富的地区，水能蕴藏量达5.5亿多千瓦，其中西南地区尤为丰富，蕴藏量达4.7亿多千瓦，占全国水能总蕴藏量的70%左右。在总蕴藏量中，可能开发的水能资源达2.7多亿千瓦装机容量，占全国可能开发的水能资源的72.5%，其中西南地区达2.3多亿千瓦，占全国的68%左右。

西南地区是全国水能资源最丰富的地区，也是世界上水能资源最富集的地区，西北的黄河水系也是我国水能资源的富集区，但是因本带地处边陲，交通不便，开发利用程度远低于中部和东部。目前，全带水能资源利用较好的是黄河的龙羊峡至青铜峡河段，南部除岷江、大渡河、乌江、红水河等少数水电已着手开发外，大部分尚处在睡眠状态。

（三）能源矿产资源及金属矿产资源的富集区

西部地带蕴藏着大量的煤炭、石油、天然气等能源矿产资源。煤炭探明保有储量约占全国的30%；石油占15%；天然气占68%。西北地区煤炭远景储量十分可观，在全国占有重要地位，其中新疆是我国煤炭远景储量最大的省份。我国已探明的最大煤炭产地——神府东胜煤田储量多达1700多亿吨，是世界七大煤田之一。西南地区是我国南方煤炭资源的富集区，探明储量约占全国的10%左右，主要集中在黔、川、滇交界地带。三省中尤以贵州省煤炭资源最丰富，约占西南地区煤炭探明保有储量的2/3以上，新中国成立后重点建设了贵州的六（枝）盘（县）水（城）煤炭工业基地和渡口宝鼎煤矿。石油资源主要分布在西北地区，主要油田有新疆克拉玛依油田、玉门油田、陕北油田及青海冷湖油田等。天然气资源主要分布在西南地区的四川省东部垫江、长寿一带和川南泸州附近。

西部地带也是我国金属矿资源的宝库，甘肃的镍、铂，陕西钼、汞，新疆的锂、铍、铯、铬，云南的锡、铜、铅锌，贵州的铝、汞、锑，四川的钒、钛磁铁矿等金属矿的储量均居全国前列。特别是这些有色金属资源多分布在水电资源丰富的地区，今后随着西部地带水电资源及各项事业的发展，西部地带将成为我国最重要的有色金属冶炼基地。

除能源及金属矿资源外，西部地带的钾盐、磷、芒硝、硅石、云母、石棉等非金属矿在全国也占有绝对优势。

三、经济基础差、潜力大

新中国成立以来，西部地带的工农业生产有很大的发展，但由于历史基础、自然条件等多种原因，目前与东部地带、中部地带相比，经济基础仍然比较薄弱。

西部地带的土地面积占全国的一半以上，但工农业总产值只有全国的11.66%，只及东部地带的1/5，中部地带的一半左右。如从每平方公里的产值密度看，西部只及东部的4.6%，中部的25.5%。交通运输也较落后，铁路线路的密度只及东部的21%，中部的28%，低于全国平均数。西部和东部、中部地带的经济差距不是短时期内可以解决的，但必须看到西部地带经济发展的潜力是巨大的。这不仅表现在土地辽阔、物产丰富，更重要的是，新中国成立以来，西部地带的经济建设已为自身今后的发展打下了良好的基础。现在西部已经建成不少技术先进的大中项目，有些工厂的机器和技术力量都已超过东部地区的一般水平。只是由于原来的社会经济基础和文化技术条件比较差，有些设备不配套，交通又不方便，大企业改革中的一些问题没有调整好，使相当一部分大中型企业的生产能力不能充分发挥出来，经济效益较差。目前经济发展的实际情况是：

（一）原材料工业、机械制造工业已有一定的实力

新中国成立以来，国家在西部地带已经投入上千亿元的资金，建立了一批门类比较齐全的工业基地。既有重工业，也有轻工业；既有传统工业，也有新兴工业；既有民用工业，也有国防工业。特别是原材料工业和机械工业已在西部地带工业结构中占有重要地位，其主要产品产量也占全国一定地位：2005年原煤占24.90%，发电量占18.4%，天然气占70.60%，钢占9.21%，水泥占16.01%，农用化肥占34.22%，卷烟占32.74%。

西部地带产品的质量、品种，一般比东部、中部地带差些。但是在原子能、氢弹、航天技术等某些尖端工业、军用工业以及某些机电设备的研究制造、某些金属资源的开发利用研究、太阳能的研究、风力发电的研究等许多方面，在全国已处领先地位。

（二）农牧业基础得到巩固和增强

农牧业是西部地带经济发展的基础。随着农村经济制度的改革和农业生产条件的改善，本带的农牧业生产有较快的发展，主要农产品产量成倍增长。从1952年到2005年，粮食总产量由3296万吨，发展到10289.3万吨，增长3.12倍；棉花由13.99万吨发展到208.9万吨，增长14.93倍；油菜籽由33.5万吨，发展到409.2万吨，增长12.21倍；甜菜由0.58万吨，增长到434.5万吨，增长749.13倍；甘蔗由159.56万吨，发展到1118.2万吨，增长10.20倍。随着农业生产的发展相应地调整了作物布局，建立了一批粮食、棉花、油料、糖料等商品生产基地。如成都平原、银川平原、河西走廊的粮食生产基地，新疆塔里木盆地和吐鲁番盆地的长绒棉生产地基，西南地区的油菜籽、甘蔗生产基地，云贵的烤烟生产区等。

畜牧业是西部地带农业的基础，不少畜产品在全国占有重要地位。2005年大牲畜头数占全国的37.83%，羊占42.4%，奶类占19.10%。每年为国家提供大量的畜产品，宁夏的滩羊、新疆的毛肉兼用的细毛羊等，都是全国有名的畜种。本带草原辽阔，草场基本建设虽有一定的发展，但仍然比较落后，物质条件较差，畜牧业还未摆脱靠天养畜的落后状况。存在的主要问题：夏、秋草场面积大，利用很不充足，而冬春草场面积过小，过度放牧，草场退化，严重影响了牧业的进一步发展。但是，只要合

理利用草场，逐步扩大改良和栽培牧场面积，加强草原基本建设，发展的潜力还是很大的。

西南地区是我国第二大林区，森林总面积3.69亿亩，木材蓄积量40.69亿立方米，分别占到全国的21.4%和39.6%。但是成过熟林比重大，分布偏远，采运不便，从整体看，林业生产是本带农业生产中的薄弱环节，森林覆盖率除陕西、云南外，其他省区均低于全国平均水平。

（三）交通条件正在继续改善

新中国成立前，这里是我国著名的"蜀道难，难于上青天"的交通闭塞地区。新中国成立后，为生产力布局的西移，和发展西部地区的经济，对发展西部的交通运输十分重视。2005年西部地带铁路、公路、内河航道运营总里程占到全国的31.98%。西北地区的铁路建设以兰州为中枢，兰新铁路东西横贯整个大西北，从兰州出发，有兰青线抵达青海省省会西宁；从西宁向西延伸的青藏铁路，已通到西藏的拉萨。在兰新铁路途中的吐鲁番，又分支了一条沟通天山南北的南疆铁路；从兰州往北，有包兰铁路和京包铁路相连。西南地区现有成渝、宝成、川黔、贵昆、成昆、湘黔、黔桂、湘渝等线和全国铁路网相连接，初步改变了交通闭塞状况。

公路是西部地带的主要交通工具之一，西藏自治区有川藏、新藏、滇藏、青藏等公路，分别从四川、青海、新疆、云南等几个省区到达西藏自治区首府拉萨。

水运是西南地区的重要运输通道。长江水系中的川江航道，新中国成立后进行了大规模的整治，成为西南地区对外联系的重要通道。

国家也十分重视西部地带航空运输的发展，早在1950年最初开辟的几条航线中，就有通往新疆地区和四川地区的航线，以后又相继开辟了通往拉萨、成都、西安、兰州等航线。交通运输事业的发展，尤其是铁路和公路的建设，为西部地带社会经济的发展创造了条件。但由于西部地带地域广阔，地形复杂，交通闭塞的局面尚未根本改变，各种交通线路所承担的运输任务与经济发展的要求相比，差距甚大。

综上所述，我国西部地带，地理位置偏远，地域辽阔，自然资源丰富多样。但自然资源的限制因素也比较突出，西北地区干旱缺水，西南地形复杂，青藏高原地势高寒，生态环境比较脆弱；大部分地区人少地多，是我国少数民族集中的地区；农业与畜牧业并重，畜牧业在全国占有重要地位；工业基础薄弱，但军工、原材料工业、机械制造工业已有一定的基础；交通条件虽有改善，但仍不能适应国民经济发展的需要。总的看，西部地带经济发展的水平与东部、中部还有一定的差距。但丰富的资源，辽阔的土地以及已建立起来的经济基础，都显示出西部地带经济发展的潜力和美好前景。

第四节 西部大开发

从"九五"开始，国家将区域经济协调发展作为重点来抓。1996年制定并出台了有关政策和措施，包括加强中西部地区资源勘查，优先安排资源开发和基础设施建设项目；逐步增加财政支持和建设投资，国家政策性贷款对中西部地区作一定倾斜；调整加工业的布局，引导资源加工型和劳动密集型产业向中西部地区转移。同时，国家对中西部地区利用外资、开展对外贸易和经济合作等方面实行同等优先、重点支持的原则，并适当放宽外商投资的领域。1999—2000年，国家正式提出"西部大开发"的发展战略，并配套出台一系列政策措施。

西部大开发的范围指："大西部"，除了涵盖三大经济地带的西部，还明确广西、内蒙同样享受西部开发政策，即西部区域包括：四川、重庆、贵州、云南、西藏、陕西、甘肃、青海、宁夏、新疆、广西和内蒙共12个省、市、自治区。从区域协调发展来看，西部开发也是东、中、西部的共同机遇。经过几年的发展，西部地区经济建设已经进入新阶段。

2006年12月，国家发展和改革委员会，国务院西部地区开发领导小组办公室联合发布《西部大开发十一五规划》，总结了西部大开发前5年取得的成绩，指出了今后5年或更长时间工作的方向。

一、西部大开发进入新阶段

在党中央、国务院领导下，在各地区、各部门特别是西部地区广大干部群众共同努力下，西部地区基础设施得到显著改善，生态建设和环境保护取得可喜成效，重点城市和特色优势产业发展呈现良好势头，社会事业薄弱环节得到加强，民族地区和边远贫困地区脱贫致富步伐加快。实施西部大开发战略，促进了东中西互动，为保持国民经济平稳较快发展发挥了重要作用。

（一）取得的成绩

2000至2005年，西部地区生产总值年均增长10.6%，地方财政收入年均增长15.7%。累计新开工70个重大建设工程，投资总规模约1万亿元。新增公路通车里程22万公里（其中高速公路6853公里），新增铁路营运里程近5000公里，新增电力装机4552万千瓦，新增民航运输机场10个，青藏铁路、西电东送和西气东输等重大建设工程相继建成。宁夏沙坡头、广西百色、四川紫坪铺等水利枢纽工程开工建设，塔里木河、黑河等专项治理工程进展顺利。西部地区累计治理水土流失1600万公顷，实施生态自然修复面积2800万公顷，累计完成退耕地还林526万公顷，荒山荒地造林765万公顷，退牧还草1933万公顷，易地扶贫搬迁120万人。油路到县、送电到乡、广播电视到村、村村通电话、农村能源、人畜饮水、节水灌溉等基础设施建设取得明显成效。"两基"攻坚计划全面实施，疾病预防控制体系、医疗救治体系和农村卫生服务体系建设进展顺利。科技对经济和社会发展的支撑作用逐步增强。人才开发工作得到加强。实施西部大开发战略以来，特别是"十五"时期，西部地区经济增长最快，发展效益最好，综合实力提高最为显著，城乡居民得到实惠最多，为继续推进西部大开发奠定了重要物质基础和良好发展环境。

（二）面临的机遇

"十一五"时期，继续推进西部大开发，面临难得的机遇。一是深入贯彻落实科学发展观和构建社会主义和谐社会两大战略思想，为继续推进西部大开发指明了方向，有利于西部地区实现又好又快发展。二是国民经济持续平稳较快发展，综合国力不断提高，国家将继续加大建设资金投入、财政转移支付等政策扶持力度，有利于加强西部地区薄弱环节，改善基本公共服务。三是结构调整和产业转移步伐加快，城乡居民消费结构加速升级，有利于推进西部地区能源矿产等资源优势向产业优势转化，增强自我发展能力。四是区域发展总体战略的形成和实施，区域协调互动机制不断完善，有利于推动西部地区与东中部地区良性互动、优势互补、共同发展。五是改革向纵深推进，加快解决制约经济社会发展的体制机制障碍，有利于西部地区以改革促发展，增强发展的动力和活力。六是互利共赢开放战略的实施，统筹国内发展和对外开放，不断提高对外开放水平，有利于西部地区更好地利用两个市场、两种资源，拓展与周边国家、地区经贸合作的领域和空间。

（三）面对的挑战

西部地区与其他地区特别是发达地区发展差距还在扩大。基础设施依然滞后，尤其是西南地区交通条件亟待改善，西北地区水资源严重缺乏。生态环境建设任务十分繁重，限制开发区域和禁止开发区域占国土面积比重高,生态补偿机制还不健全。自我发展能力特别是技术创新能力不足,产业结构不合理,产业链条不长,影响资源优势转化为经济优势。"三农"问题和城乡就业矛盾尤为突出,扶贫开发工作十分艰巨。基本公共服务水平偏低,人才不足和人才流失现象严重。西部地区幅员辽阔,人口分散,承担着守土戍边的重任,进行社会管理和公共服务的行政成本很高。改革攻坚难度大,国有企业改革滞后,非公有制经济发展缓慢,实际利用外商直接投资比重仅占全国的3%左右,发展观念和体制机制还不适应市场经济的要求。实施西部大开发在资金投入、人才开发、法制保障等方面的长效机制还不完善。

西部大开发事关全局,任重道远。必须充分认识西部大开发的长期性、艰巨性和复杂性,进一步增强责任感和紧迫感,以更大的决心,采取更有力的措施,抓住机遇,坚定信心,迎难而进,艰苦奋斗,将西部大开发不断推向前进。"十五"期间西部社会经济的发展见表10-3。

表10-3 "十五"期间西部社会经济的发展

项目、地区 指标	2000年 西部	2000年 全国	2005年 西部	2005年 全国	"十五"年均增长(%) 西部	"十五"年均增长(%) 全国
年末总人口(亿人)	3.62	12.67	3.60	13.06	[-0.6]	[3.1]
耕地保有量(万公顷)	4846	12824	4503	12208	[-7.1]	[-4.8]
GDP(亿元)	16655	97209	33493	197789	11.3	11.9
人均GDP(元)	4624	7766	9180	15386	14.7	14.7
进出口贸易总额(亿美元)	172	4743	451	14219	21.3	24.6
城镇居民人均可支配收入(元)	5490	6280	8783	10493	9.9	10.8
农村居民人均纯收入(元)	1690	2250	2379	3255	7.1	7.7
铁路营业里程(公里)	22109	58656	27594	75438	[24.8]	[28.6]
公路里程(公里)	553874	1402698	780339	1930543	[40.9]	[37.6]
高速公路通车里程(公里)	3677	16314	10530	41005	23.4	20.2
民航运输机场数量(个)	58	121	66	142	[13.8]	[17.4]
固定电话用户(万户)	2623	14483	7030	35045	21.8	19.3
移动电话用户(万户)	1382	8453	8012	39341	42.1	36.0
普通中学在校学生数(万人)	1834	7369	2354	8581	5.1	3.1
医疗机构床位数(万张)	83.0	317.7	87.7	335.1	[5.7]	[5.5]

注:1. 表中"西部"一栏为西部地区各省区市加总量,为保证数据可比性,"全国"一栏为全国各省区市加总量,故表中数据与统计局发布的全国数据不同
2. [ ]内为"十五"期间累计增幅
3. 绝对数为当年价,除人均GDP、城镇居民人均可支配收入和农村居民人均纯收入三项指标外其他指标增长率均为可比价

二、"十一五"西部大开发总的目标

"十一五"西部大开发总的目标是，经济又好又快发展，人民生活水平持续稳定提高。基础设施和生态环境建设实现新突破，重点地区和重点产业的发展达到新水平，基本公共服务均等化取得新成效，构建社会主义和谐社会迈出扎实步伐。

（一）经济又好又快发展和人民生活水平持续稳定提高

在提高经济发展质量和效益的基础上，实现人均地区生产总值比2000年翻一番以上。城乡居民人均收入水平与全国差距扩大的趋势得到遏制，城镇居民人均可支配收入和农村居民人均纯收入年均增长6%以上，基本解决贫困人口温饱和低收入人口稳定增收问题。

（二）基础设施和生态环境建设取得新突破

交通通信条件得到明显改善。新增公路通车里程20万公里，建设农村通乡沥青（水泥）路11万公里；铁路路网总规模达到35000公里；重点大中型机场的扩建、迁建和一批支线机场建设任务基本完成；邮政和电信业务进一步改善，大部分地区实现普遍服务。水资源开发和节约利用取得成效，一批水资源开发和配置重点工程开工建设，节水农业发展取得重大进展，单位面积灌溉用水量大幅度减少，灌溉用水总量实现零增长。新增农村水电装机1100万千瓦。生态环境总体恶化趋势基本遏制。水土流失面积占国土面积的比例下降2%，治理"三化"草原1.1亿公顷，国家生态保护和修复重点工程区森林覆盖率提高2个百分点以上，主要污染物排放总量减少10%左右，单位国内生产总值能耗降低20%左右。

（三）重点地区和重点产业的发展达到新水平

重点经济带的集聚效应得到发挥，中心城市的辐射和带动作用明显提高，重要资源富集区建成一批优势资源开发及加工基地，重点边境城镇地区开发开放，培育和形成新的增长点。特色优势产业发展水平明显提高，能源及化学工业、优质矿产资源开采及加工、特色农副产品生产加工、重大装备制造、高技术产业和旅游等六大产业实现结构优化升级，建成一批特色优势产业基地。

（四）实现基本公共服务均等化取得新成效

"两基"攻坚计划全面完成，20户以上已通电自然村实现通广播电视，农村饮水安全问题得到缓解，适宜地区户用沼气普及率明显提高，农村电网改造的续建配套工程基本完成，所有乡镇通沥青（水泥）路以及具备条件的建制村基本实现通公路。新型农村合作医疗基本覆盖全体农民，城镇居民社会保障覆盖面进一步扩大，省会城市和有条件的地级城市建成比较完善的城市社区卫生服务体系，城乡居民人均享有的基本公共服务与东中部地区的差距逐步缩小。

三、具体的发展要求

（一）扎实推进社会主义新农村建设

按照"生产发展、生活宽裕、乡风文明、村容整洁、管理民主"的要求，坚持科学规划、分类指导、因地制宜、稳步推进，全面加强农村经济建设、政治建设、文化建设、社会建设和党的建设。

1. 提高农业综合生产能力

提高粮食综合生产能力，加强基本农田保护，加快中低产农田改造和基本口粮田建设，稳定提高一批重点区域性商品粮基地产量。提高农业装备水平，有条件的地区加快推进农业机械化。加强农田水利和牧区水利建设，积极发展旱作节水农业。新增节水灌溉面积267万公顷，农业灌溉用水有效利用系数提高到0.5。

积极调整农业结构。促进农产品向优势产区集中，重点建设一批特色农产品生产基地。稳定发展生猪和禽蛋生产，大力发展奶业和牛羊肉、优质细毛羊生产以及地方特色畜牧业。加强地方特色产品原产地保护。提高农产品质量安全保障能力，无公害农产品认证率超过30%。加快建设和完善农产品生产、加工、流通等配套服务体系，积极推进农产品批发市场设施建设和升级改造，加大"万村千乡市场工程"的实施力度。

提高农业科技创新与转化能力。推进农业高技术产业化，加快农业科技成果转化应用，建设一批现代农业科技推广示范基地。继续实施星火计划，加强农业企业技术创新能力建设和新型农村科技服务体系建设。科技对农业经济增长的贡献率提高到50%左右。商品良种覆盖率平均增长15个百分点左右。

2. 改善农村生产生活条件

加快解决重点区域饮水安全问题。加快建设通乡通村道路。积极发展农村沼气等清洁生活能源，启动农村水电增收解困工程。完善农村电网，大力推进无电地区电力建设。改善边远地区邮政网络设施，实施"金农"工程，建设农业综合信息服务平台，推动城乡市场信息服务体系向基层地区延伸。加强村庄规划，改善环境卫生及村容村貌，加大对古镇、古村以及有特色的农村建筑风貌的保护力度。

3. 千方百计增加农民收入

完善扶农支农惠农政策，扩大公共财政覆盖农村的范围，确保各级财政用于"三农"的投入逐年增长。

拓展农业增收渠道。推进农业产业化经营，培育和壮大一批龙头企业和特色农产品加工中心，加快培养造就一大批有文化、懂技术、会经营的新型农民，积极发展农民专业合作经济组织，大力发展农产品生产、加工、销售一体化经营，发展休闲观光农业，鼓励优势农产品出口。支持发展少数民族特需用品生产及其贸易。

努力增加非农产业收入。加快推进农村二、三产业和特色经济发展，促进农村富余劳动力就近就地转移就业。大力支持发展产业集中、人口聚集的县域经济。加强城乡规划、城镇管理、就业服务等工作，鼓励和支持开展农民工技能培训，有序促进农村人口转移和劳务输出，增加农民务工收入。探索建立适合农民工特点的社会养老保险制度，统筹城乡社会养老保险制度建设。

4. 加大扶贫开发力度

继续增加扶贫投入，进一步完善扶贫开发机制和政策措施，加快开发式扶贫步伐，提高扶贫效率。积极推进产业化扶贫。继续实行中央国家机关定点扶贫、东西协作扶贫、科技和智力扶贫、国际交流与合作扶贫等方式。对生存条件恶劣的地区，实行易地扶贫。加强对边远高寒山区、人口较少民族地区、三峡库区等地区特殊困难人口的社会救助。继续实施"少生快富"工程，在扶贫开发、农业开发的项目和政策上，向实行计划生育的农户倾斜。

西部地区新农村建设十大重点工程：基本口粮田建设工程——重点在退耕还林地区改造和建设基本口粮田1500万亩。原则上保证西南地区退耕农户人均基本口粮田不少于0.5亩、西北地区2亩以上，巩固生态建设成果。商品粮基地建设工程——重点建设四川成都平原、陕西关中地区、宁夏沿黄地区、内蒙古河套地区、甘肃河西走廊，以及广西北部和东南部、重庆西部、云南东中部、贵州中部和东北部坝地、西藏一江两河中游河谷地、新疆北部、新疆生产建设兵团垦区等区域性商品粮基地。特色优势农产品生产基地建设——重点建设优质棉、糖料、油菜、烟叶、优质水果、花卉、蚕茧、茶叶、优质马铃薯、畜产品、中（民族）草药材、天然橡胶等生产基地。节水示范工程——加快推广渠道防渗、管道输水灌溉、微灌、滴灌等先进节水技术，鼓励和支持购买节水灌溉设备、建设地头水柜等小型集雨蓄水设施。继续推进新疆生产建设兵团等地区实施节水增效示范工程。农村饮水安全工程——解决农村居民饮用高氟水、高砷水、苦咸水、污染水和血吸虫疫病区、微生物超标等水质不达标以及部分严重缺水地区的饮水安全和困难问题。农村公路建设工程——建设通乡（镇）沥青（水泥）路11万公里，加快建制村公路建设。农村能源工程——加快发展农村沼气，加强省柴节煤炉灶（炕）、薪炭林建设，适当发展生物质能，推进小水电代燃料工程建设。利用电网延伸、风力发电、小水电和微水电、太阳能光伏发电等，基本解决无电人口用电问题。建设绿色能源示范县。易地扶贫搬迁（生态移民）工程——对基本失去生存条件地区的农牧民，国家优先安排资金，进行易地扶贫搬迁。加强游牧民定居点建设。农业科技示范工程——加快构建多元化、多层次的农业技术推广体系，支持重点建设一批农业科技示范基地和科技园区。农民创业促进和农村劳动力转移就业工程——加强农民创业技能培训和农村实用人才培训，提供法律政策咨询、就业信息、就业指导、职业介绍、创业咨询、融资担保等服务，引导和支持农民创办企业。

（二）继续加强基础设施建设

继续把基础设施建设作为西部大开发的重大任务。抓好在建重点工程建设，积极开展重大项目前期工作，坚持每年新开工一批重点工程，不断提高基础设施建设的质量和综合效益。

1. 完善综合交通运输网络

重点抓好通道建设，构建联通东西、纵贯南北、对接城乡的大通道、大网络。公路建设，继续实施国家高速公路网西部路段项目，建成"五纵七横"国道主干线西部地区路段和西部开发八条干线公路，加快推进"油路到乡"和"公路到村"建设工程。铁路建设，组织实施一批通达珠三角和环渤海地区通道、西北与西南地区通道和沿边境对外国际运输通道以及大型铁路枢纽建设等重大工程，扩大路网覆盖面，完善路网结构。民航建设，优化民用机场布局，提高机场密度，以促进旅游资源开发、改善边远地区交通条件和以加强国防交通为重点，新建和扩建一批机场。内河航运建设，加快航道治理和渠化，建设一批重要港口，改善航运条件。完善广西沿海港口设施。加强油气干线管网和配套设施规划建设，建成西油东送成品油管道，适时建设第二条西气东输管道和陆路进口油气管道。

主要交通基础设施建设重点工程：公路——北京至昆明、包头至茂名、青岛至银川、上海至西安、上海至重庆、上海至昆明、福州至银川、广州至昆明等国家高速公路网西部路段；通达重要口岸公路、进藏公路改造；贵阳至广州高速公路部分路段。铁路——太原至中卫（银川）、兰州至重庆、临河至策克、贵阳至广州、西安至平凉、重庆至利川、奎屯至北屯、大理至瑞丽、中吉乌铁路，青藏铁路延伸线，吐鲁番至库尔勒扩能，乌鲁木齐西至精河、西宁至格尔木、包头至西安、遂宁至重庆增二线。机场——改扩建成都、西安、乌鲁木齐、西宁、重庆、贵阳、兰州等机场，迁建昆明机场，新建康定、阿尔山、玉树等小型机场。内河航运——加快实施泸州至重庆、宜宾至泸州、水富至宜宾等长江干流中上游航道治理工程，以及西江水系航道建设和嘉陵江、右江渠化；重点建设重庆、泸州、贵港等港口码头设施。

2. **加强水利设施建设**

促进水资源节约、保护和优化配置，开工建设一批水资源开发、调配的重点项目。继续做好亭子口水利枢纽和沙坡头灌区、升钟灌区、桂中治旱等大型灌溉工程的前期工作，条件成熟的适时开工。加快农村中小型水利基础设施及其配套工程建设。稳定提高严重缺水地区供水保障水平，优先解决城乡居民生活用水问题。进一步加强重要河段、重要城市防洪工程建设，搞好山洪灾害防治。继续推进南水北调西线工程前期工作。

主要水利建设工程：重大水利枢纽工程——云南青山嘴、甘肃九甸峡、新疆喀腊塑克等。大型灌区改造工程——四川都江堰、内蒙古河套、宁夏青铜峡等大型灌区续建配套节水改造、青海湟水北干渠扶贫灌溉、新疆恰甫其海等水库配套灌区和牧区水利建设。水库工程——云南"润滇"、重庆"泽渝"、四川"兴蜀"、贵州"滋黔"。

3. **加快信息基础设施建设**

统筹网络基础设施建设，提高西部农村和边远地区的网络覆盖率，积极推进电子政务、电子商务、远程教育和医疗等信息综合应用。加强重点城市宽带通信网、数字电视网建设，逐步开展下一代互联网建设。利用国家公共通信资源，形成中央到西部省区市统一的电子政务传输骨干网。扶持面向企业、行业和区域的第三方电子商务平台建设。推动西部地区农村中小学及农村党员干部现代远程教育系统建设。继续提高西部地区的电话、电视普及率。

4. **改善重点区域基础设施**

以区域中心城市为重点，继续建设一批供水、供热、供电、供气、污水和垃圾处理、大气污染防治等项目。改造城市供排水、供热和燃气等市政公用设施地下管网。加快城市道路和公共交通体系建设，优先发展城市公共交通，建设重庆、成都、西安等城市快速轨道交通设施。加快优势能源、矿产资源开采加工重点地区供排水、环保以及对外通道建设步伐。建设和完善重点边境口岸地区基础设施。

（三）大力发展特色优势产业

立足比较优势，促进结构调整，转变增长方式，提升竞争能力，加强政府引导和政策支持，促进资源优势转化为产业优势和经济优势，逐步形成若干特色资源加工基地和优势产业发展基地。

1. 优化发展能源及化学工业

充分利用西部地区水能资源、煤炭资源、石油天然气资源丰富的优势，调整优化能源结构，促进集中布局，提高优势资源加工增值比重，加快建设若干国家重要的水能、煤炭、石油天然气等能源工业开发、接续基地和重要能源化工产品加工基地。

合理开发利用煤炭资源，稳步推进亿吨级大型煤炭基地建设，合理布局并加快建设煤电一体化重大项目。加强煤矿瓦斯综合治理，加快煤层气开发利用，统筹规划、稳步推进煤制油、甲醇、二甲醚等项目试点，择点建设煤化工基地。

积极发展电力，有序开发水电，优化发展火电，统筹兼顾移民安置、环境保护和当地经济发展，重点建设一批大型水电工程和大型煤电基地，加快建设西电东送三大输电通道和跨区域输变电工程。

适当扩大石油天然气资源当地转化和加工增值，抓好国家石油储备基地和大型炼油、乙烯、芳烃、化肥等项目建设。大力发展可再生能源。加大青藏地区、鄂尔多斯盆地等主要含油气盆地综合调查研究工作力度，加强新疆非油气矿产资源勘查。

重要能源及化工基地：煤炭生产及煤电一体化基地——陕西、宁夏、内蒙古、贵州、云南、新疆、甘肃。大型水电基地——金沙江、雅砻江、澜沧江、黄河上游、红水河、乌江等。大型石油、天然气开采及加工基地——新疆、川渝、陕甘宁、青海、内蒙古、广西沿海。煤化工基地——陕西、内蒙古、宁夏、贵州。可再生能源基地——新疆、内蒙古、宁夏、甘肃、新疆生产建设兵团、西藏的风能、太阳能，广西、云南、四川、重庆、贵州的生物质能，西藏的地热发电等。国家石油储备基地——甘肃。

2. 集约发展重要矿产资源开采及加工业

依托现有产业基础，建设若干有色金属、稀土、钢铁等优势矿产资源开采加工基地，培育若干以重要资源开发加工为主的矿业经济区。增加西南"三江"地区等重要成矿区开展调查评价的资金投入，加大铜、铝、铅、锌、镍等优势有色金属矿产资源调查评价和勘查力度，增加资源储量。合理开发资源，鼓励发展技术含量、附加值高的深加工产品和新型合金材料。有条件的地区，有序发展铝电联营。进一步提高稀土、钒钛等矿产资源综合利用水平。加快发展并形成若干大型钾肥、磷复肥生产基地，优化发展氯碱、磷化工等基础化工原料。发展高速铁路用重轨、大口径优质无缝钢管、优质合金钢材和精密合金钢材等特殊钢材。根据市场需求，推进重点钢铁企业技术改造和产业结构优化升级。

优势矿产资源开采及加工基地：有色金属综合开发利用——云南、新疆铜；广西、贵州、重庆、内蒙古铝；云南铅锌；四川钒钛；陕西钼；甘肃镍；青海钠镁锂；宁夏钽铌铍。稀土开发、研究和生产——内蒙古、四川、甘肃。钾肥——青海柴达木、新疆罗布泊。磷复肥——云南、贵州。钢铁——包钢、攀钢、酒钢、柳钢、昆钢、八一钢厂、水钢等。

3. 大力发展特色农牧产品加工业

充分发挥西部地区独特的农牧业资源优势，加快建设并形成一批特色农副产品深加工产业基地。着力延长农业产业链条，大力发展品种优良、特色明显、附加值高的优势农产品，积极培育一批知名品牌，重点扶持一批带动力强的龙头企业，支持建设一批国家农业科技创新基地和区域性农业科研中心。

主要特色农牧产品加工基地：

畜产品工业——内蒙古、新疆、青海、西藏、宁夏、四川、陕西、重庆。制糖工业——广西、云南甘蔗加工，新疆、内蒙古甜菜加工。烟草工业——云南、贵州。酿酒工业——四川、贵州高档白酒，甘肃、新疆、宁夏、云南高档果酒。纺织工业——新疆、陕西棉纺，四川、重庆、广西、陕西、云南丝绸。茶叶加工业——云南、贵州、广西、四川、重庆、西藏。中（民族）医药工业——中药、藏药、蒙药、傣药、苗药。果蔬加工业——浓缩果汁、果酱、脱水果蔬、酱菜。林（竹）纸一体化工业——广西、云南、宁夏、新疆、贵州、四川、重庆。木本粮油精深加工业——广西、贵州、四川、云南等。淀粉加工业——甘肃、宁夏、内蒙古、云南马铃薯加工，广西、四川、重庆木薯加工等。

4. 着力振兴装备制造业

提高西部地区重大装备制造研发设计、核心元器件配套、加工制造和系统集成的整体水平，加快发展具有核心技术、带动力强的大企业、大集团，逐步形成一批竞争力较强的重大装备制造业基地和国家级研发生产基地。重点发展核电装备制造、重型燃机、大型冶金化工成套设备、重型机械和大型工程施工成套设备、汽车、摩托车、内燃机、环保成套设备，输变电成套设备，大型数控机床、数字智能型仪器仪表，轨道交通设备，工程机械，农业机械，水力及风力发电成套设备等。

重大装备制造业基地和国家级研发生产基地：重大电力装备——重庆、成都、西安、乌鲁木齐、德阳、自贡。重型工程机械装备——西安、重庆、包头、柳州、天水、宝鸡。汽车、新型摩托车——重庆、成都、西安、柳州。环保成套装备——重庆、成都、西安。数控机床及数字智能型仪器仪表——重庆、银川、西安、成都、天水。重大医疗仪器设备——重庆、西安、绵阳、贵阳。

5. 积极发展高技术产业

推进科技成果产业化，培育和形成若干高技术产业基地。重点发展集成电路、软件、网络通信设备、新型电子元器件、数字音频视频产品等信息产业，生物医药、生物能源产业，有色金属和稀土等高性能材料产业，现代农业，航空航天产业，新能源产业。进一步发挥陕西杨凌高科技农业示范区和四川绵阳科技城的创新带动作用，提高各类高技术产业园区创新能力和孵化能力，着力提升一批科技创业园、大学科技园的科技整体实力和产业技术水平。

高技术产业重点产品研发及生产基地：航空航天——陕西、四川、贵州。集成电路、软件、通讯设备——成都、绵阳、西安、重庆。数字音频、视频产品——西安、绵阳、重庆。有色金属、稀土等高性能材料——陕西、贵州、广西、新疆、云南、甘肃。生物产业——四川、陕西、重庆、云南、甘肃、新疆、广西。

6. 加快发展旅游产业

大力培育和开发具有西部特色优势的国际国内知名旅游景区和线路，加快旅游基础设施和信息化建设，加强国内外旅游市场开发，推进跨区域旅游资源整合，重点开发一批跨区域旅游区。继续发展红色旅游，大力发展文化旅游产业，积极开发文化旅游产品。鼓励发展休闲度假旅游、生态旅游、探险旅游、边境旅游、科普旅游、农业旅游和工业旅游等专题旅游。加强保护、合理利用文化自然遗产资源，推动国家重要风景区可持续发展。

西部跨区域重点旅游区：

丝绸之路旅游区——西安古城、秦始皇陵、宝鸡法门寺、天水麦积山、武威雷台公园、张掖卧佛寺、敦煌莫高窟、吐鲁番古文化遗址、喀什民族风情旅游。

香格里拉生态旅游区——茶马古道、康定跑马山、稻城亚丁、海螺沟冰川、丽江玉龙雪山、丽江古城、迪庆香格里拉峡谷、德钦梅里雪山、西藏盐井、八宿然乌湖。

长江三峡高峡平湖旅游区——三峡库区、大足石刻、巫山小三峡、丰都名山、奉节白帝城、云阳张飞庙。

青藏高原特色旅游区——布达拉宫、林芝大峡谷、雅砻河谷、三江源、青海湖、塔尔寺。

川黔渝旅游区——三星堆、乐山大佛、峨眉山、自贡恐龙博物馆、宜宾蜀南竹海、泸州佛宝、重庆武隆天生三桥、黄果树瀑布、九寨沟、黄龙寺、都江堰、梵净山。

珠三角—桂东—桂北黄金旅游区——桂林漓江、阳朔遇龙河—兴坪生态田园风光、桂平太平天国金田起义遗址、昭平黄姚古镇历史文化旅游。

滇桂民族风情热带风光边境旅游区——大理苍山洱海、西双版纳热带雨林、沧源阿佤山佤文化、建水—石屏历史文化、乐业大石围天坑群、防城港江山半岛—东兴金滩。

西北大漠草原旅游区——锡林郭勒草原、鄂尔多斯成吉思汗陵、阿拉善贺兰山宗教文化与原始次生林、西夏王陵、沙坡头、喀纳斯、天山天池。

黔东南—湘鄂西民族风情与生态旅游区——贵阳、凯里、榕江、从江、黎平苗侗少数民族风情，湘西、恩施土家族、苗族民族风情，湘西凤凰古城。

重点红色旅游区——左右江、黔北黔西、滇北、川西雪山草地、陕甘宁、川陕渝、延安、遵义、广安。

(四) 引导重点区域加快发展

坚持以线串点、以点带面，依托交通枢纽和中心城市，充分发挥资源富集、现有发展基础较好等优势，加快培育和形成区域经济增长极，带动周边地区发展。

1. 推进重点经济区率先发展

要在城市建设、土地管理、人口及劳动力流动、重大基础设施建设和重要产业布局等方面,加强统筹规划和协调,打破地区封锁和市场分割,优化经济发展空间布局,加快建立分工合理、协作配套、优势互补的成渝、关中—天水、环北部湾(广西)等重点经济区,成为带动和支撑西部大开发的战略高地。鼓励南贵昆、呼包银、兰(州)西(宁)等区域依托交通干线,加快形成有特色的城市带。

重点经济区发展方向:

成渝经济区——依托重庆和成都两个特大城市,重点发展重大装备制造、高技术、水电、特色农副产品生产加工、天然气化工、特色旅游产业,加快建设长江上游生态屏障。进一步发挥重庆直辖市的功能和作用。

关中—天水经济区——依托西安、咸阳、宝鸡、天水等城市,重点发展高技术、装备制造工业、航空航天工业、现代农业和特色旅游产业,加快建设西(安)咸(阳)经济一体化示范区。

环北部湾(广西)经济区——依托南宁、北海、钦州、防城港等城市,连接周边广东、海南等地区,重点发展临港型产业,集聚发展大型炼油、石化和林浆纸一体化工业基地,探索建立泛北部湾次区域经济合作机制。

2. 鼓励城市圈集聚发展

充分发挥省会城市及地区中心城市工业化水平比较高、人口密度较大、知识资源丰富、地理区位条件优越、交通相对便利、自然生态环境相对较好等综合优势,提高城市综合承载能力,发挥聚集效益和带动作用。支持各类国家及省级开发区提高生产制造层次和利用外资水平,带动城市圈产业结构调整和技术升级。在有条件的地方建设国际物流中心和设立保税区,着重发展贸易加工业。

3. 引导资源富集地区集约发展

坚持统筹规划,突出重点,集约开发,综合利用,按照资源赋存条件优良、国内外市场需求旺盛、大规模开发利用条件基本具备等要求,推进优势资源富集地区有序开发,带动地方经济发展。加快矿产资源的勘查与开发,形成一批我国能源、矿产资源重要接替区。开展矿区生态修复,促进资源型城市经济转型。

4. 推动重点边境口岸城镇跨越发展

依托重点边境口岸,改造一批以集散能源、原材料、特色农产品、粮食、棉花等资源性产品为主的商品市场和物流园区,促进优势产品出口。加快建设边境经济合作区、互市贸易区和出口加工区。积极推进中哈霍尔果斯国际边境合作中心建设。加快建设和完善边境口岸设施，完善边境贸易政策，提高通关效率，便利人货往来，逐步形成完善、规范的边境加工贸易体系。

5. 扶持少数民族地区加快发展

加大财政对民族地区一般性转移支付、民族地区转移支付和财政性投资力度，大力改善基础设施条件，着力解决少数民族群众特困问题，努力提高少数民族教育科技水平，积极发展少数民族文化事业，加强少数民族人才队伍建设。扶持人口较少民族的经济社会发展，推进"兴边富民"行动计划。加强对口支援，完善和落实支持西藏、新疆和新疆生产建设兵团发展的政策。

兴边富民工程：

主要发展目标——重点解决西部边境地区边民生产生活面临的特殊困难和问题，逐步使边境地区经济社会发展基本达到本省区中等或以上水平。

主要任务——加强边境地区公路建设，边境一线茅草房（危旧房）改造，饮水工程和水利建设；实施整村推进扶贫，建立农村（牧区）最低生活保障制度；重点建设一批区位重要、少数民族人口较多的边民互市贸易市场。

（五）坚持抓好生态保护和建设、环境保护和资源节约

统筹人与自然和谐发展，正确处理生态建设、环境保护、资源节约与经济社会发展的关系，推进重要生态功能区的形成，逐步建成我国生态安全重要屏障。加快建设资源节约型和环境友好型社会，切实保障广大城乡居民生产生活安全、国家生态安全和经济社会全面协调可持续发展。

1. 巩固发展生态保护和建设成果

保护修复自然生态，继续实施一批生态保护和建设重点工程。按照巩固成果、稳步推进的总体要求，落实退耕还林"五个结合"配套保障措施，努力解决好退耕农户吃饭、烧柴、增收等长远生计问题；国家安排退耕地还林还草任务133万公顷、荒山荒地造林任务233万公顷，主要安排在西部重点地区。适当加快退牧还草建设步伐，重点推进严重退化草地治理，安排退牧还草任务5000万公顷。继续推进天然林保护、湿地保护与恢复、自然保护区建设、水土保持、三峡库区生态治理等工程。加强防沙治沙工作，推进防护林体系建设。实施好青海"三江源"自然保护区、甘肃石羊河流域综合治理等生态保护和建设工程。推进实施甘肃甘南黄河重要

水源补给区生态保护和建设规划，加强青藏高原国家生态安全屏障保护和建设。

生态保护重点工程：

退耕还林还草——巩固成果，稳步推进，在长江、黄河流域中上游水土流失和严重沙化地区继续实施退耕还林还草任务，切实落实"五个结合"配套保障措施。

退牧还草——通过建设围栏、补播草种和禁牧、休牧、划区轮牧等方式，在内蒙古东部、内蒙古甘肃宁夏西部、青藏高原东部、新疆北部四大片区治理严重退化草地。

天然林保护——对工程区内的天然林和其他森林实行全面有效管护，在长江上游、黄河上中游工程区开展公益林建设。

京津风沙源治理——通过退耕还林、荒山荒地荒沙地区造林、飞播造林、封山（沙）育林育草、草地治理、小流域综合治理、生态移民等方式，治理工程区严重沙化土地，恢复林草植被。

防护林体系——建设"三北"防护林体系四期工程，长江、珠江防护林工程，推进三峡库区绿化带建设。

湿地保护与恢复——建设湿地保护区，通过对水资源的合理调配和管理等措施恢复重要湿地。

青海三江源自然保护区生态保护和建设——退牧还草644万公顷，退耕还林还草0.65万公顷，封山育林、沙漠化土地防治、湿地保护、黑土滩治理80万公顷，鼠害治理209万公顷，水土流失治理5万公顷。

青海湖周边生态治理——以生态环境和生物多样性保护为根本，以治理湿地萎缩、湖水下降、草原退化、沙漠化扩展、生物多样性下降严重为重点，促进青海湖周边地区生态环境和经济社会的和谐发展。

水土保持——水土流失治理面积1100万公顷。

野生动植物保护及自然保护区建设——建设和完善一批自然保护区，继续实施对极度濒危野生动植物物种的拯救工程。

石漠化地区综合治理——通过植被保护、退耕还林、封山育林育草、种草养畜、合理开发利用水资源、土地整治和水土保持、改变耕作制度、建设农村沼气、易地扶贫等措施，加大石漠化地区治理力度。做好西南岩溶地区草地治理工作。

2. 加大环境保护力度

坚持预防为主，综合治理，强化从源头防治污染。继续加大三峡库区及其上游、丹江口库区及其上游、黄河中上游等重点流域和滇池水污染综合防治力度。支持西部地区重点城市的污水处理、垃圾处理设施建设。加强矿山环境恢复治理，重点解决好地质灾害、地下水平衡、"三废"污染治理等问题。加强农村环境保护，积极防治农村面源污染。加快建立健全三峡库区等重点区域灾害性天气和地质、地震灾害监测、预报、应急和防治体系。

3. 强化资源节约和综合利用

坚持开发节约并重、节约优先，强化能源、矿产资源节约和高效利用，重点抓好开采节能、产业结构优化节能和先进技术开发推广节能，努力完成节能降耗目标。组织开展重点城市、行业和园区循环经济试点，鼓励发展三峡库区等区域高效生态经济。规范矿山开采秩序，大力提高资源回采率，综合利用废渣及尾矿等工业废物。重点推进高耗水行业节水改造，不断扩大城市污水再生利用领域，缺水城市再生水利用达到20%以上。切实落实保护耕地基本国策，管住总量、严控增量、盘活存量，加快推进国土整治，强化土地整理。

西部地区循环经济试点：试点省（市）——重庆市（三峡库区）。

试点园区——四川省西部化工城、青海省柴达木循环经济试验区、陕西省杨凌农业高新技术产业示范区。

试点企业——金川集团有限公司、云南驰宏锌锗股份有限公司（有色行业）、重庆发电厂（电力行业）、四川宜宾天元化工股份有限公司、贵州宏福实业有限公司、贵阳开阳磷化工集团公司、新疆天业有限公司、宁夏金昱元化工集团有限公司（化工行业）、贵州赤天化纸业股份有限公司、宜宾五粮液集团有限公司（轻工行业）。

4. 推进形成主体功能区

按照国家主体功能区的规划，提高优化开发区域的增长质量和效益，有序转移占地多、消耗高、污染重的产业和项目。促进重点开发区域形成新的增长极，加强产业配套能力建设。对划为限制开发区域的重要水源涵养和水源补给区、天然林保护及生态多样性丰富地区和水土流失严重、沙漠化、石漠化等生态脆弱区域，坚持保护优先，适度开发，点状发展，因地制宜地发展资源环境可承载的特色产业。对划为禁止开发的区域，依据法律法规规定和相关规划实行强制性保护。加强依法监督和管理，严格控制人为因素对自然生态的干扰。实施与形成主体功能区相配套的区域政策，改革对地方政府的考核评价体系。加快建立生态补偿机制。

部分限制开发区域功能定位及发展方向：

川滇森林生态及生物多样性功能区——在已明确的保护区域保护生物多样性和多种珍稀动物基因库。

秦巴生物多样性功能区——适度开发水能，减少林木采伐，保护野生物种。

藏东南高原边缘森林生态功能区——保护自然生态系统。

新疆阿尔泰山地森林生态功能区——禁止非保护性采伐，合理更新林地。

青海三江源草原草甸湿地生态功能区——封育草地，减少载畜量，扩大湿地，涵养水源，防止草原退化，实行生态移民。

新疆塔里木河荒漠生态功能区——合理利用地表水和地下水，调整农牧业结构，加强药材开发管理。

新疆阿尔金草原荒漠生态功能区——控制放牧和旅游区域范围，防范盗猎，减少人类活动干扰。

藏西北羌塘高原荒漠生态功能区——保护荒漠生态系统，防范盗猎，保护野生动物。

四川若尔盖高原湿地生态功能区——停止开垦，减少过度开发，保持湿地面积，保护珍稀动物。

甘南黄河重要水源补给生态功能区——加强草地、天然林、湿地和高原野生动植物保护，实行退耕还林、退牧还草、牧民定居和生态移民。

川滇干热河谷生态功能区——退耕还林、还灌、还草，综合整治，防止水土流失，降低人口密度。

内蒙古呼伦贝尔草原沙漠化防治区——禁止过度开垦、不适当樵采和超载放牧，退牧还草，防止草场退化沙化。

内蒙古科尔沁沙漠化防治区——根据沙化程度采取针对性强的治理措施。

内蒙古浑善达克沙漠化防治区——采取植物和工程措施，加强综合治理。

毛乌素沙漠化防治区——恢复天然植被，防止沙丘活化和沙漠面积扩大。

黄土高原丘陵沟壑水土流失防治区——控制开发强度，以小流域为单元综合治理水土流失，建设淤地坝。

桂黔滇等喀斯特石漠化防治区——封山育林育草，种草养畜，实行生态移民，改变耕作方式，发展生态产业和优势非农产业。

大兴安岭（内蒙古地区）森林生态功能区——禁止非保护性采伐，植树造林，涵养水源，保护野生动物。

禁止开发区域：

国家级自然保护区——共127个，面积8544万公顷。

世界文化自然遗产——共11处。

国家重点风景区——共65个。

国家森林公园——共223个。

国家地质公园——共52个。

（六）着力改善基本公共服务

更加注重社会事业发展，强化政府社会管理和公共服务职能，加大国家资金扶持力度，着力加强西部地区社会发展薄弱环节的建设，着力提高西部地区基本公共服务水平，使西部地区人民共享改革发展成果，推动社会主义和谐社会建设。

优先发展教育，加强公共卫生体系建设，增强科技支撑能力，积极发展文化体育事业，提高人民生活保障水平。

（七）切实加强人才队伍建设

围绕西部开发重点建设任务和市场需求，重点稳定和培养当地人才队伍。调整人才地区布局，优化人才结构，完善和创新人才开发机制，促进人才合理流动，大力组织实施一批西部人才开发重点工程，明显缓解人才流失趋势，基本完成《西部地区人才开发十年规划》的目标和任务。优化人才开发体制环境，加大高层次人才开发力度，强化农村和社区人才队伍建设，鼓励支持人才交流和合理流动，加强各类人才培训。

西部地区人才开发主要专项工程：

海外留学人员归国创业工程——加大归国留学人员到西部地区的创业支持力度，在具备条件的重庆、成都、西安、南宁等地建立归国人员创业金融平台，吸引海外人员归国发展事业，提高科技自主创新能力。

西部地区管理人才创新培训工程——通过中国西部开发远程学习网和已建成的西部人才开发培训基地，采取远程培训、面授和国内外实地考察相结合的形式，有计划地为西部地区重点地州市培训当地经济建设急需且富有创新精神的高层次管理类人才。

东西部公务员对口培训，农村教师培训计划，博士服务团计划，"西部之光"计划，领导干部MPA教育计划，人才对口扶贫计划，中等职业教育东西联合培养计划，高层次专业人才援西工程，西部地区人才市场建设示范项目，西部现代农业人才培训计划，大学生志愿服务西部计划——每年招募一定数量的普通高等院校应届毕业生，到西部贫困县的乡镇从事为期1—2年的教育、卫生、农技、扶贫及青年中心建设和管理等方面的志愿服务工作。

（八）积极扩大对内对外开放

充分利用西部地区与周边14个国家接壤的有利区位条件，进一步发挥劳动力资源、土地资源、特色矿产资源丰富的优势，更好地统筹西部开发与对内对外开放，以扩大开放促进西部地区实现又好又快发展，以西部大开发推进我国实施互利共赢的开放战略，增强西部地区参与国际国内市场竞争的能力。

1. 促进东中西区域协调互动

以市场为导向，打破行政区划的局限和市场分割，引导和支持东中部地区各类生产要素向西部地区跨地区、跨行业、跨所有制流动。鼓励东中部地区设立各类区域合作专项资金，建立和完善各类跨行政区的区域经济协作组织和行业性组织，引导东中部地区企业向西部地区实行产业转移，积极参与西部地区国有企业改组改造、优势产业发展和特色资源加工基地建设。继续加大东部地区和中央单位对口支援西部地区的工作力度，支持发达地区探索对口帮扶西部欠发达地区的新机制、新方法、新形式，不断提升对口支援的层次、深度和水平，加强全国对西部老少边穷地区的社会捐助工作。加强人才开发、技术合作、信息交流等领域的区域合作。积极引导国内有实力的企业到西部地区设立分公司（企业）和代理机构，推动当地跨越式发展对外经济贸易。加快健全区域协调互动机制，形成以东带西、东中西共同发展的格局。

2. 正确引导外商投资方向

进一步改善和优化投资环境，拓展招商引资渠道，规范市场秩序，发挥西部地区资源、产业、劳动力等优势，提高西部地区承接国内外产业转移的能力。把利用外资同优化产业结构、提升技术水平和扩大对外经济贸易有机结合起来，积极引进国外各类资金、技术和人才，鼓励和支持外商参与基础设施建设和生态环境保护，重点投向金融、旅游、物流、商贸等现代服务业、高技术产业、资源节约和综合利用、环保产业、特色农业生产及加工等领域，鼓励跨国公司在有条件的城市设立地区总部、研发中心、采购中心、培训中心。研究制订西部地区外资企业境内外上市和以中外合资产业基金、风险投资基金方式吸引外资的管理办法，支持国外创业投资公司和风险投资基金进入西部地区。

3. 构筑参与国际区域经济合作的新平台

积极参与我国与东南亚、东亚、中亚、东北亚地区各国的双边、多边投资贸易合作，探索边境地区开发和对外开放的新模式。鼓励和支持西部地区全面参与中国—东盟自由贸易区、上海合作组织、东盟—湄公河流域开发等区域合作，扎实推进泛北部湾经济合作区建设步伐。共同推进跨境基础设施和物流体系建设，加快"亚欧大陆桥"、"西南大通道"建设，以重点边境口岸为桥头堡，形成优势互补、共同发展的国际走廊，推进形成陆港联运的国际通关机制。实施"走出去"战略，鼓励西部地区有条件的企业以多种形式在境外投资，参与对外贸易、资源开发、产业合作、科技人才和文化交流、工程承包、劳务合作等国际经济技术合作。

4. 用好国际金融组织和外国政府贷款

国家安排的国际金融组织贷款、外国政府贷款等各类国外优惠贷款和技术援助资金，继续向西部地区倾斜，重点支持基础设施建设、资源节约、环境保护等，适当加大对社会发展和扶贫开发等的支持。不断创新国外优惠贷款利用方式，积极探索利用国外优惠贷款与国家预算内建设资金投入配套使用的方式和途径。

5. 转变外贸增长方式

重点建设和改造一批以产品出口为主的商品交易市场，促进重点城市、边疆地区产业集群的形成。完善进口税收等政策，扩大先进技术、关键设备及零部件等产品进口，优化西部地区进出口产品结构。进一步扩大服务贸易对外开放，依托大中城市、重点旅游城市和重点边境口岸地区，大力支持发展服务贸易，加快建立适应西部地区实际的服务贸易监管和促进体系，不断提高服务贸易的质量、层次和水平。鼓励外资参与软件开发、跨境外包、物流服务，以及金融服务、保险代理、会计、审计、工程设计、城市规划、信息咨询等。支持在成都、重庆、西安等城市建设服务业外包基地，有序承接国际现代服务业转移。扩大工程承包、设计咨询、技术转让、金融保险、国际运输、教育培训、信息技术、民族文化等服务贸易出口，注重发挥民族风情、人文历史等方面的特色和优势，打造西部地区民族文化服务贸易品牌，推动有特色、有优势的民族文化产品出口。

（九）建立健全西部大开发保障机制

保障规划的有效实施，要以科学发展观为指导，切实把西部大开发的战略部署、方针政策和重点任务落到实处,充分发挥市场配置资源的基础性作用,加强和改善宏观调控,深化改革,扩大开放,进一步改善西部地区的法制环境,完善政策措施,建立保障西部大开发顺利实施的体制机制。

1. 国家政策扶持机制

加快建立长期稳定的西部开发资金渠道。继续保持中央财政支持西部大开发优惠政策的稳定性和连续性,根据形势发展需要,不断充实完善支持政策,创新支持方式。进一步增加对西部地区财力性转移支付和专项转移支付规模。制定以产业为导向的税收优惠政策,通过采取投资税收减免,再投资返还等方式,对能源、资源开发、农产品加工实行税收优惠。中央政府投资继续向西部地区倾斜,在义务教育、基础科学、公共文化、公共卫生、人口和计划生育、社会保障、社会救助、减少贫困、公共安全等方面加大对西部地区的投入力度。由国家投资或需要国家批准或核准的重点产业项目,同等条件下优先安排在西部地区。国家加大对西部地区特别是对西部的革命老区、民族地区、边疆地区、贫困地区、三峡库区以及资源枯竭型城市等区域的政策支持力度。

2. 金融服务支持机制

加快推动金融市场的发展,鼓励各金融机构采取银团贷款、混合贷款、委托理财、融资租赁、股权信托等多种方式,加大对西部地区的金融支持。采取投资补贴、贷款贴息等方式,加强对金融机构参与西部大开发的财政政策支持,扩大国家政策性银行对西部地区的信贷规模。推进西部地区农村金融体系建设,加大农村信用社改革力度,继续扩大农户小额贷款和农户联保贷款。推进设立产业投资基金,支持有条件的企业发行股票和债券,扩大西部地区直接融资规模。对境外金融机构在西部地区设立机构开展业务提供更便利条件。

3. 企业发展激励机制

进一步改善企业发展环境,以转变政府职能和深化企业、财税、金融等改革为重点,巩固和发展公有制经济,进一步消除制约个体、私营等非公有制经济发展的体制性障碍和政策性因素,放宽和扩大非公有制经济市场准入,完善金融、税收、信用担保和技术创新等方面的政策。改进和加强对非公有制企业的服务和监管,加大政府资金的引导和支持力度,重点支持实施中小企业成长工程。完善现代企业制度,提高经营管理水平,增强企业活力和竞争力。深化垄断行业改革,放宽准入,加强监管,积极引入战略投资者，实行投资主体多元化，大力发展混合所有制经济。加强中央企业与西部地区各类企业的联合，通过股权置换和相互参股等多种形式，实现更高层次和更大范围的资源优化配置。鼓励企业切实增加技术开发费用，对企业开展关键技术和重大装备的消化吸收再创新给予政策性支持。

4. 资源合理开发机制

健全矿产资源有偿占用制度和矿山环境恢复补偿机制，增强地方经济发展的活力和动力，实现可持续发展。完善重要资源产品价格形成机制，合理调整煤炭、石油、天然气等资源产品价格。加快改革资源税征收制度，理顺资源税费关系。按照规范化、集约化的原则，整合各类矿山，鼓励和引导矿山企业实现规模开采，提高矿产资源开发集中度。完善土地管理体制，依法保证重大项目建设合理、节约、集约用地，适当照顾利用荒山、荒坡进行重点建设的用地需求，适度开发后备土地资源。加强土地整理复垦工作，国家集中资金继续向西部地区粮食主产区、基本农田保护区和重大工程区倾斜。

5. 政府协调服务机制

加快推进政府职能转变，健全政府决策机制，正确履行政府在经济调节、市场监管、社会管理和公共服务方面的权责。进一步解放思想、转变观念，改善政府服务，提高工作效率，加强组织领导和统筹协调，开展跨行政区域的重点经济区规划工作，加快建立全面协调可持续发展的体制机制，加大对内对外开放力度，切实保护国内外投资者合法权益，改善投资环境。组织和引导市场经济主体转变经济增长方式，增强地方经济发展活力。深入推进乡镇机构改革和县乡财政管理体制改革。

6. 规划有效实施机制

进一步强化西部大开发综合协调机制。规划提出的农村基本公共服务、列为国家限制和禁止开发区域的自然生态修复等任务，主要运用国家公共资源确保完成；重点基础设施建设、环境保护等任务，主要通过中央政府投资支持完成；特色优势产业发展、重点区域开发、人才开发等任务，主要通过政府引导、完善市场机制和利益导向机制促进完成。完善规划实施协调机制。加强对规划实施情况的跟踪分析和监督，组织开展规划实施中期评估，针对实施中出现的新情况、新问题，加强与国家有关专项规划的相互衔接，并对重要规划内容进行动态调整，切实保证规划的有效实施。

第十章 中国经济区划、三个经济地带和西部大开发

思考题：

1. 三大经济地带的具体划分。
2. 简述东部地带的经济发展特点。
3. 论述中部地带发展现状。
4. 分析西部地带今后的发展方向。
5. 论述西部大开发的总体目标和实现途径。

主要参考文献

《中国经济地理》（修订版）杨武主编，中央民族大学出版社出版，2006年8月。
《中国经济地理》（修订四版）李振全等主编，华东师范大学出版社出版，2005年8月。
《中国经济地理》（第五版）胡欣编著，立信会计出版社出版，2006年2月。
《中国经济地理》韩进铮主编，高等教育出版社出版，2005年12月。
《中国经济地理》（修订本）戴娟萍、张重晓主编，中国物资出版社出版，2006年4月。
《全国生态保护"十一五"规划》国家环保总局、国家发展改革委制定，2006年10月。
《能源发展"十一五"规划》国家发展改革委，2007年4月。
《中华人民共和国国民经济和社会发展第十一个五年规划钢要》国务院，2006年3月。
《煤炭工业"十一五"发展规划》国家发展改革委，2006年9月。
《全国农业和农村经济发展第十一个五年规划（2006—2010年）》农业部，2006年8月。
《全国畜牧业发展第十一个五年规划（2006—2010年）》农业部，2006年9月。
《西部大开发"十一五"规划》国家发展和改革委员员，国务院西部地区开发领导小组办公室，2007年3月。
《中央关注中部塌陷，明年实施中部崛起计划》刘涓涓，21世纪经济报道，2007年12月。
《政府工作报告画完整蓝图，四大经济板块全面亮相》杜宇、赵承，新华网，2004年3月。
《三大都市经济圈制度竞争力的比较研究》陶一桃，战略规划网，2007年3月。
《区域经济合作的格局和走向》国家统计局中国经济景气监测中心，经济日报，2006年5月。
《中国发展循环经济的必然性和对策》孙贻超，姬亚芹，城市，2003年（2）。
《推进循环经济发展，走可持续发展之路》卢振军，理论前沿，2003年（22）。
《区域经济学》吴殿廷，科学出版社出版，2003年。
《大力发展循环经济》解振化，求是，2003年（13）。
《打造"红色旅游"的持续魅力》许峰，人民日报（海外版），2003年3月。
《人口、资源、环境与经济发展之间关系的初步理论思考》郭志刚，人口与经济，2000年第6期。
《中国统计年鉴2006》，中国统计出版社，2006年。
《中国城市统计年鉴2006》，中国统计出版社，2006年。
《中国能源统计年鉴2006》，中国统计出版社，2006年。
《中国经济年鉴2006》，中国统计出版社，2006年。